中国社会科学院学部委员专题文集
ZHONGGUOSHEHUIKEXUEYUAN XUEBUWEIYUAN ZHUANTI WENJI

国际法苑耕耘录

刘楠来◎著

中国社会科学出版社

图书在版编目(CIP)数据

国际法苑耕耘录/刘楠来著 . —北京：中国社会科学出版社，2014.5
(中国社会科学院学部委员专题文集)
ISBN 978 - 7 - 5161 - 4096 - 3

Ⅰ.①国… Ⅱ.①刘… Ⅲ.①国际法—研究 Ⅳ.①D99

中国版本图书馆 CIP 数据核字(2014)第 056668 号

出 版 人 赵剑英
责任编辑 张 林
责任校对 韩海超
责任印制 戴 宽

出 版 中国社会科学出版社
社 址 北京鼓楼西大街甲 158 号 (邮编 100720)
网 址 http://www.csspw.cn
中文域名:中国社科网 010 - 64070619
发 行 部 010 - 84083685
门 市 部 010 - 84029450
经 销 新华书店及其他书店

印刷装订 环球印刷(北京)有限公司
版 次 2014 年 5 月第 1 版
印 次 2014 年 5 月第 1 次印刷

开 本 710×1000 1/16
印 张 29.5
插 页 2
字 数 455 千字
定 价 78.00 元

前　言

　　哲学社会科学是人们认识世界、改造世界的重要工具，是推动历史发展和社会进步的重要力量。哲学社会科学的研究能力和成果是综合国力的重要组成部分。在全面建设小康社会、开创中国特色社会主义事业新局面、实现中华民族伟大复兴的历史进程中，哲学社会科学具有不可替代的作用。繁荣发展哲学社会科学事关党和国家事业发展的全局，对建设和形成有中国特色、中国风格、中国气派的哲学社会科学事业，具有重大的现实意义和深远的历史意义。

　　中国社会科学院在贯彻落实党中央《关于进一步繁荣发展哲学社会科学的意见》的进程中，根据党中央关于把中国社会科学院建设成为马克思主义的坚强阵地、中国哲学社会科学最高殿堂、党中央和国务院重要的思想库和智囊团的职能定位，努力推进学术研究制度、科研管理体制的改革和创新，2006 年建立的中国社会科学院学部即是践行"三个定位"、改革创新的产物。

　　中国社会科学院学部是一项学术制度，是在中国社会科学院党组领导下依据《中国社会科学院学部章程》运行的高端学术组织，常设领导机构为学部主席团，设立文哲、历史、经济、国际研究、社会政法、马克思主义研究学部。学部委员是中国社会科学院的最高学术称号，为终生荣誉。2010 年中国社会科学院学部主席团主持进行了学部委员增选、荣誉学部委员增补，现有学部委员 57 名（含已故）、荣誉学部委员 133 名（含已故），均为中国社会科学院学养深厚、贡献突出、成就卓著的学者。编辑出版《中国社会科学院学部委员专题文集》，即是从一个侧面展示这些学者治学之道的重要举措。

　　《中国社会科学院学部委员专题文集》（下称《专题文集》），是中国社会科学院学部主席团主持编辑的学术论著汇集，作者均为中国社会科学院学部委员、荣誉学部委员，内容集中反映学部委员、荣誉学部委员在相关学科、专业方向中的专题性研究成果。《专题文集》体现了著作者在科学研究实践中长期关注的某一专业方向或研究主题，历时动态地展现了著作者在这一专题中不断深化的研究路径和学术心得，从中不难体味治学道路之铢积寸累、循序渐进、与时俱进、未有穷期的孜孜以求，感知学问有道之修养理论、注重实证、坚持真理、服务社会的学者责任。

2011 年，中国社会科学院启动了哲学社会科学创新工程，中国社会科学院学部作为实施创新工程的重要学术平台，需要在聚集高端人才、发挥精英才智、推出优质成果、引领学术风尚等方面起到强化创新意识、激发创新动力、推进创新实践的作用。因此，中国社会科学院学部主席团编辑出版这套《专题文集》，不仅在于展示"过去"，更重要的是面对现实和展望未来。

这套《专题文集》列为中国社会科学院创新工程学术出版资助项目，体现了中国社会科学院对学部工作的高度重视和对这套《专题文集》给予的学术评价。在这套《专题文集》付梓之际，我们感谢各位学部委员、荣誉学部委员对《专题文集》征集给予的支持，感谢学部工作局及相关同志为此所做的组织协调工作，特别要感谢中国社会科学出版社为这套《专题文集》的面世做出的努力。

《中国社会科学院学部委员专题文集》编辑委员会

2012 年 8 月

目　　录

国际法编

国际法的历史、基础理论和基本原则 ……………………………………（3）

当代国际法的基本内容 ……………………………………………………（18）

中国与国际法 …………………………………………………………………（25）

中国国际公法学三十年 ……………………………………………………（31）

关于重申和平共处五项原则的建议 …………………………………………（49）

我国缔结或参加的国际条约应纳入中国的法律体系 ……………………（51）

国际条约的适用与我国法制的完善 ………………………………………（56）

论《开罗宣言》的条约法律性质 ……………………………………………（72）

以侵略战争手段强迫他国签订的条约应视为无效 ………………………（80）

美国的法律破坏了国际法 …………………………………………………（83）

以美国为首的北约粗暴践踏国际法 ………………………………………（85）

北约袭击中国驻南使馆必须承担国际责任 ………………………………（91）

美军虐待伊拉克俘虏严重违反国际法 ……………………………………（94）

联合国改革问题与中国的立场 ……………………………………………（98）

对澳大利亚和马来西亚条约实施问题的考察报告 ………………………（112）

人权法编

《世界人权宣言》的诞生及其意义 …………………………………………（125）

国际新秩序与人权 …………………………………………………………（128）

发展中国家与人权 ……………………………………………（135）

论人权与主权的关系 ………………………………………（149）

人权在本质上属于一国的内政 ……………………………（155）

划清对人权的国际保护和以人权为借口干涉别国内政的界限 ………（159）

从德黑兰到维也纳,步履维艰而又充满希望的国际人权活动 （162）

中国积极参加国际人权活动 ………………………………（166）

关于自决权 …………………………………………………（178）

劳动(工作)权:国际法的视角 ……………………………（185）

关于国际人权法中的少数人的概念 ………………………（190）

国际法上少数民族的保护问题 ……………………………（195）

《经济、社会和文化权利国际公约》与人权的发展 ………（200）

关于国际人权公约下缔约国义务的几个问题 ……………（205）

关于保留在批准和实施《经社文权利公约》中的作用 ………（209）

人权条约在中国法律体系中的地位 ………………………（217）

国际人权条约在国内的适用问题 …………………………（225）

适用国际人权条约的新动向 ………………………………（233）

中日适用国际人权条约制度的比较 ………………………（235）

关于我国是否加入人权两公约的意见 ……………………（243）

关于加入《经济、社会和文化权利国际公约》的研究报告 …………（248）

关于加入《公民权利和政治权利国际公约》问题的研究报告 ………（255）

中国为何要签署《公民权利和政治权利国际公约》………（265）

《公民权利和政治权利国际公约》在中国的批准和实施 ………（268）

关于完善《公民权利和政治权利国际公约》实施机制
的建议 ……………………………………………………（274）

妥善处理两个国际人权公约继续适用于香港特别行政区
而引起的“报告”问题 …………………………………（279）

芬兰人权考察报告 …………………………………………（282）

挪威人权考察报告 …………………………………………（287）

海洋法编

国际海洋法的概念、特点和基本原则 ………………………………（297）

国际海洋法的形成与发展 ……………………………………………（306）

领海 ……………………………………………………………………（344）

《联合国海洋法公约》下的领海制度 ………………………………（351）

专属经济区的概念和法律地位 ………………………………………（357）

大陆架的法律概念 ……………………………………………………（371）

我国的海洋开发与海洋立法 …………………………………………（384）

《联合国海洋法公约》与中国的海洋立法 …………………………（391）

关于我国领海法的几个问题 …………………………………………（395）

关于在"十一五规划"中明确提出海洋强国战略的建议 …………（405）

维护海洋权益,建设海洋强国 ………………………………………（409）

关于制定海洋基本法的意见 …………………………………………（415）

统一认识,推动东海共同开发顺利进行 ……………………………（421）

论菲律宾侵占我国南沙群岛的非法性 ………………………………（425）

从国际海洋法看"U"形线的法律地位 ……………………………（433）

关于南海问题的法理分析 ……………………………………………（439）

关于在美参加"专属经济区内军事活动的战略涵义研讨会"

　情况的报告 …………………………………………………………（457）

国际法编

国际法的历史、基础
理论和基本原则

一　国际法的历史发展

（一）国际法的产生与发展

历史是一面镜子，透过对一事物历史发展的审视，可以比较清楚地认识这一事物的过去，也有助于更好地认识它的现在和瞻望它的将来。所以，如同许多西方学者一样，中国的国际法学者在全面、系统论述国际法的时候，也给予国际法的历史发展以相当的重视。新中国成立以来，从周鲠生的《国际法》到后来众多的国际法教科书，几乎无一不使用一定的篇幅来阐述作者对于国际法历史发展的认识；此外他们还发表了不少有关国际法历史的论文和专著。

学者们关于国际法历史发展的讨论，往往是从国际法在何时产生的问题入手的。关于这一问题，西方学者中有一影响很大的理论认为，国际法是近代欧洲或近代基督教文明的产物；在古代，虽然已经有了国家和国家之间的交往，在它们之间不能不产生"在对外关系上应该遵守的某些相当一贯的规则和惯例"；但是，这些规则和惯例只是近代国际法的"根源"，因为，当时各国之间并没有结成一个国际社会，所以，不可能形成国际法。[1] 对于这一理论，中国多数学者持有不同看法。他们认为，"国际法是随着国家的产生，在国际交往的过程中形成出来的。每一个时代凡属有国家林立，互相交往，自然就有适应这一时代社会经济制度的国际交往规则

---

[1]　《奥本海国际法》上卷第一分册，商务印书馆1981年版，第49页。

或习惯产生。"① 学者们依据大量的历史资料证明，无论在古代西方的希腊、罗马，或是在古代东方的印度、中国都大量存在着这样的规则或习惯。在他们看来，远在古代就已经产生了国际法，尽管不像现在这样系统。

在当代的中国学者中也有几位认为国际法是近代以来才形成的。他们不否认古代存在得到一些国家共同接受的规则和惯例；但是认为，这些规则和惯例是分散、零散和无系统的，只是国际法的"萌芽"，对国际法的产生有"影响"。他们否定古代有国际法的另一个理由是国际社会的存在是国际法产生的先决条件，而一个包括各个不同区域的世界社会，只是从1648年欧洲签订《威斯特伐利亚和约》开始到第一次世界大战结束才逐渐形成。② 应当认为，这两方面理由的事实依据是不成问题的；问题在于，用它们来论证古代社会不存在国际法的观点是否足够充分？首先，既然我们把国际法界定为国家之间的法律，而不是国际社会的法律；那么，在逻辑上就只能认定，国际法的存在是以国家及其相互交往的存在为前提，而不是所谓的国际社会。国际法理论和实践均承认两国之间缔结的双边条约是国际法，可资证明。何况在人类社会的不同发展阶段，"国际社会"这一概念所反映的现实世界是很不一样的。近代国际法所由产生的，《威斯特伐利亚和约》所代表的国际社会也只是涵盖了欧洲部分国家，世界其他区域的国家没有包括在内，而这并没有妨碍人们将本来只是欧洲国家之间的法律称为国际法。其次，将国际规则不成体系作为否定国际法存在的理由也是很难成立的。国际法的发展经历了由零散的非系统的原则、规则和制度逐渐形成为一个规则体系的过程。我们似乎不能只将以体系形式表现出来的国际法原则、规则和制度认作国际法，而不承认这一体系形成之前存在的，以及后来构成这一体系以单个形式存在的国际法原则、规则和制度也是国际法。当下，已经有一些学者在讨论国际法碎片化、不成体系的

---

① 周鲠生：《国际法》，商务印书馆1976年版，第40页；王铁崖主编：《国际法》，法律出版社1995年版，第33—34页；梁西主编：《国际法》，武汉大学出版社2001年版，第25页；邵津主编：《国际法》，北京大学出版社2005年版，第3—4页；朱晓青主编：《国际法》，社科文献出版社2005年版，第8页。

② 白桂梅：《国际法》，北京大学出版社2006年版，第7—9页。

现象和趋势问题。在这一背景下，如果我们接受国际法的体系标准，那么，是否也就需要考虑承认国际法正在走向消亡，当代国际社会已经步入后国际法时代呢？

在国际法发展历史的研究中，受到学者们关注的还有一个分期问题。对于这一问题，西方学者有不同的观点，① 中国学者见仁见智，也提出了种种不同的看法，即使在国际法产生时间问题上持相同观点的学者间也存在分歧。主张国际法的历史从近代开始的学者中有一种观点认为，国际法的历史分为近代和现代两个时期，② 也有观点将其分为国际法的萌芽、近代国际法、现代国际法和当代国际法等四个时期。③ 认为古代就有国际法的学者的观点更呈多元化，主要有：1. 分为古代、中古（中世纪）、近代和现代四个时期；④ 2. 将古代与中古合并为一个时期，分为古代、近代和现代三个时期；⑤ 3. 分为19世纪及以前的国际法和20—21世纪的国际法两个阶段。⑥

学者们在国际法历史分期问题上出现如此大的分歧，主要原因，正如王铁崖教授指出的，在于国际法的历史是一个复杂的课题，内容复杂，资料繁多，难以掌握。究其具体原因，很可能与他们使用不同的分类标准有关；这一点，在他们用来作为现代国际法起始时间的不同上表现得尤为突出。目前，被用来作为这一起始时间的至少有20世纪初、1914年第一次世界大战爆发、1917年俄国十月革命爆发、1919年第一次世界大战结束等时间点。此外，学者们埋头于自己的研究，彼此间缺少切磋交流，可能也是一个重要原因。应当指出，尽管中国学者在国际法历史的研究中有很多不同的观点，他们在许多问题上还是取得具有重要意义的共识的。例如，学者们都指出，《联合国宪章》的产生和联合国的建立在国际法的发展历史上占有重要位置，标志着国际法的发展进入了一个有历史意义的新

① 转引自王铁崖《国际法引论》，北京大学出版社1998年版，第251—254页。

② 白桂梅：《国际法》，北京大学出版社2006年版，第7—14页。

③ 杨泽伟：《宏观国际法》，武汉大学出版社2001年版。

④ 王铁崖主编：《国际法》，法律出版社1995年版，第33—41页。

⑤ 邵津主编：《国际法》，北京大学出版社2005年版，第3—8页。

⑥ 梁西主编：《国际法》，武汉大学出版社2001年版，第25—35页。

阶段，国际法由此从传统的，以欧洲为中心的国际法逐渐演变成了现代的，以普遍性为特征的国际法。学者们还普遍认为，第二次世界大战结束60年间，国际社会发生了巨大变化。一大批新独立国家出现并形成为国际舞台上的一支重要力量，国际关系从传统的政治领域急剧地向经济、文化、环境等社会生活其他领域扩展，科学技术迅猛进步，等等，所有这些因素共同作用的结果促使国际法获得了空前的大发展，而且还在推动国际法不断地发展变化。这些认识和论述，对于我们正确了解国际法的以往历史以至现在和将来的国际法都是很重要的。

（二）中国国际法的历史

中国是一个文明历史悠久的国家。中外许多学者都认为中国自古以来就有许多国际法实践，并对此作了很多研究。新中国成立后，中国学者在前人研究成果的基础上，又将中国国际法历史的研究推进了一步，中国国际法的历史得到了比较全面、系统的阐述。

公元前 1000 年，周王朝实行分封制，在周王室的统治下，数以千计的诸侯分掌地方政权。随着周王统治权的衰微和诸侯兼并日盛，公元前722 年以后，形成了十余个较大的诸侯国逐鹿中原的局面。在它们的交往中，出现了许多有关使节、会盟、条约、战争、争端解决等事项的规则和惯例。

公元前 211 年，秦始皇统一了中国，除间或有短暂时间陷于分裂状态外，二千多年来，中国一直作为一个统一的多民族国家与其他国家发生关系。由于地理原因和封建国家固有的封闭性，在这一时期的大部分时间里，中国的对外关系基本上限于与高丽、琉球、安南、缅甸等周边国家的交往，而支配这些关系的主要是朝贡制度。按照这一制度，贡国的统治者向中国皇帝称臣，接受他的册封和领受他颁赐的印玺，从而取得对其国内统治权的承认和安全的保护；中国皇帝则在得到贡国统治者的尊崇的同时，扩展了对周边国家的影响，增进了边疆的防卫和安全。在经济上，贡国和中国之间通过进献贡品和回赠礼品，实际上在进行着物物交换形式的对外贸易。在这一过程中，贡使及其随从、商人也获得了在中国进行贸易的机会。朝贡制度起始于周朝，最初适用于周王室与诸侯国之间，后来逐渐地扩及周边国家。至明、清两代，由盛而衰，随着 1911 年清王朝崩溃和中华民国的诞生，最终归于消亡。

17 世纪后半叶，欧洲国际法传入中国。1689 年，中国皇帝曾派出代表团与俄国签订了第一个近代国际法意义上的《尼布楚条约》。然而，这仅是一个偶然事件，并不意味着当时坚守其他国家都是化外之地的中央王国立场的中国统治者已经接受了以国家主权平等为基础的国际法。在以后的 150 年间，在中国官方文献中，一直没有关于中国运用国际法处理对外关系的记载。

1840 年鸦片战争爆发，西方列强用大炮轰开了大清帝国的大门，并把《南京条约》、《望厦条约》等一系列不平等条约强加给了中国。根据这些不平等条约，它们在中国攫取了驻扎军队、设立租界、领事裁判权、内河航行权等等特权。中国的主权和领土完整遭到了粗暴的践踏和破坏。学者们指出，中国这一阶段的国际法历史就是不平等条约史。面对外来的侵略和压迫，清朝的统治者曾接受维新派官员的建议，试图利用国际法"以夷制夷"，采取了翻译《万国公法》，将它们分发给各地官员以办理外交的措施，也有过运用国际法，迫使普鲁士释放在中国海域扣留的丹麦船舶的成功实践。后来的国民政府也曾有过在 1919 年巴黎和会和 1922 年华盛顿会议上多次要求修订和废除不平等条约，1933 年宣告建立 3 海里领海等等运用国际法，主张和维护国家权益的努力。但是，西方列强并不把中国看作与它们地位平等的国际法主体，根本不愿意用国际法来规范它们与中国的关系。陈体强教授指出："当西方国家来到中国时他们首先用武力压下中国的反抗，然后将中国置于不平等条约制度之下。与中国的一切关系都是按照这些条约进行的，而并不适用它们之间适用的国际法"。① 中国的努力遇到了抵制和反对。直到 20 世纪 40 年代，只是因为参加了国际反法西斯战争，国际地位逐渐有所提高以后，中国才通过艰难的谈判，渐渐地摆脱了不平等条约的束缚。

1949 年 10 月 1 日中华人民共和国宣告成立，标志着中国开始作为真正独立自主的国家屹立于世界民族之林，中国的国际法历史进入了崭新的

---

① 转引自王铁崖《国际法引论》，北京大学出版社 1998 年版，第 397 页。

阶段。这一天，中央人民政府主席毛泽东在他发表的文告中向世界各国郑重宣布："本政府为代表中华人民共和国全国人民的唯一合法政府，凡愿遵守平等、互利及互相尊重领土主权等项原则的外国政府，本政府愿与之建立外交关系"，① 开启了中国在国际法的基础上与其他国家建立和发展关系的新纪元。60 年来，特别是 1971 年恢复联合国合法席位和 1978 年实行改革开放政策以后，中国政府广泛地、多方位地开展了国际法活动，主要有：1. 创造性地处理了承认和继承问题，倡导和平共处五项原则，与 171 个国家建立了正常的外交关系；2. 在妥善处理旧条约的同时，与世界各国签订了 1 万余件双边条约和 300 多项多边条约，在宣告承认和尊重《联合国宪章》的同时，先后参加了包括《联合国海洋法公约》、《世界贸易组织协定》等在内的许多重要的普遍性国际协定；3. 先后参加 100 多个政府间国际组织，积极参与在联合国以及其他国际组织和机构框架内开展的国际法的创制和适用活动；4. 积极参加安全、人权、经贸、社会发展、环保、气候变化、海洋权益等等领域国际法律规则的谈判和制订，推动了国际法的发展进程；5. 运用国际法处理与其他国家的政治、经济、法律争端，向联合国国际法院、常设仲裁法院、国际海洋法法庭等国际司法、仲裁机构派出中国籍法官和仲裁员，参与国际司法和仲裁活动。通过这些活动，中国彰显了接受和遵守国际法，诚实履行国际义务的模范形象，维护了国家主权、安全和发展利益，也为世界的和平和发展事业，国际法的进步和发展作出了贡献。尤其值得指出的是，中国与印度和缅甸共同倡导的和平共处五项原则，已经载入《各国经济权利和义务宪章》等许多国际法律文书，被国际社会接受为国际法的基本原则。

在今天的世界，国家之间联系与交往日益频繁和密切，而这些联系和交往常常都是通过国际规则的制订和适用表现出来的。运用国际法处理国与国之间的关系成了当代国际社会的重要特征。在这一背景下，中国实行改革开放政策，扩大与世界各国的交流与合作，不能不重视和借助国际法，所以，改革开放总设计师邓小平在党的十一届三中全会前夕和会议过程中，多次提出"要大力加强国际法的研究"。进入 21 世纪后，国家主席

① 《中华人民共和国对外关系文件集》1949—1950 年，第 1 卷，第 4 页。

胡锦涛继向世界各国首脑提出建设持久和平、共同繁荣的和谐世界的战略目标以后，又进一步指出，为了建设这一和谐世界，应该遵循《联合国宪章》的宗旨和原则，恪守国际法和公认的国际关系准则，将实行以《联合国宪章》为核心和基础的当代国际法作为建设和谐世界的重要途径和方法。客观上的需要和我们主观上对于国际法的重视，必将推动我国越来越广泛而深入地开展国际法活动，中国的国际法事业将得到更大的发展，中国的国际法学也将迎来繁花似锦、硕果累累的明天。

二 国际法的性质

（一）国际法的定义

使用简明扼要的文字揭示国际法的本质特征，即对国际法下一定义，是国际法基本理论中一项重要而困难的课题，中外国际法学者为此付出了很多努力，但众说纷纭，至今未能取得能为大家普遍认同的结论。在西方国际法学者中，有关国际法定义的讨论，主要在国际法是国家之间的法律还是国际社会的法律和国际法效力的根据是什么这两个问题上存在争议。概括地说，一种观点认为国际法是国家之间的法律，是各国认为在它们彼此交往中有法律拘束力的原则和规则的总称，其法律效力的根据是各国的同意；另一种观点把国际法看成是国际社会的法律，是对各国有法律拘束力的原则和规则的总称，其法律效力来自于理性、正义等自然法则。这一分歧实际上是国际法理论中存在实在法学派和自然法学派之争的反映。

新中国成立后，周鲠生教授第一个对国际法下了定义："国际法是在国际交往过程中形成出来的，各国公认的，表现这些国家统治阶级的意志，在国际关系上对国家具有法律约束力的行为规范，包括原则、规则和制度的总体"。考虑到各国的统治阶级不可能设想抱有共同意志，他特别指出，这里所说的"国家统治阶级的意志"是指它们的"协调的意志"。[①] 按照这一定义，国际法是在国与国之间交往过程中形成并得到各国公认的国家之间的法律，其法律效力的根据是各国统治阶级的协调意志。周鲠生

---

① 周鲠生：《国际法》上册，商务印书馆1976年版，第3—8页。

教授关于国际法是国家之间的法律的观点得到了其他国际法学者的普遍赞同。例如，王铁崖教授指出，国际法"主要是国家之间的法律，也就是说，它是主要调整国家之间的关系的有拘束力的原则、规则和规章、制度的总称"。① 其他学者也大多用"在国际交往中形成的"、"主要调整国家之间关系"等词组来突出国际法是国家之间法律这一性质。由于第二次世界大战结束以后出现了国际组织、争取独立的民族等新的国际法主体，国际法已不再只是调整国家之间的关系；在这种情况下，将国际法仅仅界定为国家之间的法律已经不够周全。因此，后来的学者们在"国家之间的法律"或表明国际法调整对象的"国家之间的关系"词组前加上了"主要是"三个字。

关于国际法效力的根据问题，周鲠生教授的国际法定义没有直接地给予回答；但是，其中国际法表现各国统治阶级意志的表述和各国统治阶级的意志是指各国统治阶级的协调意志的说明表明，在他看来，国际法效力的根据在于各国统治阶级的协调意志。这一观点与西方学者认为国家的共同同意是国际法的根据不同，它并不认为不同政治、社会制度的各国统治阶级可能设想有共同意志，而只是认为在它们之间会有协调一致的意志。这一观点在中国学者中引起了关于国际法有没有阶级性的很大争论。由于这一争论，后来提出的许多国际法定义均回避采取"国际法表现各国统治阶级（协调）意志"的提法，而只是一般地指出国际法是对国家有拘束力的原则、规则和制度的总称。其实，尽管这一提法确实存在问题，但是，其中国际法表现各国的协调意志这一核心思想是应当肯定的。王铁崖教授也曾指出，"国际法的效力是依据于国家的同意的。当然，所谓国家的同意并不是一个国家的同意，也不是各国的共同同意，而是各国的意志经过协调而取得的一致"。② 在国际法定义中，为避免有关国际法阶级性的争论而不讲国际法表现各国的协调意志，未免有矫枉过正的嫌疑。一个不能为国际法效力的根据提供说明的国际法定义，显然是不能令人满意的。

① 王铁崖主编：《国际法》，法律出版社 1981 年版，第 1 页。
② 转引自王铁崖《国际法引论》，北京大学出版社 1998 年版，第 35 页。

（二）国际法的阶级性、法律性问题

1. 国际法的阶级性问题

西方国际法学者一般都不承认国际法有阶级性，在他们的著述中很少见到有关于国际法阶级属性的讨论。与他们不同，前苏联的国际法学者基于马克思和恩格斯对于资产阶级的法不过是被奉为法律的资产阶级的意志的论断，普遍认为法律是一国统治阶级意志的表现，调整各国之间关系的国际法表现这些国家统治阶级的意志。

新中国成立后相当长的一段时间里，我国的国际法学者无例外地认为国际法具有阶级性。最早对这一观点作了比较全面阐述的学者是周鲠生教授，他在其 1964 年脱稿、1976 年出版的《国际法》一书中明白指出，"法律为政治服务，具有阶级性；国际法作为法律的一个部门也不例外"，并举例证明说，"海洋自由原则、不干涉内政原则以及战时保护中立商务的一些规则，就其起源来看，显然都是从资本主义的利益的考虑出发，通过资产阶级的主张和斗争而发展起来的。"[1] 这一观点在他所下的国际法定义中也作了表达，他说，国际法是"各国公认的，表现这些国家统治阶级的意志"的行为规范。[2] 周鲠生教授的这一定义和关于国际法阶级性的论述影响很大，为后来的许多国际法教科书所采用。[3]

进入上一世纪 80 年代，国内以阶级斗争理论指导法学研究的学术氛围发生了改变，国际法学界开始有人对国际法具有阶级性的观点提出了质疑。有学者认为，对于国内法的阶级性是容易理解的；但是，国际关系十分复杂，各国的利益关系非常微妙，其政策立场变幻莫测，在阶级意志问题上把国内法上的提法机械、生硬地套用于国际法，是令人费解的。[4] 王铁崖教授在他 1981 年主编出版的《国际法》中曾有一段论述国际法具有阶级性的文字："任何法律都有其阶级性，国际法作为法律的一个体系，当然也有其阶级性"。"国际法的阶级性不在于一个统治阶级的意志，而在

---

[1] 周鲠生：《国际法》上册，商务印书馆 1976 年版，第 8 页。

[2] 同上书，第 3 页。

[3] 张友渔主编：《中国法学四十年》，上海人民出版社 1989 年版，第 548 页。

[4] 程晓霞主编：《国际法的理论问题》，天津教育出版社 1989 年版，第 64 页。

于各国的协议，也就是各国统治阶级的协议。"① 这一段文字，后来在他1995年主编出版的《国际法》中被完全删除了。这一时期，除赵理海等个别学者外，多数学者实际上已经放弃了国际法具有阶级性的观点或者对这一问题采取了回避的态度。

国际法有没有阶级性是一个十分复杂的问题。对于这一问题，中国学者的认识有过很大的反复，现在还很难说已经有了比较清晰的科学的结论。王铁崖教授在他1998年出版的《国际法引论》中有一段文字可以用来说明这一状况，他说："国际法作为国家之间的法律，很难直接反映各国统治阶级的意志。如果肯定了国家的阶级性，国际法也只能间接地反映各国统治阶级的意志"。② 很明显，从这一段文字中，我们很难引申出对于国际法有无阶级性的问题肯定的或者否定的答案。国际法的阶级性问题，仍然是一个需要我国国际法学界进一步加以探讨的课题。

2. 国际法的法律性问题

在西方国家的法学家中对国际法是不是法律的问题存在不同的观点。英国的奥斯汀认为，法律是主权政治权威所制订和执行的人类行为规则的总体，国际法是规定各主权国家间关系的规则的总体，在主权国家之上没有一个能够执行这种规则的主权政治权威，所以，国际法不能被称为法律，它是"实在道德"。除他以外，还有一些其他学者也持类似观点。但是，这种否定国际法法律效力的观点遭到了奥本海、劳特派特、阿库斯特、斯塔克等许多国际法学者的批评。

中国国际法学者也在这一问题上作了许多研究，他们不仅对西方学者正反两方面的观点进行了仔细的梳理和分析，而且在理论和实际的结合上提出了自己的观点，并作了有力的论证。他们一致认为，国家在它们的相互交往中奉行的有国际道德、国际礼让、国际法等多类行为规范。国际法是法律，它与国际道德、国际礼让不同，对国家具有法律拘束力，而后者是没有这种拘束力的。事实上，自19世纪以来，国际法一直是作为对国家有法律拘束力的国际交往的行为规范在不断发展。首先，各国常常通过

---

① 王铁崖主编：《国际法》，法律出版社1981年版，第9页。

② 王铁崖：《国际法引论》，北京大学出版社1998年版，第25页。

其议会和政府宣示愿意遵守国际法，很多国家在其宪法中明文确认国际法作为法律的效力；其次，各国在其缔结或参加的各种条约中承认国际法具有法律拘束力，接受条约下的权利和承担条约下的义务。例如，联合国家在《联合国宪章》的序言中郑重宣告，各国决心"尊重由条约与国际法其他渊源而起之义务"。1969年的《条约法公约》更明确规定，"凡有效之条约对其各当事国有拘束力"，"一当事国不得援引其国内法规定为理由而不履行条约"（第26、27条）；第三，在实践中，各国都在遵守国际法，履行国际法上的义务；遇有破坏国际法的情事，违反国轻则受到其他国家的反对和谴责，重则要承担不同形式的国家责任；第四，自20世纪初第二次海牙和会关于陆战法规惯例的第四公约规定交战国违反陆战法规应负赔偿义务以后，国际法上出现了越来越多的制裁规定。1919年《凡尔赛和约》明文规定要组织特别法庭审判德皇威廉二世，以惩治他破坏条约尊严的罪行。第二次世界大战结束之际，《纽伦堡国际军事法庭宪章》和《远东国际军事法庭宪章》均规定，对于犯有违反国际法的战争罪行的罪犯有权加以审判和惩罚。《联合国宪章》确立了集体安全机制，明确规定对侵略行为可以实施制裁。① 此外，战后国际人权法、国际人道主义法、国际刑法的发展也在要求国家自愿遵守之外，建立了保障相应国际法实施的国际机制。学者们指出，所有这些都证明，国际法确实是有强制力保证其实施的法律，认为国际法不是法律的观点是与事实不符的。

三　国际法基本原则

（一）国际法基本原则概说

国际法是由众多国际法原则、规则、规章和制度构成的一个法律体系；在这一体系中，有一些原则地位特殊，它们适用于国际法的一切领域和所有国际法主体之间的关系，并构成整个国际法的基础，所有其他国际法原则、规则、规章和制度均派生于这些原则，而且受它们的制约不能有所违反。这些原则被称为国际法基本原则。

---

① 参见周鲠生《国际法》上册，商务印书馆1976年版，第5—9、10—11页。

关于国际法基本原则，在西方国际法学者的著述中早就有所论及。但是，大多数西方学者对此并不是很重视。中国国际法学者与他们不同，十分重视国际法基本原则在国际法中的地位并对它进行了很多研究，不仅认为国际法体系中实际存在国际法基本原则，而且认为这些原则对于国际法的解释、适用与发展都具有不容忽视的指引作用，在国际法体系中是有重大意义的。

对于什么是国际法基本原则，学者们的观点大同小异，按照他们下的定义，国际法基本原则主要具有以下特征：（1）为国际社会公认，被所有国家接受为具有普遍约束力的原则与只在部分国际法主体之间适用的国际法原则有所区别；（2）适用于国际法的一切领域，与仅在某一或某些国际法领域适用的国际法原则有所区别；（3）构成国际法的基础，所有其他原则、规则、规章和制度均派生于这些基本原则并受它们的制约。有一些学者认为，具有强行法性质也是国际法基本原则的一项特征；① 但是，有学者争论说，国际法基本原则是具有强行法性质，然而，有些并不是国际法基本原则的国际法原则和规则，如禁止酷刑，也被认为具有强行法性质，因此，不能说具有强行法性质是国际法基本原则的一个特征。② 还有学者认为，在国际法基本原则的几个特征中，最重要、最关键的是构成国际法的基础，这一特征决定了其他特征，从而使国际法基本原则与其他国际法原则区别开来。③

关于国际法基本原则何时形成和现在有哪些国际法基本原则的问题，学者们指出，在近代国际法产生之后就出现了主权原则、国家平等原则、不干涉内政原则等国际法基本原则。第二次世界大战以后，国际法基本原则有了很大发展。《联合国宪章》在其序言、宗旨和第 2 条关于联合国会员国应予遵行的原则的规定中确立了一系列国际法基本原则。随后，联合国大会先后通过的 1960 年《给予殖民地国家和人民独立宣言》、1970 年《国际法原则宣言》、1974 年《各国经济权利和义务宪章》等重要国际文

---

① 程晓霞主编：《国际法的理论问题》，天津教育出版社 1989 年版，第 103 页。
② 朱晓青主编：《国际法》，社科文献出版社 2005 年版，第 24—25 页。
③ 白桂梅：《国际法》，北京大学出版社 2006 年版，第 103 页。

件又重申和发展了这些原则。根据这些文件，得到当代国际社会公认的国际法基本原则主要有：（1）主权原则；（2）国家平等原则；（3）国家领土完整不受侵犯原则；（4）不干涉内政原则；（5）人民自决原则；（6）尊重人权原则；（7）国际合作原则；（8）禁止使用武力原则；（9）和平解决国际争端原则；（10）善意履行义务原则等。此外，中国与印度和缅甸共同倡导的互相尊重主权和领土完整，互不侵犯，互不干涉内政，平等互利，和平共处五项原则，是在《联合国宪章》的直接启示下提出的，概括和发展了《宪章》所规定的各项原则。它们在提出以后立即得到了国际社会的广泛支持，在许多双边和多边条约、协定和其他国际文件中都作了规定。和平共处五项原则也已成为国际社会公认的国际法基本原则。

（二）联合国宪章与国际法基本原则

《联合国宪章》是国际法产生以来最重要、最具普遍性的国际法律文件，它的制定和通过为当代国际法奠定了基础，与此同时，也在国际法历史上第一次系统地阐述和规定了国际法基本原则。中国的国际法学者在讨论国际法基本原则问题时，无例外地都把《宪章》，特别是其中的第二条规定作为国际法基本原则的主要渊源和法律依据。

《宪章》中有关国际法基本原则的规定主要集中在序文、联合国的宗旨和联合国的原则三个部分。在序文部分，《宪章》表述了联合国会员国成立联合国的共同意志，提出了消灭战争、尊重人权、国家平等、尊重国际义务、和睦相处、不使用武力，等等理念。在宗旨部分，《宪章》宣告了联合国要为其实现而努力的共同目的：（1）消除对于和平的威胁和制止侵略行为，和平解决国际争端，维持国际和平与安全；（2）尊重人民平等权利和自决原则，发展国际间的友好关系；（3）促成国际合作，解决国际间经济、社会、文化、福利问题，并激励对于全体人类的人权的尊重；（4）构成一协调各国行动之中心，以达成上述目的，提出了反对侵略和武力威胁、和平解决争端、国家平等、人民自决、国际合作、共同发展、尊重人权、行动一致，等等原则要求。《宪章》在其第二条规定了联合国及其会员国为实现上述宗旨而应遵行的七项原则：（1）国家主权平等原则；（2）善意履行义务原则；（3）和平解决国际争端原则；（4）不使用武力或武力威胁侵害国家领土完整或政治独立原则；（5）对联合国的行动给予协助和对联合国对其采取行动的国家不给予协助原则；（6）保证非联合国会员国遵守联合国原则的原则；（7）不干涉内政原则，以国际条约的形式将国际法基本原则条文化、规范化，并赋予它们以普遍的法律约束力。这三个部分在文字上有不少重复，实际上是在从不同的角度规定国际法基本原则的内涵和外延，相辅相成，为我们全面认识，准确解释和适用国际法基本原则提供了不可或缺的依据。

（三）和平共处五项原则

互相尊重主权和领土完整、互不侵犯、互不干涉内政、平等互利、和平共处五项原则，自20世纪50年代中国与印度、中国与缅甸共同倡导以来，迅速地被国际社会接受为具有普遍约束力的国际法基本原则，在当代的国际法体系中占有十分重要的位置。这是新中国对于国际关系的正常化和国际法的发展作出的一大贡献。中国的国际法学者怀着很大的热情开展了关于和平共处五项原则的研究，对和平共处五项原则的提出及其发展成为国际法基本原则的过程，和平共处五项原则的内容及其与《联合国宪章》所确立的国际法基本原则的关系，和平共处五项原则作为国际法基本原则的重大法律意义及其在发展国际法方面的具体表现等问题作了十分认真的分析和论述。

学者们指出，和平共处五项原则的提出，是同我国建国初期《共同纲领》、中华人民共和国主席文告以及后来的1954年宪法宣告的反对侵略战争，在平等、互利、互相尊重主权和领土完整的原则基础上同其他国家建立和发展对外关系的外交政策联系在一起的，体现了新中国的外交理念和对外政策目标。另一方面，它也体现了新中国承认和尊重《联合国宪章》的宗旨和原则的立场和态度。和平共处五项原则是在《宪章》的有关规定直接启示下提出来的，其中多数原则均来源于《宪章》，同《宪章》所确立的国际法基本原则是一致的。

和平共处五项原则在文字表述上与《联合国宪章》和其他国际法律文件所宣告的国际法基本原则有许多共同之处；但是，这并不意味着前者只是后者的简单重复。学者们指出，和平共处五项原则在许多方面丰富和发展了原有的国际法基本原则，其主要表现有：第一，和平共处五项原则将一些最重要的国际法原则结合在一起作为一个整体提出来，"实际上是代表所有新兴国家提出了新的国际法基础"，"为国际法的改革和发展开辟了道路，标志着国际法的发展进入了一个新的阶段"；① 第二，和平共处五项原则将多项国际法原则联结成一个整体，说明各项国际法原则不是孤立存在的，在它们之间有着密切的联系，对于其中每一项原则都要与其他原则联系起来考虑；第三，和平共处五项原则对原有的国际法原则作了新的规定和说明，赋予了它们新的含义。例如，将传统国际法中的主权原则和领土完整原则结合成为一项新的原则，说明国家主权与国家领土不可分割的关系，侵犯一国的领土，就是侵犯该国的主权；和平共处五项原则的第二项在不使用武力原则的基础上提出了互不侵犯原则，突出了"侵犯"的非法性，而不只是一般地反对使用武力，从而为战后殖民地人民进行包括武装斗争在内的民族解放运动的合法性提供了法律依据；和平共处五项原则第四项，将"平等"和"互利"结合在一起，强调二者是密切联系的，国际关系应当是平等的，也应当是互利的；在一些国家对外实行侵略和颠覆活动，严重破坏正常的国际关系威胁世界和平与稳定的情况下，国与国之间的和平共处成了当代国际关系的迫切要求。和平共处原则的提出适应了这一要求，也弥补了《联合国宪章》在这一方面的缺陷；第四，在传统国际法和现实的国际政治生活中，权利与义务的分离是经常发生的现象；针对这一状况，和平共处五项原则在前四项原则中都有一个"互"字，在第五原则中有一个"共"字，科学地反映了国际关系具有相互性的特点，突出了国际法原则对于所有国家都有既享有权利又负有义务这两方面的要求，坚持了权利与义务相统一的原则。②

（原载《当代中国国际法研究》，2010 年）

---

① 邵天任：《和平共处五项原则》，载《中国国际法年刊》（1985），中国对外翻译出版公司1985 年版，第 336 页。

② 参见赵建文《论和平共处五项原则》，中国社会科学出版社 1996 年版，第 99—109 页；王铁崖主编：《国际法》，法律出版社 1995 年版，第 58—62 页。

当代国际法的基本内容

以《联合国宪章》为基础的当代国际法的基本内容主要包括：国际法的基本原则；关于国家、居民、领土的国际法制度；国际人权法；海洋法；航空法和外层空间法；外交关系和领事法；条约法；国际环境法；国际经济法；国际刑法；国际组织法；国际争端的解决；武装冲突法。

一　国际法的基本原则

公认的国际法基本原则包括：主权和各国主权平等原则、国家领土完整不受侵犯原则、国际合作原则、人民自决原则、尊重人权和基本自由原则、和平解决国际争端原则、不使用武力和威胁原则、不干涉内政原则、诚意履行国际义务原则等。中缅、中印共同倡导的互相尊重主权和领土完整、互不侵犯、互不干涉内政、平等互利、和平共处五项原则，概括和反映了上述原则，在许多双边的和一般的国际文件中都有规定，也被认为是国际法基本原则。

二　国家、居民和领土的国际法制度

1. 国家。国际法上的国家有四个要素：居民、领土、政府和主权，是国际法的主要主体，享有充分的主权，法律地位平等，有独立参加国际关系的能力、直接承受国际权利和义务的能力和独立进行国际求偿的能力。国家有独立、平等、自卫、管辖等基本权利和相应的义务。国家违反国际法的行为构成国际不法行为，应承担国际责任，其形式主要有道歉、终止不法行为、赔偿等。国家行为构成国际犯罪的，国家责任的形式可表现为限制国家主权等。

2. 居民。居民包括本国人和外国人。一个人依国籍而同其国籍国建立法律联系，受该国的法律管辖，享有和承担该国法律规定的权利和义务。外国人同时服从居住国的属地管辖权和国籍国的属人管辖权。各国给予外国人的待遇主要有三种：国民待遇、最惠国待遇和差别待遇。

3. 领土。领土由领陆（包括领水的底土）、领水（包括内水和领海）和领空组成。领空是指领陆和领水的上空，直至外层空层的下沿。专属经济区和大陆架属于沿海国的管辖区域，但不是一国的领土。领土处于一国的主权之下，是国家行使最高权力的空间范围，其他国家不得侵犯一国的领土主权和领土完整。国家对其领土内的一切人、事、物享有属地管辖权；在行使其属地管辖权时，应尊重他国的属人管辖权。

三　国际人权法

国际人权法的主要渊源是国际人权条约，主要有《经济、社会和文化权利国际公约》、《公民权利和政治权利国际公约》等。《联合国宪章》、《世界人权宣言》在国际人权法的形成中起了奠基作用。根据国际人权条约的规定，所有人，不分性别、种族、肤色、宗教、语言、国籍、社会出身，等等，都有权平等地、不受歧视地享有经济、社会、文化、公民和政治权利，缔约国有义务采取立法和其他措施，保证其领土范围内和在其管辖下的所有人享有这些权利；在他们的人权受到侵犯的情况下，有权得到行政的和司法的救济。国际人权法禁止种族灭绝、种族隔离、贩卖奴隶、施行酷刑等严重侵犯人权的行为，它们被认为是刑事犯罪，缔约国有义务予以惩罚。人权被认为是本质上属于一国的国内管辖事项，在一般情况下其他国家不得加以干涉。

四　海洋法

1982 年《联合国海洋法公约》对海洋法规则进行了全面编纂，并有很大发展。现行的海域制度主要有：1）领海，是沿海国主权之下的国家领土的一部分，宽度从领海基线量起不超出 12 海里。沿海国对领海内的一切人和事均有管辖权。外国所有船舶享有无害通过权。但包括我国在内的一些国家的法律规定，外国军用船舶通过中国领海，须事先通知或得到批准。2）专属经济区，是领海以外并邻接领海的一个区域，宽度从领海基线量起不超出 200 海里。是沿海国的管辖海域，沿海国对其中的一切自然资源和经济性开发享有主权权利，对其中的人工岛屿等设施的建造和使用、科学研究和海洋环境保护有管辖权。其他国家在专属经济区内有航行、飞越、铺设海底电缆和管道的自由。3）大陆架，是指领海以外，依陆地领土的自然延伸扩展到大陆边外缘的海底区域的海床和底土，宽度自领海基线量起不超出 350 海里。窄大陆架国家大陆架宽度不到 200 海里的，扩展到 200 海里。沿海国对大陆架及其资源享有主权权利；其他国家有在大陆架上铺设海底电缆和管道的权利。4）公海，是国家管辖海域以外的海域。对所有国家开放，实行公海自由原则，所有国家在这里都有航行、飞越、铺设海底电缆和管道、建造人工岛屿和设施、捕鱼和科学研究等自由。在公海上航行的船舶和船上事项受船旗国专属管辖。5）国际海底区域，是指国家管辖范围以外的海床、洋底及其底土，是人类的共同继承财产，由国际海底管理局代表全人类进行管理和资源的勘探、开发活动，国家和自然人、法人可通过与管理局签订合同的方式参与"区域"资源的勘探和开发活动。

五　航空法和外层空间法

航空法和外层空间法，是分别调整空气空间和外层空间的国家间关系的法律。空气空间和外层空间之间的界限至今在法律上尚未明确。

空气空间分为国家领土（领陆和领水）之上的空气空间和国家领土以外陆地和水域上的空气空间。前者称为领空，属于国家领土的一部分，处于国家主权之下；后者称为公空，对所有国家开放，不属任何国家所有和管辖。同劫机行为作斗争是航空法的一项重要内容。劫机被认为是犯罪行为，航空器登记国、航空器承租人主营业所所在地国、航空器降落地国、犯罪发生地国、犯罪分子所在地国均有管辖权。对劫机犯罪实行或起诉或引渡原则。外层空间是指领空和公空以外的空间，包括所有天体在内。外层空间是人类共同继承财产，任何国家和个人不得据为己有，只能用于和平目的，应为所有国家的福利和利益而利用。

六　外交和领事关系法

外交和领事关系法，是关于国与国之间外交和领事关系的建立，外交代表和领事及其机构的设立和派遣，外交代表和领事的等级，他们及其机构的特权和豁免，以及对接受国的义务的国际法。

使、领馆享有的特权和豁免有：悬挂派遣国的国旗和国徽；馆舍和档案；文件不可侵犯；自由通讯、免纳一切捐税等。外交代表和领事官员享有的特权和豁免有：人身、寓所和文书、信件不可侵犯；管辖豁免；免纳捐税等。使、领馆和外交代表、领事官员应尊重接受国的法律和规章，不干涉接受国的内政。

七　条约法

条约是两个或两个以上国际法主体依据国际法确定其权利义务关系的一致的意思表示，对缔约国有约束力。条约必须遵守是条约法的基本原则，各当事国有义务善意履行条约规定。

缔结条约，一般经过谈判、签署、批准和交换（存）批准书等程序。生效的方式由缔约方自行决定，可自签字、批准、交换批准书，或之后若干天起生效。有违反国内法有关规定，存在事实或情势错误、有欺诈、强迫行为、与强行法规则抵触等情况，条约自始无效。一国在签署、批准或加入一条约时，有权在不违背条约宗旨和目的的条件下，对条约的某一或某些条款提出保留或发表解释性声明。

八　国际环境法

国际环境法的适用领域，包括空气空间和外层空间环境的保护，海洋环境的保护，水环境和水资源的保护，生物资源的保护，自然文化遗产的保护，南极环境和资源的保护，危险废物污染的防治等。国际环境法的渊源主要是国际条约；但是，联合国大会以及联合国主持下的国际会议通过的许多宣言、决议、宪章，如1972年《斯德哥尔摩人类环境宣言》、1992年《里约环境与发展宣言》、1982年《世界自然宪章》等，在国际环境法的形成上也起了很大作用。

国际环境法的基本原则主要有：（1）尊重国家主权原则；（2）各国共同但有区别的责任原则；（3）经济、社会发展与环境保护相协调原则；（4）国际合作原则；（5）资源共享共管原则；（6）兼顾各国利益和优先考虑发展中国家特殊情况和需要原则；（7）禁止转移污染原则等。

九　国际经济法

关于国际经济法的性质和内容，国内学者有两种大相径庭的看法。一种意见认为，国际经济法是调整国家与国家之间和超越一国范围的经济关系的法律；它的主体，与一般所称的国际法的主体不同，除国家和国际经济组织以外，还包括个人（自然人和法人）。另一种意见认为，国际经济法是调整国家和国家、国家和国际组织之间经济关系的法律，而不调整国家与个人和个人之间的经济关系，其主体是国家和国际经济组织。国际经济法包括国际投资法、国际贸易法、国际金融法、国际税法等领域。

十　国际刑法

国际刑法是关于防止和惩罚国际犯罪的法律。目前，被国际法认定为国际犯罪，因而应当受到惩罚的罪行有：侵略罪、战争罪、危害人类罪、种族灭绝罪、贩卖人口罪、劫持人质罪、危及海上航行安全罪、危害国际航空安全罪、贩卖毒品或精神药品罪、伪造货币罪、盗窃国家珍贵文物罪等。凡犯有这些罪行的个人都应承担个人责任。在国家犯有侵略罪情况下，参与策划、准备、实行侵略的个人也必须承担刑事责任。国际刑法的实施方式，分由国家的国内法庭对被控犯有国际罪行的人进行审判和由国际上设立的刑事司法机构进行审判两种，而以国内法庭审判为主，国际司法机构审判起补充作用。

十一　国际组织法

国际法上的国际组织主要是指两个以上国家为了某种目的以一定协议形式创设的各种机构，即狭义上的国际组织，政府间组织。国际组织的成员主要是国家，在有些情况下，也有非主权国家的其他实体参加，成员分完全成员、准成员、部分成员、联系成员和观察员，他们各自享有与其资格相应的权利和承担相应的义务。国际组织作为国际法主体，具有以自己的行为行使权利和履行义务的行为能力和权利能力，其范围大小，主要由各该国际组织的组织章程加以规定。国际组织的机构和官员，享有相似于外交机构和使节的特权与豁免。

十二　国际争议法

当代国际法禁止在国际关系中使用武力或武力威胁，要求各个国家使用和平方法解决它们之间的各种争端。和平解决国际争端是当代国际法的一项基本原则。解决国际争端的和平方法包括：谈判、协商、调查、斡旋、调停、和解、仲裁、司法解决等。当一国遭到外来武力攻击时，受到攻击的国家有单独的和集体的自卫权。在这种情况下，当需要使用武力时，应立即向联合国安全理事会报告。

十三　武装冲突法

当代国际法在原则上禁止一国对另一国发动战争，只是承认在三种情况下使用武力合法：（1）当一国受到武力攻击时行使单独或集体自卫权；（2）联合国安全理事会断定存在对于和平之威胁、和平之破坏或侵略行为情况下，为维持或恢复国际和平与安全而采取行动；（3）殖民地人民为反对殖民统治而进行民族解放运动。在武装冲突中，冲突各方应遵守武装冲突法，主要体现为 1899 年和 1907 年的海牙公约体系和 1949 年日内瓦四公约及 1977 年两个附加议定书。

（原载《中国社会科学院院报》2000 年 2 月 18 日）

中国与国际法

近代的国际法，是在结束欧洲三十年战争的威斯特伐利亚公会（1643—1648 年）承认主权独立国家的存在以后，在欧洲国家之间逐渐形成的。在此之前，在欧洲和世界其他地区也曾有过被称为"国家"的政治实体，在这些"国家"的交往过程中，也曾出现过一些类似今天的国际法的原则、规则和制度。但是，关于这些原则、规则和制度，是否可以认为就是今天这样的国际法的问题，学者之间是存在争论的。

中国古代春秋战国时期，诸侯国家林立，相互交往频繁，在这过程中形成了一些有关外交使节、会盟、条约、战争等关系的规则和惯例。据此，中国学者一般认为，中国古代就有了国际法；但也有学者认为，各诸侯国只在一定程度上是独立的，它们并不是完全独立的主权国家，而且上述这些规则和惯例是不系统、不很确定的。所以，当时并不存在今天意义上的国际法。

公元前 221 年，秦始皇统一了中国，整个中国成了大一统的国家，"普天之下，莫非王土，率土之滨，莫非王臣"。在中国广阔的疆域范围内，没有"国家"，也没有国际法，这一状况一直延续至今。其间，虽然有时国家被分裂成几个部分，但是，"分久必合"，最终均归于一统，分裂只是局部的、暂时的现象。

在清王朝被推翻之前的两千多年期间，中华帝国一直以"中央王国"自居，君临天下，视周边一些小国为其"属国"、"贡国"，对它们实行朝贡制度，要求这些国家的统治者向中国皇帝俯首称臣，定期纳贡，中国皇帝则向他们提供保护和援助。在中国和这些国家间保持着相对独立的关系，但并不存在主权和平等的概念，也不存在今天的国际法。对于周边国家以外的被称为"外国"的国家，如印度、罗马、英吉利等国，基本上也是将它们视为"来朝"的外藩，要求来使向中国皇帝行三跪九叩大礼，但在待遇上则优于邻近的藩属。乾隆皇帝在给英王乔治三世的敕谕中说："尔国王僻处重洋，输诚纳贡，朕之饬予优加，倍于他国。"

史料表明，中国在17世纪中叶，曾有机会接触国际法，并曾有过运用国际法处理中国与其他国家某项关系的个例。1662年至1690年间，荷兰人来到中国表示希望与中国达成交往协议，在与中国官员的商谈中提到了"万国法"，要求荷兰使节在中国享有不受扣留的豁免权。有学者认为，在1648年左右，马丁（Martin Martini）神父还曾将苏亚利兹的国际法著作译为中文。另一个事例是，1689年中国与俄国通过谈判签订了《尼布楚条约》，相互承认对方是主权国家，划定了中俄之间的部分边界。这是近代以来中国依据国际法与其他国家缔结的第一个条约，也是中国在国家主权平等原则的基础上与他国签订的，从形式到内容都是平等的条约。但是，由于清王朝实行与外国不相往来的闭关锁国政策，在后来的150年间，再没有关于中国适用国际法的记载。

19世纪中叶，英国用鸦片打开了中国紧闭的大门，同时，也将国际法带入了中国。1839年，林则徐被清王朝皇帝派至广州禁烟，他在通过幕下译员袁德辉了解到国际法中有可以用来取缔鸦片、停止英国商人输入鸦片的内容以后，请美国教士伯驾和袁德辉将瓦特尔的《国际法》一书的部分章节翻译了出来。从林则徐后来宣告鸦片是违禁品，要求英国商人将其交出予以烧毁，以及为此给英国女王的信所使用的语言中可以看出，瓦特尔的《国际法》对他产生了明显的影响。

1863年，为了处理与法国的关系，总理衙门请美国公使蒲安臣推荐一本西方各国公认的有权威的国际法著作，以供参考。后者将曾任美国公使中文译员的丁韪良传教士正在翻译的惠顿的《万国公法》译稿推荐给了当时的总理衙门大臣，受到了赞许。因为译文难懂，总理衙门支出官银500两，并命四名中国官员协助加以修改后，于1864年将其刊印了300本，分发各省使用。

清朝政府想通过国际法来维护本国利益的想法，得到了一些成功经验的鼓励。1864年春，普鲁士公使乘坐一艘军舰来到中国海面，在这里拿捕了三艘丹麦商船，并将它们作为捕获物。对此，清廷总理衙门提出了抗议，认为进行拿捕的水域是"中国专辖之内洋"，普鲁士军舰在这一水域内扣留其他国家的船舶，"系夺中国之权"，是"轻视中国"。在中国的抗议和不接待普鲁士公使的威胁下，普国不得不释放了丹麦的商船，并赔偿了 1500 元。这一事件的和平解决，对于清朝政府决定引进国际法和翻译国际法著作起了很好的作用。

应当指出，中国自进入近代以来，虽然引进了国际法，而且有过运用国际法成功维护国家权益的经历，但是，总的来看，中国适用国际法的实践是比较有限的，而且不是很成功的。特别是在第一次鸦片战争以后，在相当长的时期内，西方列强视中国为"非文明国家"，在它们与中国的关系上不适用国际法，或者只是在对它们压迫和剥夺中国有利的情况下，有选择地适用国际法。其最集中的表现就是将一系列不平等条约强加在中国身上。中国当时国力衰弱，明知不平等条约对中国不利，但不得不接受这些条约，把它看作是可以维持清廷统治、国家安全的一种途径。

中国被迫签订的第一项不平等条约是 1842 年 8 月 29 日在英国炮舰"汗华丽"号上签订的《南京条约》，按照该项条约的规定，中国开放了五个口岸以供英国人贸易和居住，割让了香港的领土，偿付了 2100 万元的赔款。这项不平等条约开始了外国将不平等条约强加给中国的时代，这一时代延续了一百多年之久，直到 1947 年中国与美英两国缔结新条约，原则上废除在中国的领事裁判权制度和 1949 年中华人民共和国成立，在实际上完全废止一切不平等条约为止。在这期间，中国还被迫与英国签订了 1858、1860、1890、1898、1901、1906 年的一系列不平等条约。此外，中国还被迫与美国、法国、俄国、德国以及其他一些国家签订了许多不平等条约。把不平等条约强加给中国的国家中还有日本。

日本在 19 世纪中叶以前，本来也是个闭关锁国的国家。自 1853 年美国将军率领军舰来到日本海面要求日本结束锁国制度开始，经过明治维新的改革，日本走上了脱亚入欧，对外侵略扩张的道路。1874 年，日本借口"台湾生番"杀害琉球人，强迫中国签订了《北京协定》，不仅要求中国偿付赔款，实际上还剥夺了中国对于琉球的宗主权。1895 年，日本在取得甲午战争的胜利后，与李鸿章在日本签订了《马关条约》，迫使中国将辽东半岛、台湾和澎湖列岛割让给日本，并索取了二万万两白银。只是因为俄、德、法三国的干预，日本才放弃了辽东半岛，但又因此而另外取得了 300 万两白银。1901 年，日本作为《辛丑条约》的一方，从中国取得了巨额的赔款和驻兵等许多特权。1915 年，日本又以武力威胁逼迫当时的中国总统袁世凯同意签订中日条约，接受它提出的"二十一条要求"。

依据王铁崖教授编著的《中外旧约章汇编》的资料，在 1689 年至 1949 年间，中国与外国缔结的条约、协定，以及具有约束力的章程、合同等法律文书，计有 1175 件，其中，绝大部分对中国来说都是不平等的。基于这些不平等的条约，外国从中国取得的种种特权和特殊权利，包括领事裁判权、低关税、租界和租借地、驻兵权、内水航行权、海关、邮政和监狱管理权、铁路、采矿、电信经营管理权、发行钞票权、传教权，等等。它们还占据了中国许多地方，划分了许多势力范围。中国的主权和领土完整受到了严重的侵犯，沦为半殖民地国家。

1911 年中华民国成立，中国人民民族意识和国家主权、平等概念大增，全国上下都要求修改和废除不平等条约。第一次世界大战的结束和中国作为其中一员的同盟国的胜利，也为中国废除不平等条约提供了机会。1919 年，中国代表在巴黎和会上明确提出了废除 1915 年中日条约的要求。1923 年 3 月 10 日，中国政府又根据国会的决定，照会日本废止该项条约。但是，当时的中国还没有摆脱积贫积弱的状态，国内的军阀混战更使列强有了继续欺压和掠夺中国人民的可能。所以，日本和其他西方国家对于中国废除不平等条约的正义要求，不仅没有给予积极回应，而且还十分无礼地加予拒绝。日本甚至斥责中国的这一要求"有背于国际通义"。1924 年 12 月 9 日，包括日本在内的英、美、法、日、意等 8 个《华盛顿条约》签字国还发出联合照会，要求中国政府"严格遵守和履行"一切不平等条约。

中国废除不平等条约的斗争，只是在第二次世界大战爆发，国际上反对德、日、意法西斯同盟形成，中国的国际地位有所提升以后才渐见成效。中国在对日、德、意的战争宣告中声明，与这些国家订立的一切不平等条约从此无效。随后，从 1941 年开始，又与美、英以及其他与中国订立有不平等条约的国家展开了关于取消它们在中国的各种特权的谈判。至 1947 年，中国先后与美、英、印度、比利时、挪威、加拿大、瑞典、荷兰、法国、瑞士、丹麦、葡萄牙等国签订了它们放弃在中国的特权的新的条约。1949 年 10 月 1 日，中华人民共和国的诞生，以及随后中国与包括曾在中国享有特权的国家在内的世界上大多数国家在平等和相互尊重领土主权的原则基础上建立正式的外交关系，表明过去强加给中国的一切不平等条约已经在实际上被完全废除了。

新中国的成立，标志着中国与国际法的关系发展到了一个新的阶段。在这一时期，中国和国际法两个方面都发生了很大的变化。一方面，以各国主权平等为基础的《联合国宪章》的通过和联合国的成立，以及亚洲、非洲、拉丁美洲广大殖民地半殖民地相继取得独立，使得原来主要适用于欧美国家的国际法演变成了适用于世界各国的真正具有普遍性的国际法。另一方面，中国也实现了从半封建半殖民地到独立自主的现代主权国家的转变。在一段时期内，一些西方国家仍然不愿意以平等和公正的态度对待中国。尽管如此，这并没有影响到中国将国际法用来处理与其他国家的关系的信念和实践。1949 年 10 月 1 日，新中国成立时，中央人民政府主席向全世界公开宣告："本政府是代表中华人民共和国全国人民的唯一合法政府。凡愿遵守平等、互利及相互尊重领土主权等项原则的任何外国政府，本政府愿与之建立外交关系。"中国的这一立场和态度，后来在 1954 年《中华人民共和国宪法》、1954 年宣布的"和平共处五项原则"以及中英关于中国西藏地方与印度之间通商和交通协定等一系列重要的法律文件和政策宣告中，一再地予以了重申。1955 年，中国在参加亚非万隆会议期间，庄严地表明了对于《联合国宪章》所代表的当代国际法的尊重和支持，为宣布包括尊重《联合国宪章》的宗旨和原则在内的十项原则的《万隆宣言》的通过作出了贡献。会后，中国出席万隆会议的代表团团长周恩来总理又专门声明："尊重基本人权，尊重《联合国宪章》的宗旨和原则，尊重正义和国际义务，和平解决国际争端等原则，……是中国一贯遵守的原则。"

中华人民共和国不仅在口头上宣布支持和尊重国际法，而且从成立一开始就坚持依照国际法处理与其他国家的关系。值得指出的是，在新中国成立第二年，中国就采取了两项重大的国际法行动。一是通过平等谈判，与苏联签订了《中苏友好同盟互助条约》；一是针对美国入侵中国领土台湾和派飞机侵入中国领土上空轰炸，造成中国人民生命财产重大损失的不法行为提出了严重抗议和对美国的侵略行为不能置之不理的严重警告。在这一警告没有得到应有的回应，美国的侵略行为变本加厉的情况下，中国政府毅然决然地决定行使自保权和自卫权，派遣志愿军入朝，开展了抗美援朝、保家卫国的斗争。这两次国际法行动，对于当时中国的安全和以后的生存和发展都具有十分重要的意义。

半个多世纪以来，中国依据国际法，创造性地解决承认和继承问题，与多达 165 个国家建立了外交关系，妥善地处理了香港和澳门的回归，以及诸如朝鲜、越南停战等等许多历史和现实问题。中国缔结和参加了许多国际条约，仅在 2003 年一年之内，中国对外缔结的双边条约和协定就有 150 余项，签署、批准或加入了 17 项国际公约。作为联合国创始会员国和安理会常任理事国，中国一贯积极参加联合国的造法和执法活动，为联合国维持国际和平与安全，促进国际法发展的事业作出了贡献。中国在恢复了联合国的合法席位后，几乎参加了联合国主持下的所有重要的国际立法活动，为编纂和发展国际法作出了努力。

中国是一个拥有 13 亿人口的世界大国，也是对维持国际和平与安全负有使命感的国家。中国认为，遵守和执行国际法，对于维护正常的国际秩序，促进国家之间的友好关系与合作，正确解决各种争端与纠纷，都是十分重要的。中国一贯重视遵守和执行国际法。可以预期，随着中国的和平崛起，中国将会在维护国际法律秩序和发展国际法方面发挥越来越大的作用。

中国国际公法学三十年

　　改革开放的 30 年，是国际风云变幻、国际关系复杂多变的 30 年，国际上发生了一系列对国际法产生重大影响的事件。就我国而言，改革开放的过程，是积极扩大国际政治、经济、文化交往与合作的过程，参与国际事务日益广泛和深入。我国继恢复在联合国的合法席位以后，又加入了世界贸易组织以及其他许多政府间国际组织，承担起了越来越大的国际责任。与此同时，我国与其他国家之间发生的权益冲突日渐增多，此伏彼起。所有这些发展不断地推动着我国的国际法实践和理论研究，要求国际法研究有一个与国家崛起步伐相适应的巨大发展。

　　早在十一届三中全会前夕，邓小平高瞻远瞩，发出了"要大力加强国际法研究"的号召。进入改革开放新时期以后，江泽民、胡锦涛等党和国家领导人多次讲话，一再强调国际法在维护世界和平，促进世界经济、社会发展，保护国家合法权益等方面的重要作用。党的十七大的政治报告又明确指出，我国要与各国人民携手努力，推动建设持久和平、共同繁荣的和谐世界；为此，"应该遵循联合国宪章的宗旨和原则，恪守国际法和公认的国际关系准则"。这些指示极大地鼓舞了广大的国际法学者。国际法研究欣欣向荣，从国际法的基本理论到现实生活中的国际法事件，从传统的条约法、战争法到第二次世界大战后新兴的国际人权法、海洋法、国际环境法、国际经济法、国际刑法，国际法的几乎所有领域以及在国际上引起关注、与中国有重大利害关系的国际法问题，都成了学者们着力研究的对象，在理论创新、国际法学科建设和联系实际，为外交实践服务方面作出了很大成绩，取得了丰硕的研究成果。国际法理论水平和应用水平明显提高。我国的国际法研究迎来了百舸争游，繁花似锦的春天。

一　国际法基本理论研究

国际法的基本理论是指关于国际法的定义和性质、国际法的主体、国际法的效力根据、国际法的渊源、国际法基本原则、国际法与国内法的关系等等问题的理论知识，涉及国际法的一切领域。深入研究和阐明国际法基本理论问题，对于我们认识、掌握以至解释和适用国际法都具有十分重要的指导意义。中国国际法学者一贯重视国际法基本理论的研究和阐述；但是，在过去相当长的一段时期内，由于西方国际法学说和前苏联国际法学说的影响，在这一领域少有创新性的进展。在改革开放的大潮中，许多国际法学者怀着建立中国国际法理论体系的愿望和激情，积极地投入了国际法基本理论的研究，作出了很大努力。

他们一方面致力于外国学者有关理论观点的介绍和梳理，翻译出版了一批外国国际法名著；另一方面，对一些国际法基本理论问题展开了广泛而比较深入的讨论，发表了许多有价值的学术论文和专著。在如同雨后春笋般地涌现出来的众多国际法教科书中，也有许多关于国际法基本理论问题的具有新意的阐述。

1. 关于国际法的定义

用比较短的文字，简明扼要地阐明国际法的本质特征，即给国际法下定义，是国际法理论首先需要回答的重要问题，也许也是国际法理论中最难的问题。对于这一问题，中外国际法学者莫衷一是，给出了数以百计的不同答案。新中国成立后，老一辈国际法学家周鲠生教授第一个对国际法下了如下定义："国际法是在国际交往过程中形成的，各国公认的，表现这些国家统治阶级的意志，在国际关系上对国家具有法律约束力的行为规范，包括原则、规则和制度的总体"；由于各国的统治阶级不可能抱有共同意志，所以，国际法代表的是它们的协调意志。这一定义表明国际法具有国际性、法律性、一般性和阶级性等四个特征，在总体上为后来的中国国际法学者所采用，他们普遍认为，国际法是国家之间的法律，是对所有国家都有约束力的法律，是包括原则、规则和制度在内的一个行为规范体系。但是，该定义中关于国际法代表各国统治阶级意志的表述却引起了争议。有学者认为"国际法作为国家之间的法律,很难直接反映各国统治阶级的意志。如果肯定国家的阶级性,国际法也只能间接地反映各国统治阶级的意志"。有学者认为,传统的国际法体现了各国统治阶级的意志;但是,第二次世界大战后国际关系发生了根本性变化,这些变化在客观上丰富和充实了国际法的内容。所以可以说,从一定角度看,国际法是"不依人们的意志为转移的,"委婉地否定国际法意志说。有学者在探讨国际法的定义时有意回避国际法意志说,将国际法定义为国家通过协议制定的法律。但是也有学者坚持国际法意志说,提出了国际法是协调意志的表示的观点,认为国际法的约束力来源于"各国意志之间的协调",这种意志不可能是各缔约国的共同意志,而只是各国意志在求同存异基础上的一种协调或"协议"。在支持协调意志说的学者中,有人说国际法是"国家意志的协调",也有人说是各国统治阶级意志的协调。所有这些种种不同意见的发表表明,学者们关于国际法定义的讨论正在不断地深入。

2. 关于国际法的主体问题

国际法的主体是指有能力独立参加国际关系,享有国际法上的权利和承担国际法上的义务的实体。关于这一问题,国际法学界历来存在一些不同看法。

在传统的国际法和国际法理论中有一处于主流地位的看法,认为国家是国际法的唯一主体。第二次世界大战以后,国际法学界兴起了一股认为国际组织和个人也是国际法主体的思潮。在我国早期的国际法著述中,也一度认为只有国家才是国际法的主体。进入改革开放时期以后,一些国际法学者展开了对国际法主体问题的进一步研究。目前,学者们普遍认为,除国家是国际法的主要主体或基本主体外,争取独立的民族也应当被认为是国际法主体,它们在国际关系中实际行使着国家所享有的许多基本权利,如派遣和接受正式代表,签订国际条约和协定,作为正式成员参加国际会议和国际组织等等,尽管还不能像国家一样在国际法上享有完全的权利。学者们还基于国际法律文件的规定和国际组织参与国际关系的事实,普遍认为政府间国际组织也是国际法主体,其理由主要有:(1)按照各该国际组织的组织章程规定,许多国际组织都有独立参加国际法律关系的权利能力和行为能力;(2)国际组织独立参加国际法律关系的这种能力,得到了许多国际条约的确认。联合国国际法院关于联合国是否享有损害赔偿请求权问题的咨询意见，肯定了联合国作为一国际组织的国际法主体资格；（3）国际组织与国家等国际法主体建立正式关系，派遣和接受正式代表，签订国际条约和协定，其官员享受特权和豁免等事实证明，国际组织实际上已被接受为国际法主体。学者们指出，国际组织作为国际法主体与国家作为国际法主体不完全相同。国家享有主权，具有独立参加国际关系的完全的权利能力和行为能力，而国际组织是由国家为达到一定目的而创立的政府间组织，它参与国际关系的能力受其组织章程的限制，因此，是一种有限的、派生的国际法主体。

如果说学者们在国际组织是国际法主体问题上很容易就达成一致的话，那么，在个人是否是国际法主体问题上却至今仍有很多不同意见。有学者以第二次世界大战后国际人权条约等国际法律文件中的一些新规定为依据，说明国际社会趋向于承认个人为部分国际法主体。他们指出，按照《欧洲人权公约》的规定，个人享有国际法上的权利——人权，个人有权在其权利受到侵犯时，以本国国家为被告国，申请人权委员会加以处理；而且，在程序法上，作为申请人的个人与作为被告的国家是完全处于平等地位的。按照《关于控诉和惩处欧洲轴心国主要战犯的协议》及其附件《欧洲国际军事法庭宪章》以及根据这些法律文件随后进行的纽伦堡审判，个人是被明确宣告负有国际义务，对其违反国际法的犯罪行为应承担国际法上的刑事责任的。还有学者说，个人也享有海洋法、外交法等国际法律上的权利，可以证明个人是国际法主体。但是，目前仍有比较多的学者不认为个人是国际法主体，他们反驳说，个人享有的国际法上的权利是国家通过缔结条约赋予个人的，个人承担的国际法上的义务实际上是国际条约施加于国家的义务，都不能说明个人是国际法主体。至于个人作为国际罪犯承担刑事责任，则只能说明他是国际法惩处的对象，是国际法的客体，而不是国际法的主体。关于个人是否是国际法主体问题的讨论仍在进行中。

3. 关于主权问题

主权是国家的本质属性，所以，有时也称国家主权，这是当代国际法和国际法理论的核心和基础问题。长期以来，关于这一问题就存在绝对主权和相对主权、主权可分和不可分的争论，也有完全否定主权，主张建立"世界国家"、"世界政府"、"世界法"的言论。尽管如此，目前在国际法理论和实践中已经形成一些基本认识，即：主权是国家独立自主处理其对内、对外事务的最高权力；主权是国家最重要的属性，没有主权就没有国家；国家主权是神圣的，应当得到充分尊重，尊重国家主权是当代国际法的基本原则；主权不容分割、不容侵犯，侵犯一国主权构成严重的国际不法行为，侵犯者必须对此承担国际责任等等。近二三十年来，在经济全球化深入发展、种族灭绝等大规模粗暴侵犯人权事件频频发生、全球生态环境日益恶化的情况下，国际上出现了"国家主权妨碍国际合作"、"限制主权"、"人道主义干涉"、"保护的责任"、"不损害境外环境义务"等许多挑战国家主权的言论和主张。在国内，因为加入世界贸易组织、参加国际人权条约而要求国家承担国际义务，修订国内法律，也引起了这是否损害国家主权的疑虑，也有认为进行国际合作就要求对国家主权加以限制的观点表达。在这种情况下，学者们就主权问题展开了热烈讨论，有学者还出版了专门论述主权问题的专著。学者们普遍认为，主权是国家固有的，不是国际法给予的。国际法建立在尊重国家主权的基础之上，它并不要求国家在相互关系上限制主权，而是要求相互尊重主权。尊重国家主权是当代国际法的基本原则，不容动摇。否定主权和主权原则，意味着否定国际法。事实上，世界各国中没有一个国家不坚持自己的主权，即使那些非难主权的人，也不主张或同意自己的国家放弃主权。关于一国参与国际政治、经济合作，参加国际组织或国际条约，承担法律义务，是否表明这一国家的主权受到限制，或者它们是在自愿限制或让渡主权的问题，许多学者都持否定态度，指出，当代国际法理论从来认为，主权是相对的，而不是绝对的。一国在其对外关系中不能随心所欲，恣意妄为，而必须尊重其他国家的主权，遵守国际法的规定。它在主张和行使自己的权利时，也承担相应的国际法上的义务。一国参加国际组织或国际条约，这种行为本身是国家行使主权的一种表现。接受国际组织的约束和履行国际条约的义务，应认为是该国对其主权权利或主权行使的自我限制，并不影响它继续作为享有完全主权的国际法主体独立自主地处理其对内对外事务。这种自我限制不能看作是对其主权的限制或是让渡主权。但是，并不是所有学者都支持上述看法。有学者认为，国际关系已经发生了很大变化，原有的主权理论应当适应这一变化而不断发展。更有学者认为，全球化发展趋势已经动摇了传统的国家主权概念，应当坚持国家主权与对国家主权的自我限制的辩证统一。

主权概念在发展是许多学者讨论的话题。一些坚持原有主权概念的学者也认为主权概念有发展。但是，他们与把发展同主权弱化联系在一起的学者不同，认为主权不仅没有弱化，相反，它在内容上更加丰富了。有学者举例说，一些国际法律文件明确提出了对于自然资源的永久主权的概念，认为这是对领土主权概念的新发展，表明国家主权既包括政治主权，也包括经济主权，二者是相互依存的。与主权概念有关的另一项国际法的新发展是全人类共同利益（国际社会共同利益）概念的出现。在外空法和海洋法先后将月球及其资源和国际海底区域及其资源宣布为人类共同继承财产，以及国际环境法提出"人类共同关切事项"概念以后，一个跨越国界，以全人类或整个国际社会作为主体的全人类共同利益或国际社会共同利益的概念受到了广泛的认同和承认。这一新发展也引起了国际法学界关于这一概念与主权的关系的讨论。有学者认为，为了全球共同利益，在一些领域适当限制国家的主权是必要的，而另有学者认为，要坚持国家主权原则和全人类总体利益原则的统一结合，既要维护各国的主权和利益，又要顾及国际社会的总体利益。

4. 关于国际法和国内法的关系问题

关于这一问题西方国际法学界历来有一元论和二元论的争论。一元论认为，国际法和国内法属于同一法律体系；而在这一理论中，又有国内法优于国际法和国际法优于国内法两种学说的区分。二元论认为，国际法和国内法是两种绝对不同的，平行的法律体系，互不隶属。我国的老一辈国际法学者曾经对西方学者的这些理论作了认真的分析和梳理，并在深入研究的基础上，对国际法和国内法的关系问题提出了自己的精辟见解。他们认为，国际法和国内法是两个不同的法律体系，二者之间不应该有谁属优先的问题。这两个法律体系也不是如二元论所说的那样是平行的、对立的关系，二者相互之间有着密切联系，且是相互影响、相互渗透的。他们的这些理论成果为中国国际法学界所广泛接受，也为后来有关国际法和国内法关系问题的研究提供了理论基础。

20世纪90年代以来，在我国因为签署、批准国际人权条约和加入世界贸易组织而需要修订国内法律和处理在国内适用国际条约问题的情况下，学者们又对国际法和国内法的关系问题展开了研究，研究的问题主要有：关于国际法和国内法关系的理论，中、外宪法和法律关于国际法和国内法关系的规定，国际条约在国内适用的方式、国际法与国内法冲突解决规则、国际法特别是国际条约在我国法律体系中的地位等。对于所有这些问题，学者们都进行了深入研究，提出了许多很好的，有时是不一样的观点。例如，有学者认为，我国现行的一些法律中"中华人民共和国缔结或者参加的国际条约同本法有不同规定的，适用该国际条约的规定，但中华人民共和国声明保留的条款除外"的规定表明，在我国的法律制度中，国际法处于优先地位，在国际法与国内法发生冲突情况下适用国际法优先原则。但是，有学者表示不同意见，认为包含有这样规定的法律只是一些单行法律，它只能表明，在该法特定的适用范围内适用国际法优先原则。有关国际法和国内法关系问题应由一国宪法或宪法性法律加以处理，在我国宪法或宪法性法律尚未就这一问题作出规定之前，很难说在我国已经确立了国际法优先的一般原则。还有学者指出，上述法律规定是否符合我国宪法其他有关规定也是一个需要研究的问题。例如，在我国宪法中，条约因其批准、核准的程序不同而位于不同的效力等级，而且，即使是最重要的条约也只是由全国人大常委会决定批准的，在这种情况下，笼统地认定条约优于法律是不妥的，甚至有违宪嫌疑。这些讨论丰富了我们对于国际法和国内法关系问题的理论认识，也为我国立法正确处理国际法与国内法关系问题提供了理论支撑。鉴于宪法中没有关于国际法与国内法关系的一般性规定，以及现行法律中一些有关这一问题的规定存在明显问题，学者们还在认真研究的基础上提出了相应的修宪和修法建议。

二　国际人权法研究

国际人权法是在《联合国宪章》将促进国际合作以增进对于所有人的人权的尊重规定为联合国的一项宗旨以后，在联合国的主持下以《联合国宪章》规定的人权宗旨和原则为基础而建立、发展起来的一门新兴法律，在当代国际法律体系中占有重要位置。新中国成立后不久曾向全世界公开宣告，中华人民共和国承认和尊重联合国促进人权的宗旨和原则。但是，由于极"左"思潮的影响，在"文革"结束之前较长的一段时间里，人权一直被认为是资产阶级的东西而受到批判，国际人权法也因此而没有得到应有的重视和研究。"文革"以后的拨乱反正恢复了人权在我国思想理论体系中的地位。随着民主法制建设的不断取得进展和越来越广泛地参加国际人权活动，我国的国际人权法研究获得了很大动力。特别是在我国继参加多项国际人权条约以后又决定参加国际人权二公约，并通过修宪，把"国家尊重和保障人权"作为一项宪法原则在《宪法》中规定下来，国际人权法的研究迅速形成了一个高潮，许多从事法学理论和国内法研究的专家学者也投入了国际人权法的研究行列。国际人权法的一些基本问题，如人权概念、人权国际标准、平等和反歧视原则、缔约国在人权条约下的义务、人权条约的国际、国内实施机制、人权的可司法性、人权条约的保留等，以及自决权、发展权、少数人权利、妇女、儿童权利等集体和个人人权，人权的普遍性和特殊性、人权与主权的关系，人权的国际保护与不干涉内政原则的关系、死刑的存废和适用等等问题，都进入了学者们的视野，得到了比较深入的研究，形成了一批有价值的研究成果。目前，我国已初步建立了自己的国际人权理论体系。

在国际人权法的研究中，学者们很注意理论联系实际，重视国际上发生的和我国面临的种种人权实际问题的探讨，为我国积极参与国际人权活动、人权法制建设和具体人权问题的解决建言献策，作出了明显的贡献。在联合国决定于1993年在维也纳召开第二次世界人权大会之后，学者们撰写了研究报告，为我国代表团参加这次重要会议所应采取的立场提出了理论对策和建议。在国家准备参加《经济、社会和文化权利国际公约》及《公民权利和政治权利国际公约》之际，学者们又撰写了研究报告，论证了我国加入这两项重要国际人权条约的必要性和可行性，并在对《公约》和我国现行法律相应条款进行对照研究的基础上，就如何实现我国国内法与国际人权公约的衔接，消除参加这两项人权公约的法律障碍问题提出了具体建议。学者们还就国际人权二公约在我国的实施问题作了许多研究。

这些研究成果受到了有关领导部门的重视和肯定。此外，也有不少学者直接参加了我国与其他国家的人权对话和学术交流活动，在阐述中国的人权政策、人权理论观点和人权法制建设成就，增进外国人权官员和学者对于中国的认识和理解方面发挥了很好的作用。

三　国际海洋法研究

国际海洋法是一门古老而年轻的法律，在第二次世界大战结束以后有了很大的发展变化。1973 年至 1982 年第三次联合国海洋法会议的召开和被誉为"海洋宪章"的《联合国海洋法公约》的通过，标志着国际海洋法的发展进入了一个崭新的历史阶段。这一《公约》对海洋法律规则作了迄今为止最为全面的编纂，并在新的历史条件下发展了海洋法。它详细地规定了各种海域的法律制度，确定了沿海国和内陆国及地理不利国家在海洋及其自然资源的利用和管理方面的权利，在平衡沿海国和内陆国、发展中国家和发达国家利益的基础上，建立了新的海洋法律秩序。海洋法关系到世界各国，特别是沿海国家的切身利益，所以，几乎所有国家都十分重视研究和掌握国际海洋法。

为了维护国家领土主权，我国政府在 1958 年通过发布"关于领海的声明"初步建立了领海制度。但是，由于对海洋权益重视不够，也是因为我国被阻挡在联合国之外缺乏对于国际海洋法发展动向的了解，所以在相当长的一段时间内，几乎没有人专门从事海洋法的研究。第三次海洋法会议的召开和我国派出代表团全程参与会议关于制订海洋法公约的讨论，彻底改变了这一状况。为了配合我国代表团的工作，一些学者开始围绕海洋法会议上争论较大的问题展开了研究。1982 年《海洋法公约》通过前后，更多的学者投入了对于《公约》和我国批准《公约》问题的研究，很快形成了研究海洋法的高潮。研究的问题遍及海洋法所有领域，尤其是专属经济区、大陆架、群岛水域、国际海底区域、海洋争端解决机制等新的法律制度以及无害通过、专属经济区的法律地位和剩余权利、大陆架定义、海域划界原则、公海渔业管理、深海底矿物资源的勘探开发和利用制度、国家海洋法法庭等法律问题。此外，海洋法的一般理论、海洋法的历史、战后海洋法大变革的原因等也都得到了比较深入的研究。这些研究对于我们正确理解和把握《海洋法公约》的规定很有帮助，为我国作出批准《公约》的决定，制定《领海及毗连区法》、《专属经济区和大陆架法》等重要国内海洋法律，作了必要的理论准备，也为我国海洋法学学科的建立打下了坚实基础。

学者们在从事海洋法理论研究的同时，也从国家需要出发，为研究国家面临的许多海洋法实际问题付出了很大努力，作出了显著成绩，这些问题主要有：钓鱼岛和南沙群岛的领土争端、东海海域划界和资源共同开发问题、南海我国专属经济区上空中美撞机事件、南、北极问题等。学者们通过深入细致的研究，以有力的历史事实和充分的法理依据证明钓鱼岛和南沙群岛自古以来就是中国领土的一部分，为国家维护主权和领土完整的外交行动提供了理论支撑。关于东海海域划界问题，学者们指出，公平原则是国际社会公认的指导专属经济区和大陆架划界的国际习惯法原则。中日之间的专属经济区和大陆架两种海域的划界问题，应由中日两国按照大陆架自然延伸原则和公平原则，考虑到东海大陆架自中国大陆一直延伸到冲绳海槽这一地质地理因素，通过协商谈判加以解决。这些研究成果对于我国成功解决岛屿领土争端和海域划界问题很有价值，有助于我国维护合法权益。

四　国际刑法研究

国际刑法是第二次世界大战以后新兴的另一门法律。1945 年和 1946 年纽伦堡国际军事法庭和远东国际军事法庭的设立，以及随后这两个法庭对于 22 名德国首要纳粹战犯和 28 名日本主要战犯的审判，标志着国际刑法的发展进入了新阶段。在此以后，国际社会又为反对国际犯罪采取了一系列行动，从实体法和程序法两个方面不断地推动国际刑法向前发展，其中影响较大的举措有：先后通过了《防止及惩治灭种罪公约》、1949 年日内瓦公约、三个反劫机公约、《反对劫持人质公约》、《禁止酷刑公约》、《国际刑事法院罗马规约》、《联合国反腐败公约》、《打击跨国有组织犯罪公约》等国际法律文书，建立了前南国际法庭、卢旺达国际法庭和国际刑事法院等国际刑事审判机构。国际刑法从第二次世界大战之前主要限于惩治海盗罪、贩卖奴隶罪等单个犯罪的一些法律规则，迅速发展成为一个比较完整的独立的刑事法律规范体系。

中国作为日本侵略战争的受害国直接参与了远东国际军事法庭的组建和对于日本战犯的审判，较早地有了国际刑法实践。新中国成立后，国际法学者曾在他们的著述中讨论过国际犯罪问题。但是严格地说，国际刑法问题的研究只是在改革开放以后才真正得到开展。30 年来，我国的国际法学者和刑法学者携手并进，共同开创了国际刑法研究的大好局面，先后出现了四次研究高潮：一是 20 世纪 70—80 年代针对劫机犯罪进行的反劫机公约和将劫机犯引渡回国审判问题的研究；二是 90 年代初对国际刑法学理论体系的研究；三是 20 世纪末国际刑事法院成立前后关于《国际刑事法院罗马规约》和我国对于国际刑事法院的态度问题的研究；四是本世纪初联合国通过《反腐败公约》和《打击跨国有组织犯罪公约》后，围绕引渡外逃腐败罪犯和追缴携带出境非法资产问题展开的国内刑事法律与国际刑事法律衔接和国际刑事司法协助问题的研究。在这一过程中，国际刑法的概念和特点、国际犯罪的构成，国际刑法的一般原则，普遍管辖权，或起诉或引渡原则，侵略罪定义、国际恐怖主义定义，前南法庭设立的法律依据，国际刑事法院的管辖权及其与国家主权的关系，个人和国家的刑事责任等许多重要的国际刑法理论和实际问题吸引了学者们的注意，得到了比较深入的研究，有些问题的研究已经取得重要成果。

揭示国际刑法的本质特征，给它以一个清晰、准确的概念，是国际刑法学需要完成的一项重要任务，也是我国学者讨论比较多的一个问题。讨论表明，他们至少已经达成了以下三点共识：（1）国际刑法是一门针对国际犯罪的法律；（2）国际刑法在构成上既包括刑事实体规范，又包括刑事程序规范；（3）国际刑法的渊源主要是国际习惯和国际条约。但是，从学者们的观点中也可以看出，他们关于国际刑法性质的认识仍有一些细微的，然而却是重要的区别。例如，一些学者明确肯定国际刑法是国际法的一部分，认为国际刑法的渊源是国家间签订或认可的国际条约和国际法一般原则；而有一些学者则认为，国际刑法是国际法和（国内）刑法法规的有机结合，或称国际刑法是国际法和刑事法律的交叉学科，具有国际法和刑事法律的双重性质，在实质上否定国际刑法是国际法的一部分。也有学者认为，国际刑法的立法主体是国际社会，对国际刑法作为国际法一部分的法律，其主体通常是指主权国家的学说提出了挑战。这些意见的一致和不一致说明，我国学者在探索国际刑法的精确概念方面已经迈出坚实的步伐，取得了很大成绩；但是，还有许多艰难工作有待共同努力去做。

五　国际条约法研究

条约法是一门规定条约的缔结程序及其在实施和终止中发生的如解释、适用、失效等种种问题的法律。这门法律，因为国际法的各个部门均以条约为其主要渊源之一，所以贯穿于国际法的全部领域，在国际法体系中占有特殊的位置。我国学者一贯重视条约法的研究，尤其是在进入改革开放时期以后，学者们以 1969 年《维也纳条约法公约》为依据和范围，充分利用该公约的准备资料，对条约的概念和特征、条约的缔结和生效、条约的保留、条约的适用、条约的解释、条约的修改、条约的无效、条约的争端解决等条约法问题进行了广泛而系统的研究，取得了以李浩培教授的名著《条约法概论》为代表的重要理论研究成果。

在我国缔结或者参加的国际条约越来越多，特别是在我国参加多项国际人权条约和世界贸易组织协定的情况下，条约在我国适用的问题受到了国家有关部门和国际法学界的普遍重视。条约是国家间依据国际法签订的反映它们的共同同意的协定，一旦生效即对各当事国产生约束力。有关国家必须按照条约信守原则善意执行条约规定，在其国内适用条约，而且不能援引其国内法规定为理由拒不履行条约。我国作为众多国际条约的缔约国，在实践中一贯以严肃认真的态度履行条约义务，在一些法律中也包含有关于适用条约问题的规定。但是，因为宪法中没有关于国际法与国内法关系和国际条约在我国法律体系中的地位问题的一般性规定，所以，学者们普遍认为，我国适用条约的法律制度尚未完全建立起来。为了配合国家有关立法工作，学者们围绕着条约在我国法律体系中的地位和我国适用条约的方式这两个问题展开了广泛的研究和讨论。

关于条约在我国法律体系中的地位即条约与我国国内法律的关系问

题，一些学者指出，我国有许多法律包含有"中华人民共和国缔结或者参加的国际条约同本法有不同规定的，适用该国际条约的规定"的规定，根据这些规定应当得出在我国的法律体系中条约的地位优于国内法律的认识。有学者不同意这一看法，认为我国的条约缔结和法律制定在程序上基本相同，据此，可以说，条约和法律在中国国内具有同等的效力。另有一些学者则认为，按照宪法和立法法、缔结条约程序法等基本法律的规定，我国的国内法律分为全国人民代表大会通过的基本法律和全国人大常委会通过的一般法律，就广义的法律讲，还包括国务院制定的行政法规、省、直辖市的人民代表大会和它们的常委会制定的地方性法规，以及国务院各部门制定的部门规章等，它们的法律效力各不相同；同时，我国缔结或者参加的国际条约又区分为全国人大常委会决定批准的条约和重要协定、国务院缔结的条约和协定，以及政府各部门签订的其他协定，它们的法律地位均低于基本法律，其中一些条约的地位等同于一般法律，有的条约则低于一般法律。在这种情况下，无论说条约优于国内法律，或者说条约与国内法律具有同等效力，都是不符合中国现行法律的规定的。基于这一分析，有学者还进一步指出，例如《民事诉讼法》这样的基本法律中作出的"中华人民共和国缔结或者参加的国际条约同本法有不同规定的，适用该国际条约的规定"的规定，难免有违宪的嫌疑，需要在以后的修法中加以纠正。

关于条约在国内的适用方式问题，学者们一致认为，在法理上，各国都有权自己决定本国适用条约的方式，在实践上，各国采用的适用条约的方式是不同的，有的国家使用直接适用方式，有的国家使用间接适用方式，也有国家混合使用这两种方式。但是，在我国适用条约的方式问题上，学者们显示出了相当大的分歧。有一些学者认为，现行立法，司法解释和司法实践表明，国际条约在我国内的适用，采取的是将条约纳入国内法，直接予以适用的方式。另外一些学者则认为我国除直接适用国际条约外，也有将条约转化为国内法律，予以间接适用的实践，即同时采用了直接和间接的两种适用方式。他们认为，我国应保留在条约适用方式使用上的灵活性，可以视条约的性质和内容的不同，结合我国实际情况，分别决定该类条约的适用方式。学者们的这些讨论，理清了我国适用条约的现状和存在的问题，提出的一些看法和建议，为国家今后采取必要的有关立法活动提供了理论支撑。

六 国际人道法研究

国际人道法，又称国际人道主义法、武装冲突法，是在20世纪70年代出现的一门法律，其渊源可追溯到19世纪末开始形成的战争法规。80年代初，我国一些研究战争法的学者已开始关注和研究这一法律。90年代以来又有一些学者投入了这一法律的研究，研究的内容涉及国际人道法的概念和内容、它的发展历史、基本原则、适用范围、与国际人权法的关系、违反人道法引起的责任，对违反人道法行为的制裁等许多问题，在增进对于国际人道法的认识方面取得了进展。目前我国的国际人道法研究方兴未艾。

国际人道法的概念和内容是国际人道法理论的基本问题，许多从事这一法律研究的学者都对这一问题进行了探讨，提出了自己的认识。关于这一问题，基本上有三种观点：一种观点认为，这是一门从人道主义原则出发，用来保护战争受难者的法律，它不涉及战争的法律地位以及交战国使用的作战手段和方法；第二种观点认为，国际人道法是一门保护战争受难者和限制作战手段和方法的法律，它既包括关于保护平民和战争受难者的条约和惯例，也包括关于作战手段和方法的条约和惯例；第三种观点认为，国际人道法也就是战争法或武装冲突法。国际人道法适用于战争或武装冲突，所以有时被称作"战争法"、"武装冲突法"，而"战争法"或"武装冲突法"是基于人道原则而制定的，所以有时也被称为"人道法"。可见，国内学者关于国际人道法的概念和内容问题的认识存在很大分歧，反映了国际人道法这一法律和概念的提出时间不长的事实，也反映了我国关于国际人道法的研究仍处在初始阶段的现状。

国际人道法的适用范围是一个与国际人道法概念有密切关系的问题，学者们对这一问题也进行了很多研究，形成了一些基本共识。他们认为，国际人道法的适用范围与传统战争法不同，它不仅适用于国家间经过宣战的战争，也适用于不宣而战的武装冲突；不仅适用于国家之间的国际性武装冲突，也适用于一国内部的非国际性武装冲突，即一国内战。此外，国际人道法还突破了条约只约束缔约国，对第三国没有约束力的一般国际条约法规则，不仅适用于人道法公约缔约国之间的关系，而且在一定条件下也适用于缔约国与非缔约国之间的关系，即在非缔约国表示接受并执行人道法公约的情况下，国际人道法也对该非缔约国有约束力。

学者们关于国际人道法和国际人权法的关系问题的研究取得了很大进展。他们指出，这两门法律有着十分密切的联系和共同之处，同时又有很大的区别，不能将二者混同起来。关于联系和共同之处，学者们认为，无论是国际人道法或是国际人权法都是以法律制度给予个人以保护为其根本目的的法律；还有学者认为，国际人道法实际上是人权规则和标准与关于武装冲突的国际法规则相结合的产物。

关于国际人道法和国际人权法的区别，学者们认为，这是十分明显的。首先，二者的法律渊源不同。国际人道法的渊源主要是海牙体系和日内瓦体系的国际条约和国际习惯，国际人权法的渊源主要是《联合国宪章》和联合国主持制定的《世界人权宣言》、国际人权二公约等国际人权文书；其次，二者的适用不同。在时间上，国际人道法适用于战争或武装冲突时期，而国际人权法主要适用于和平时期；在适用对象上，国际人道法主要规范国家对于敌国平民和战斗人员的关系，为敌国平民和战斗人员提供保护；国际人权法主要规范国家与其管辖下的所有人的关系，为每个个人和人民集体提供保护；在适用途径上，国际人道法通过国家使战斗员和非战斗员享受各方面的人道待遇，国际人权法则是主要以赋予个人以权利的方式促进和保护个人的人权。第三，二者所提供的权利保障的性质不同。国际人道法所提供的权利保障具有绝对性，受害人不得放弃，国际人权法所提供的权利保障具有相对性，权利的行使主要取决于权利人自己。

七　伊拉克战争与国际法问题

2003 年美国发动入侵伊拉克的战争，是第二次世界大战结束以后罕见的一起粗暴践踏国际法的严重事件，震惊了全世界，受到了国际社会对其违反国际法的行为的广泛谴责。美国及其一些学者提出所谓"防御性自卫"，"先发制人"等谬论替自己辩解，妄图为其战争行为披上合法的外衣。我国学者对这一问题进行了认真的研究，一致认为伊拉克战争是一个国家对另一个国家非法使用武力，严重破坏国际法的国际不法行为，发动战争的美国必须对其行为承担国际责任。学者们指出，以《联合国宪章》为核心和基础的当代国际法明确禁止在国际关系上使用武力或武力威胁。按照《宪章》的规定，只有在以下两种情况下使用武力才是容许的，一是联合国安理会断定存在对于和平的威胁或侵略行为情势，作出了使用武力的决定；二是当一个国家遭到外国武力攻击时可行使自卫权。除此以外，一个国家是绝对不被容许对另一国家使用武力的。美国在一没有得到安理会的同意和授权，二没有遭到伊拉克的武力攻击的情况下，悍然发动入侵伊拉克的战争，明显地违反了《联合国宪章》，违反了尊重国家主权和领土完整，在国际关系上不使用武力或武力威胁等公认的国际法基本原则，因此是不合法的。关于"防御性自卫"、"先发制人"等理由，学者们指出，国际法理论和实践承认自卫权，即当一个国家遭到他国现实的、而不是臆想的武力攻击时可以行使自卫权；但是，采取自卫行动必须是在遭到武力攻击之后，而且自卫行动在程度上应当同它受到的武力攻击有相称性。美国在没有遭到伊拉克武力攻击的情况下，对伊拉克发动"先发制人"的战争，而且，其战争行为的规模和严厉程度远远超出应对臆想中的伊拉克攻击所必需的范围，这是完全违反《联合国宪章》关于自卫权的规定的。所谓"防御性自卫"、"先发制人"，是对自卫权的歪曲和滥用。此外，学者们还对美国在伊拉克战争中违反战争法规使用贫铀弹等残暴武器的战争罪行和违反人道法残酷虐囚的反人类罪行进行了揭露和批判。我国学者以自己的行动伸张了正义，维护了国际法的严肃性。

八　联合国的改革和《联合国宪章》的修改

联合国是当今世界最具普遍性，也是最重要、最有影响的国际组织，在维护国际和平与安全，促进世界各国共同发展方面发挥着无可替代的重要作用。由于国际形势的巨大变化，联合国的现有机制已不能成功地面对挑战。为了改变这一状况，联合国全体会员国已决定对联合国进行重大改革。联合国的组织及其全部活动都是建立在《联合国宪章》规定的基础之上的，为了对联合国进行改革，必须对《联合国宪章》作出必要的修改。

我国学者对联合国为什么要改革，需要进行哪些改革的问题进行了研究，提出了自己的意见。学者们指出，联合国需要进行改革主要有两方面原因：一是面临的安全威胁和任务更加复杂了。60多年前联合国建立之时面对的主要是传统的安全威胁，即国家之间的战争，其任务主要是防止新的世界大战的爆发，联合国的现有机制就是为此而设计的。目前形势已经发生很大变化，除传统的安全威胁外，联合国面临的还有贫穷和传染病、内战、种族屠杀等国内冲突、大规模毁灭性武器的扩散、恐怖主义、跨国有组织犯罪等等非传统安全威胁，现有机制已不足以适应新形势的要求；二是联合国组织及其活动缺乏民主，不能有效地运作和很好地发挥作用。其表现是，联合国会员国已从成立时的51个国家增加到目前的193个，其中绝大多数是发展中国家，而在安全理事会等联合国的重要机构中，发展中国家所占的席位明显偏少，它们的利益和要求在联合国的决定和活动中不能得到应有的反映。另一方面，一些大国却拥有法律和事实上的特权，在一定程度上能够左右联合国的议程，阻挠某些决定的通过。关于改革的内容，有学者认为，在联合国的宗旨方面，应把促进经济和社会的持续发展放在首要关注的地位，致力于消除贫困，实现全人类的共同繁荣。在维持和平和集体安全领域，应坚持和强调和平解决国际争端及在国际关系上禁止使用武力的原则，为打击国际恐怖主义和跨国犯罪加强国际合作并恪守国际法。联合国机构的改革，应着力使其具有更广泛的代表性、更高的效率和透明度。安理会的组成需要扩大并增加发展中国家的席位。常任理事国的否决权是一种特权，不符合时代要求；但是，它是历史上形成的，在目前仍在发挥着一定的积极作用，所以，在现阶段的改革中，仍宜暂作保留，但不应扩大。此外，学者们还就联合国的改革应当遵循的原则提出了一些看法，主要是：（1）《联合国宪章》规定的联合国的宗旨和原则经历史证明是好的。联合国改革需要顺应形势对这些宗旨和原则作出新的阐述，赋予它以新的含义；但是，不应当动摇或损害这些宗旨和原则，而应当加以坚持和维护。改革只能有利于提高联合国的权威和它处理国际事务的能力，而不能相反。（2）联合国是由主权独立国家组成的国际组织，它的改革应当在尊重会员国主权平等的原则基础上通过协商一致的方式进行。一时难于达成一致的问题，宁可等待时机成熟时才付诸解决。（3）《联合国宪章》的修改应严格按照《宪章》规定的修正程序进行。

过去的30年，是我国国际法研究走向繁荣，得到巨大发展的30年，是在理论探索，建立中国国际法理论体系和联系实际，为国家外交实践服务方面取得令人振奋成就的30年。

当今世界正处在大变革、大调整之中，国际关系错综复杂，不确定因素有增无减，利益冲突此起彼伏。这一动荡不安的世界越来越认识到法治的重要，越来越强调国际法可能发挥的积极作用。中国坚持走和平发展道路，要求有一个共同尊重和遵守国际法的国际环境，为了维护国家主权、安全和发展利益，妥善处理与其他国家的关系，也是为了履行大国责任，推动持久和平、共同繁荣的和谐世界的建设，为人类的美好未来作出更大的贡献，都需要国际法。正在和平崛起的中国对国际法提出了更多更新的要求。我国的国际法研究面临着困难和挑战，同时也面临着前所未有的大好发展机遇。在全国国际法工作者的共同努力下，我国的国际法研究一定能取得更加辉煌的成就。

（原载《中国法学30年》，2008年）

关于重申和平共处五项原则的建议

相互尊重主权和领土完整、互不侵犯、互不干涉内政、平等互利、和平共处五项原则，是 1954 年由中国和印度、中国和缅甸，作为处理两国关系，以至国与国之间关系的原则基础而倡导的。这五项原则自提出以后，即受到了国际社会的普遍欢迎。虽然一些国家曾对它表示过反对，如美国在联合国大会审议关于各国和平共处的国际法原则议程时反对"和平共处"的提法；也曾经经历过中印边境武装冲突的严峻考验，当时有人认为和平共处五项原则已经寿终正寝。但是，因为这五项原则符合世界各国长期的、共同的利益，特别是广大发展中国家的利益和愿望，符合国际正义和道德的要求，也是与当代国际法的基础——《联合国宪章》的宗旨和原则一脉相承，大同小异，基本一致；所以，没有遇到很多困难，和平共处五项原则就得到了国际社会的广泛认同，为众多的双边和多边国际文件所承认和接受，其中包括《亚非会议最后公报》（1955）、联合国大会通过的《关于国家间和平共处宣言》（1957）、《关于各国依联合国宪章建立友好关系及合作的国际法原则宣言》（1970）、《各国经济权利和义务宪章》（1974）等。一些曾经反对和平共处提法的国家也改变了态度，如美国，它在 1971 年中美上海公报中，同意写进了和平共处五项原则。

中国的执政党和国家领导人，一贯强调和平共处五项原则是我国处理国与国之间关系的长期的、不会改变的方针。1954 年，毛泽东对缅甸总理吴努说："我们认为，五项原则是一个长期方针，不是为了临时应付的"。1988 年，邓小平在会见印度总理拉吉夫·甘地时说："这些原则的创造者是周恩来总理和尼赫鲁总理……我们应当用和平共处五项原则作为指导国际关系的准则。"1992 年，江泽民在党的第十四次代表大会上说："中国愿意在和平共处五项原则的基础上，同所有国家发展友好合作关系……我们的这个原则立场是决不会改变的"。2004 年，胡锦涛主席在纪念五项原则发表五十周年致印度领导人的贺电中说：和平共处五项原则"已经成为处理国与国关系的重要准则。在人类社会进入新世纪的今天，和平共处五项原则对于维护世界和平，促进共同发展，仍然具有重大的现实指导意义"。

在以往的岁月里，我国倡导和坚持和平共处五项原则，对于与邻国建立睦邻友好关系，创造有利于我国发展的良好国际环境，对世界和平、安全和共同发展事业，已经作出重要贡献，并将继续作出贡献。当前，世界仍不太平，正常的国际关系经常遭到破坏。我国在迅速崛起，正走在成为世界强国的道路上，要准备对国际事务承担更大的责任。坚持和强调和平共处五项原则，有助于我国在国际上树立崇高形象，聚集正义力量，发挥我国应起的作用。我国坚持走和平发展道路，提出了建设和谐世界的目标。坚持和强调和平共处五项原则，与这些政策取向和奋斗目标完全一致，相辅相成，而且，有助于消除"中国威胁论"的消极影响。

我国不能只做国际规则的遵守者，而且应当成为国际规则的制订者，需要重视将我国的国家意志转化为在国际上具有普遍约束力的国际法规则，打破西方大国主导国际法制订过程的局面。和平共处五项原则的提出，是我国参与国际法规则制订的伟大实践和象征，为当代国际法的发展作出了贡献。目前，和平共处五项原则虽然说已经在国际上被普遍接受为国际法基本原则。但是，为了使它真正成为世界各国的实践中都切实遵行的国际法原则，我国还需不断地作出努力。

我国缔结或参加的国际条约应纳入中国的法律体系

党的十五大在确立依法治国基本方略的同时，提出到 2010 年形成中国特色社会主义法律体系的重要任务。今年，我国将在适当时候正式宣布这一法律体系的形成。这是我国法治建设取得的伟大成就，具有十分重要的意义。但是，还存在一些有待解决的问题，其中之一就是没有给予我国缔结或者参加的国际条约以应有的法律体系地位。这一缺失有损中国特色社会主义法律体系的完整性，也不利于我国作为法治国家树立认真履行国际法律义务的良好国际形象。

中国特色社会主义法律体系是一个由宪法统领，以宪法及宪法相关法、民法商法、行政法、经济法、社会法、刑法、诉讼与非诉讼程序法七个法律部门为主干，包括法律、行政法规和地方性法规三个层次的法律规范组成的协调统一整体。在这一理论和制度架构中，许多现行法律明文规定的、我国司法实践早已将其作为国内法加以适用的我国缔结或者参加的国际条约，没有被包含在内。

一　国际条约通过一定程序成为国内法的一部分，是当今世界的普遍实践

新中国成立以后，特别是改革开放以来，在国际交往与合作中，我国与其他国家先后签订了一万余件双边和多边国际条约，涉及国家生活几乎所有领域。随着我国越来越广泛而深入地融入国际社会，签订条约的数量还会不断增长。依照国际法的规定，条约一旦生效即对缔约国产生约束

力，各当事国均有义务执行条约规定，在其国内实施和适用条约。国际法是国家之间的法律，其权利义务主体是国家，所以，从法理上说，只是国家本身承担执行条约规定的义务，而一个国家的国家机关及其工作人员并不直接负有这一义务。它们作为依据一国国内法设立的机构，其职权是执行本国法律，而不是国际法。但是，缔约国执行条约规定是通过其国家机关及其工作人员的活动来实现的。为了使这些国家机关及其工作人员承担起执行条约规定的职权和责任，从而使条约能够在缔约国国内得到执行，有必要通过一定的法律程序将国际条约纳入国内法，使其成为缔约国国内法的一部分。只有这样，才能保证国际条约实实在在地在缔约国国内得到执行。事实上，世界各国，无论是普通法系、大陆法系或是其他法系的国家，都是通过这种办法来履行其在国内执行条约规定的国际法义务的，也就是说，通过一定程序将国际条约纳入国内法，使条约成为国内法的一部分，是当今世界的普遍实践。

缔约国有义务在其国内执行（适用）条约，是国际法提出的要求。但是，一国以何种方式将条约纳入国内法和以何种方式执行（适用）条约，则是各国依据其主权斟酌决定，并由其国内法律加以规定的事情。各国将国际条约纳入国内法的方式基本上可分为采纳和转化二种。所谓采纳，就是通过宪法或法律规定，将条约宣布为国内法的一部分，从而使其具有与国内法律同等的效力。其效果是，国内法院和其他国家机关可以像适用国内法律一样直接适用条约。因此，采纳条约的方式也可称为直接适用条约方式。所谓转化，就是由国家通过立法将条约的内容规定在国内法律中，使条约的规定转化为国内法的规定。在这种情况下，国内法院和其他国家机关通过适用国内法律间接地适用条约。因此，转化条约的方式也可称为间接适用条约方式。在国际上，采用采纳方式将条约纳入国内法的国家主要有美、俄、法、日等国。例如，美国宪法第6条第2款规定："……根据合众国的授权已经缔结及将要缔结的一切条约，应成为全国的最高法律，每个州的法官都应受其约束……"再如俄联邦1993年宪法第15条第4款规定："普遍承认的国际法原则、规则和俄罗斯联邦缔结的国际条约构成联邦法律体系的一部分。如果俄罗斯联邦缔结的国际条约的规定与法律的规定相抵触，适用国际条约的规定"。采用转化方式将条约纳入国内法的国家主要是英国和其他英联邦国家，以及意大利等国。在英国，缔约权由女王及其政府行使，而立法权则牢牢掌握在国会手中。女王及其政府作为行政权力缔结的条约一般不需经国会批准即可生效，但不构成英国法律的一部分。只有在国会通过相应法律将条约的规定转化为国内法后才能在国内得到执行。

二　我国在实践中以采纳和转化的方式将缔结或者参加的国际条约纳入了国内法

我国宪法中没有对有关条约纳入国内法问题作出规定，但是，这并不等于说我国不存在或没有处理这一问题。早在改革开放之初，我国的立法机关就在制定的法律中，灵活采用采纳和转化方式将我国缔结或者参加的国际条约纳入了国内法。例如，1980 年制定的《中外合资经营企业所得税法》第16 条（二）项规定："中华人民共和国政府和外国政府之间订有避免双重征税协定的，所得税的抵免应当依照各项协定的规定办理。"此后，全国人大及其常委会先后通过的《民事诉讼法》《行政诉讼法》等诸多法律都作了如下规定："中华人民共和国缔结或者参加的国际条约同本法有不同规定的，适用该国际条约的规定，但中华人民共和国声明保留的条款除外。"有学者统计，截至上世纪末，包含有此类规定的、将国际条约以采纳方式纳入国内法，从而可以在国内直接适用条约的法律、法规约有 70 件。与此同时，我国还通过制定法律，以转化方式将国际条约纳入国内法，如《外交特权与豁免条例》、《领海与毗连区法》、《妇女权益保障法》等等，这些法律都是在我国参加有关国际条约后，为在国内实施这些条约而制定通过的，其规定的内容基本上都是从有关国际条约中移植过来的，许多条款的规定在文字表述上都完全一致。有必要指出的是，我国司法机关在其审判实践中也一直把国际条约作为国内法直接加以适用。最高人民法院曾多次发布文件，通知各级法院在案件中适用国际条约，各级法院有不少这样的案例。

综上所述，将我国缔结或者参加的国际条约纳入国内法，认可这些条约是中国特色社会主义法律体系的一部分，不仅是我国法律体系理论和制度建构上的需要，也与世界各国包括我国的长期实践相一致，是对客观事实的承认和尊重。

三　将国际条约纳入我国法律 体系应把握的着力点

为了确定国际条约在我国法律体系中的地位，完善国内实施、执行条约规定的法律制度，无论在理论、认识还是制度建设上，都还有许多工作要做。

1. 在理论、认识层面，有必要排除一些错误观念的干扰。一是认为国际法是国家之间的法律，遵守国际法是国家及其对外代表机关外交部的事情，与其他国家机关和广大公职人员及公民无关。这种看法有误。包括立法、行政和司法机关在内的所有国家机关及其工作人员在其依法履行其职能时，都应遵行国际法，而不能做违反国际法的事情，否则，国家要为此对外承担国家责任；企事业单位和公民个人也应懂得和遵守国际法，他们不遵守国际法的行为，可能会引起国家之间的冲突，给国家带来麻烦和损失。这就是为什么世界各国都要将国际法纳入国内法，使其得以约束本国国家机关和公民的原因所在。二是认为，承认和遵守国际法会束缚我国的手脚，会给国家的主权和利益造成损害。这是一种误解。国际法是各国用来增进交往和合作、定纷止争不可缺少的工具，它的整个机制是建立在尊重国家主权原则之上的。对国际社会来说，国际法是维持国际和平与安全，促进世界进步与发展，建立公平、合理的国际秩序的重要保证；对一个国家来说，它是在国际上主张和维护主权、领土完整和其他合法权益的依据。我国实行改革开放，走和平发展道路，尊重和遵守国际法是必然选择。当然，我国在行使国际法所赋予的权利时，也应当遵守国际法上的义务，接受它的约束。这是国际法治的一般要求，并不是对我国的苛求。从法理上说，遵守国际法的自我限制是国家的主权行为，认为它会损害国家主权的观点，在逻辑上说不通。三是混同国际法与外国法，认为国际法与外国法一样仅对我国有"学习"、"借鉴"作用。这一看法有偏差。外国法是指其他国家的国内法，与我国的国内法是平行和平等的关系。其优点和长处，我国法律可学习和借鉴。国际法与外国法不同，它是国家之间的对各国有约束力的法律。国际法体现了人类文明成果，各国的法律都从中学习、借鉴了许多，我国也是如此。但是，对于国际法，不只是学习和借鉴的问题，还有遵守和执行的问题，存在使国内法律与国际法衔接起来、协调一致的要求。

2. 完善国内实施和执行国际条约规定的法律制度。为了确定国际条约在我国法律体系中的地位，完善国内实施条约规定的制度，在制度层面需要采取的措施主要有：

第一，如同其他国家一样，在《宪法》或宪法性法律中就国际条约的地位问题作出规定，并明确以何种方式纳入和适用条约。

第二，在《立法法》中增加有关条约与国内法律冲突解决原则的规定。

第三，对现行的涉及条约适用的法律、法规和司法解释进行清理，或保留，或修改，或废除。现行的《民事诉讼法》等一些基本法律中规定："中华人民共和国缔结或者参加的国际条约与本法有不同规定的，适用该国际条约的规定"，这实际上使全国人大常委会决定批准的，其法律效力等级相当于一般法律的国际条约优于全国人民代表大会制定的基本法律，有违宪之嫌；再考虑到我国缔结或者参加的国际条约因为其批准、核准的程序不同，其法律效力分为三个等级，在现行的一些法律、法规中却没有加以区分，在适用过程中不可避免地会造成混乱。所以，有必要在《宪法》或宪法性法律就条约的地位问题作出原则规定的前提下，对现行的涉及条约适用的法律、法规和司法解释进行清理，或保留，或修改，或废除。

（原载《中国社会科学院要报·领导参阅》2010 年 10 月 15 日）

国际条约的适用与我国法制的完善

国际条约是国与国之间进行交往与合作的重要手段和法律形式，为了使这种交往与合作正常而有效地进行，有关国家往往就特定问题缔结双边或多边条约，以确定相互间的权利、义务关系，以及它们共同同意遵循的法律原则和规则。生效的条约对当事国有约束力，各该国有义务履行条约，在其国内执行条约的规定。执行条约，就是一国的国家机关在其执法活动中适用条约。

新中国自成立以来，缔结和参加了一万余件国际条约，随着与他国的交往与合作更加广泛和深入，今后还将不断缔结和参加新的国际条约，适用条约将成为我国生活中日益频繁的现象。数十年来，我国一贯恪守条约信守原则，严肃认真地履行条约义务，在国际上赢得了好评。然而，由于法制建设的滞后，我国适用条约的法律制度至今仍然不够完善，影响了条约在国内的适用活动。1997 年，党的第十五次代表大会确定了依法治国，建设社会主义法治国家的治国方略，提出了在 2010 年基本建成有中国特色社会主义法律体系的任务，健全和完善我国适用条约的法律制度，无疑是这一任务的重要组成部分。2005 年 9 月 16 日，国家主席胡锦涛在联合国成立 60 周年首脑会议上向全世界庄严地提出了建设和谐世界的伟大目标。和谐世界是一个世界各国都尊重国际法，将它们之间的关系建立在国际法基础之上的世界。健全和完善适用条约的法律制度，也是我国为实现和谐世界目标而采取的实际行动，具有重要的象征和现实意义。

一　有关国际条约适用的一般理论和实践

国际条约作为有关国家在自愿基础上依据国际法缔结的协议，一旦生效即对当事国产生法律约束力，各该国因而承担法律上的义务，必须按照条约信守原则诚实履行条约，并在其国内适用条约的规定。如果一当事国不履行这一义务，它就必须对其他当事国承担因其违反国际法而应承担的国际责任；而且它不能以国内法上的理由拒不履行条约义务。这是国际习惯法和国际协定法有关条约及其适用的基本规则，所有国家都必须遵行，而不得违反。1969 年《维也纳条约法公约》对此有非常明确的规定："凡有效之条约对其各当事国有约束力，必须由各该国善意履行"，"一当事国不得援引其国内法规定为理由而不履行条约"。① 我国著名的国际法学家、国际法院法官李浩培教授说："一个合法缔结的条约，在其有效期间内，当事国有依约善意履行的义务。这在国际法上称为条约必须信守原则或条约神圣原则，是条约法上的一个最重要的基本原则。"② 当事国有义务在其国内适用对其生效的国际条约，这是国际法提出的要求。然而，一国以何种方式适用条约，却不是国际法规定的问题，而是由各国依据主权权利斟酌决定，并由其国内法加以规定的事情。国际法上并不存在对所有国家都有约束力的关于适用条约方式的统一规定。对此，中外国际法学者的观点是完全一致的。③ 例如，奥地利国际法学者阿·菲德罗斯指出："国际法通常并不致力于它的规范的执行，而把它的实施委诸义务国。"④ 从法理上说，这是因为国际法是调整国家与国家之间关系的法律，国际条约作为国际法只对缔结或者参加条约的国家有约束力，而不直接约束这些国家的国家机关和公民个人；也因为一国的国家机关，在它们的执法活动中必须适用国内法，即使该国内法与国际法有抵触，它们也必须这样做。⑤ 当然，如果国家机关适用的国内法与国际法有抵触，那么所属国家就必须就该国家机关作出的违反国际法的行为对外承担国际责任，尽管该行为在国内法

---

① 《维也纳条约法公约》第 26、27 条。

② 李浩培：《条约法概论》，法律出版社 1987 年版，第 329 页。

③ 李浩培：《条约法概论》，法律出版社 1987 年版，第 380 页；王铁崖：《国际法引论》，北京大学出版社 1998 年版，第 198 页；[日] 寺泽一、山本草二编《国际法基础》，法律出版社 1998 年版，第 72 页。

④ [奥] 阿·菲德罗斯：《国际法》（上），商务印书馆 1981 年版，第 228—229 页。

⑤ 参见 Lauterpacht's Collected Papers. Vol. 1，p. 152，转引自王铁崖《国际法引论》，北京大学出版社 1998 年版，第 193 页。

上是有效的。

适用国际条约是一个涉及立法和执法领域许多问题的行为，包括将条约纳入国内法和适用条约的方式，条约在一国法律体系中的地位，在条约与国内法发生冲突情况下如何解决等等。这些问题与国际法和国内法的关系问题紧密联系在一起。关于这一问题，国际法理论上存在一元论和二元论的争论，而在一元论中，又有国内法优先说和国际法优先说的区分。所有这些理论都对国际法与国内法的关系问题提出了自己的解释，并在一些国家建立条约适用制度的过程中起过一定作用。这种作用不是决定性的。立法史表明，对于一些国家条约适用制度的形成影响最大的是各该国的法律传统和对于实际需要的考虑。

由于国家机关在其执法活动中必须适用国内法，所以，为了使国际条约能够在一国国内得到执行，首先就有必要将国际条约纳入国内法，使其成为国内法的一部分。李浩培教授说："一个在国际上已生效的条约，其规定在各国国内得到执行，以得到各国国内法的接受为前提条件。"[①]

在各国的实践中，将条约纳入（incorporation）国内法的方式基本上分为两种：采纳（adoption）和转化（transfomation）。[②] 所谓采纳，就是一国的立法机关通过宪法或者法律的规定，将条约宣布为国内法的一部分，使其具有与国内法律同等的效力。其效果是，国内法院和其他国家机关都可以如同适用国内法律一样直接适用条约。因此采纳方式也称为直接适用条约的方式。这种方式又有两种形式，一种形式是由宪法或者法律径直将条约规定为本国法律的一部分。以这种形式将条约纳入国内法的典型国家是美国，其联邦宪法第6条规定："根据美利坚合众国的权力缔结的一切条约，与本宪法和依据本宪法所制定的合众国法律，都是美国全国的最高法律，每个州的法官都应受其约束。"日本、阿根廷等国也是这样将它们缔结的条约直接宣布为本国的法律的。另一种形式是，由宪法和法律规定条约须经立法机关的批准或认可，一经公布即具有本国法律的效力。如法

---

① 李浩培：《条约法概论》，法律出版社1987年版，第380页。

② 我国学者对 incoparation，adoption，transfomation 三词有不同的翻译，例如，李浩培教授将其分别译为"接受"、"纳入"和"转变"，王铁崖教授则分别译为"纳入"，"采纳"和"转化"。

国，其1946年宪法第26条规定，"依法批准公布之外交条约，与法国国内法律抵触时，仍具法律之效力……其施行不需另由其他法律规定。"以此种形式将条约纳入国内法的，还有荷兰、葡萄牙等国。

转化是由国家通过立法将条约的内容规定在国内法律中使条约的规定转化为国内法律的规定并予以适用的方式。国内法院和其他国家机关并不直接适用条约，而是通过适用规定有条约内容的国内法律来适用条约，所以，这种方式也称为间接适用条约方式。英国是在传统上采用间接适用条约方式的国家。在英国，政府负责谈判缔结条约，批准条约是女王的特权，而立法权是专由议会行使的，条约的规定只有经过议会立法，转化为国内法律后才能适用。采用转化方式将条约纳入国内法并予以适用的，还有意大利等国。

事实表明，一些国家采取的适用条约方式并不是单一和一以贯之的。例如美国，按其宪法规定是以采纳方式将条约纳入国内法并予以直接适用的，但是，自20世纪30年代以来，在美国又形成了间接适用条约的判例法，成了同时并用直接适用和间接适用条约方式的国家。1929年，美国最高法院马歇尔法官在福斯特诉尼尔森案的判决中，把美国缔结的条约区分为无须任何立法规定的助力即可在美国直接适用的自动执行条约及只有在立法机关作出补充规定的情况下才可适用的非自动执行条约。在随后的岁月里，这一判决成了美国法院以及国会等其他国家机关决定有关问题时所遵循的先例。1992年4月2日，美国参议院在通过批准《公民权利和政治权利国际公约》的决议时就曾专门声明，《公约》的第1条至第27条是"非自动执行条款"，因此，这些条款在美国只能被间接地适用。

此外，法国、荷兰等一些一直是以直接方式适用条约的国家，也将他们缔结或者参加的国际条约区分为自动执行条约和非自动执行条约，规定非自动执行条约只能在有补充立法的情况下才可适用。应当说，一些国家在建立直接适用条约制度以后，又将部分条约作为非自动执行条约，要求由立法机关通过补充立法间接地予以适用，并不是没有道理的。据李浩培教授的概括，这些理由主要有以下几个方面：第一，有些条约明文规定缔约国须采取立法措施予以执行。缔约国补充立法执行条约，是它的条约义务；第二，有些条约是政治性的，它们所规定的权利和义务原则上只涉及缔约国国家本身。为了将这类条约的效力扩及自然人和法人，需要另以补充立法加以规定；第三，有些条约是纲领性的，只确定了一些原则，为了便于适用，需要立法作出补充规定；第四，有些条约不是使用本国语文写成，为了执行，有必要将其译成本国文字并以法律形式加以公布，等等。李浩培教授说：“凡把条约一般的接受为国内法的国家，实际上都有区别自动执行和非自动执行条约的必要。”①

另一方面，在一些实行直接适用条约制度的国家采取措施使某些条约按照间接方式适用的同时，一些传统上一直间接适用条约的国家也在设法使一些国际条约能在其国内得到直接适用。1999 年 5 月 21 日，挪威王国通过了一项被称为“人权法”的《加强人权法在挪威法律中的地位的法律》，宣布承认《欧洲人权公约》、《经济、社会和文化权利国际公约》及《公民权利和政治权利国际公约》是挪威国内法律的一部分，规定这些国际人权条约在与挪威国内法律发生抵触的情况下，具有优先地位。由于这一法律的颁布，以上三项国际条约就成了挪威的国内法律，可以与挪威国内法律一样得到直接适用。无独有偶，英国在 1998 年也颁布了一项旨在将《欧洲人权公约》规定的，由欧洲人权法院提供司法保护的权利“带回”英国国内法律体系，以便个人能够在英国的国内法律程序中援引《欧洲人权公约》的《人权法案》。根据这一法案，英国的公共权力机关应当遵守《欧洲人权公约》，它所实施的违反该公约规定的行为被认为构成违法行为，受害人有权在英国法院对该行为提起诉讼。法院在审理此类案件时，应适用英国法律，但应对法律作出与《欧洲人权公约》（下称《公约》）的规定保持一致的解释。如果法院确定英国的某一法律与《公约》不一致，则应作出该法律与《公约》不一致的声明；随后，英国政府和议会就应通过补救程序修改该项法律，使其与《公约》相一致。这一《人权法案》没有将《公约》宣布为英国法律的一部分，但是却授权英国法院在实质上依照《公约》的规定审理有关案件，从而以一种迂回方式使《欧洲人权公约》能在英国得到某种程度的直接适用。

---

① 李浩培：《条约法概论》，法律出版社 1987 年版，第 392 页。

二　我国有关条约适用的立法和实践

新中国成立后，除在宪法中就国家机关缔结和批准条约的权限作了规定以外，还制定通过了《缔结条约程序法》、《立法法》等一系列法律法规，对我国缔结和参加国际条约的程序，适用条约的规则等等问题作出了许多规定，为条约在国内的适用提供了基本的法律框架和必要的法律依据。此外，最高人民法院还发布了一系列有关条约适用的司法解释文件，对法院系统适用条约的司法活动起到了规范指导作用。本文拟依据这些文件，对我国的缔结条约的程序、条约适用方式、条约在我国法律体系中的地位作一粗略的评介和研讨。

（一）关于缔结条约程序

我国的缔结条约程序是在较长的过程中逐步地建立起来的。

新中国成立后，起临时宪法作用的《中国人民政治协商会议共同纲领》没有包含有关缔结条约程序的规定，而只是规定中央人民政府"应对旧中国政府订立的条约和协定进行审查，并分别予以承认、废除、修改或重订"，实际上赋予了中央人民政府订立条约的职权。依据这一授权，中央人民政府于 1952 年 8 月 7 日通过《中央人民政府政务院关于与外国订立条约、协定、议定书、合同等的统一办法的决定》，对我国的缔约程序作了最初的规定。

1954 年 9 月 20 日，新中国第一部宪法通过。这部宪法第一次规定全国人民代表大会常务委员会和国家主席分别履行决定批准和批准条约的职权，并将"管理对外事务"规定为国务院的第 13 项职权。因为对外缔结条约是一国对外事务的一部分，所以，对于这一规定的合理解释是，缔结条约也是国务院的一项职权。1958 年 11 月 21 日，国务院通过《国务院关于同外国缔结条约程序的规定》，对国务院缔结条约的分工，条约和协定的签署和批准（核准）手续等作了比较详细的规定，其中还规定，通商航海条约、有关领土、划界、引渡、司法协助、领事和国籍等问题的条约和协定，以及我方认为有必要批准的条约和协定，必须经过批准。这一文件未曾对外公布，但在 1990 年《缔结条约程序法》生效前，一直是用于我国缔约工作的指导性文件。

1978 年党的十一届三中全会决定实行改革开放政策以后，我国缔结条约的活动，随着对外关系的迅速发展而更加积极，缔结和参加的国际条约大量增加。在这一形势下，国家采取了一系列健全和完善缔约程序的法律步骤。

1982 年，全国人民代表大会五届五次会议通过修宪，在恢复"文化大革命"时期一度取消的国家主席职位的同时，恢复了 1954 年宪法关于全国人大常委会决定批准条约和国家主席批准条约的规定，在关于国务院的职权的规定中，于"管理对外事务"后增加了"同外国缔结条约"一词，明确规定了国务院"同外国缔结条约"的职权。由此，国务院缔结条约的职权有了明确的宪法依据。

1990 年《中华人民共和国缔结条约程序法》的通过，标志着我国缔结条约的程序规则已经渐臻成熟。这项法律在总结以往缔约实践的基础上，对我国国家机关的缔约职权、缔结条约的种类，以及各类条约包括谈判、签署、批准（核准）、加入等在内的全部程序作了全面而详细的规定。这是我国现行的用来调整缔结条约活动法阶最高的规范性文件。

按照《缔结条约程序法》的规定，我国缔结的条约，分为以中华人民共和国名义缔结的条约和协定，以中华人民共和国政府名义缔结的条约和协定，以及以中华人民共和国政府部门名义缔结的协定等三类，这每一类条约均有其特定的缔结程序。

以中华人民共和国名义缔结的条约、协定和以中华人民共和国政府名义缔结的条约、协定，均由外交部或者国务院有关部门会同外交部提出建议，报请国务院审核决定并委派代表谈判和签署，其中包括友好合作条约、和平条约等政治性条约，有关领土和划定边界的条约、协定，有关司法协助、引渡的条约、协定，同中华人民共和国法律有不同规定的条约、协定，缔约各方议定须经批准的条约、协定，以及其他须经批准的条约、协定等条约和重要协定，于签署后由国务院提请全国人大常委会决定批准，然后由国家主席批准并公布，其他不在这一范围内的条约和协定，则由国务院予以核准。①

中华人民共和国政府，即国务院各部门，有权就本部门职权范围内的事项以政府部门名义与外国政府部门缔结协定。这一类协定的缔结程序是：由本部门决定或者会商外交部后决定条约的缔结；如果涉及重大问题或国务院其他部门职权范围的，则由本部门或会商有关部门后报请国务院决定。协定的谈判，由部门首长委派代表进行，协定文本谈定后，由部门首长签署。此类协定无须报请全国人大常委会批准和国务院核准，部门首长签署后报国务院备案。②

对于需以加入方式参加的条约和协定，如果属于上述需经全国人大常委会批准的条约和重要协定，由外交部或国务院有关部门会同外交部审查后报请国务院审核，然后由国务院提请全国人大常委会作出加入决定；如果不在上述条约和重要协定之列，则由外交部或者国务院有关部门会同外交部审查后，报请国务院作出加入的决定。③

《缔结条约程序法》的这些规定，明确了我国各类条约的缔结程序及其规则，对各国家机关的缔约活动起到了很好的指导和规范作用，满足了国家缔约工作的实际需要。应当说，这是一部成功的法律，对于完善我国的条约法律制度作出了贡献。

（二）关于条约的适用方式

我国的宪法和《缔结条约程序法》等法律没有关于条约适用方式的原则性规定，到目前为止，我国的实践都是以逐个处理的方式（statute by statute）处理条约适用方式的问题的，即：在需要适用某一或某类国际条约时，或者制定一项法律将该项条约转化为中国国内法律，间接地予以适用，例如，在我国参加《儿童权利公约》后，制定颁布了《未成年人保护法》；或者在有关的法律文件中规定直接适用该项条约，例如，1995 年《商标法实施细则》第 3 条规定："商标国际注册，依照《商标国际注册

---

① 参见《中华人民共和国缔结条约程序法》第 5、6、7、8 条。
② 参见《中华人民共和国缔结条约程序法》第 5、6、9 条。
③ 参见《中华人民共和国缔结条约程序法》第 11 条。

马德里协定》办理"。从这些实践中可以看到，我国既以采纳方式将条约纳入国内法，在执法活动中，视条约为国内法律直接地加以适用；也采取将条约转化为国内法，在执法活动中，通过适用转化条约的国内法律，间接适用条约的方式。这两种方式并存，而且有些国际条约的适用，同时采用了直接适用和间接适用两种方式。

最早规定以直接方式适用条约的法律，可能是 1980 年 9 月 10 日全国人民代表大会通过的《中外合资经营企业所得税法》，该法第 16 条（二）项规定："中华人民共和国政府和外国政府之间订有避免双重征税协定的，所得税的减免应当依照各该协定的规定办理"。此项法律虽然没有径直宣布我国与他国订立的避税协定是中国法律的一部分；但是，该项规定清楚表明，此类协定被视同中国法律，我国国家机关在处理中外合资经营企业所得税的抵免问题时，可以而且应当直接适用这些协定。此后，全国人民代表大会及其常委会和国务院又相继制定颁布了许多规定直接适用国际条约的法律和法规。据统计，截至 20 世纪末，包含有这种条款规定的法律、法规已达 70 件左右，其中包括适用范围广泛，涉及问题重大，法阶很高的《民事诉讼法》、《行政诉讼法》等基本法律。例如，1991 年 4 月 9 日第七届全国人民代表大会通过的《中华人民共和国民事诉讼法》明文规定："中华人民共和国缔结或者参加的国际条约同本法有不同规定的，适用该国际条约的规定……"（第 238 条），说明与民事诉讼有关的国际条约，在我国的民事诉讼中，可以作为法律依据得到直接适用。该项法律还有一项规定："对享有外交特权与豁免的外国人、外国组织或者国际组织提起的民事诉讼，应当依照中华人民共和国有关法律和中华人民共和国缔结或者参加的国际条约的规定办理"（第 239 条），说明《维也纳外交关系公约》等有关的国际条约也可以在我国民事诉讼中直接适用。

直接适用条约的方式，不仅规定在法律中，也是我国审判机关司法实践中适用条约的一种方式。为了在法院系统直接适用国际条约，最高人民法院发布了许多针对特定国际条约的指示文件，例如，1987 年 4 月 10 日最高人民法院《关于执行我国加入的〈承认及执行外国仲裁裁决公约〉的通知》，要求各高、中级人民法院审判、执行人员认真学习这一公约并"切实依照执行"。再如，1989 年 6 月 12 日发出的《关于印发〈全国沿海地区涉外、涉港澳经济审判工作座谈会纪要〉的通知》，要求各地法院"自动直接适用"1980 年《联合国国际货物销售合同公约》。这些文件表明，在我国法院的司法实践活动中是直接适用国际条约的。

明确规定以间接方式适用国际条约的法律不多，可以举为例证的有《中华人民共和国香港特别行政区基本法》和《中华人民共和国澳门特别行政区基本法》，这两项法律分别在第 39 条和第 40 条规定，《公民权利和政治权利国际公约》、《经济、社会和文化权利国际公约》和国际劳工公约，"通过香港/澳门特别行政区的法律予以实施"。相对而言，通过制定转化条约的法律，在实践中间接适用条约的情况似乎更多，特别是一些属于公法领域的国际条约，往往是以这种方式适用的。例如，我国于 1975 年和 1979 年分别加入《维也纳外交关系公约》和《维也纳领事关系公约》以后，为了实施这两项条约，全国人民代表大会常务委员会于 1986 年 9 月 5 日和 1990 年 10 月 30 日分别制定通过了《中华人民共和国外交特权与豁免条例》和《中华人民共和国领事特权与豁免条例》。此外，通过制定补充立法，间接适用的条约还有《联合国海洋法公约》等重要国际条约，为此制定的法律有《领海及毗连区法》、《专属经济区和大陆架法》。

值得指出的是，在我国的实践中，有些国际条约是既以间接方式适用，同时也以直接方式适用的，如上面已经提到的《维也纳外交关系公约》。为了间接适用该项条约，我国专门制定了《外交特权与豁免条例》，与此同时，在这一法律的第 27 条中又规定："中国缔结或者参加的国际条约另有规定的，按照国际条约的规定办理……"这里所说的国际条约主要是指《维也纳外交关系公约》，说明该公约也是可以直接适用的。在用来间接适用《海洋法公约》的《专属经济区和大陆架法》中，我们看到也有可据以直接适用该公约的条款规定。该法第 13 条规定，"中华人民共和国在专属经济区和大陆架享有的权利，本法未作规定的，根据国际法和中华人民共和国其他有关法律、法规行使"，这里所说的国际法，主要指的是《海洋法公约》。

上述事实表明，无论是间接适用方式，或者是直接适用方式，都是我国用来适用条约的方式。这种实践与世界许多国家别无二致。几十年来，我们很少听到有国家抱怨中国没有很好地执行条约，说明采用两种方式适用条约，对于我国较好地履行条约义务也是有利的。今后，我国自然应当继续这种做法；但是这并不等于说，我国现行的适用条约制度就不需要改进了，例如，其中的逐个处理方式会给立法机关带来沉重负担，而且不能保证我国缔结或者参加的国际条约得到及时的执行，似乎就需要加以改变。

（三）关于国际条约在中国法律体系中的地位

国际条约以采纳方式纳入国内法，成为一国国内法律的一部分之后，必然会产生条约在该国法律体系中的地位问题，即与构成这一法律体系的宪法和其他法律的关系问题。正如许多国家的实践所表明的，这一问题通常是由一国的宪法或者宪法性法律来规定的，如美国宪法第 6 条关于美国缔结的条约是美国的最高法律的规定，法国 1946 年宪法第 26 条关于依法批准公布的外交条约与法国国内法律相抵触时，仍具法律之效力……其施行不需另由其他法律规定的规定。

我国的宪法没有包含关于条约地位的专门规定。在《缔结条约程序法》、《中华人民共和国立法法》等许多法律中包含有这一方面的条款规定。然而，这些规定提供给我们的关于条约地位的信息却是不相同的。

众所周知，以建立和完善有中国特色社会主义法律体系为宗旨的 2000 年《中华人民共和国立法法》（下称《立法法》），对中国的法律渊源、立法程序、法律适用规则等作了全面规定。按照这一法律的规定，中国的法律体系由宪法、法律、行政法规、地方性法规、部门规章、地方政府规章等构成。这些法律、法规和规章，因制定它的国家机关的地位不同而具有不等效力。法律分为基本法律和一般法律，分别由全国人民代表大会和它的常务委员会制定，它们的效力低于宪法而高于法规和规章。行政法规由国务院制定，其效力低于宪法、法律，高于地方性法规和规章。由省、自治区、直辖市的人民代表大会及其常务委员会制定的地方性法规，其效力低于宪法、法律、行政法规，高于本级和下级地方政府规章。由国务院政府部门制定的部门规章，其效力等同于地方政府规章，低于宪法、法律、行政法规和地方性法规。《立法法》没有专门就条约在我国法律体系中的地位问题作出规定，但是它的关于各类法律的制定程序及其不同等级效力的规定，为我们认识条约在中国法律体系中的地位提供了重要依据。

　　如前所述，按照《缔结条约程序法》的规定，中国缔结的国际条约分为以中华人民共和国名义缔结的条约、协定，以中华人民共和国政府名义缔结的条约、协定和以中华人民共和国政府部门名义缔结的协定等三类；而按照它们的批准、核准程序，这些条约又可以分为由全国人民代表大会常务委员会决定批准的条约和重要协定，由国务院核准的条约和协定，以及由国务院部门首长签署，无须全国人大常委会批准，也无须国务院核准即可生效的政府部门缔结的协定等三类条约。为了叙述方便起见，这后三类条约以下分别简称为 A 类条约、B 类条约和 C 类条约。参照《立法法》关于各类法律的制定程序和它们的效力等级的规定，并以这些规定衡量各类条约的效力，我们可以清楚看到，A 类条约的效力等同于由全国人民代表大会常务委员会制定的一般法律，其效力低于宪法、基本法律，高于行政法规、地方性法规和各种规章；B 类条约的效力等同于由国务院制定的行政法规，其效力低于宪法、法律，高于地方性法规和各种规章；C 类条约的效力等同于政府部门制定的部门规章，其效力低于宪法、法律、行政法规和地方性法规。可见，中国缔结的国际条约分为具有不同等级效力的三类，它们在中国法律体系中的地位是各不相同的，我们在讨论国际条约在中国法律体系中的地位问题时，显然不能笼统地，对条约不加区分地说什么处于什么地位。《立法法》和《缔结条约程序法》都是全国人民代表大会制定的基本法律，具有很高的权威性，依据它们的有关规定得出的这一认识，应当认为是可信的。

　　在中国，除《立法法》和《缔结条约程序法》外，还有一些包括《民事诉讼法》、《行政诉讼法》等基本法律在内的法律，也含有与条约的地位有关的条款规定，这些规定几乎全都使用了如下的表述模式："中华人民共和国缔结或者参加的国际条约同本法有不同规定的，适用该国际条约的规定。"对于此项规定，通常应当解释为，中国缔结或者参加的国际条约在与"本法"的关系上均处于优先地位。然而，这样的一般性规定是存在严重问题的。因为，第一，如上所述，我国缔结或者参加的国际条约是分不同效力等级的，而这里的"本法"，在不同的法律里所指的法律，也有一般法律和基本法律之分。笼统地规定条约优于"本法"，在法理和事实上都是不对的；第二，更重要的是，像《民事诉讼法》，《行政诉讼法》这样的基本法律作出这样的规定，就等于将位阶等于一般法律或低于一般法律的条约置于基本法律之上，这显然是更不对的。这样的规定同《缔结条约程序法》和《立法法》的精神和规定不相符，也有违宪的嫌疑。

我国现行法律中这一有问题的规定直接导致了中国学者在关于条约在中国法律体系中的地位问题的讨论中产生了意见分歧，例如，有学者认为，由于我国条约的缔结和法律的制定在程序上是基本相同的，因此，条约和法律在中国国内具有同等的效力。① 有的学者基于对我国有关法律中"中华人民共和国缔结或者参加的国际条约同本法有不同规定的适用该国际条约的规定"的规定的分析，得出了条约优于一般法律，条约规定优于我国国内法的结论。② 也有学者依据《缔结条约程序法》关于中国缔结的条约分为须全国人大常委会决定批准的条约和重要协定，须国务院核准的条约和协定以及无须批准或核准的协定的规定，认为这几个层次的"条约"或"协定"是分得很清楚的，它们在我国国内法律体系中的地位有高低之分。③ 法律规定的不同和学者观点的分歧，说明条约在中国法律体系中的地位问题，无论在理论和法律制度上都还没有得到成功解决。这应当说是我国条约适用制度建设上的一大问题。

三　关于完善我国条约适用制度的思考

依照法律有序地将国际条约纳入国内法并以一定方式予以适用，是一个法治国家法律制度不可或缺的一部分，也是现代国家诚实履行国际义务，在国际法基础上发展与其他国家关系所必须做好的功课。这一功课做得好坏，直接关系到国家的声誉和同其他国家进行国际交往与合作的效果。

---

① 王铁崖：《国际法引论》，北京大学出版社1998年版，第209页。

② 梁淑英：《论条约在国内的适用和中国实践》，载朱晓青、黄列主编《国际条约与国内法的关系》，世界知识出版社2000年版，第176—177页。

③ 吴慧：《条约在我国国内法上的地位及与国内法冲突的预防和解决》，载朱晓青、黄列主编《国际条约与国内法的关系》，世界知识出版社2000年版，第126页。

我国在恪守条约信守原则、严肃认真履行条约义务方针的指引下，一贯重视条约在国内的适用，在国际上赢得了好评。但是，毋庸讳言，我国条约适用制度上的不完善，给我国的条约适用活动带来了负面影响。这些不完善主要表现为条约在中国法律体系中的地位问题的宪法解决的缺位，以及没有相关的原则性规定，因此，在每出现一个需要在国内适用的新的国际条约的情况下，都不得不去考虑和解决它的适用方式问题；而且，主要也是这一原因，在我国的有关法律规定中，还出现了某种混乱现象。对这些问题进行深入研究，以利于我国条约适用制度的完善，是中国国际法学界和国内法学界共同面临的一项任务。

（一）从理论和立法入手，进一步明确条约在中国法律体系中的地位

明确条约在中国法律体系中的地位，是完善我国条约适用制度的重要一步，而这一问题的解决，要从构建国际法与国内法关系的理论开始。遗憾的是我国的法理学和立法学似乎并没有将这一问题纳入自己研究的范围。

在西方国际法理论中，关于国际法与国内法的关系问题，存在着一元论和二元论两种学说的争论。一元论认为国际法和国内法属于同一体系，无所谓国际条约纳入国内法，成为一国法律体系一部分的问题。二元论认为国际法和国内法是两个性质不同的法律体系，二者平行甚至相互对立。这一理论可以承认条约转化为国内法律，但很难承认条约可以成为国内法的一部分。因此，这些学说都不能成为确立条约在中国法律体系中的地位的理论基础。与一元论和二元论不同，中国国际法学者普遍认为，国际法和国内法是两个不同的法律体系，但是，它们之间的关系不是对立的，而是联系密切、相互渗透、相互补充的关系。[①] 因为，国内法是由国家制定的，国际法是由国家参与制定的，国家的对内、对外政策必然会对国内法和国际法的形成和发展产生影响。中国学者的这一观点，比较一元论和二

[①] 周鲠生：《国际法》（上），商务印书馆 1976 年版，第 19—20 页；王铁崖：《国际法引论》，北京大学出版社 1998 年版，第 191—192 页；端木正：《国际法》，北京大学出版社 1989 年版，第 35 页。

元论，更加符合客观真实，更加深刻地揭示和说明了国际法和国内法的关系，对于我们认识条约在国内法律体系中的地位有很重要的启示意义。

国际法和国内法都是国家制定的，是国家意志的产物这一事实，不仅说明了国际法和国内法联系密切、相互渗透、相互补充的关系，而且还可进一步用来说明国际法和国内法也有一层相互转化的关系。现实生活中有许多国内法转化为国际法，国际法转化为国内法的事例。例如，《国际法院规约》第 38 条明文规定一般法律原则是国际法的渊源之一，而所谓一般法律原则就是各国国内法所共有的原则或是得到各国承认的一些国内法原则，如禁止反言、违反约定就有赔偿的义务等等。这些法律原则，原本都是国内法上的原则，只是因为得到了世界各国的承认，而成了国际法上的原则。由国际法转化为国内法的事例也很多。例如，20 世纪 40 年代以来逐渐形成，在 1982 年《联合国海洋法公约》中得到最终确立的国际法上的专属经济区制度，目前已为包括中国在内的世界上许多国家确立为国内法律制度。为了条约的适用，许多国家或者将条约采纳为国内法，或者将条约转化为国内法，这些实践更是国际法转化为国内法的例证。因此，国际法和国内法相互转化的论点是最能说明为什么条约能在一国国内法律体系中占有一席之地的理论，也是我们用来明确条约在中国法律体系中的地位的基本理论依据。

为了明确条约在中国法律体系中的地位，我国还有必要像许多国家那样，采取必要的立法步骤特别是在宪法中对中华人民共和国缔结或者参加的国际条约是中国法律体系的一部分作出明确的规定。只有这样，才能为其他处理条约地位问题的法律规定提供应有的宪法依据。因为过去没有这样的宪法规定，在我国现行的一些法律中，出现了有关条约地位的不同的规定，甚至是相互冲突的规定，造成了人们对于条约地位的认识混乱。为了消除法律上和人们认识上的这些混乱，也有必要在宪法上作出规定，并且依据宪法规定，对现行法律进行一次清理，凡有不符合宪法有关条约地位的规定的，或废除或修订。

（二）在总结实践经验的基础上，进一步明确我国的条约适用方式

如上所述，条约的适用方式有两种，一是直接适用，一是间接适用。

这两种方式，都是当今世界许多国家普遍采用的，在理论上很难说有优劣之分。一般认为，直接适用方式比较有利于迅速、全面而准确地适用条约，也能减轻立法机关为间接适用条约而不能不承担的将条约转化为本国法律的工作负担；间接适用方式虽然需要消耗一定的立法资源，但可以更多地满足条约本身对于适用的要求，特别是有利于结合一国国情执行条约。总之，这两种方式各有千秋，都是一国适用条约所需要的。我国历来使用这两种方式以适用条约，没有理由今后不再继续这样做。

然而，在我国条约适用方式问题上仍然存在一些问题。首先，我国没有关于采用条约适用方式的原则性规定，所以，除非已有法律规定外，在发生需要解决某一国际条约的适用方式问题时，不得不专门就该条约的适用方式作出安排，这就不可避免地会延宕执行条约的时机，也会增加有关国家机关的工作负担；其次，我国也没有用作选择条约适用方式依据的客观标准，在条约适用方式的选择上无标准可循。再次，我国一些法律作了这样的规定：中华人民共和国缔结或者参加的国际条约同本法有不同规定的，适用该国际条约的规定，确定与本法适用范围有关的一切国际条约均直接适用，而不论这些条约是否适合这种适用方式。这些问题集中到一点，就是我国的法律没有关于条约应以何种方式适用的原则性规定，这一缺失很明显是不利于条约适用活动的，也是我国条约适用制度不尽完善的一个表现，我们需要从总结我国适用条约的丰富实践经验入手，结合理论思考和外国经验的借鉴，找到改进这一制度的途径。

基于以上考虑，作者认为，我国应当坚持直接适用条约方式和间接适用条约方式并用的实践，保持在适用方式的选择上的灵活性，只有这样才能更好地满足适用条约的各种需要。与此同时，我国有必要确定一项以直接适用为主，间接适用为辅的条约适用原则，规定除需要以间接方式适用的条约以外，其他条约均得直接适用。最后，需要为以间接方式适用的国际条约建立标准，以便明确哪些条约应以间接方式适用。

（原载《科学发展　社会和谐》，2007 年）

论《开罗宣言》的条约法律性质

　　1943 年 12 月 1 日，中美英三国首脑在反对日本法西斯战争取得最后胜利已成定局的情况下，为了商讨对日作战和战后处理日本问题，在埃及首都开罗举行会议后，发表了著名的《开罗宣言》。这是一份具有历史意义的重要政治、法律文件，对于后来惩罚日本侵略罪行、建立战后世界和平秩序起到了奠基性作用。自那时以来已过了 70 年。在这期间，日本经历了很大变化；但是，由于种种原因，日本的侵略罪行却一直没有得到彻底清算。尤其值得注意的是，在现今的日本，有一股不容小视的右翼势力在竭力否定日本的侵略历史，他们热衷于参拜供奉有甲级战犯的靖国神社，想方设法修改记载有日本对外侵略事实的历史教科书，处心积虑地推动修改防止军国主义复活的和平宪法，种种迹象表明，他们想把日本重新推上对外侵略扩张的老路。日本至今仍侵占着钓鱼岛，拒不将其归还我国，就是这种坚持侵略扩张、不思悔改的一种表现。在这一背景下，我们可以看到，《开罗宣言》是有它的现实意义的。

　　《开罗宣言》具有多方面的价值和意义。它向全世界庄严宣告了中美英三大盟国在开罗会议上商定的对日战争的目的和宗旨，表示了定将对日战争一直进行到日本无条件投降的共同意志和决心，为惩罚日本侵略、处理日本问题和战后世界和平秩序的建立指明了方向，奠定了思想和政治基础；它体现了中美英三国在世界反法西斯斗争中为了一个共同目标而结成的国际统一战线，以及决心协同作战、取得对日战争最终胜利的一致意见和决定；它还标志着中国已作为一个独立主权国家，取得了在国际舞台上与美英等传统大国平起平坐的大国地位，其政治意义是十分巨大的。《开罗宣言》也具有重要的军事意义：它公开宣告中美英三国已就下一步对日作战计划取得了一致意见，将从海陆空诸方面不懈地对日本这一残暴敌人施加压力，坚持长期作战以迫使日本无条件投降，为赢得战争胜利作出了战略和战术部署，预告了日本的侵略战争必将彻底失败。除此以外，《开罗宣言》还有一重要意义值得重视，那就是它的法律意义。这是一份记载和宣示中美英三国首脑在开罗会议讨论中达成的协议和作出的决定的法律文件，在这份文件中，他们表达了有关对日战争的目的和宗旨的一致意见和约定，作出了将以战争这一强制手段实现对日战争目的和宗旨的承诺，承担了与此相应的责任和义务。《开罗宣言》也为国际社会制止和惩罚日本侵略提供了必要的国际法基础，也是我国今天有权要求日本停止其继续侵占钓鱼岛的非法行为、将其归还中国的国际法依据之一。长期以来，日本右翼势力利用一切机会和手段，否定日本侵略历史，企图为战后遭到惩罚的日本侵略罪行翻案，其中的一个办法就是诋毁国际社会旨在追究日本侵略罪责的各种措施和活动的合法性，包括否定《开罗宣言》的法律性质，诬称远东国际军事法庭对日本甲级战犯的审判没有国际法依据，等等。这从一个侧面说明，揭示和认识《开罗宣言》的法律意义，是有其重要现实意义的。

《开罗宣言》的文字不长，但却传达了中美英三国首脑想要通告全世界的、内容极其重要的信息，主要有：（一）三国军事人员已就今后的对日作战计划取得一致意见，三国下定决心将从海陆空诸方面对日本这一残暴敌人不懈地施加压力；（二）"三大盟国此次进行战争的目的，在于制止及惩罚日本之侵略。三国决不为自身图利，亦无拓展领土之意"；（三）三国对日战争之宗旨，"在剥夺日本自 1914 年第一次世界大战开始以后在太平洋上所夺得的或占领之一切岛屿，在使日本所窃取于中国之领土，例如满洲、台湾、澎湖列岛等，归还中华民国"；（四）"日本亦将被逐出于其以暴力或贪欲所攫取之所有土地，三大盟国……决定在相当期间，使朝鲜自由独立"；（五）三大盟国抱定上述目标并与其他对日作战的联合国家目标一致，坚持进行为获得日本无条件投降所必要的长期作战。从《宣言》的这些内容和使用的措词中可以清楚地看出，三国首脑在开罗宣言的讨论中至少达成了以下共识和协议，并作出了多项重要决定，这就是：（一）认定日本长期以来对外战争和掠夺土地的行为是国际法上应予惩罚的侵略行为，约定三大盟国此次战争要达到的目的"在于制止及惩罚日本之侵略"，而不是为了自身谋利，也不是为了拓展他们的领土；（二）约定三国对日战争的宗旨，在于剥夺日本从其他国家掠夺来的一切土地，将它们归还包括中国在内的土地原来的主人，并决定在相当期间，使仍处于日本殖民统治之下的朝鲜获得自由和独立；（三）约定三大盟国将以实现《宣言》所阐明的各项目标为抱负，联合所有对日作战的国家协同作战，将战争进行到底，直至日本无条件投降。很明显，《开罗宣言》在实质上就是一份三国首脑用来记载和宣布他们在开罗会议上达成的各项共识和协议，并表示将以战争这一强制手段保证这些协议得到实施的协议书；在这份协议书中，他们不仅表达了有关对日战争的一系列问题的一致意见，作出了相应的决定，而且明确地承担了将对日战争进行到底、实现对日战争的目的和宗旨的责任和义务，甚至还承担了不利用这次战争谋取私利，也不拓展领土的义务。

国际法理论和实践认为，国与国之间用来确定它们关于一个相互行为的一致意见（协议）的文件，构成了国际法上的条约，而条约对其缔约国是有约束力的，根据约定必须信守原则，缔约各国必须善意地履行条约的各项规定。对此，在就条约习惯法规则进行认真编纂的基础上，由联合国大会于1969年通过的《维也纳条约法公约》有明确规定："称条约者，谓国家间所缔结而以国际法为准的国际书面协定"，"凡有效之条约对其各当事国有约束力，必须由各该国善意履行"。① 按照国际条约法的这一定义衡量，认为《开罗宣言》是中美英三国之间的一项具有条约性质的法律文件，应当是没有疑问的。而且，中美英三国在《开罗宣言》发表后采取的，包括发表敦促日本投降的《波茨坦公告》、组织远东国际军事法庭对日本甲级战犯进行审判等在内的一系列行动，表明它们对于自己在《宣言》中作出的承诺的态度是认真的；通过这些实际行动，也比较好地履行了依据《宣言》承担的责任和义务。

有一种意见认为，《开罗宣言》不过是一份没有人签署的新闻公报，不具有国际法效力。这种意见只从形式上看问题，而不顾及问题的实质，是不足取的；而且，即使从形式的角度看，它也是不对的，是缺乏国际法

---

① 《维也纳条约法公约》第2、26条。http://www.un.org/chinese/law/ilc/treaty.htm。

知识的一种表现。众所周知，无论是国际法的有关规定或是国际条约的实践，从来都不认为一份构成条约的国际法律文件必须具有"条约"这一名称。上文引证的《维也纳条约法公约》在给"条约"下了定义之后紧接着指出，"不论其载于一项单独文书或两项以上相互有关文书之内，亦不论其特定名称如何"，清楚说明条约可由一项或多项文书构成，它可以使用多种多样的名称，而非一定要冠名为"条约"。事实上，在国家条约实践中，条约使用的名称除"条约"外，还有宪章、盟约、规约、专约、公约、协定、议定书、文件、宣言、公告、声明、联合公报、换文、谅解备忘录，等等，不一而足，而"宣言"正是国家间经常用来称呼它们之间条约的一种名称。其次，该意见用《开罗宣言》无人签署的理由来说明它没有国际法效力，这也是没有根据的。因为一项国际法律文件发生效力，并不一定以有人签署为条件。《维也纳条约法公约》明文规定："一国承受条约约束之同意得以签署、交换构成条约之文书，批准、接受、赞同或加入，或任何其他同意之方式表示之。"① 该公约还规定，"条约生效之方式及日期，依条约之规定或依谈判国之协议。"② 可见，在国际法上条约的生效可以多种方式加以表示，签署是使条约生效的一种方式，但不是唯一的或必不可缺的方式。缔约国可商定以任何方式表示他们对于承受条约约束之同意，这些方式主要有签署、批准、交换文书、接受、加入等等。缔约国也可商定不要求任何签署或批准等方式，而只是决定将条约公布即能生效，甚至也有密不公布条约也不影响条约生效的情况。

其实，一项国际文件是否作为条约在缔约国间发生法律效力，最主要的在于它是否在这些国家之间确立了某些行为规则，是否建立了一定的权利义务关系。《奥本海国际法》指出，"确定一个文件的法律性质是否一个条约的决定性因素，不是它的名称，而是它是否意图在各缔约国间创设法律权利和义务"，而判断这一文件在发表这一文件的国家间能产生什么程度的权利和义务，则大部分要看这一文件使用的措词而定。③ 关于以

---

① 《维也纳条约法公约》第 11 条。http：//www. un. org/chinese/law/ilc/treaty. htm。
② 《维也纳条约法公约》第 24 条第 1 款。http：//www. un. org/chinese/law/ilc/treaty. htm。
③ ［英］劳特派特修订：《奥本海国际法》上卷第二分册，王铁崖等译，商务印书馆 1981 年版，第 325、306 页。

《宣言》为名称的条约，这部权威的国际法著作进一步指出，这是一种
"各当事国约定今后采取某种行为方针的一般性造法性条约。"① 用日本国
际法学者的话说，它是"用于两国间或数国间确认现行规则或制订新规则
的协议"。② 这些论述在表述上不尽相同，但都是从一定角度揭示了名称为
"宣言"的条约的基本特征。综合这些论述，我们可以把以"宣言"为名
称的条约定义如下：是指国家间为约定某种行为方针，或为确定某些规则
而达成的，在它们之间建立了一定的权利义务关系的协议。回顾《开罗宣
言》，我们不难看到，它是与这一以"宣言"为名称的条约的定义完全相
符的。

　　《开罗宣言》的这一条约法律性质，我们可以从同样是由中美英三国
共同发表，后来又有苏联表示参加的《波茨坦公告》中得到进一步的证
明。《波茨坦公告》是中美英三国首脑在波茨坦会商后，为了敦促日本立
即无条件投降而公开发表的又一重要政治、法律文件，反映了他们以战争
威慑为手段结束对日战争的战略意图和在与日本投降有关的一系列问题上
达成的一致意见。在这则《公告》中，中美英三国向日本发出了必须立即
无条件投降的最后通牒，否则，"日本即将迅速完全毁灭"；提出了日本投
降必须履行的各项条件，包括：欺骗和错误领导日本人民的威权和势力必
须永久剔除，日本领土上一些地点必须由同盟国加以占领，《开罗宣言》
的条件必将实施，日本的主权必将限于本州、北海道、九州、四国及吾人
所决定的其他小岛之内，日本军队应完全解除武装，战争罪犯将受到法律
的严厉制裁，阻止日本人民行使民主权利的障碍必须消除，日本侵略给他
国造成的战争损失应予赔偿等。三国首脑也在《公告》中向日本作出了一
些承诺，主要有：日本军队在完全解除武装后可以返还家乡过和平生活，
日本民族不受奴役，日本国家不被消灭，为维持经济和偿付战争赔偿所需
要的工业和原料可以保留，在《公告》的目的已经达到和日本成立和平政
府以后，盟国军队将立即撤退等。这些条件和承诺是针对日本提出来的，

---

　　① ［英］劳特派特修订：《奥本海国际法》上卷第二分册，王铁崖等译，商务印书馆1981年版，
第325页。

　　② 寺泽一、山本草二主编：《国际法基础》，中国人民大学出版社1983年版，第49页。

对日本提出了要求和在它满足这些要求的情况下可能得到的利益；而这些条件和承诺的提出，也为中美英三国自己确定了他们准备如何处理日本问题的行动方针，为他们建立了在对日关系上应该做什么以及如何做的行为规则。对于这些条件和承诺，三国首脑在《公告》中强调指出，"吾人之条件，吾人决不更改，亦无其他另一方式。犹豫迁延，更为吾人所不容许"。这里使用的"决不更改"、"犹豫迁延"、"吾人决不容许"，以及《公告》中"开罗宣言之条件必将实施"和多处出现的"必须"措词清楚表明，在中美英三国首脑的意愿中，《公告》所列的这些条件都是具有强制力的，无论对于日本或是中美英三国自己，都是必须执行的，也是不能更改的。也就是说，是被赋予法律义务性质的。基于以上分析，我们完全有理由认为，《波茨坦公告》具有国际法上以"宣言"为名称的条约的基本特征，是一个名副其实的条约性质的法律文件。应当指出，它的这一条约法律性质，在西方法学界也是得到承认的。英国牛津大学出版社出版的在国际上享有盛誉的《牛津法律大辞典》在对"行政协定"一词所作的解释中说，这是指美国总统与他国首脑之间所签订的协定，具有条约的效力。该词条用来说明行政协定的例证之一，就是"1945年在……波茨坦缔结的那些协定"。①

《波茨坦公告》是中美英三国专门为敦促日本无条件投降而发表的，而迫使日本无条件投降这一目标最初是由《开罗宣言》提出来的。因此可以说，发表《波茨坦公告》要达到的目的之一就是为了实施《开罗宣言》。《波茨坦公告》将"开罗宣言之条件必将实施"列为它向日本提出的多项条件之一，也可以充分说明这两个文件之间的紧密关系。实际上，由于这一安排，《开罗宣言》已经成了《波茨坦公告》的一部分，《波茨坦公告》的条约法律性质决定了《开罗宣言》也具有条约法律性质。

国际条约法有一项原则规定，生效的国际条约对其缔约国有约束力，而不能为第三国创设权利和义务。按照这一原则，《开罗宣言》和《波茨坦公告》作为中美英三国之间的条约，只能对它们三国产生约束力，而不能约束日本，尽管它针对日本作出了一系列规定。然而，在国际条约的实

---

① 李双元等译：《牛津法律大辞典》，法律出版社2003年版，第406页。

践中，与这一原则确立的同时，也形成了关于这一原则的例外或称补充规则，即如果第三国以一定方式表示同意和接收一项条约有关它的权利和义务的规定，那么此项规定就可以对它产生权利和义务。对此，《维也纳条约法公约》明文规定，"如条约各当事方有意以条约的一项规定作为对某一第三国或第三组织确立一项义务的方式，且该第三国或第三组织以书面明示接受该项义务，则此规定即对其产生义务"。① 而关于为第三国创设权利的条约，《公约》规定说，"该第三国对此表示同意，则该第三国即因此项规定而享有该项权利。该第三国倘无相反之表示，应推定其表示同意。"② 这就是说，如果日本以一定方式作出了同意和接受开罗宣言和波茨坦公告的表示，那么它就可能成为这两项条约性质的国际法律文件的当事国，而这两项文件即对其产生约束力。

众所周知，在《波茨坦公告》发表 20 天后，日本宣布无条件投降。在其发表的《日本投降书》中，日本明白无误地表示了对《波茨坦公告》的接受。在该投降书第六项中，日本还作出了"承允忠实履行波茨坦公告之条款"的承诺。日本政府的上述行为是有重要法律意义的。通过这一行为，日本就成了《开罗宣言》和《波茨坦公告》的当事国。《开罗宣言》、《波茨坦公告》和《日本投降书》这三个相互联系密切的文件，则构成了一个新的条约，在中、美、英、苏和日本之间建立了条约法律关系；基于这一关系，各国都承担了履行这些文件作出的规定的法律义务。

在第二次世界大战结束和以后的一段时期里，日本基本上履行了它的义务。但是，也有众多事实表明，它在履行这些义务的过程中，态度并不总是真诚的，有些义务的履行是很不彻底的。例如，《开罗宣言》和《波茨坦公告》规定，日本应将其从其他国家掠夺来的一切领土归还原主的领土条款，就没有得到很好的执行。日本至今仍侵占着钓鱼岛而拒不将其归还中国，就是一个突出表现。钓鱼岛是台湾岛的附属岛屿，自古以来就是中国的神圣领土。甲午战争后，日本利用其战胜国的强势地位胁迫清朝政府签订《马关条约》，将台湾及其附属岛屿割让给日本，钓鱼岛遂被日本

---

① 《维也纳条约法公约》第 35 条，http：//www.un.org/chinese/law/ilc/treaty.htm。

② 《维也纳条约法公约》第 36 条第 1 款，http：//www.un.org/chinese/law/ilc/treaty.htm。

侵占。日本在其名称为"关于钓鱼岛主权的基本见解"的文件中辩解称，钓鱼岛不是根据《马关条约》割让给它的，而是在《马关条约》生效前不久，由日本内阁会议通过决议将其纳入日本版图的。即便如此，钓鱼岛是日本从中国窃取的土地这一事实和法律地位并没有改变。根据《开罗宣言》和《波茨坦公告》的领土条款，日本必须将钓鱼岛归还中国，这是它应当履行的国际法律义务。日本拒绝将钓鱼岛归还中国违反了《开罗宣言》、《波茨坦公告》的规定和它在《投降书》中作出的承诺，也违反了一般国际法，是它无视国际法、挑战战后世界和平秩序的一种表现，也是在日本出现的妄图回归过去对外侵略扩张老路的势力抬头的具体表现。对此，中国人民和全世界爱好和平、反对侵略、伸张正义的各国人民都不能不保持应有的警惕。

以侵略战争手段强迫他国签订的条约应视为无效

武装侵略的非法性和在侵略战争胁迫下签订的国际条约是否有效，是两个不同的，但有密切联系的问题。在不同的历史时期，有关这两个问题的国际法规则是不尽相同的。

一　关于武装侵略的非法性问题

1. 在 20 世纪以前，没有"侵略战争"这一概念，也不存在禁止战争的规则。尽管在历史上很早就有关于战争是否正义的讨论，但在传统国际法上并没有区分正义战争和非正义战争、合法战争和非法战争，而是一般地把战争看作是可用于解决国际争端，推行国家政策的合法手段，国家有诉诸战争的权利。

2. 19 世纪末叶，国际上开始有限制战争的要求。1899 年海牙和平会议通过《和平解决国际争端公约》，在国际关系史上第一次对战争权利作了限制，要求缔约国尽量避免诉诸武力，尽力于国际争端的和平解决。第一次世界大战后缔结的《国际联盟盟约》进一步限制了战争权，缔约各国承诺了不从事战争的义务。盟约第 12 条还规定，联盟会员国间发生争议，应将该争议提交仲裁或司法解决，在作出裁决或法庭判决后三个月届满前，不得从事战争。1928 年的《关于废弃战争作为国家政策工具的一般条约》（世称巴黎非战公约）在法律上正式禁止战争。在该公约中，各缔约国声明，在它们的相互关系中废弃战争作为实行国家政策的工具。他们还表示同意，互相之间发生的一切争端或冲突，只能用和平方法加以处理或解决。

3. 第二次世界大战结束以后，侵略战争被宣布为犯罪行为；各国在国际关系上不得使用威胁或武力，被确立为现代国际法的一项基本原则。1945 年《纽伦堡国际军事法庭宪章》和 1946 年《远东国际军事法庭宪章》均把从事侵略战争视为国际犯罪，规定，凡计划、准备、发动或实施侵略战争都是"反和平罪"，应受到审判和惩罚。《联合国宪章》第二条规定了联合国及其会员国应予遵行的原则，其中之一就是"各会员国在其国际关系上不得使用威胁或武力……侵害任何会员国或国家之领土完整或政治独立。"1970 年联合国大会通过的《关于各国依联合国宪章建立友好关系及合作之国际法原则宣言》重申了这一原则。1974 年，联合国大会又通过了侵略定义，指出，一个国家使用武力侵犯另一国的主权、领土完整或政治独立，即构成侵略；侵略是非法使用武力的最严重、最危险的形式，因侵略行为而取得的任何领土或特殊利益，均不得亦不应承认为合法。

4. 发生在 20 世纪以前的侵略战争的非法性，需作分析。一般认为，近代国际法起始于 17 世纪 20 年代格老秀斯的《战争与和平法》，以及后来不久召开的威斯特伐利亚公会（1643—1648 年）及其通过的《威斯特伐利亚和约》。这一国际法是由欧洲国家创立的，在很长时期内，也是主要用于调整欧洲国家之间的关系，因此，在一些国际法书籍中，它被称为"欧洲的国际法"。在战争问题上，虽然也曾有学者谈论过正义战争和非正义战争的区分，但是，当时欧洲的情况是"春秋无义战"，作为欧洲国家之间的游戏规则的传统的欧洲国际法，因此也就没有区分正义战争和不正义战争，合法战争和非法战争，而是一般地承认战争是一种处理国家之间争端的合法手段。

但是，在现实生活中，不仅在欧洲国家间发生有战争关系，在欧洲国家和欧洲以外的国家间也发生有战争关系；而且在为数众多的欧洲国家与亚洲、非洲和拉丁美洲国家之间发生的战争，几乎全都是在性质上与欧洲国家间的战争不同的侵略战争或殖民战争。显然，我们不能同意用调整欧洲国家之间关系的，没有正义战争与非正义战争区分的欧洲国际法来处理发生在欧洲国家和被他们侵略的非欧洲国家之间的战争问题；而应当从历史的真实出发，根据近代国际法从一开始就承认的国家主权原则，以及公正、正义等一般法律观念来看待发生在 20 世纪以前的侵略战争。据此，应当认为，它们都是非法的。

二 关于以侵略战争为手段强迫他国签订的条约的无效问题

在传统国际法中，对国家实施强迫和对参加缔约谈判的国家代表实施强迫，对于条约的成立和有效的影响是不一样的。对国家代表实施强迫，被认为是违反了缔约中的"自由同意"这一有效要件，因此，在此情况下缔结的条约自始就是无效的。而在禁止战争的国际法规则确立以前，战争被认为是解决国际争端的合法手段，因此，以战争手段强迫他国签订的条约一般被认为是有效的。然而，如上所述，这里所讲的传统国际法是指没有正义战争和非正义战争区分的国际法，对于这种国际法我们是不能接受的。实际上，在 20 世纪以前，包括本世纪前半叶，欧洲列强并没有把广大亚、非、拉国家作为与他们平等的国际法主体对待，我们也没有法律上的理由接受他们的国际法。

在战争被一般地禁止以后，有关的条约法规则已有了改变。1969 年联合国主持下制定和通过的《维也纳条约法公约》明文规定，无论是对参加缔约谈判的国家代表以威胁或使用武力施行强迫而缔结的条约，还是以威胁或使用武力对国家施行强迫而缔结的条约，都是无效的。因此，从我们对于传统国际法的观点出发或是根据现代国际法，以侵略战争手段强迫他国签订的条约，都是无效的。《南京条约》、《北京条约》、《展拓香港界址专条》都是英国用武力逼迫清朝政府签订的，应当认为是无效的。

（原载《中国社会科学院要报·信息专报》1997 年 5 月 12 日）

美国的法律破坏了国际法

今年3月，美国总统克林顿签署了赫尔姆斯—伯顿法，企图迫使其他国家跟随美国在经济上封锁古巴，在国际上招来了一片反对之声。事隔不到半年，克林顿又签署了针对伊朗和利比亚的达马托法，使这一在制定过程中就遭到国内外广泛批评的法案正式成了美国的法律。美国的一意孤行，再次引发了国际社会的极大愤慨，包括英国、法国、德国、加拿大等美国盟国在内的许多国家，纷纷发表声明或谈话予以谴责。欧洲联盟已向美国提出了正式抗议。纵观战后50年的国际关系史，美国还从来没有像今天这样，由于其对外政策而遭到国际社会的一致反对，陷于绝对孤立的困境。

这两项法律针对的国家不同，内容也有差异，但它们有一个共同点，目的都不是为了调整美国的国内关系，而是用美国的法律来制裁在国际上享有独立地位的主权国家和它们的公司。美国要把它自己的法律扩展到美国的领土之外，使美国的法律适用于外国和外国公司。这是地地道道的治外法权，明目张胆地违反了现代国际法。

当代国际社会是由主权独立国家组成的。所有国家，不分大小、强弱，它们的地位都是平等的，应当互相尊重。如果国家之间发生了争端，有关国家应当在相互尊重的基础上，通过外交谈判，使用和平方法，寻找争端的妥善解决，而决不能动辄施压、制裁，把自己的意志强加给另一方。这就是联合国宪章以及其他许多国际法律文件所确认的国家主权平等原则。根据这项原则，一国的法律只能在其本国境内适用，而不能扩及其他国家；它们只对本国公民和机构有约束力，而不能用来管制其他国家的公民和机构，除非他们处在美国境内，更不能去约束其他主权国家。赫尔姆斯—伯顿法和达马托法实行治外法权，粗暴地践踏了国家主权平等原则。

　　这两项法律也公然违反了国际公认的不干涉他国内政的原则。赫尔姆斯—伯顿法的正式名称是《声援古巴自由与民主法》，结合美国自古巴革命以来对古巴一贯实行的颠覆政策，人们可以清楚地看出，这一法律所要达到的目的，就是用美国式的自由和民主取代古巴现存的政治制度。美国力图用它中意的制度去代替古巴现存制度，是对古巴内政的干涉。达马托法具有同样的性质。这一法律是在借口反对伊朗和利比亚实行支持恐怖主义的政策而又没有确凿证据的情况下出台的，目的也是为了推翻这两个国家的现行政权。应当指出，这两项法律不仅干涉了古巴、伊朗和利比亚的内政，而且还干涉了所有同这三个国家发展经济贸易关系的国家的内政。按照国际法，每个国家都有权决定自己的对内对外政策，包括对外经济贸易政策。是否同另一个国家发展经济贸易关系及如何开展这一方面的活动，纯属一国内政，不容他国干涉。美国的这两项法律却要告诫其他国家，不准它们的公司同古巴、伊朗和利比亚做生意，是对这些国家内政的无理干涉。

　　上述两法制造障碍，阻止其他国家的公司同古巴等三国做生意，并单方面决定对同这三个国家做生意的外国公司实行制裁，也是违背自由贸易原则和世界贸易组织的有关准则的，违背了美国作为世界贸易组织成员国在该组织中承担的义务。

　　国际法是维系国际正常秩序必不可少的重要工具，对国际社会的每一成员都有约束力。美国固然是一个大国，在政治、经济、军事诸方面都拥有相对于其他国家的一定强势。但是，这种强势并没有赋予美国一种特权，使它可以君临天下，对其他国家发号施令、胡作非为。

　　美国正是在这个问题上走入了邪路。它用301条款和特殊301条款等国内立法去处理与别国的贸易纠纷，它把《与台湾关系法》置于中美三个联合公报的原则之上，它甚至派兵到他国领土上去捉拿它认为有罪的他国公民，发展到今年，连自己的盟国也要整治，终于嘘声一片，骑虎难下。美国今年这么干或许与大选有关，大选过后可能会稍稍清醒一些。形势也容不得它不清醒，因为国际社会容不得一个不守规则、无法无天的成员。

（原载《瞭望》1996 年第 35 期）

以美国为首的北约粗暴践踏国际法

1999 年 3 月 24 日，以美国为首的北约集团在以武力胁迫南联盟接受所谓朗布依埃协议未果以后，图穷匕见，以"人道主义干涉"为幌子，使用导弹和飞机，对这一主权国家发动了武力攻击。起初，轰炸只是限于军事目标；但是，时隔不久，随着北约领导人因南联盟不屈而日益狂躁，导弹和炸弹就越来越频繁地投向了桥梁、工厂、电视台等国际法禁止攻击的民用设施，精确制导的炸弹也越来越多地飞向手无寸铁的、受到国际法保护的平民。为了增强杀伤力，北约还使用了为国际法所禁止的集束炸弹。在这不分青红皂白的狂轰滥炸下，一千余平民死亡，五千余人受伤，七八十万难民流离失所，无数公、私财产遭到损毁。以保护人权为名的"人道主义行动"，成了灭绝人性的人道主义大灾难。5 月 8 日，美国的 B－2 隐形轰炸机，根据美国空中作战司令部的"特别指令"，又悍然对悬挂着中华人民共和国国旗和国徽的中国驻南大使馆进行了野蛮袭击，摧毁了馆舍，杀害了三名中国新闻工作者，并使包括外交代表在内的二十余名使馆人员受了伤。北约的这一系列暴行是对人类良知的亵渎，理性的反动，也是对当代国际法的粗暴践踏。

北约的袭击行动对国际法的破坏是全面的、大规模的，主要有以下表现：

国家主权原则是当代国际法的基础和基本原则。联合国宪章和联合国大会 1970 年通过的《关于各国依联合国宪章建立友好关系及合作之国际法原则宣言》，都把这一原则列于各国际法原则之首，要求所有国家在其相互关系中互相尊重主权、领土完整和政治独立。南联盟是一主权国家，它的主权、领土完整和政治独立理应得到包括北约各国在内的所有国家的尊重。北约强迫南联盟接受朗布依埃协议于前，侵入其领空进行导弹和炸弹空袭于后，严重地破坏了南联盟的主权、领土完整和政治独立。中华人民共和国驻南大使和使馆是中国派驻南联盟的外交代表和机关，在驻在国代表中国办理外交事务，体现了中国主权。北约对中国使馆进行袭击，粗暴地侵犯了中国的主权，这些行为都是对国家主权原则的严重侵犯。

基于国家主权平等原则和在国家间建立友好关系的原则，联合国宪章明确要求"各会员国在其国际关系上不得使用威胁或武力"，它们"应以和平方法解决其国际争端"。这就是举世公认的"不使用武力或威胁"和"和平解决国际争端"两项国际法基本原则。北约以空中打击相威胁，强迫南联盟接受它的解决科索沃问题的方案，在遭到拒绝以后，又将威胁付诸武力行动，对它进行空袭，完全违反了这两项国际法基本原则。

不干涉别国内政原则，是源于国家主权原则的另一项重要的国际法基本原则。联合国宪章和国际法原则宣言均对此有明确规定。科索沃问题，主要是南联盟国内部分阿尔巴尼亚族人图谋独立，分裂国家的问题，本质上是南联盟的国内事务，应由该国人民和政府自己处理。除非事态发展危及国际和平与安全，需要联合国安理会采取行动进行干预外，无论联合国或任何其他国家都无权进行干涉。北约未经安理会的授权，也没有得到南联盟的邀请，强力干涉科索沃问题，是对不干涉别国内政原则的粗暴侵犯。

1928年巴黎非战公约禁止将战争作为推行国家政策的工具，在国际法历史上第一次宣布战争为非法行为。第二次世界大战以后，国际上组织的纽伦堡军事法庭和东京远东军事法庭对德国和日本战犯策划和进行战争活动的罪行进行了严正审判，判定他们犯有侵略罪并判处了刑罚。联合国宪章禁止一国对他国的战争行为，明确地把"制止侵略行为或其他和平之破坏"列为联合国的宗旨之一，并作为原则，要求各会员国以和平方法解决其国际争端，在其国际关系上不得使用武力或威胁。为了制止侵略并对潜在的侵略者加以威慑，联合国大会于1974年12月14日通过"关于侵略定义的决议"，宣布"一个国家使用武力侵犯另一个国家的主权、领土完整或政治独立"就是侵略，"侵略战争是破坏国际和平的罪行"，"侵略行为引起国际责任"。以美国为首的北约对南联盟进行武力攻击，破坏了和平，违反了国际法禁止战争，禁止侵略的规定，构成了侵略罪，策划者和执行人员对此应承担刑事责任。

自 20 世纪末以来，为了减轻战争的残酷性和保护平民不受战争祸害，国际社会已经形成一系列旨在限制战争手段和方法的国际法规则，它们集中体现在 1899 年和 1907 年海牙公约所构成的"海牙体系"以及 1949 年四个日内瓦公约和 1977 年两个附加议定书所构成的"日内瓦体系"中。这些规则统称为战争法规，其主要内容是确定了在武装冲突中应将战斗员和非战斗员、军事目标和非军事目标区分开来的区别原则，禁止对平民和民用设施进行不分青红皂白的狂轰滥炸；同时，还规定禁止使用可能造成极大痛苦的武器和战争手段。纽伦堡审判和东京审判将违反战争法规的行为认定为战争罪，并以此罪名对德、日战争罪犯判处了刑罚。战争行动中，带有灭种性质的行为或其他严重侵犯人权和非人道行为还被认为是反人类罪。无论是战争罪还是反人类罪，都是国际法上应受惩罚的国际犯罪。以美国为首的北约使用包括集束炸弹在内的种种武器，对南联盟的平民和民用设施，以及中国驻南使馆进行狂轰滥炸，造成了大量平民死伤和数十万流离失所的难民，无数民用设施被毁，严重地违犯了战争法规，构成了战争罪和反人类罪。

联合国宪章规定，只有安全理事会有权就危及国际和平与安全的情势作出判断并决定采取武力行动；未经安理会的授权，任何国家或国家集团都没有权利对一个主权国家采取这类行动。即使一个国家为行使单独的或集体的自卫权而使用武力，它也必须就已采取的行动立即报告安理会。《宪章》没有排除区域性组织或使用区域办法处理有关国际和平与安全事务的可能性；但是，任何这样的行动，也必须得到安理会的授权；而且，应当以"与联合国的宗旨和原则相符者为限"。北约对南联盟动武，事先没有得到安理会的授权，事后拒不向安理会报告，且其所采取的行动完全违背了联合国的宗旨和原则，因此，违犯了《联合国宪章》，完全是非法的。

此外，以美国为首的北约对中国驻南使馆的袭击，还违反了国际上早已形成的有关保护外交代表和使、领馆的国际法规则。国际习惯法和 1961 年维也纳外交关系公约均规定，一国派驻他国的大使和其他外交代表享有人身不可侵犯权，使馆馆舍和大使官邸也都不得侵犯。按照联合国 1973

年《关于防止和惩处侵害应受国际保护人员包括外交代表罪行公约》的规定，对使馆馆舍、外交代表及其家属的暴力行为，被认为是国内法上的罪行，应当加以惩处。北约使用导弹轰炸我驻南使馆，炸死、炸伤包括外交代表及其家属在内的二十余位使馆人员，严重地违反了外交关系法，并且构成了犯罪。

以上种种事实表明，北约对国际法的践踏达到了肆无忌惮的程度。它不只是违反了某项国际法原则或规则，而是从国际法的基础、国际法的基本原则到一些具体规则，从平时国际法到战时国际法，全面地、大规模地违反了国际法，其规模之大、范围之广、情节之恶劣、后果之严重，在国际关系史上是罕见的。国际法面临着第一、第二次世界大战造成国际法危机以来的第三次危机。

还有必要指出，北约国家为掩饰其进攻南联盟的非法性而制造的一个"理论根据"，也是违反国际法的。这就是所谓的"人权高于主权"论。它们声称，由于《联合国宪章》将促进人权规定为联合国的宗旨和原则，联合国会员国承担有促进和保护人权的义务；因此，人权已不再是一个国家的国内管辖事项，而成了国际社会合法关注的问题。这样，在一个国家侵犯人权的情况下，国际社会就有权加以干预，而被干预的国家不能因享有主权而反对外来的干预。这是一个似是而非的理论，它直接否定主权原则而具有极大的破坏性。实际上，这一理论是完全错误的，既违反了国际法的一般理论，也与国际人权法的规则和实践相悖。确实，《联合国宪章》规定了促进人权的宗旨和原则，因此，人权已经成了人们普遍关注的问题；但是，这并不意味着人权已不再是一国的国内管辖事项，对人权问题不再适用不干涉内政原则了。如上所述，主权原则是国际法的基础，是最重要的国际法基本原则，它贯穿于国际法的一切领域；毫无疑问，也适用于国际人权法领域。作为国际人权法主要渊源的国际人权条约中，有许多规定都体现了国家主权原则，而反对一个国家任意干涉另一国家国内的人权事务。《公民权利和政治权利国际公约》第41条的规定，就是一个明显的例证。按照该条规定，一缔约国如果认为另一缔约国没有履行本公约的义务，它可以向根据本公约设立的人权事务委员会提出指控，该委员会则应接受这一指控并予以审议。然而，这一程序的启动有一个先决条件，即：提出指控的国家和被指控的国家都必须是已经发表声明，承认人权事务委员会具有接受和审议这类指控的职权。只要其中有一个国家没有发表这样的声明，这一程序就不能启动。可见，一个国家是否能够就人权问题指控一个国家，取决于被指控国家的态度，它可以决定同意他国的指控，也可以决定不同意。事实上，在目前已经批准《公民权利和政治权利国际公约》的 140 多个国家中，只有 43 个国家发表了承认人权事务委员会上述职权的声明，而且，至今还没有一个国家利用过这一程序去指控别的国家。这一事实雄辩地说明，世界上大多数国家都坚持人权本质上属于一国国内管辖事项的立场。"人权高于主权"的理论，只是一些西方国家蓄意干涉他国内政而炮制出来的伪理论。

北约诸国自诩为文明国家，是实行法治的国家。它们大多属于 17 世纪中叶威斯特伐利亚和会的参加国和以《威斯特伐利亚和约》为启端的近代国际法的创建国。这些国家或者曾经在集中反映当代国际法基本原则的《联合国宪章》上签了字，或者因为是战败国而被排除在联合国创始会员国以外而未能在《联合国宪章》上签字，但在以后曾经庄严地宣布尊重宪章所载的宗旨和原则。如今，它们把曾经顶礼膜拜过的东西踩在了脚下，走向了国际法的对立面。

以美国为首的北约如此对待国际法，绝不是偶然的。这是因为现存的国际法已经成为北约东扩，特别是作为唯一超级大国的美国企图借助北约，独霸世界道路上的绊脚石，不踢倒这一绊脚石，它们的既定目标就不能顺利实现。不久以前，北约各国在华盛顿首脑会议上提出的"新战略概念"，对此作了很好的说明。这一新概念实际上修订了构成北约国家之间特殊国际法的《北大西洋公约》关于北约是一个自卫性组织的规定，使北约成为一个向整个欧洲推行北约价值观的对外扩张组织。用它自己的话说，就是"建立在共同的民主、人权和法治的价值观之上"的北约将努力争取"在欧洲实现公正和持久和平的秩序……因而联盟不仅要确保成员国的防务，也要为该地区的和平与稳定作出贡献"。对南联盟的军事攻击，实际上就是这一新概念的演练。

国际法是维持国际和平与安全，保证正常国际秩序运转的重要因素，在促进国际合作，实现和平与发展这两大时代任务方面起着不可替代的作用。现存的国际法，也是维护正义，支持弱小民族和国家反对霸权主义和强权政治的有力武器。不管北约如何践踏，它都将继续存在下去。但是，在美国一超独霸，世界上暂时还没有一个足够强大的力量与其抗衡的今天和以后相当长的一段时间里，国际法遭到严重破坏的现象可能还会不断发生，一切爱好和平的国家和人民对此不能不予以应有的注意和警惕。

（原载《世界经济与政治》1999 年第 6 期）

北约袭击中国驻南使馆必须
承担国际责任

　　5月8日，以美国为首的北约在对南联盟进行狂轰滥炸之际，又派出B–52轰炸机，使用五枚精确制导导弹，悍然对中国驻南使馆进行轰炸，造成三人死亡，二十多人受伤和使馆馆舍毁损的严重后果。这是一起骇人听闻的野蛮暴行。不仅激起了全中国人民的极大愤慨，而且也震惊了全世界。全世界爱好和平、主持正义的国家和人民，与中国政府和人民一起，对北约的这一暴行表示了最强烈的谴责。

　　北约对中国驻南使馆的轰炸，在国际社会引起巨大的反应，是因为这是对中国主权的严重侵犯，是对《联合国宪章》和国际关系基本准则的公然挑衅，粗暴地践踏了当代国际法，而这个国际法是维护世界和平与安全，保证国际关系正常发展的重要因素。

　　中国驻南使馆是中华人民共和国派驻南联盟的外交代表机关，代表中国与南联盟政府办理外交事务。它有权悬挂中国国旗和国徽，是中国主权的体现和象征。以美国为首的北约对中国驻南使馆进行轰炸，意味着对中国主权的侵犯。众所周知，主权是国家的本质属性，在由民族国家组成的国际社会中，承认和维护国家主权是维系国际社会的基本要求，因此，当代国际法是建立在尊重国家主权的基础之上的，并且禁止对国家主权的侵犯。《联合国宪章》在规定其会员国应予遵行的国际法原则时，将各国主权平等原则列于首位，充分表明了尊重国家主权的特别意义。这项原则确认，所有国家均享有充分主权，具有平等的法律地位，要求各个国家在其相互关系中互相尊重，和平相处，而不得有侵犯的行动。北约国家轰炸中国驻南使馆，侵犯了中国主权，也直接违反了《联合国宪章》及其规定的各国主权平等原则。

　　以美国为首的北约袭击中国驻南使馆，还违反了国际法中有关外交关系，特别是其中关于驻外使馆、外交使节和其他外交代表享有不可侵犯权的规则。这些规则，经过各国的长期实践，早已形成了习惯国际法。1961年在维也纳签订的《外交关系公约》，根据《联合国宪章》中各国主权平等、维持国际和平与安全，以及促进国际间友好关系的宗旨和原则，对这些国际习惯法规则进行了编纂，明确规定"使馆馆舍不得侵犯"、"外交代表人身不得侵犯"、"外交代表和私人寓所不得侵犯"，等等。应当指出，维也纳外交关系公约的这些规定虽然主要是针对外交代表机关的驻在国而言的；但是，因为这些规定反映了国际习惯法，它们作为国际习惯法规则对于国际社会的所有成员都是具有法律约束力的。美国及其北约盟国作为国际社会的一员理应遵守这些规则，尊重所有国家驻外使馆以及这些使馆的外交代表的不可侵犯权，包括中国驻南使馆和中国使馆外交代表的不可侵犯权。北约对中国驻南使馆进行轰炸，除炸毁馆舍外，还炸死炸伤二十余名包括许多外交代表在内的使馆人员。中国驻南联盟的特命全权大使也险遭杀害。这是对中国使馆和外交代表不可侵犯权的严重侵犯，践踏了关于外交关系的国际法。

　　北约的这些违反国际法的行为，均构成了国际法上的不法行为。按照现代国际法，每一国际不法行为都将引起一定的法律后果，即凡犯有国际不法行为的国家都必须对它的这一行为承担国家责任，国家责任的形式很多，目前国际法上没有关于国家责任形式的明确而统一的规则。但是，从国家实践来看，通常被采用的国家责任形式主要有道歉、终止不法行为、赔偿、恢复原状、惩罚有关人员等。

　　有必要指出，当美国及其北约盟国下令对中国使馆进行轰炸时，已不仅仅犯下了上述国际不法行为，其有关领导人还涉嫌犯下了策划和组织侵害应受国际保护人员的罪行，美国及其北约盟国因而还负有惩办有关罪犯的责任。1973年12月14日，联合国大会为了保护外交代表和其他应受国际保护人员的安全，避免国家间友好关系和合作遭受严重威胁，曾通过了一项《关于防止和惩处侵害应受国际保护人员包括外交代表的罪行公约》。根据这项公约，凡对包括外交代表在内的应受国际保护人员及其家属进行或参与谋杀、绑架或其他侵害其人身或自由的行为，以及对应受国际保护人员的公用馆舍、私人寓所或交通工具进行的暴力攻击，均构成犯罪，公约缔约国应将这些犯罪定为国内法上的罪行，并给以惩罚。由美国等北约国家的领导人下令进行的对中国驻南使馆的轰炸，无疑是对中国使馆馆舍和外交代表的暴力攻击，直接侵害了这些人员的人身安全，完全符合《公约》规定的侵害应受国际保护人员罪行的特征。因此，北约执行和参与执行轰炸中国驻南使馆的人员都有可能是涉嫌侵害应受国际保护人员罪行的罪犯。这里所说的参与执行轰炸的人员，应当包括策划、组织这一犯罪的有关领导人。美国及其北约盟国有义务启动司法程序，追究罪犯的刑事责任，并给予应有的惩罚。

在北约轰炸中国驻南使馆事件发生以后，中国政府当即作出了强烈反应，对北约这一肆意践踏国际法的野蛮暴行提出了最强烈的抗议，要求北约必须对此承担全部责任。随后，中国外交部长又代表中国政府向北约提出了四项初步要求，这就是公开、正式向中国政府、中国人民和中国受害者家属道歉；对北约袭击中国驻南使馆事件进行全面、彻底的调查并迅速公布调查结果和严惩肇事者。在美国派特使来华报告美国政府对北约袭击中国使馆事件的调查结果时，中国政府又进一步提出了美国政府应对轰炸事件中中国人员伤亡和财产损失作出迅速、充分和有效赔偿的要求。中国的这些要求是完全合理的，也具有国际法的根据，因此，得到了中国人民和国际社会的广泛支持。北约国家特别是美国应当高度重视中国政府的严正立场和上述要求，采取实际行动，消除其国际不法行为所带来的后果。中国人民注意到了美国总统克林顿和北约其他一些国家领导人已经对轰炸事件造成的人员伤亡和馆舍被毁事件表示了道歉。但是，一些迹象表明，北约国家的领导人至今仍然很不愿意承认他们轰炸中国使馆的国际不法行为，他们似乎仍不准备将事件的全部真相公诸于众。这些国家一向自诩为"法治国家"，而且常常以世界法官自居，动辄对他们不满意的国家实行制裁。然而，他们在处理轰炸中国使馆问题上的表现，很难说，他们是在按照法治的精神办事。以美国为首的北约国家最终将如何对待自己这一起严重违反国际法的行为，世人将拭目以待。

（原载《中国法律》1999 年第 3 期）

美军虐待伊拉克俘虏严重
违反国际法

　　自美国哥伦比亚广播公司电视报道美国驻伊拉克军队残暴虐待关押在阿布格莱卜监狱中的伊拉克战俘事件以来，短短几天，一股严厉抨击和谴责美国军队不人道行为的浪潮很快席卷全球，不仅伊拉克人民和阿拉伯国家在同声谴责，美国的传统盟国也在谴责。美国副国务卿阿米蒂奇承认，欧洲国家对此表示的反对程度甚至超过了阿拉伯世界。在世界各国和美国国内的巨大压力下，布什总统不得不就这一事件表示了道歉，并宣布要使犯有虐囚行为的美国士兵"接受法律的制裁"。

　　据来自包括美国在内的各方面的报道，美军用来虐待战俘的方式至少有20种之多，其行为的非人道性和恶劣程度骇人听闻，令人发指。用美国陆军的一份内部调查报告的话说，这是一些"残忍、无耻、下流的虐待犯人行为"。人间如有蹂躏人权一说的话，那么，美军的行为就是地地道道的蹂躏人权。不仅如此，对此事件负有不容推辞责任的美国国防部长拉姆斯菲尔德还承认说，现在已经揭露出来的虐俘情况只是一部分，还有更多的照片和录像带，可能使这场丑闻变得更加严重。有报道说，这里还有凶杀、强奸等明显的犯罪行为。

　　问题的严重性还在于，美军的虐囚行为并不是某些个人的、孤立的和偶然的行为，而是带有"经常性的"，是美国情报部门为了搜集情报而"有意施加的"蓄意行为。美国《新闻周刊》的一篇报道说，2003年夏，五角大楼和美军战地指挥官曾批评美军事情报部门在搜集伊拉克情况方面工作不力，要求加强调查；此后，驻伊美军总指挥要求米勒少将对美军监狱管理系统进行检查，并制订能够快速摧垮战俘意志的方法以获取情报。

米勒在视察了全部 16 个美军监狱后，作出了由军事情报部门接管其中最大阿布格莱卜监狱的决定。目前揭露出来的美军虐囚种种暴行，大多正是在这一监狱中发生的。一些被控有虐囚行为的人说，是情报部门让他们这样干的。

还需要指出，有资料表明，早在一年之前，美军虐待伊拉克战俘的暴行已经有所揭露，最晚在今年 1 月，美军当局就已收到有关美军虐待战俘的调查报告。2 月，红十字国际委员会也曾在视察美军监狱后向美军当局递交了一份关于美军虐待俘虏的种种行为的报告。但是，直到哥伦比亚广播公司在不久前公开揭露之前，美国国防部和美军驻伊指挥部对此一直秘而不报。

美军对于伊拉克俘虏的虐待行为，粗暴地侮辱了受害人的人格尊严，给他们的身心健康造成了极大的伤害，严重地侵犯了他们的人权，并且直接地违反了国际人权法和国际人道主义法。实施虐囚行为的人以及对此负有责任的其他人必须受到惩罚。其中的有些行为已经构成国际犯罪，应当受到法律的制裁。

尊重一切人，包括被俘和被囚人的人格尊严，不对他们施行酷刑或不人道待遇，是国际人权法的基本要求之一。《公民权利和政治权利国际公约》明文规定："所有被剥夺自由的人应给予人道及尊重其固有的人格尊严的待遇"，"任何人均不得加以酷刑或施以残忍的、不人道的或侮辱性的待遇或刑罚"。《禁止酷刑和其他残忍、不人道或有辱人格的待遇或处罚公约》把公职人员为了向某人取得情报或供状，蓄意使某人在肉体或精神上遭受剧烈疼痛或痛苦的任何行为界定为酷刑，责成缔约国采取有效的立法、行政、司法或其他措施，防止在其管辖下的任何领土内出现酷刑行为，并保证将一切酷刑行为定为刑事犯罪，加以惩罚。美国是这两项国际人权条约的缔约国，有义务严格遵守、诚实履行这些条约的各项规定。但是，上述虐俘事实表明，美国当局不仅没有按照这些人权条约的要求，切实尊重被囚人员的人格尊严，并采取有效措施防止其国民及在其管辖下的领土内发生酷刑行为；相反，却在实际上纵容甚至组织实施酷刑，明知故犯地破坏国际人权法。

美国不仅违反了国际人权法，也违反了国际人道主义法。《1949 年关于战俘待遇的日内瓦公约》是构成国际人权法和国际人道主义法的重要法律文件，它要求缔约国严格尊重战俘的人身和荣誉，保证他们受到人道待遇，保护他们不致受到暴行或恫吓和侮辱。《公约》十分明确地指出，由于战俘是在敌对国家，而不是在俘获战俘的个人或军事单位的控制之下，所以，拘留国应对战俘所受的待遇负责。《公约》还要求管理战俘的军队领导人严格遵行《公约》的各项规定，他们手中必须要有《公约》文本，保证使他领导下的职员和警卫知悉《公约》的条款规定，并负责《公约》的实施。《公约》还要求缔约国制定必要立法，对犯有严重破坏《公约》行为的人进行有效的刑事制裁。美国作为《日内瓦公约》的缔约国，有义务诚实履行《公约》的各项规定，认真保护战俘的人格尊严和各项权利，使他们不致受到非人道待遇；然而，已经揭露出来的美军虐俘行为表明，美国不仅没有这样去做，甚至粗暴地违反了《公约》的规定。

美军虐待战俘的行为还构成了国际法所禁止的并规定要予以惩罚的危害人类罪和战争罪。危害人类罪和战争罪是当代国际法认定应予惩罚的国际犯罪。《国际刑事法院规约》对危害人类罪和战争罪等四种国际犯罪作了界定，按照这些规定，酷刑、强奸、故意造成重大痛苦，或对人体或身心健康造成严重伤害的不人道行为都构成危害人类罪，而故意杀害、酷刑或不人道待遇、故意使人的身体或健康遭受重大痛苦或严重伤害、损害个人尊严、特别是侮辱性和有辱人格的待遇、强奸等任何形式的性暴力等都构成战争罪。对于这些国际犯罪，犯罪嫌疑人所属国家、受害人所属国家以及国际刑事法院均有管辖权，有权对他们进行审判，并可视情节轻重，处以罚金、没收财产、有期徒刑、无期徒刑等刑罚。美军对伊拉克战俘和被囚的人的所作所为完全符合《国际刑事法院规约》关于危害人类罪和战争罪定义的规定。美国虽然没有签署和加入这一规约，因而不受它的约束。但是，禁止危害人类罪和战争罪并对这些犯罪进行惩罚，也是包括美国在内的所有国家都必须遵守的国际习惯法。美国有责任对实施和共谋实施这些犯罪的人绳之以法。如果美国不对这些人进行审判，受害人国家有权要求对他们行使司法管辖权。

国际法是人类社会文明发展的产物，是维持国际和平和正常的国际秩序所必需的行为规范，不容任意践踏。美国自诩为法治国家，但在发动伊拉克战争、虐待伊拉克战俘等许多问题上都表现出了无视国际法，践踏国际法的强权态度。现在，虐囚事件已暴露在光天化日之下，全世界都在注视着，美国还会怎样对待国际法。有消息报道，拉姆斯菲尔德日前曾放言，是否遵照日内瓦公约，要看每个战俘的情况。看来，美国确实是有一些当政者是根本不把国际法看在眼里，不想遵守国际法的。

（原载《中国社会科学院报》2004 年 5 月 8 日）

联合国改革问题与中国的立场

一　联合国改革简要回顾

联合国是第二次世界大战临近结束时，由中、苏、美、英等 26 国发起，后由 51 个国家"欲免后世再遭今代人类两度身历惨不堪言之战祸"，"力行容恕，彼此以善邻之道，和睦相处"，而以"联合国人民"名义创建的全球性国际组织，其宗旨为：维持国际和平及安全；发展国际间以尊重人民平等权利及自决原则为根据之友好关系；促成国际合作，以解决国际间属于经济、社会、文化及人类福利性质之国际问题，增进并激励对于所有人之人权及基本自由之尊重；协调各国行动。①

联合国自 1945 年 10 月 24 日《联合国宪章》（以下简称《宪章》）生效而宣告正式成立以来，已走过了 61 年的历程。在这期间，国际风云激烈变幻，联合国经历了冷战、美苏争霸、局部冲突等等考验，在实现联合国的上述四项宗旨方面都取得了令人称颂的巨大成就，同时，也暴露出了本身机制存在缺陷和应对紧急情势能力不足的问题。为适应客观形势的变化和完善本身机制的需要，联合国一直在不断地采取措施，以进行必要的改革。

20 世纪 60 年代，随着非殖民化运动的发展，一些前殖民地国家取得了独立并加入了联合国，联合国会员国数量有了很大增加。为了使联合国的一些主要机关的组成能够反映这一变化，联合国大会于 1963 年 12 月 17 日通过了对《宪章》第 23 条、27 条和 61 条的修正案，把安理会的理事国从 11 个增加到 15 个，把经社理事会的理事国从 18 个增加到 27 个。

---

① 参见《联合国宪章》序言、第 1 条。

1971 年第 26 届联大又通过了一项《宪章》修正案，进一步将经社理事会的理事国从 27 个增加到 54 个。

自 20 世纪 60 年代开始，维和行动所需经费持续大量增加，美国等一些国家拒付摊款和拖欠会费、联合国机构臃肿等一系列因素，致使联合国长期遭受财政困难的困扰。至 1985 年，如时任联合国秘书长的德奎利亚尔向第 40 届联大作的报告所说，联合国已"面临成立以来最严重的财政危机"。为了摆脱这一困境，该届联大于 1985 年 12 月通过决议，决定成立包括 5 个常任理事国专家代表在内的 18 人高级专家组研究有关行政和财务改革问题。1986 年第 41 届联大在对专家组的报告作了全面、认真的审议后通过了第 41/213 号决议，决定从机构、人事和预算程序方面进行为期三年（1987—1990 年）的改革。经过三年的努力，虽然取得了一定成绩，但成效不大，只起到了为以后的联合国改革作了一些准备的作用。

1991 年，加利被任命为新的联合国秘书长，他为自己的任期确定了要使联合国成为一个在新的世界秩序中顺利发挥作用的更有效、更精干的国际组织的改革任务，得到了安理会首脑会议的积极支持。1992 年，加利开始了他所说的全面展开精简联合国机构改革的第一阶段，对秘书处机构作了大幅度的精简和调整。因为维和行动经费持续增加，而一些会员国不履行财政义务，拖欠会费和摊款的状况没有改变，资金经常短缺，成了"联合国财政状况的主要特征"。加利秘书长还向 1992 年召开的第 47 届联大提出了一系列旨在改善联合国财政状况的建议。为推动联合国改革，加利在 1995 年 8 月又提出了六点改革计划：第一，进一步精简联合国官僚机构，秘书处职位再裁减 135 个；第二，经常性预算控制在零增长水平；第三，组建内部监督服务办公室，强化对内部预算财政方面的监督检查；第四，加强内部司法监督，防止权力滥用现象；第五，改善联合国财政状况；第六，改善联合国经济和社会部门的活动，加强对发展努力的协调。①

20 世纪 90 年代以来，国际上发生了一系列事件，如 1991 年前南斯拉夫境内的民族武装冲突、1994 年卢旺达种族屠杀、2001 年"9·11"事件，以及随后发生的阿富汗战争和美、英等军队入侵伊拉克，等等。在这

---

① 参见陈东晓等《联合国：新议程和新挑战》，时事出版社 2005 年版，第 68 页。

些危及国际和平与安全的重大事件中，联合国表现得软弱无力，甚至被超级大国置之一边，受到了世界多数国家和国际舆论的严厉批评，引起了关于联合国应对这些事件的能力和作用以及对它进行重大改革问题的广泛讨论。应当认为，对于联合国的批评是完全正确的。这些事件证明，联合国的原有机制已经不能完全适应客观形势发展对它提出的挑战，必须及时地进行包括重新规定它的任务在内的多方面的改革。加利秘书长在他1995年所作的题为《面对新挑战》的关于联合国工作的报告中，对国际社会的批评作出了回应，提出了联合国"需要从事进一步实质性的改革"的意见，主张把联合国改造成"一个能灵活应付全球变化和国际社会不断改变的需要的组织"。①

1997年安南秘书长上任后，把联合国改革列为其工作的重点议程，于当年7月提出了名为《新联合国：改革方案》的报告。主要内容包括：第一，建立新的领导和管理机构，强化秘书处在协调联合国跨部门事务中的作用，增加分工管理能力，以指导未来的改革和应对新的安全问题；第二，加强联合国在国际维和、人权事务、防止大规模杀伤性武器扩散等方面的功能；第三，严格控制联合国财政预算的增长幅度；第四，削减人员，提高效率，减少官僚主义；第五，加强与非政府机构合作，扩大民间社会在联合国活动和项目中的地位和作用。②

2003年9月，安南向联合国大会报告说，他打算成立一个高级别名人小组，③请它对国际和平与安全面临的威胁，以及联合国的现有政策和机构在应对这些威胁方面的表现作出评估，并为使联合国能够在21世纪为所有人提供集体安全提出加强联合国的建议，启动了当前正在进行的对联合国进行全面改革的进程。经过一年的工作，这一小组在2004年12月1日提交了一份名为《一个更安全的世界：我国的共同责任》的报告，提出了101条涉及联合国政治、安全、经济、社会、人权、机构建设、《宪章》修改等方面问题的联合国改革建议。在秘书长将这一报告发给联合国各会

---

① 参见布·布·加利《面对新挑战》（中文版），联合国新闻部，1995年，第223—224页。

② 参见陈东晓等《联合国：新议程和新挑战》，时事出版社2005年版，第68—69页。

③ 名人小组由16个国家的16位知名人士参加；我国的名人小组成员为原副总理钱其琛先生。

员国进行研究，以征求意见后，2005 年 10 月 24 日为纪念联合国成立 60 周年而召开的世界首脑会议通过了联合国改革框架文件《成果文件》，规定了联合国的价值和原则，以及在发展、和平与集体安全、人权与法制和加强联合国等四个领域应采取的措施。2006 年 3 月 15 日，第 60 届联大根据《成果文件》的要求，通过了成立人权理事会与建设和平委员会的决定。联合国的全面改革拉开了序幕。

二　联合国全面改革的必要性

联合国全面改革的要求，主要是在联合国面临的安全威胁发生了很大变化，而这种威胁十分严重，且具有紧迫性，联合国的现有机制已不能有效地应对这些威胁的情况下提出来的。

成立于 1945 年的联合国，当时设定的首要目的和任务是"欲免后世再遭战祸"，防止新的世界大战发生。它面临的最大的安全威胁是由国家发动的侵略战争。由《宪章》规定的联合国集体安全体制就是为实现这一目的而建立的。事实证明，这一体制在达成原定目的方面还是比较有效的。61 年来，虽然国家之间的武装冲突仍时有发生，有时还具有十分严重的性质，但是，大国之间的战争基本上得以避免。

然而，联合国面临的安全威胁并不仅仅止于国家之间的武装冲突。名人小组对安全威胁下了定义，认为造成大规模死亡或缩短生命机会，损坏国家这个国际体系中基本单位的存在的任何事件或进程，就是对国际安全的威胁。按照这一定义，世界在目前和未来几十年中而临以下六大威胁：首先是经济和社会威胁，包括贫穷、传染病及环境退化。以下依次是，第二，国家间冲突；第三，国内冲突，包括内战、种族灭绝和其他大规模暴行；第四，核武器、放射性武器、化学和生物武器的扩散和使用；第五，恐怖主义；第六，跨国有组织犯罪，如贩运毒品、走私、洗钱、贩卖人口等。这些威胁不仅来自国家，也来自于非国家行为者；它们针对的不仅是国家的安全，而且威胁到整个人类的安全。面对这些威胁，由联合国的创建者们在 60 年前遵循传统军事思路建立的集体安全体制，即由各国参与并作出保证，当发生对一个国家的侵略时，将它视为对所有国家的侵略，并作出集体反应的体制，显然是没有可能予以有效应对的。

贫穷以及随之而来的不平等，导致了一些地区人口、特别是儿童因饥饿和疾病而大量死亡，还在世界许多城市引发了群众暴乱，给世界安全带来很大威胁。若干年来，联合国虽然为消除贫困做了许多工作，但成效一直不大，世界各地的贫困人口不仅没有减少，而且还在增加。自1990年以来，每年几乎有1100万儿童死于各种疾病。

1994年4月至7月中旬在卢旺达境内发生了骇人听闻的种族大屠杀，100天时间内有50万人丧生，200万人沦为难民逃往国外。这一人类悲剧震惊了全世界，联合国却未能及时采取行动，制止它的发生。

以制造恐慌、残害无辜平民为特征的恐怖主义，近年来愈演愈烈，世界上许多国家都遭到了它的袭击，即使曾经躲过两次大战祸害的美国也不能免受其害。2001年发生的"9·11"袭击彻底打破了美国这一超级大国的安全不受威胁的神话。今天，恐怖主义已成为世界各国面临的现实安全威胁。不仅如此，恐怖主义的猖獗还直接导致了侵犯人权、滥用武力、武装入侵（如对于伊拉克的侵略）等等严重违反国际法行为的发生，严重地破坏了以《宪章》为基础的国际法律秩序，使国际和平与安全经常处于威胁之中。打击恐怖主义，根除产生恐怖主义的根源，成了今后数十年联合国不能不认真对待的重大问题。[①]

应当指出，联合国的改革不仅源于外部形势的变化，而且也是联合国自身存在缺陷所要求的。例如，联合国的活动侧重安全事务，而对经济社会发展重视不够，缺乏民主，会员国尤其是发展中国家在联合国机构中的代表性不足等等，很早以来就引来了许多批评。

众所周知，联合国在1945年成立时有会员国51个，作为联合国主要机关之一的安理会成员国为11个，二者之间的比例是5∶1，这意味着每5个成员国就有1个国家在安理会中有代表。当今，联合国会员国已增至192个，安理会成员国数在20世纪60年代增至15个以后延续至今，二者之间约为13∶1，即每13个会员国才有1个国家能进入安理会。联合国机

①　2006年9月8日联大一致通过在全球范围内打击恐怖主义的《全球反恐战略》，以协调和加强联合国各成员国在打击恐怖主义方面的努力。

构代表性不足，特别表现在发展中国家席位偏少的问题上。60 年来新增加的联合国会员国中绝大多数是发展中国家，目前占联合国会员国总数 2/3 以上，而它们在联合国机构中所占席位与此不成比例，尤其是在拥有否决权的 5 个常任理事国中，只有中国一个发展中国家。联合国缺乏民主性的问题也是十分明显的，其集中表现为，某些大国事实上拥有特权，在一定程度上能够操控联合国的议程；而另一些国家，主要是发展中国家，却处于受歧视地位，没有足够空间表达自己的意志，以主张和维护自己的利益。2001 年 "9·11" 恐怖事件后，联合国很快采取了行动，反应十分迅速；而在 1994 年卢旺达种族灭绝事件中，当时每天死亡人数数倍于 "9·11" 恐怖袭击造成的死亡总数，联合国却在事件发生初期，从卢旺达撤走了维和人员，6 个星期后才决定 派驻新的特派团，这一特派团直至当地种族屠杀已经结束才部署完毕。联合国在这两种事件的处理上表现迥异，主要原因之一就在于联合国机制的运作缺乏民主。

总之，联合国已到了不能不进行重大改革的时候。

三　联合国全面改革的主要内容

2005 年 10 月 24 日世界首脑会议通过的《成果文件》，是关于联合国当前改革的纲领性文件。这一文件从联合国的宗旨与任务和联合国的机构两个方面详细地阐述了联合国改革的要求，清晰地指明了这一改革的方向；在宗旨和任务部分，又区分发展、和平与集体安全，以及人权与法治等三个领域，内容很全面，既有原则要求，又有操作性很强的具体措施和方案。

《成果文件》把发展列为联合国改革首要关注的领域，指出，联合国要致力于消除贫困，促进持续经济增长和可持续发展，实现全人类全面繁荣；要通过增加发展援助，促进国际贸易，转让技术，增加投资和减免债务，以支持发展中国家制定和落实国家发展目标。为了实现可持续发展的目标，要推动经济发展、社会发展和环境保护三者的融合，改善发展中国家和经济转型国家的保健系统，防治艾滋病、结核病等传染病，促进和便利发展中国家获得和开发各种技术。对于最不发达国家和非洲国家，要设法满足它们的特殊需要。

在和平和集体安全领域，《成果文件》规定，联合国要坚持和平解决争端和根据《宪章》使用武力的原则，要通过并执行一项反恐战略，全力以赴地就国际恐怖主义问题达成一致意见，并缔结一项关于反恐问题的全面公约，协助各国提升国家和区域反恐能力；为打击恐怖主义而进行的国际合作和采取的任何措施必须遵守国际法。联合国要增强维和行动应对敌对行动和有效执行任务的能力，要设立建设和平委员会，以负责应对刚摆脱冲突的国家在复原、重新融合和重建方面的特殊需要。在必须采取的制裁的实施方式和效力与可能的后果之间要取得平衡。要作出集体努力，打击跨国犯罪。

在人权和法治领域，《成果文件》规定，联合国要加强联合国人权机制，包括人权事务高级专员办事处和各人权条约机构的效力，以保证所有人均能切实享有所有人权；要在国家和国际两级全面遵守和实行法治，为此，要坚决维护《宪章》的宗旨和原则以及国际法。需要特别注意妇女、儿童、残疾人、少数人的权利，要帮助保护人民免遭种族灭绝、战争罪、族裔清洗和危害人类罪之害。

可以看出，《成果文件》没有对《宪章》规定的联合国的宗旨提出挑战，而是在充分尊重和肯定这些宗旨的前提下，根据变化了的形势和要求，对联合国的宗旨和任务作了新的阐释。这一阐释完全符合国际社会关于和平与发展是当代世界两大主题的共识，同时也反映了人权在联合国活动中的地位越来越高的趋势。国际舆论评论认为，和平、发展和人权，正在或已经成为联合国系统的三大支柱。

为了增强联合国的功能，以保证其任务的顺利实施，《成果文件》还就联合国机构的改革作出了一系列规定。按照这一文件，联合国现有的六个主要机关，即大会、安理会、经社理事会、托管理事会、国际法院和秘书处，① 除国际法院外，都被要求进行程度不同的改革。其中，托管理事会的改革最为彻底，因所有托管地均已成为独立国家，或已取得自治地位，它实际上已处于无事可做的状态，所以，《成果文件》建议从《宪

---

① 参见《宪章》第 7 条第 1 款。

章》中删除有关托管制度和托管理事会的条款，也就是废除该理事会。

联合国大会是联合国体系中唯一所有会员国都参加最具代表性的机关，因而在实现联合国的宗旨方面负有广泛职权。它有权就联合国的任何问题或事项进行讨论并作出决议，然而按照《宪章》的规定，该决议只具有建议的性质，而没有法律约束力。大会可以就国际法的发展和编纂问题发动研究，提出建议；此外还负责安理会、经社理事会理事国、国际法院法官的选举，根据安理会的推荐委派联合国秘书长。① 在以往的实践中，大会通过关于国际和平、发展等问题的讨论，制定《世界人权宣言》、《联合国千年宣言》等十分重要的国际文件，对全球事务发挥了巨大的政治和道义影响。但是，主要由于议程庞杂、轻重不分，而且重复辩论很多，工作效率不高。针对这些问题，《成果文件》重申大会作为主要议事、决策和代表机构在联合国的核心地位，要求加强大会及其主席的作用和权威，加强大会与其他主要机关之间的协调关系。

安理会承担着维持国际和平与安全的首要责任，是联合国的另一主要机关，它也是联合国体系中唯一有执行力的机关，其决定对所有会员国都有约束力。② 考虑到主要大国在维持国际和平与安全方面肩负着重要责任，而且，在这一类问题上，大国之间取得一致又是十分必要的，所以，《宪章》明文规定，中、法、苏、美、英五大国为安理会常任理事国，并赋予了它们否决权。③ 事实证明，这一安排有其合理性，对于战后防止和避免大国战争的发生也起到了很好的作用。然而，在以往的 60 年中，某些大国为阻挠不利于它们的有关国际和平与安全的决定通过，滥用否决权，致使安理会的效力和信誉受到了严重损害。长期以来，就有许多会员国对安理会没有足够代表性、否决权违背国家主权平等原则等提出了批评。因此，安理会的改革也就成了此次全面改革的一个焦点。

国际上的讨论表明，安理会的改革集中在两个问题上，一是安理会组成的扩大，一是否决权的存废。关于这两个问题均存在很大争议。

---

　　① 参见《宪章》第 9 条第 1 款，第 10—11 条，第 13 条第 1 款，第 18 条第 2 款；《国际法院规约》第 8 条；《宪章》第 97 条。

　　② 参见《宪章》第 24 条第 1 款，第 7 条第 1 款，第 25 条。

　　③ 参见《宪章》第 23 条第 1 款，第 27 条第 3 款。

安理会的组成必须扩大，这在国际上已取得广泛共识。名人小组认为，现在必须就扩大安理会一事作出决定，并提出了两个扩大方案以供选择。各国首脑在《成果文件》中也明确表明，"我们支持早日改革安理会，使之具有更广泛的代表性……"。然而，在安理会组成如何扩大的问题上却出现了很大分歧。目前，除名人小组报告提出了 A 和 B 两个方案外，日、德、印、巴（西）四国集团，韩、巴基斯坦、阿（根廷）、意和墨等国组成的咖啡俱乐部，以及非洲联盟都提出了自己的方案。看来，要在安理会组成扩大问题上达成协商一致的意见，还需要一个长期的磋商过程。

关于否决权问题，国际上历来存在不同意见。这一问题来源于《宪章》第 27 条第 3 款关于安全理事会对于程序性事项以外的其他一切事项的决议，"应以九理事国的可决票包括全体常任理事国的同意票表决之"的规定，安理会关于非程序事项的决定，非经五个常任理事国一致同意就不得通过；换言之，每一常任理事国都有投票反对、使有关决议不能通过的权利。常任理事国的这一权利被称为否决权，又称"大国一致原则"。《宪章》关于否决权的规定，给予常任理事国以特权，明显地背离了也是《宪章》规定的所有会员国都应当遵循的国家主权平等规则；[①] 所以，在制定《宪章》的过程中，就曾有一些国家对它提出过反对意见。尽管如此，由于当时特殊国际环境的需要，中、苏、美、英四个联合国发起国还是达成协议，将否决权写进了《宪章》。

在联合国进入全面改革的今天，关于否决权的争论进入了一个新阶段。废止否决权的意见，因否决权的被滥用而变得更加强烈。然而，客观地说，保留否决权的意见也并非毫无道理。正如任何法律制度都具有利和弊的两面一样，否决权也有其可利用之处。名人小组在慎重研究以后得出结论认为，"否决权制度似乎与时代不符，在民主日盛时代，对安理会并不适合"；另一方面又认为，"否决权还在发挥重大作用"，"看不到有什么实际可行的办法来改变现有成员的否决权，"基于这些认识，名人小组提出的建议，没有废除否决权，而是主张"任何改革提案都不应扩大否决

---

① 例如，《宪章》第 2 条规定，联合国组织系基于各会员国主权平等之原则。

权"。也许正是考虑到否决权问题的复杂性和敏感性，《成果文件》在论及安理会的改革时，没有就这一问题表示明确意见，而只是提出了使安理会"具有更广泛的民主性、更高的效率和透明度，从而进一步加强其效力与合法性，加大其决定的执行力度"的要求。

考虑到联合国系统内没有一个部门负责一个国家在国内冲突以后的复原和重建工作，而这一工作又十分需要，所以，名人小组在报告中建议，在安理会下设立建设和平委员会，以帮助这些国家建立履行自己主权职责的能力。世界首脑会议接受了这一建议，在《成果文件》中决定设立建设和平委员会，以履行政府间咨询机构的职能，其主要宗旨是筹集资源，就冲突后建设和平和复原工作提供咨询意见，并提出综合战略。为了协助和支持建设和平委员会，《成果文件》还要求在联合国秘书处内设立一个小规模的建设和平支助办公室。

关于经济和社会理事会，《成果文件》重申了它作为主要机关之一的地位和就经济及社会发展问题进行协调、政策审查、政策对话并提出建议，落实联合国国际发展目标的作用，要求使经社理事会成为一个更有效力的机构。为了实现国际发展目标，《成果文件》还规定经社理事会应当进行的工作，包括推动经济、社会、环境和人道主义领域的全球对话；每两年召开一次高级别发展合作论坛，审议国际发展合作趋势，推动发展伙伴协调发展活动；贯彻落实联合国发展目标，帮助国际上为应对国际人道主义紧急情况所做的努力；对各基金、方案和机构发挥协调作用等。

按照《宪章》的规定，经社理事会负有增进所有人的人权的职责。[1]为行使这一职务，经社理事会下设人权委员会，负责人权问题研究和人权文书的拟订工作，后来，又增加了审议国别人权问题的职能。[2]应当认为，在以往岁月中，经社理事会在制定国际人权标准、促进对于人权的尊重和保护、提高全球人权水平方面取得了很大进展。然而，国际上大规模粗暴侵犯人权的现象时有发生，因为贫穷、战乱、暴政等等原因，世界上许多

---

① 参见《宪章》第 62 条第 2 款。

② 例如，《宪章》第 68 条规定，经社理事会应设立经济与社会部门及以提倡人权为目的之各种委员会，并得设立于行使职务所必需之其他委员会。

地方的人权状况很不理想。而且，人权委员会也因为一些国家将其作为攻击其他国家的场所，实行双重标准而效率低下，信誉扫地，严重影响了人权委员会履行职责的能力。因此，名人小组在其报告中提出了扩大人权委员会的组成，从长远看，考虑将委员会提升为与经社理事会和安理会并列的人权理事会的建议。世界首脑会议在各国讨论的基础上基本采纳了名人小组的建议，在其通过的《成果文件》中表示决心进一步加强联合国人权机制，决定创建人权理事会，并为其规定了以下基本任务：负责促进所有人的人权和基本自由的尊重和保护，处理各种侵犯人权的情况并提出有关建议，以及促进联合国内部的协调，推动人权进入联合国活动的主流。不久以前，首脑会议的这一改革方案已被付诸实现。2006 年 3 月 15 日，第 60 届联大以 170 票赞成、4 票反对、3 票弃权的表决结果，通过了成立由 47 个成员国组成的人权理事会的决议。① 在随后举行的选举中，中国与其他 46 个国家一起当选为人权理事会的理事国。

秘书处是联合国组织和处理日常事务的常设性工作机构，由秘书长和其他办事人组成，承担着为联合国其他机关服务、执行这些机关制定的计划和政策的繁重任务。② 因其工作的好坏直接关系到联合国机制的运作和任务的完成，所以，秘书处的改革在整个联合国的改革中占有十分重要的位置，受到国际社会的关注。名人小组提出了建立一个强有力的秘书长领导一个更专业化、组织更完美的秘书处的设想，建议增设一个常务副秘书长负责和平与安全问题，授权秘书长立即实施以前提出的人力资源改革建议，并对现有办事人员进行一次审查和更换。首脑会议通过的《成果文件》为秘书处的改革制定了一个侧重点与名人小组的设想明显不同的方

---

① 关于人权理事会与人权委员会的区别，主要为：第一，地位不同。联合国人权理事会取代联合国人权委员会，即由联合国经社理事会职司委员会升级为大会附属机构，联合国对待人权问题的重视程度提升。第二，比例不同。人权理事会根据公平地域分配原则，重新分配了各地区组的席位，纠正了长期以来亚洲国家在人权委员会中代表性不足的问题，即发展中国家在人权理事会的比例较人权委员会有所增加。第三，职能不同。人权理事会处理各种侵犯人权情况的职能以及对成员国资格的严格规定将督促理事会成员国和其他成员国不断努力，改善人权状况和人权水平，克服人权委员会处理人权问题的政治化、双重标准、区别对待以及被大国操纵等缺陷。参见罗艳华：《联合国人权理事会的设立及其背后的斗争》，载《人权》2006 年第 3 期，第 56—57 页。

② 参见《宪章》第 97 条至第 99 条。

案。按照这一方案，秘书处应是一个其工作人员在讲求问责、透明和诚信的组织文件中开展工作的，高效力、接受问责的秘书处。为此，《成果文件》要求秘书处必须建立高效率、高效力的负责和问责机制，按照最高标准的效率、胜任能力和诚信雇用工作人员，并适当顾及公平地域分配原则；要求秘书长严格实施现行的行为准则，制定联合国全系统的道德操守准则，按照联合国大会商定的规则和程序，最佳和最有效地利用资源，采用最佳管理做法，提高效率和组织能力。《成果文件》还重申秘书长作为联合国行政首长的作用，敦请他提出有关联合国审计和监督系统的外部评价报告和实行管理改革的提案，就其有效履行管理职责所必需的条件和措施提出建议。

四　联合国改革展望与中国的立场

对联合国进行全面改革是适应国际形势发展变化的需要，也是消除自身缺陷、增强联合国能力的要求，因此，得到了联合国会员国的广泛支持和认同。世界首脑会议比较顺利地通过《成果文件》，说明各会员国已就联合国改革的基本思路和方案达成了共识。所有这些因素，为联合国的改革奠定了基础，提供了极其有利的条件。然而，正如俗话所言，凡事说来容易做来难，联合国的改革必定是需要不断克服矛盾和冲突，艰难地达成协商一致的过程。

联合国是由众多具有不同文化、不同经济、社会、政治制度的国家组成的共同体，它们的意识形态、历史传统、发展程度、民族利益差异很大。所以，尽管这些国家为了一些共同的目的走到一起，建立了联合国，为了这些目的采取了一些共同行动，并取得了巨大成就，但是，彼此间的不同并没有因此而消除。事实上，联合国是建立在承认和尊重各会员国的不同的基础之上的。《宪章》在其第1条对联合国的宗旨作出规定以后，紧接着在第2条即规定了联合国及其会员国必须遵循的一系列原则，其中第一项原则是各会员国主权平等原则，强调各会员国是独立的、平等的，应当相互尊重，而不能将自己的意志强加于其他会员国。联合国组织的这一特点决定了包括改革在内的一切事务，必须也只能在承认和尊重不同主张和意见的基础上，通过协商取得一致的方式进行。

事实表明，各会员国对于联合国的改革是有许许多多不同的意见和主张的。《成果文件》证明，经过广泛磋商，会员国已在一些问题上取得了共识，例如，联合国应当更加重视经济和社会发展问题，联合国不仅面临国家之间的冲突这样的传统安全威胁，而且面临贫穷、国内武装冲突、恐怖主义等非传统安全威胁，需要增强联合国的集体安全体制，等等。另一方面，仍有不少问题尚未解决，在安理会组成的扩大和否决权、国际恐怖主义的定义等问题上，还存在尖锐对立，解决的难度很大，需要较长的时间和过程。

中国是联合国创始会员国，对于联合国的建立发挥了重要作用，作出了很大贡献，对于联合国的改革一直持积极态度。胡锦涛主席等国家领导人和外交主管部门在许多场合清楚地阐明了中国愿与各方一道，推动联合国改革取得积极成果的立场和态度。中国认为联合国作为当今世界最具普遍性、代表性和权威性的政府间国际组织，是实践多边主义的最佳场所，也是国际社会集体应对各种安全威胁和挑战的有效平台，应当在维护世界和平与安全，推动全球经济社会发展方面继续发挥作用，为此，需要通过改革，加强联合国的这一作用。联合国的改革应有利于推动多边主义，提高联合国的权威和效率，增强其应对威胁和挑战的能力；应当维护和遵守《宪章》的宗旨和原则，维护安理会的权威；改革应是全方位、多领域的，和平与发展是当代的两大主题，二者相辅相成，联合国应改变"重安全、轻发展"的趋势，加大在发展领域的投入；改革应尊重文明的多样性，以及各国自主选择社会制度和发展道路的权利，最大限度地满足所有会员国、尤其是广大发展中国家的要求和关切，发扬民主，充分协商，努力寻求最广泛一致；鉴于联合国问题的复杂性，改革应按照先易后难、循序渐进的方式进行，以有利于维护和增进联合国会员国的团结。对尚存分歧的重大问题，应采取谨慎态度，努力通过磋商，取得一致，而不设定时限，强行推动作出决定。

上述立场和态度，是中国作为一个负责任的大国经过慎重考虑以后决定的，完全有利于联合国的改革，受到了广大会员国的欢迎和支持。其中许多要点已经被采纳在《成果文件》中，成为普遍接受的指导联合国改革的原则，应当认为，联合国的改革，如果能够按照这些原则进行，是一定能够取得预期的效果的。

（原载《中国国际法年刊》，2006 年）

对澳大利亚和马来西亚条约
实施问题的考察报告

2000 年 11 月 5 日至 22 日，我们一行四人为执行院外事局 2000 年
"国际条约与国内法的关系"重点科研项目，先后对澳大利亚和马来西亚
进行了考察访问。在东道国的热情接待和配合下，我们的考察访问一路顺
利，基本上达到了预期目的。现将这次考察的情况和收获汇报如下。

一　考察的目的和经过

我国在参与国际事务，同其他国家在政治、经济、军事、文化、法律
等许多领域进行合作和交往的过程中，缔结和参加了众多国际条约。改革
开放二十多年来，这类条约越来越多；而且，今后将会更多。这些国际条
约，对于缔约各方都是有法律约束力的，我国有义务诚实履行条约的规
定，在国内组织条约的实施，其中许多条约规定要在我国的司法和执法活
动中得到适用。条约的实施是按照一国的国内法进行的。我国的现行法律
对于条约实施问题作了一些规定；但是，由于过去对于条约的实施问题重
视不够，这方面的法律规定很不完善，许多重要问题，在宪法或法律中理
应得到而没有得到解决。这一状况不能不对我国的条约顺利实施产生不良
影响，也是与我国积极参与国际事务，大力扩展与其他国家的交流与合作
的形势很不适应的。在我国不久将加入 WTO 和两个国际人权公约后，这
种不适应将会显得更加突出。为了改变这一状况，国家的立法机关已将健
全和完善条约实施法律制度的工作提上了议事日程。近两年来，我们也在
这方面做了一些研究，并制订了出国考察的计划。对于澳大利亚和马来西

亚的访问，就是根据这一计划安排进行的。

我们出国访问的目的和期待是，通过对其他国家有关的立法和司法实践的实地考察，丰富和加深我们的理论知识，以便能为我国条约实施法律制度的完善提供既有理论底蕴，又有可操作性的建议。具体希望了解的主要有两方面的问题：一是条约与国内法律的关系，即条约在各该国法律体系中的地位问题，二是各该国实施条约的法律制度，包括适用条约的方式、适用中存在的问题、条约与国内法的冲突如何解决等。由于人权条约的实施有一定的特殊性，所以，我们也准备多注意一些这方面的问题。为了访问目的，我们选择了一些与条约的缔结和实施有直接关系的国家机关、机构、教学研究单位和学者进行访问。在澳大利亚外交部的安排下，我们访问了联邦议会下属的联合条约常设委员会和人权小组委员会、外交部、联邦和州的最高法院、联邦总检察署、联邦和州的法律改革委员会、人权和机会平等委员会、法律信息研究所、犯罪学研究所、新南威尔士大学、悉尼科技大学、澳大利亚国立大学、墨尔本大学、莫奈西大学等单位，同议会议员、政府官员、法官、检察官和教授学者进行了广泛接触和比较深入的讨论。在马来西亚，我们访问了外交部、联邦总检察署和马来西亚大学，会见了外交部副部长、总检察署国际处处长、马大法律系主任及其他官员和学者、教授。所到之处，我们都受到了友好、热情的接待，我们提出的问题大多都得到了比较清楚的回答。看来，交谈者对我们事先提出的访问提纲是作了很好的准备的。尽管访问的时间短促，应当说，我们想了解的事情都基本上了解了，收获很大，这次访问考察是令人满意的。

二　条约在澳大利亚法律体系中的地位

1. 澳大利亚的缔约程序

澳大利亚十分重视国家之间的条约关系，认为通过缔结国际条约，参与国际标准的制定，有助于本国的利益，能够促进澳大利亚国家目标的实现。它认为，澳大利亚是一个人口相对较少的国家，在地理位置上孤悬于南太平洋，这些不利因素对于澳大利亚在国际上促进自己的国家目标是不利的。积极参与受有效规则支配的世界，可以发挥比它的军事和经济所能达到的更大的影响。澳大利亚还认为，参加国际条约并不意味着交出主权和可能对国家的行动造成不可接受的限制；相反，它所带来的利益，在其重要性和价值上要超出这些条约可能对国家行动的任何限制。而且，参加国际协议的安排的权力始终是掌握在一国政府的手中的，它保持着对于条约的法律上的主权。当澳大利亚认为一个条约不再对其本国和国际利益服务时，它可以行使排除履行条约义务的权力。

澳大利亚是一个实行三权分立的联邦制国家。缔约权是外交权的一部分，属于联邦行政权力，由联邦政府行使。州政府没有缔约权。按照宪法规定，联邦政府在澳大利亚是否要成为某一条约的一方的问题上起主导和决定的作用。签署和批准条约的最后决定，由政府部门，在许多情况下，由内阁作出。在缔约过程中，议会不是一个正式角色，它只有对政府所采取的缔约行动进行检查和通过立法使条约得到实施的作用。另一方面，由于澳大利亚缔结的条约只有通过议会的立法才能在国内得到实施，而议会拥有对它不同意的条约拒绝立法的权力，所以，联邦政府在缔约问题上不能不考虑议会的态度。这意味着议会对政府的缔约行为是有制约作用的。澳大利亚一位学者甚至认为，澳大利亚现在参加所有国际协议，事先都要得到议会的同意。

由行政权力单独行使缔约权的做法，在澳大利亚受到了许多人的质疑。在舆论的压力下，联邦政府于 1996 年主导了一次旨在增加缔约程序的公开性和民主性的重要改革。这一改革有五方面的内容：（1）在政府采取使条约对澳大利亚产生约束力的行动之前，将条约提交议会参众两院，使其至少有 15 个会期日对条约进行审议；（2）政府在将条约提交议会的同时，要提出"国家利益分析报告"，说明为什么应当成为该条约一方的理由、利弊得失的分析，以及打算采取的旨在实施条约的措施；（3）在议会内设置一个由 16 名参众两院议员组成的联合条约常设委员会（Joint standing Committee on Treaties），负责审议政府提交的条约和"国家利益分析报告"。委员会主要起调查作用，可以举行听证会，提出审议报告；但是，委员会的意见对政府没有约束力；（4）建立由联邦总理、各州和地区的总理组成的条约委员会（Treaties Council）和由联邦、州和地区的高级官员组成的条约常设委员会（Standing Committee on Treaties），就对于各州和地区特别敏感和重要的条约问题进行协商和协调；（5）在互联网上建立澳大利亚条约图书馆，公布对澳大利亚已经生效、已经签署但尚未生效、已提交联合条约常设委员会审议的所有条约，以及处于政府间协商过程中的多边条约。据介绍，1998年对这一改革的评估表明，改革起到了扩大议会和公众参与缔约程序的程度和对行政权力行使缔约权的监督作用。然而，仍有有待改进的地方。

澳大利亚是联邦制国家，立法权分别由联邦和州行使。而且，按照宪法的规定，州的立法权范围比联邦的立法权范围远为广泛，许多条约的实施依赖于州的立法，如《国际货物买卖合同公约》（1980）；有些条约则要通过联邦和州的立法共同实施，如《防止倾倒废物造成海洋污染公约》（1972）。有关人权的国际条约也要由联邦和州的立法共同实施。所以，联邦政府在行使缔约权，特别是在缔结属于州的立法权限范围以内的事项的条约或是与州的立法权限有关的条约时，如关于收养子女的条约，都要与州和地区协商。澳大利亚的一般政策是，凡联邦没有立法权的，而又未能与州达成协议的条约，联邦政府就不缔结。实践中存在着因为联邦与州不能达成协议而延迟缔结条约的情况。

2. 条约在澳大利亚法律体系中的地位

澳大利亚在国际法与国内法的关系问题上采取的是"二元论"的主张，认为国际法与国内法是两个独立的法律体系，没有国内立法将条约纳入国内法、澳大利亚缔结的条约不构成其国内法的一部分，即不具有澳大利亚国内法上的效力，不能为个人设立国内法上的权利和义务。所以，条约在澳大利亚是不具有"自动执行"的效力的。澳大利亚是普通法系国家，法院的判例在确立和解释法律原则、规则和制度方面起很大作用。1995年联邦最高法院对于"移民和少数民族事务部长诉 Teoh 案"的判决关于条约在澳大利亚国内法中的地位问题有一很明确的说明：澳大利亚为其缔约国的国际条约，非经成文法合法纳入国内法，不构成澳大利亚法律的一部分。其理由是，在澳大利亚的宪法制度下，缔结和批准条约是行政机构行使的特权，在其管辖之下；而制定和修改国内法律则属于议会的管辖范围。法院的意见很清楚，即：在立法权和行政权（包括缔约权）分立的宪法制度下，只有议会才有权制定法律，联邦政府行使缔约权缔结和批准的国际条约是没有国内法律的效力的，除非议会通过立法将其纳入国内法。

三　条约在马来西亚法律体系中的地位

马来西亚与澳大利亚都曾是英国的殖民地；先后取得独立以后，又都成为英联邦的一员，在法律制度方面受英国的影响很深。有关条约的法律制度，包括条约的缔结程序、条约在国内法律体系中的地位，将条约纳入国内法的方式等等方面，大同而小异。

1. 马来西亚的缔约程序

马来西亚也是实行三权分立的国家。宪法将立法权赋予议会而将行政权（包括外交、缔约权）赋予国王，由他和内阁及内阁授权的部长行使。条约的谈判、缔结，由与条约内容相关的政府部门进行，例如，关于环境保护的条约受科学、技术和环境部管辖，人权条约受外交部管辖。在国际层面上的谈判结束以后，负责的政府部门准备一备忘录并附上马来西亚是否应参加这一条约的建议，送各可能受条约义务影响的其他政府部门和机构，以及总检察署传阅审议。在收到回馈意见后，连同备忘录一起，提交内阁审议批准。在内阁决定批准后，由负责政府部门履行签署和递交批准书、加入书等程序。

2. 条约在马来西亚法律体系中的地位

马来西亚在国际法与国内法的关系问题上也是采取"二元论"的主张，将它们二者看作是两个独立的法律体系，没有国内立法，国际条约不构成马来西亚国内法的一部分。马来西亚是个成文法国家，特别强调宪法在本国法律体系中的最高地位，是最高的法律，任何法律与宪法相抵触都被认为是无效的。在条约与宪法的关系上，宪法优先。马来西亚在缔结条约的过程中，要审视条约与国内法的一致性，对于与宪法和其他国内法律不一致的条约条款会提出保留。在马来西亚成为一条约的缔约国后，议会就承担了立法的任务，使条约转化为国内法。在联邦和州制定有关条约的法律时，要考虑使这一法律与条约和联邦法律保持一致，而所有这些法律均应与宪法保持一致。据介绍，马来西亚的这一套制度能够避免马来西亚缔结的条约与国内法律的冲突。

四　条约在澳大利亚和马来西亚国内实施问题

(一) 条约在澳大利亚国内的实施

根据澳大利亚法律，澳大利亚缔结或者参加的国际条约不是直接或者自动地纳入国内法的。签署和批准条约本身不能使条约在国内生效，而需要经由国内立法。特别是当履行一条约义务可能会影响个人的权利和义务时，尤其如此。例如，澳大利亚参加了 1987 年《关于消耗臭氧层物质的蒙特利尔议定书》。这一议定书要求制止使用、生产和交易某些损害臭氧层物质的行为，澳大利亚因此承担了限制个人在这方面的自由的义务。为了在国内实施《议定书》，澳大利亚于 1989 年制定了《臭氧层保护法》。这是一般的规则。实际上，并不是所有的国际条约的实施都必定要有国内立法或新的立法的，有些条约通过政府的执行行动就可以实施而无须立法，如有关贸易合作、国防后勤、国家采购等事项的条约。有些条约，如现有法律已经可以满足条约的要求，或者条约的义务可以逐渐地实现而不需要对现有的法律作很大变动，那么，也不一定必须制定新的法律。澳大利亚的做法是，在有多种选择可能的情况下，通常倾向于依赖原有的国内法律，而不去制定新的法律。

澳大利亚认为，在以何种方法实施条约的问题上，它是有很大的自由裁量余地的，包括决定将国际条约纳入（incorporation）国内法的方式。据介绍，澳大利亚既采用采纳（adoption）的方式，也采用转化（transfomation）的方式将条约纳入国内法。所谓采纳，就是在国内法律中将条约宣布为国内法；所谓转化，就是在国内法律中对条约实质条款的内容作出规定，使其成为国内法。关于这两种方式是否有利弊优劣之分的问题，新南威尔士大学的荣誉教授 Garth Nettheim 认为，这两种方式没有优劣之分，对于一项条约采用何种方式纳入，应视具体情况而定。

因为在澳大利亚，条约只有经由国内立法才能取得国内法的效力，所以，法院和其他国家机关在司法和执法活动中是不能直接适用国际条约的，不能引用条约的条款作为处理案件的法律依据。我们也曾同 Garth Nettheim 教授谈到，挪威曾通过一法律规定欧洲人权公约和两个联合国人权公约可以在其国内直接适用，并询问他对这一发展的看法。他说，挪威是站在革命的行列。澳大利亚现在还不能直接适用国际条约，以后或许有这可能。另一方面，一些法官、官员和学者谈到，尽管在澳大利亚不能直接适用条约，法院和其他国家机关在其活动中还是要考虑条约的规定的。澳大利亚属于普通法系国家，法官在适用法律上有较大的能动性。他们提供了两个案例。一个案例是 1995 年"TEOH 案"，案情是这样的：澳大利亚移民当局作出决定将一名叫 Teoh 的非法移民及其在澳大利亚出生的小孩遣送出境。受害人向联邦最高法院提起诉讼，控告移民当局侵犯了儿童的权利。当时，澳大利亚已加入联合国儿童权利公约，但尚未制定实施这一公约的国内法律。最高法院判决认为，民众对该公约规定的权利有合法的期待，而移民当局所作的决定没有考虑到公约的有关条款，要求其对此作出解释。移民当局表示尊重法院的裁决，并改变了原先的决定。另一个案例是 1993 年"TOONEN 诉澳大利亚案"，缘起澳大利亚塔斯马尼亚州的刑法有一条规定同性性行为是刑事犯罪。一名叫 Toonen 的公民认为，该条规定违反了《公民权利和政治权利国际公约》第 17 条关于保护隐私权的规定，向该公约下的人权事务委员会提出了申诉。后者认为，塔斯马尼亚州的这条法律不符合《公约》的规定。尽管委员会的这一意见对澳大利亚没有约束力，联邦政府仍然接受了这一意见，并在 1994 年制定了《人权（性行为）法》，根据宪法关于州的法律不得与联邦法律相抵触的规定废除了塔斯马尼亚州的那条法律。

在澳大利亚实施条约的过程中，有时也会遇到条约与新旧法律发生冲突的情况。对于澳大利亚是如何解决这一冲突的问题，外交部条约法律司的官员解释说，一般的规则是适用国内法优先，因为，澳大利亚是实行三权分立的国家，国际条约应依据国内法来实施。具体的做法是，如果条约与现有的法律不一致，法院会对法律的规定解释为与条约一致；如果新制定的法律与条约不一致，行政部门则有责任使新法与条约一致，也可以对条约提出保留或者退出条约。

(二) 条约在马来西亚国内的实施

马来西亚在国内实施条约的法律制度与澳大利亚的相应制度基本上是相同的。在马来西亚，条约也不是直接和自动地纳入国内法，而只能经由国内立法。联邦宪法第 74 条将 "外交事务" 明文列为议会有权制定法律的事项之一，而这一 "外交事务" 包括了 "与其他国家缔结条约、协定和公约"，以及 "实施与其他国家缔结的条约、协定和公约"。这一规定，为议会制定法律将条约纳入国内法提供了宪法依据。

马来西亚使用采纳和转化两种方式将条约纳入国内法。使用采纳方式的实例如议会 1962 年通过的《日内瓦公约法》，这一法律将日内瓦四公约的实质条款附于法内，宣布这些规定在马来西亚具有法律效力。使用转化方式纳入条约的实例如 1992 年《抵消关税和反倾销税法》。这一法律是用来实施条约的实质规定的，但没有将条约的文字写入法中。据介绍，在这两种方式中，马来西亚更倾向于使用后一种，即转化的方式。我们曾向马来西亚检察总署的一位处长提问，马来西亚是否有将人权条约直接宣布为国内法的考虑。她的回答是，"我倾向间接适用人权条约"。

在将条约纳入国内法的问题上，马来西亚遵循国内法优于国际法的原则。在马来西亚的法律体系中，宪法处于最高层，任何法律，包括用来实施条约的法律，都不得与宪法相抵触。对于国际条约，马来西亚只是将其中得到马来西亚认可的条款纳入国内法。例如，马来西亚是 1958 年《领海及毗连区公约》的缔约国。为了实施这一公约，马来西亚制定了有关法律，但是没有把公约关于军舰的无害通过条款包括在内。

在马来西亚，如果条约已成为国内法的一部分，法院就会以给予其他法律以效力的同样方式给予它们以国内法的效力。这就是说，条约义务是可诉的和可执行的。如果马来西亚批准或加入了一项条约，而立法机关尚没有颁布有关该条约的任何法律，法院在其审判活动中可以注意到行政当局缔结条约的行动和条约条款的规定。但是，无论如何，条约不能起到改变国内法的作用，不能剥夺法律主体的已有的法律权利，或者为他们创设新的权利。

据介绍，马来西亚在缔结条约的过程中，会对条约所涉及的国内法进行检查。所以，在一般情况下，能够避免条约与国内法的冲突。如果发现条约与国内法不一致，会对条约的有关条款提出保留。如果马来西亚已成为条约的缔约方，而议会也已就该条约制定了法律，但因对于条约的解释而产生问题，在这种情况下，法院的观点是，它仍然保有对专属国内法事项的决定权，而不受国际机构针对国内法所表述的意见的约束。马来西亚的一位官员说，实际上，法院还是会注意国际机构的意见的。

五　几点认识

通过这次出国考察访问，我们对澳、马两国实施条约的法律制度和实际情况有了基本了解，同时在思想认识上也受到了一些启发，其中主要有以下几点：

一、澳、马两国都认为与其他国家缔结国际条约，参与国际规则的制定，对于促进国家的利益和国家目标具有重要意义；因此，它们都很重视与其他国家的条约关系，注意履行条约义务和在国内实施条约规定。为此，这两个国家都有一套比较完整的、妥当的实施条约的制度。这套制度并非完美无缺；正如澳大利亚1996年实行的改革表明的那样，它有许多需要改进的地方，实际上也正在进行改进。回顾我国，实施条约的制度远非完美，即使与建国不到半个世纪的马来西亚相比也有很大差距。为了能保证国家在改革开放中发展更快，也是为了能使国家作为一个负责任的大国在国际上发挥更大的作用，尽快完善实施条约的法律制度是十分必要的。显然，这将是一个不断完善的过程，不能希望一蹴而就。在这一过程中，我们应当注意学习其他国家的经验和一切有用的东西，他山之石，可以攻玉。

二、澳、马两国实施条约的法律制度有许多共同之处，其中令人注目的一点是，在实施条约的方式方法上不固守成规，而有很大的灵活性。例如，它们都认为自己在将条约纳入国内法的方式的选择上有自由裁量权，而不让某种原则或定式把自己束缚起来。马来西亚尽管倾向于转化方式，它在实际上也使用采纳的方式将条约纳入国内法。澳大利亚也是同时使用采纳和转化两种方式。再如，尽管从法理上说，在奉行"二元论"的国家，为了在国内实施条约，它首先需要经由国内立法将条约纳入国内法。实际上，澳、马两国都倾向于利用原有的立法来实施条约，在原有立法能保证条约实施的情况下，就不一定制定新的法律。它们还认为，有些条约可以通过政府的执行行动就能够实施了，而不需要为此专门制定法律。实践中也是这样做的。这一经验对于我国有参考价值。我国缔结或者参加的条约很多，立法机关面临的立法任务奇重，要求立法机关就每一项条约及时制定一项法律是不现实的，也是没有必要的。我们不一定拘泥于理论要求或某一项原则，而可以像澳、马两国一样，从实际情况出发，灵活地选择实施条约的方式方法。

三、实施条约的法律制度是一国法律体系的一部分，它不能不受制于国家的根本制度和宪法原则，不能与它们相抵触。澳大利亚和马来西亚的根本政治、法律制度是三权分立和联邦制，它们实施条约的法律制度在许多方面都可以看到这一根本制度的影响。中国是单一制国家，实行的根本制度是人民代表大会制度，与澳、马两国有很大区别。所以，我国不能照抄照搬它们的实施条约的法律制度，而必须结合中国的具体情况，从中国的根本制度出发，研究和建立有中国特色的实施条约的法律制度。当然，在这一过程中，我们应当吸取其他国家一切有益的东西，博采众长，为我所用。

综上所述，我们这次对于澳大利亚和马来西亚的考察访问是很有收获的，了解到的情况和增长的知识，对于我们的研究工作和国家的有关立法工作，会有很大帮助，而这些情况和知识是我们不能从书本中得到的。我们也认识到，这两个国家都是普通法系国家，是亚太地区的国家，它们的经验和制度有一定的代表性，但也有一定的局限性。为了使我们的认识能够更加全面和深刻，还有必要对大陆法系国家和世界其他地区一些国家做些考察。前面的任务仍很艰巨。

人权法编

《世界人权宣言》的诞生及其意义

　　1948 年 12 月 10 日联合国大会通过的《世界人权宣言》，是一件具有重要历史意义的国际文献，受到世界各国的普遍重视。联合国大会于 1986 年和 1987 年接连通过决议，号召会员国开展纪念《宣言》40 周年的活动。

　　《世界人权宣言》是在第二次世界大战结束后不久，世界人民要求维护国际和平、切实保护人的权利的呼声空前高涨的情况下诞生的。战争期间，德日意法西斯毫无人性地镇压和屠杀犹太民族以及被占领地区人民的野蛮暴行，震撼了世界。世界各国人民强烈要求迅速消灭法西斯，伸张基本人权。1942 年 1 月，中、苏、美、英等 26 个反法西斯国家在《联合国家宣言》中表示深信，"完全战胜他们的敌国，对于保卫生命、自由、独立和宗教自由，并对于保全其本国和其他各国的人权和正义非常重要"。在反法西斯战争即将胜利之际，各联合国家又在《联合国宪章》中重申对于基本人权的信念。为了在促进人权的过程中有所遵循，联合国大会制定并通过了《世界人权宣言》，"作为所有人民和所有国家努力实现的共同标准"。

　　《宣言》由一个序言和 36 条条文组成，对人权的具体内容作了详细规定。《宣言》所列举的人权大致分为三类：一、人身和财产权，主要有享有生命、自由与人身安全的权利，不受奴役和酷刑的权利，家庭、住所和通信不受侵犯的权利，婚姻平等权利，私有财产不容无理剥夺的权利等。二、政治和公民权利，主要有思想和宗教自由的权利，主张和发表自由的权利，和平集会结社自由的权利，直接参加或通过选举代表参加本国政府的平等权利，作为法律主体，受法律平等保护的权利等。三、社会、经济和文化权利，主要有工作、同工同酬和休息的权利，组织和参加工会的权利，享受社会保障的权利，受教育和自由参加社会文化生活的权利等。《宣言》宣告，所有的人，不分种族、性别、出生、财产等，均"有权享受宣言所载的一切权利和自由"，同时强调，人人对社会负有义务，他们在行使权利与自由时应当受到法律上的限制。

《世界人权宣言》所提出的基本人权，在内容上突破了传统的人权概念，丰富和充实了人权的内容。众所周知，人权的概念，最初是十七八世纪资产阶级启蒙学家洛克、卢梭等人提出来的。他们为了论证封建专制制度的不合理，提出了天赋人权的理论，主张人人生而享有自由权、平等权和财产权。当时，他们所说的人权仅仅是指个人的公民和政治权利，如人身自由、法律面前人人平等、平等的选举权，等等。《世界人权宣言》在继承传统的人权概念的同时，又注入了新的内容，增加了工作权、同工同酬权、组织和参加工会权、享受社会保障权等社会、经济性质的权利。这些权利的提出，是第二次世界大战后世界范围内民主和社会主义力量增长的结果，对于各国劳动人民群众是有利的。《宣言》对于人权概念的这一发展，使人权这一长期被资产阶级垄断的专利品，转变成了受剥削受压迫的民族和人民也能接受，并可用来为自己谋利益的思想、政治武器，无疑是有进步意义的。

尤其重要的是，《世界人权宣言》把国际人权活动引上了一个新的阶段，在一定程度上把它同世界各国人民反对帝国主义、殖民主义、霸权主义和种族压迫的正义斗争结合起来。1955 年亚非国家万隆会议公报、1970 年不结盟国家首脑会议发表的《卢萨卡宣言》以及其他许多重要的国际文件表明，广大第三世界国家在争取民族解放、民族自决，维护国家主权和独立的斗争中也举起了人权的旗帜。在各国人民的推动下，联合国在《世界人权宣言》基础上主持制定的《经济、社会和文化权利国际公约》及《公民权利和政治权利国际公约》都在第一条中作出了"所有民族均享有自决权"的明确规定。

应当指出，《世界人权宣言》是 20 世纪 40 年代末的产物，它不能不受到当时历史条件的限制。在《宣言》中，人们可以看到传统人权概念的影响。它接受了人人生而自由平等的天赋人权论的观点，肯定了私有财产不可侵犯的资产阶级信条。虽然如此，《世界人权宣言》的作用是不容低估的，它至今仍保持着旺盛的生命力。

目前，世界形势趋向缓和。但是，在某些国家和地区，粗暴侵犯人权的事件仍然不断发生。由于旧的国际经济秩序的不合理，许多发展中国家的人民穷困不堪，甚至连最基本的人权——生存权都得不到保障。在这种情况下，《世界人权宣言》将仍然是一面旗帜，继续指引着爱好和平、主张正义的人们，为促进和保护人权进行不懈的斗争。

（原载《人民日报》1988 年 12 月 8 日）

国际新秩序与人权

近年来发生的世界政治、经济格局的急剧变化，把建立国际新秩序的任务历史地提到了世界各国政府和人民的面前。顺应这一形势需要，人们正以很大的热情就这一问题展开讨论，努力为未来的国际政治、经济新秩序描绘蓝图。这场意义深远的大讨论，不可避免地会涉及国际生活的一切领域，无疑，人权问题也将成为人们讨论中普遍关注的重要议题之一。第二次世界大战以后的历史表明，战后国际秩序的建立及其随后的每一步演变总是同一定的人权要求联系在一起的。

在不到半个世纪的短暂时间内人类两度惨遭战争浩劫的痛苦经历使人们认识到，反对侵略战争，维持国际和平与安全是当代人类所面临的首要任务；而为了防止战争，促进国际合作，增进对于人权的普遍尊重是一项不可或缺的重要条件。正是基于这一认识，联合国组织的缔造者们在酝酿重建战后国际秩序的时候，给予了人权以很大的关注。《联合国宪章》在规定维持国际和平与安全为联合国的首要宗旨的同时，也把"促成国际合作……增进并激励对于所有人的人权及基本自由之尊重"规定为这一普遍性国际组织的宗旨之一，要求各会员国采取共同和个别行动，与联合国合作，促进这一宗旨的实现。40多年来，经过各国政府和人民的共同努力，尤其是发展中国家的创造性努力，世界范围内的人权活动得到了很大发展，联合国系统内制定和通过的国际人权文书已达六七十件，其中特别应当指出的有1948年《世界人权宣言》和1966年的两个国际人权公约：《经济、社会和文化权利国际公约》及《公民权利和政治权利国际公约》。这三件被统称为"国际人权宪章"的重要国际人权文书，系统地提出人权的具体内容，赋予了它们以法律上的权利的性质，从而为国际人权法的形成和人权问题在国际政治、法律秩序中的地位奠定了基础。

50 年代开始的非殖民化运动是一个改造旧的国际秩序的过程，对于推动人类社会的进步和发展具有极其伟大的历史意义。在这一过程中，人权原则发挥了重要作用，成为席卷全球的民族解放运动的一面旗帜。早在1952 年，第七届联合国大会就把人权问题同长期遭受殖民主义剥削与压迫的民族和人民的自决和解放联系了起来，在其通过的《关于人民与民族的自决权的决议》中，开宗明义第一句话指出："人民与民族应先享有自决权，然后才能保证充分享有一切基本人权"。后来，联合国大会又于 1960年 12 月 14 日通过《给予殖民地国家和人民独立宣言》，谴责殖民主义否定了基本人权，宣布所有人民均享有自决权，需要迅速和无条件地结束一切形式和表现的殖民主义。1966 年联合国大会一致通过的《经济、社会和文化权利国际公约》及《公民权利和政治权利国际公约》均在第一条用同样的文字规定所有人民都有自决权，以国际条约的形式肯定了人民的自决权在人权体系中的重要位置，丰富和发展了《世界人权宣言》所宣布的人权概念。

进入 70 年代以来，许多新独立国家和其他发展中国家纷纷提出建立新的国际经济秩序的主张，并把它同人权问题紧密地联系在一起。它们认为，现行的国际经济秩序仅仅有利于富国而不利于穷国，并且是对它们实现"国际人权宪章"所宣布的人权要求的主要障碍。为了有效地增进人权和基本自由，实现新的国际经济秩序是个"必要因素"，而且，应当把它放在"优先地位"加以考虑。同时，这些国家，也把尊重人权列为指导国际经济关系的一项重要原则。在这一过程中，它们还明确地提出了发展权的概念，主张发展权是一项人权，是取得实现人权的必要手段的权利。发展中国家关于建立国际经济新秩序的主张以及它们关于国际经济新秩序与人权的关系和承认发展权是一项人权的观点，在联合国范围内得到了广泛反映，联合国大会相继通过了《建立新的国际经济秩序宣言》、《各国经济权利和义务宪章》、第 32/130 号关于人权新概念的决议、《发展权利宣言》等重要文件，确认了这些正当要求，强调国际上增进和保护人权的努力应与建立新的国际经济秩序的努力同时并进。

以上的简短回顾向我们展示，随着社会的向前发展，人们的人权意识越来越强，人们的人权要求也越来越高，越来越广泛了。现在，人权的要求已远远超出个人人身自由和政治权利范畴，扩及到了经济、社会、文化领域，并同改造不公平、不合理的旧社会、旧秩序，建立能够保证人的权利和价值得到实现的新社会、新秩序的历史任务结合了起来。人们不再满足于个人和公民的政治权利，而且要求享有经济、社会、文化权利，以及和平、人民自决、发展等集体人权。他们也不再满足于人权的简单宣告，而且要求切实改善国际环境，创造有利于全面实现人权理想的条件，使人权能够真正成为人的生活的一部分。

应当指出，在美苏两个超级大国争霸世界的旧的国际秩序中，人们实现人权的正当要求是没有得到满足的。冷战、核威慑、反共等等观念，以及国际关系中现实存在的霸权主义和强权政治，不仅破坏了正常的国际关系，而且妨碍了追求人人自由、无所恐惧和不虞匮乏的人权理想的实现。为了和平与发展，为了人权理想的实现，必须建立新的国际秩序，排除上述一切不符合时代要求的因素，把世界各国公认的国际法基本原则作为这一国际新秩序存在和发展的基础。根据《联合国宪章》《关于各国依联合国宪章建立友好关系及合作之国际法原则宣言》等国际法律文件的规定，这些国际法基本原则是：国家主权平等原则、民族自决原则、互不侵犯原则、不干涉他国内政原则、公平互利原则、和平解决国际争端原则、和平共处原则，等等。

人权原则是现代国际法的一项原则，承认人权原则是国际新秩序的内在要求，它意味着各国应进行国际合作，为增进对于所有人的人权和基本自由的尊重而共同努力。根据战后国际人权活动的经验，为了实现这一原则，我们在重视传统的公民和政治权利的同时，必须注意到战后人权概念的新发展，重视经济、社会和文化权利以及和平、人民自决、发展等集体人权。这些人权的实现不仅对于占世界人口绝大多数的第三世界国家具有特别重要的意义，而且将为公民和政治权利的实现提供前提和保证。1968年世界人权大会通过的《德黑兰宣言》，强调了各类人权之间的依存关系，指出"人权及基本自由既不容分割，若不同时享有经济、社会和文化权利，则公民和政治权利无实现之日。且人权实施方面长久进展之达成，亦有赖于健全有效的国内和国际经济和社会发展政策。"人们有理由期望所有人权均能全面地逐步地得到实现。

在考虑建立新的国际秩序的时候，不能不注意到这样的客观事实：各国在意识形态、社会、经济和政治制度、发展水平、宗教信仰、风俗习惯等等方面的不同，决定了它们对于人权的理解，关心的重点，实施人权的步骤与方法等也有所不同，从而导致了它们在实现人权的程度上参差不齐。只要世界上存在着不同的国家，这些差异就一定会长期存在，它们只能在共同发展的过程中逐渐消除。因此，虽然《联合国宪章》和《世界人权宣言》规定，各个国家都应当遵循人权原则，但在检查人权的实施时不能不考虑到不同国家的特点，而不强求一致；更不能容许一个国家或某个国家集团将自己的标准强加给别的国家。最近，马来西亚总理马哈蒂尔指出："遵守人权的标准和概念各个社会是不一样的，在同一个社会中各个时期也是不一样的。任何人都不能说他可以为各国决定什么是正确的和合理的。"这无疑是很正确的。

应当指出，人权的全面实现是一个历史过程，它不可能一蹴而就，而需要经过许多代人的努力；而且，没有充分的物质条件做保障，这一崇高目标也是不可能达到的。刚从殖民地半殖民地状态下摆脱出来的发展中国家，由于长期遭受帝国主义和殖民主义的剥削和压迫，经济相当落后，文化教育程度不高，在这种客观条件下，虽然它们已经作出巨大努力，也不可能在短期内使本国的人权状况达到尽善尽美的程度。因此，对于这些国家不能提出不切实际的过高要求。另一方面，对于经济发达国家，国际社会则应提出与其经济、社会发展程度相适应的较高的人权要求，并要求它们承担责任，采取切实步骤，以消除造成并在继续扩大南北差距的种种原因，帮助广大发展中国家尽快摆脱不发达状态，为增进所有人的人权作出应有的贡献。

在未来的国际新秩序中，正确认识和处理人权的国际保护与尊重国家主权之间的关系，是一个至关重要的问题。国家主权原则是现代国际法的基石，在众多的国际法原则和规则之中具有最高的不可动摇的地位。不干涉内政原则是从国家主权原则派生出来的，是在《联合国宪章》、《国际法原则宣言》等国际法律文件中一再得到确认的国际法基本原则之一。国与国之间的关系应当遵循这些基本原则，而不能与它们相抵触。人权的国际保护与合作应当在这些国际法基本原则的规律下进行。

按照一般国际法和国际人权文书的有关规定，在一些情况下，国际社会可以对严重侵犯人权的行为直接加以干预。例如，对于威胁国际和平与安全的大规模粗暴侵犯人权的行为，联合国安理会可以根据《联合国宪章》第 2 条第 7 款和第七章的规定采取行动。再如，对于侵略和侵略战争、种族灭绝、种族隔离、贩卖奴隶、国际恐怖主义等已被现代国际法确认为国际犯罪的严重侵犯人权行为，各国可根据一般国际法和有关国际公约的规定进行干预和行使管辖权。此外，一些国际人权公约也在其缔约国之间创立了某种人权监督机制，一缔约国如果恶意违反公约规定，不履行公约义务，其他缔约国可以依照公约规定的程序进行追究。

然而，国际人权法的形成和发展并没有改变人权本质上属于国内管辖事项的性质。人权问题实质上是一个国家给予其国民以什么待遇的问题，无论是过去还是现在，都是主要由一国的国内法规定的，人权的实施也是主要由国内法加以保障的。因此，除根据国际法可由国际社会直接干预的情况外，大量的人权问题应由有关国家根据其主权自主处理。根据国家主权原则和不干涉内政原则，在一般情况下，对于这些属于一国国内事务的人权问题，其他国家是不得进行干涉的。1981 年 12 月 9 日联合国大会通过的《不容干涉和干预别国内政宣言》，针对国际上时有发生的，借口人权问题对别国内政横加干涉的现象特别指出："各国有义务避免利用和歪曲人权问题，以此作为干涉国家内部事务，对其他国家施加压力或在其他国家或国家集团内部或彼此之间制造猜疑和混乱的手段"。一些年来，有些国家惯于借口人权问题对其他国家进行种种干涉，这种行为显然是同现代国际法的要求相悖的，也不利于国际关系的正常发展。国际新秩序应明确提出在尊重国家主权的原则基础上促进人权的国际保护与合作的要求。唯有如此，《联合国宪章》所规定的各项宗旨和原则才能全面地、有效地得到实现，拟议中的国际新秩序也才能是健康的和有生命力的。

西方有些学者，为了替干涉行为辩解，提出了一种观点认为，国际法已经发展到一个新的阶段，在人权问题上，国家主权原则和不干涉内政原则已经过时，它们已被人道主义干涉原则代替了。这种观点是没有任何根据的。国家主权原则和不干涉内政原则作为现代国际法的基本原则，是由《联合国宪章》、《国际法原则宣言》等国际法律文件明文规定的，得到了国际社会的广泛承认。今天，尽管有个别国家和少数学者对它们进行攻击，但是，这些原则并没有因为有人不喜欢而宣告失效。实际上，不论在联合国范围内还是在国家的双边和多边关系上，或是在国际法院解释和适用国际法的活动中，这些原则继续在被引用和强调，发挥着调整国家与国家之间的关系的作用。国际法院在尼加拉瓜诉美国一案中谴责美国侵犯尼加拉瓜主权就是一个例证。可以肯定，只要国际社会由各主权国家构成这一基本事实没有改变，国家主权原则和不干涉内政原则作为国际法的基本原则就不会改变。所谓人道主义干涉原则已经取代国家主权原则和不干涉内政原则的说法更是无稽之谈。我们只需引用英国国际法学者米歇尔·阿库斯特的一句话就足够了。他在对人道主义干涉问题进行了详细研究以后得出结论说："1945 年以来人道主义干涉的概念只在极少数场合被援引过，而且每一次其他国家都谴责人道主义干涉是非法的。联合国 1979 年有关柬埔寨的辩论也提供了某种证据，即国家间现在一致同意把人道主义干涉视作非法。"

西方学者中还有一种观点认为，由于《联合国宪章》对人权作了规定，人权问题已经成为"国际社会关切的事项"，因此，不论哪一国家发生人权问题，联合国及其成员国均有权加以干预。这种观点似是而非。问题在于，国际社会关切这一事实是否一定产生国际社会可以进行干预的权利？可能的答案是否定的！试举与人权问题性质相近的外交使节享有什么权利的问题加以说明。这一问题无疑是国际社会所普遍关心的。1961 年联合国主持制定维也纳外交关系公约，对外交使节的特权和豁免权作了相当详细的规定一事可资证明。但是，国际法理论认为，"外交使节按照国际法所享有的特权，不是国际法给他们的权利，而是驻在国的国内法……给他们的权利"，换言之，受到国际社会普遍关心的外交使节享有什么权利是由其驻在国的国内法规定的问题，本质上属于一国国内管辖事项，国际社会无权加以干涉。可见，即使我们承认人权问题是"国际社会关切的事项"，也不能从中引申出人权问题是国际社会可以任意加以干预的结论。

中国是一个发展中的社会主义国家，也是联合国安全理事会的常任理事国，一贯重视建立公平、合理的国际新秩序和尊重《联合国宪章》所规定的尊重人权的宗旨和原则。1955 年，中国参加了亚非 24 个国家举行的万隆会议，为建立新型的国际关系和创立包括人权原则在内的亚非会议十项原则作出了努力。已故总理周恩来在评论这些原则时指出，"这些都是中国人民的一贯主张，也是中国一贯遵守的原则。"在联合国的合法席位得到恢复以后，中国与广大发展中国家一起，同国际上的霸权主义和强权政治，帝国主义和各种形式的殖民主义展开了斗争，并积极参与了联合国的国际人权活动，先后加入了 7 个国际人权公约，自 1982 年起连续当选为联合国人权委员会成员，为和平与发展事业，为促进人权的国际合作，反对大规模粗暴侵犯人权的行为作出了贡献。在国内，通过社会主义经济建设和民主与法制建设，在增进和保障人权方面也取得了巨大成就。现在，中国的人权状况比较旧社会已经发生了根本变化。自然，为了充分实现人权的理想还有很长的路要走。中国需要和平的、有利于发展的国际环境，以便更快地发展经济和提高人民的生活水平，进一步改善中国人民的人权状况。中国将为建立新的国际政治、经济秩序，促进所有人的人权和基本自由的尊重，作出新的贡献。

（原载《当代人权》，1992 年）

发展中国家与人权

　　1993 年 6 月 25 日，联合国在维也纳召开的第二次世界人权大会，经过紧张、有时是激烈的讨论之后，协商一致通过了《维也纳宣言和行动纲领》，为今后一段时期国际社会在人权领域的国际合作指明了具体任务和前进方向。值得注意的是，这一重要文件在重申人权的普遍性的同时，以明确的文字指出，在国际人权活动中，"民族特性和地域特征的意义，以及不同的历史、文化和宗教背景都必须要考虑"，① 从而在实际上，对国际间由来已久的关于人权的普遍性和特殊性问题的争论作了总结。

　　关于人权的普遍性和特殊性的争论，有其理论性的一面，而在其主要方面，实质上是关于是否应当尊重广大发展中国家在人权问题上的主张和要求的争论。发展中国家的历史、文化和传统，以及他们现在所处的发展状况，均与西方发达国家不同，他们面临的人权问题也不一样，因此，发展中国家对于人权的理解和他们所执行的人权政策，同西方发达国家有许多不同之处。长期以来，发展中国家要求国际社会注意他们国家的这些特点，尊重他们在人权问题上所采取的立场和观点。但是，这种正当要求往往受到西方中心主义的抵制和反对。《维也纳宣言》的通过，应当有助于消除这种对于发展中国家的不公正的态度。

　　发展中国家拥有的人口占世界总人口的百分之七十以上。联合国的一百八十多个会员国中，三分之二以上属于发展中国家。不言而喻，一个不能包容发展中国家的人权观念的人权概念，是不能被认为具有普遍性的人权概念的；同样，如果不充分注意到发展中国家在人权问题上的特殊情况和要求，人们就不能声称对当代的人权问题有真正的了解，也就没有可能

---

　　① 《维也纳宣言和行动纲领》第一部分第 5 段。

找到在全球范围内实现联合国宪章规定的保护和促进人权的宗旨与原则的正确途径和方法。

一

近代以来很长的一段时期里，人权只是欧美"文明"国家的宠儿，而与亚洲、非洲、拉丁美洲的大多数国家和人民无缘。从 16 世纪直到 20 世纪上半叶，这些国家的人民一直处在殖民主义和帝国主义的统治之下，毫无人权可言。他们的人权得不到承认和保护，甚至根本不被当作人来对待。旧中国租界区内公园门前悬挂的"华人与狗不准入内"的告示，集中地反映了当年殖民地、半殖民地人民所遭受到的这种非人待遇。在非洲，黑人的命运更加悲惨。殖民者所到之处，黑人被任意杀戮，整个部落、整个民族被灭绝，亿万黑人沦落为奴隶，仅由殖民者从非洲贩运到美洲的黑人奴隶至少有一千五百万人。由于奴隶买卖，非洲人口损失达一亿之多，相当于 19 世纪初非洲人口的总数。

发展中国家人民历史上的这种悲惨遭遇，使得他们比曾经压迫和剥削他们的一些发达国家更加重视人权，在追求人权方面也具有更大的热情和积极性。

为了民族的生存和争取做人的权利，亚、非、拉人民曾经发动了无数次的武装起义，同外来的压迫者进行了长期斗争。1790 年，在加勒比海圣多明各岛西部的法国殖民地海地，自由有色人种在法国大革命的影响下，发动了拉丁美洲反抗殖民者的第一次武装起义。他们利用法国的《人权和公民权宣言》，提出了享有同白人平等的权利的要求。这次起义被镇压以后不久，黑人领袖杜桑·卢维杜夫又发动了声势更为浩大的奴隶起义；愤怒的黑人高唱着"宁死不当奴隶"的战歌，同西班牙、英吉利和法兰西的殖民者展开了殊死搏斗。1881 年，在非洲大地上，苏丹的穆罕默德·阿赫默德依据伊斯兰教义，在"真主面前人人平等"的口号下，发动了非洲历史上规模最大、持续时间最长的马赫迪起义，打死了曾在中国参与镇压太平天国运动的英国总督戈登，一度赶走了英国侵略军。其他如 19 世纪初由西蒙·波利瓦尔领导的南美北部地区的独立斗争、19 世纪中叶伊朗的巴布教徒起义和中国的太平天国运动、20世纪的土耳其凯末尔领导的民族革命战争、印度甘地领导的不合作运动，以及尼加拉瓜桑地诺领导的武装斗争等等，也都在不同程度上带有人权的色彩。这些斗争虽然大多没有得到最后成功，却都是被压迫人民争取人权斗争的历史长卷中流光溢彩的一页。

亚、非、拉国家和人民争取人权的斗争，在第二次世界大战以后进入了一个新的阶段。德、日、意法西斯的溃败，英、法等殖民大国的衰落，社会主义运动的高涨，以及联合国家在重建战后国际秩序过程中给予人权以很大关注，并在《联合国宪章》中把促进国际合作以增进人权的普遍尊重规定为联合国的宗旨等一系列事态发展，极大地增强了这些国家的人权意识，他们在大力开展民族解放运动的同时，带着自己的人权要求，满怀热情地参加了联合国制定国际人权标准和促进人权领域国际合作的活动，推动联合国主持下的国际人权活动同被压迫民族和人民伸张正义，争取政治、经济和社会彻底解放的斗争更加紧密地结合起来，并取得了很大成功。

早在1945年联合国家聚会旧金山，准备通过《联合国宪章》为联合国组织奠基的时候，亚、非、拉国家就对人权表现出了比一些发达国家更多的企求和热情。当时，中、美、英、苏四大国提出的敦巴顿橡树园建议案只是要求在《联合国宪章》中对人权问题作一般性规定。对此，智利、古巴和巴拿马的代表提出了更积极的建议，要求联合国为一些专门权利提供保障。巴拿马的代表更进一步要求在《联合国宪章》中列入一个国际人权宪章。这些建议，主要由于英、美两国的反对而没有被采纳。

1947年，联合国着手制定国际人权宪章。经过将近20年的努力，联合国大会在相继通过《世界人权宣言》、《经济、社会和文化权利国际公约》及《公民权利和政治权利国际公约》以后完成了这一艰难而意义重大的工作。亚、非、拉发展中国家积极参加了这三项最重要的国际人权文书的制订，为它们的通过作出了重要贡献。

《世界人权宣言》是作为"所有人民和所有国家努力实现的共同标准"而制定的，它在通过以后成了联合国人权领域一切活动的基础，因而受到国际社会的普遍重视。这一国际人权文书的重要意义，还在于它是第一个详细列举国际社会应予保护的各项人权的国际文件，在其列举的人权中，既包含了公民和政治权利，又有经济、社会和文化权利。这就意味着，《宣言》突破了西方传统的人权概念，不仅把公民和政治权利看作是人权，而且宣布经济、社会和文化权利也是人权的一部分。这一新发展，无论对于人权理论还是人权实践来说都是非同小可的。或许正是以上原因，包括中国在内的许多发展中国家都给予《宣言》以很高的评价。1988年，联合国召开《宣言》通过四十周年纪念大会。在这次会议上，印度代表发言认为，"《世界人权宣言》标志着人类历史的一个新时期的开始"。埃及代表称"《世界人权宣言》是一个时代的呼声"。古巴代表也称颂这一宣言，认为它"在通过时反映了正在从法西斯主义战争可怕的恶梦中恢复过来的整整一代人的愿望"。

在国外的人权书籍中有时可以看到这样一种观点，认为《世界人权宣言》是在西方国家影响下制定的，代表西方的人权思想。这种观点没有顾及发展中国家以及前苏联和东欧国家在《宣言》形成过程中的作用，因此有很大的片面性，反映了西方一些学者中存在的，似乎只有西方国家讲人权，发展中国家和社会主义国家不讲人权的偏见。

许多事实证明，发展中国家同社会主义国家一起积极参加了《宣言》的起草和讨论，并为它的通过作出了自己的贡献。事例之一是，联合国人权委员会为起草《宣言》曾任命一个三人委员会，其中有中国和黎巴嫩的各一名代表；后来，这一委员会扩增至八人，来自发展中国家的成员，除上述中国和黎巴嫩的代表外，又增加了一位智利人。他们，特别是黎巴嫩人查尔斯·马立克博士，作为《人权宣言》的主要起草人之一，同时又是负责人权事务的联合国大会第三委员会的主席和人权委员会的报告人，在制定《宣言》过程中发挥了重要作用。至于发展中国家和社会主义国家对《宣言》的影响也是不容置疑的。实际上，联合国大会于1948年12月10日通过的《世界人权宣言》，是所有参与《宣言》制定的国家的各种不同哲学和人权思想交融、碰撞的结晶。查尔斯·马立克博士在回忆《宣言》起草过程时说的一段话，为此提供了最有力的说明。他说："（《宣言》）每一条款的产生，每一条的每个部分都是一项生机勃勃的工作。在工作中，许多思想、兴趣、背景、法制和思想信仰都发挥了各自的作用"，以至现在已经很难说清楚，《宣言》的某些条款究竟来自什么人。[①] 埃及代表在联合国纪念《世界人权宣言》通过 40 周年大会上的发言也说明了《宣言》的这一特点："这一《宣言》已经成为我们这个世界各种价值、文化、观念和原则之间共生共存的一种表述。"可见，那种认为《世界人权宣言》只是代表西方人权思想的观点是站不住脚的。如果再注意到当时一些西方国家不承认经济、社会、文化权利是人权，从而反对将这些权利写进《宣言》的事实，那么，这一观点的错误就更明显了。

发展中国家对于人权的追求及其在人权领域作出的贡献，还突出地表现在自决权和发展权等集体人权的提出和确定上。

自决权的思想由来已久，在十七八世纪的天赋人权说、社会契约论、美国的《独立宣言》、以及后来列宁的民族理论中都有表现。第一次世界大战前后，自决权也已作为政治原则和法律权利出现于世。然而，自决权与人权联系起来并被认为是一项集体人权，则是第二次世界大战以后，随着民族解放运动的高涨而发生的事情。

50 年代初，非殖民化过程开始在全球范围内展开。已经取得独立和尚未取得独立的亚、非、拉国家，把殖民地人民享受人权同行使自决权，摆脱殖民统治，建立完全独立的国家紧密联系在一起，要求国际社会承认他们的自决权。为此，联合国通过了一系列决议和宣言。最早反映这一要求的联合国文件是 1952 年 2 月联合国大会通过的一项有关制定国际人权公约的决议，这一决议要求把自决权列入拟议中的国际人权公约。同年 12 月，联合国大会通过"关于人民与民族的自决权的决议"，开宗明义第一句话指出，"人民与民族应先享有自决权，然后才能保证充分享有一切基本人权"，把自决权看作是享有一切基本人权的保证和前提，并要求联合国会员国承认并尊重非自治领土及托管领土上各民族的自决权。值得特别指出的是第十五届联合国大会于 1960 年通过的《给予殖民地国家和人民独立宣言》。这一宣言是按照亚洲和非洲的一些发展中国家提出的草案通过的，它以明确的文字表述了自决权、结束殖民主义和享有人权之间的关系。《宣言》严正谴责殖民主义"使人民受外国的征服、统治和剥削这一

[①] 参见约翰·汉弗莱《国际人权法》，世界知识出版社 1992 年版，第 143—147 页。

情况，否定了基本人权"，宣告所有人民均有自决权，并号召迅速和无条件地结束一切形式和表现的殖民主义。6 年以后，联合国大会通过《经济、社会和文化权利国际公约》和《公民权利和政治权利国际公约》，以国际条约的形式确认自决权是一项基本人权并赋予了它以法律权利的性质。这两项重要国际人权公约均在第一条以同样的文字规定："所有人民都有自决权，他们依凭这一权利自由决定他们的政治地位，并自由谋求他们的经济、社会和文化的发展"。自决权在人权体系中的重要地位由此得到了完全确立。

进入 70 年代以后，世界经济陷入严重危机，发展中国家的经济受到了重大损害，穷国和富国之间的差距更加扩大了。在发展中国家中的大多数国家尚没有作为独立国家存在的时候建立的旧的国际经济秩序，充分暴露出了它的不利于发展中国家发展并妨碍他们实现国际人权宪章所宣布的人权目标的性质。在这种情况下，广大发展中国家响亮地提出了改变旧的国际经济秩序，建立公平、合理的新的国际经济秩序的要求，并要求承认他们享有发展权，以创造条件，保证发展中国家的经济和社会发展。

1970 年，塞内加尔最高法院院长姆巴耶在斯特拉斯堡人权国际研究所发表演讲，第一次提出了发展权概念，主张发展权是一项人权。他论证说，所有的基本权利和自由都是同生存权和不断提高生活水平的权利，即发展权联系在一起的。此后，姆巴耶和其他发展中国家的代表又多次利用联合国的讲坛提出了建立国际经济新秩序和承认发展权的主张，引发了联合国机构就这些问题进行的一系列讨论。作为这种讨论的结果，联合国先后通过了《建立新的国际经济秩序宣言》《各国经济权利和义务宪章》《关于发展权的决议》《发展权利宣言》等重要文件。这些文件把建立公平合理的国际经济新秩序宣布为联合国会员国决心为之努力的目标，要求国际社会的一切成员在公平的基础上进行最广泛的合作，特别是要帮助发展中国家加速经济和社会发展。根据后两个文件，发展权被确认为是一项"不可剥夺的人权"，各个国家有义务单独地或集体地采取步骤，以促成发展权的充分实现。

发展中国家在人权领域富有生气的活动，取得了明显的积极成果。它唤起了世界各国对于发展中国家的人权要求的注意，为他们克服困难，逐步改善人权状况创造了较好的国际环境，并且给整个国际人权活动注入了新的内容和动力，在一定程度上改变了它被大国操纵的局面，使其朝着真正有利于实现人权理想的方向前进。

二

发展中国家在漫长的历史进程中形成了自己的人权观。这种人权观，由于其独特的历史和文化渊源而与西方国家的传统人权观有明显的差异；发展中国家的政治、经济、社会发展现状，又决定了他们当前的人权诉求和执行的人权政策与西方发达国家比较有很多不同。这些差异和不同，构成了发展中国家人权观有别于西方国家人权观的一系列特点。这些特点主要表现在以下几个方面：

1. 人权的内容既包括公民和政治权利，又包括经济、社会和文化权利；既包括个人权利，又包括集体权利，所有这些权利相互联系，相互依存，构成不可分割的人权整体。

西方国家遵循传统的人权观念，把人权看作仅仅是指公民和政治权利，否定经济、社会和文化权利是人权。在联合国确认经济、社会和文化权利也是人权以后，一些西方国家改变了看法；但是，它们在实践中，继续强调公民和政治权利，漠视经济、社会和文化权利。发展中国家与西方国家不同，它们援引《世界人权宣言》和其他国际人权文书的规定说明，经济、社会和文化权利同公民和政治权利一样是人权不可分割的一部分，应当予以同等的重视。它们认为，这两类权利相互联系，相互依存，是维护人的人格所不可缺少的。如同人格不可分割一样，人权也不可分割，无论失去公民和政治权利，或是失去经济、社会和文化权利，都会使人失去人格。针对一些国家片面强调公民和政治权利的态度，津巴布韦代表在第十四届联合国大会上特别指出，"只有这些权利是不够的。人民还应该拥有经济和社会权利，身体健康的权利，获得食品和住房的权利，最重要的是获得起码生活条件的权利。任何人也不应该受文盲和贫穷之苦。人权是不可分割的整体，其中各种权利都相互补充，任何一种权利被剥夺都削弱了这一整体"。

所以，发展中国家主张给予公民、政治权利和经济、社会、文化权利这两类人权以同等的重视，"在注意保护和促进公民、政治权利的同时，也应同样注意保护和促进经济、社会和文化权利"。①

发展中国家在人权概念问题上同西方国家有严重分歧的另一个观点是承认自决权、发展权等集体人权的存在。西方国家从人权属于个人权利的传统观念出发，拒不承认有集体人权之说。发展中国家则认为，个人是集体的一部分，个人的权利同他所在的集体的权利是紧密联系在一起的，"应以一种统一的和平衡的方式对所有这些权利都予以促进和保护"。②

发展中国家认为，人民的自决权是一项"基本人权"，"是人们享有其他人权和基本自由的前提和保证"。它们指出，当一个民族处在外国统治和压迫下的时候，这个民族的每一个个人是不可能享受人权的；只有当他们作为一个集体行使自决权，争得独立，建立自己的国家以后，他们的人权才能得到保障。所以，发展中国家"坚持将普遍所说的人权与各国人民的自由、进步和自决权利联系在一起"。③

发展中国家在强调自决权的同时，也赋予各国人民的发展权以十分重要的意义。这些国家根据切身经验认识到，"发展不充分是实现和享有人权的主要障碍"，生活在贫困、落后状态下的人民是谈不上享受人权的。因此，它们认为，为了保障和促进人权的实现，有必要创造条件使各国都有同等的发展机会，使国家和个人都得到发展。哥斯达黎加前总统约瑟·弗格罗斯专门就人权的经济基础问题作了研究，他的结论是，"人权的实现要求经济和社会的发展"。鉴于发展与人权之间的这种关系，发展中国家把发展权看作是一项不可剥夺的人权，要求国际社会承认各国人民的发展权，并加强国际合作，确保发展权的实现。为了引起国际社会的重视，菲律宾外长在维也纳世界人权大会上又一次强调了发展权的重要性，他说："发展权的重要性不低于人的尊严。人的尊严必不可少的一个部分是，人要有使自己及其家庭获得作为人应有的生活水平的能力。只有借助发

---

① 巴基斯坦代表在联合国《世界人权宣言》通过四十周年纪念大会上的发言。
② 印度尼西亚外长阿拉塔斯在维也纳世界人权大会上的发言。
③ 埃及代表在第四十四届联合国大会上的发言。

展，人的食物权、衣着权、庇护权、医疗权、就业权和教育权才能得到充分实现"。亚非法律协商委员会秘书长恩赞加也在这次会议上说："既然发展不充分是实现和享有人权的主要障碍，是贫穷的主要根源，那么，发展和人权之间的关系就需要放在首要的位置。在人权清单上，发展权必须被放在一个仅次于生命权和自决权的位置上"。

2. 个人享有权利和自由，同时，对社会和国家负有责任和义务；在个人的权利和义务之间应保持平衡。

西方国家的人权观本质上是个人主义的，它追求个人的权益，而不讲个人对于社会的责任，因此，西方国家的人权观的特征是，在权利和义务相分离的形态上强调个人人权的价值。

发展中国家的人权观植根于这些国家重视社会和国家的利益，崇尚社会和谐的文化传统之中，认为个人是其所在社会的一员，他的个性的发展离不开社会的发展，只有在同社会的联系中才有可能实现。所以，个人享有权利和自由是同他们对于社会和国家的责任与义务分不开的，个人行使权利和自由时，必须尊重他人的权利和国家及社会的利益，而不容许损害社会和国家的利益。印度尼西亚外长在维也纳世界人权大会上着重论述了发展中国家的这一人权观点，他说："我们在印度尼西亚，同时可能也包括发展中世界，实际上不是也不可能对人权完全持一种个人主义的态度，因为我们不能无视我们的社会和国家的利益"。他在引述了《世界人权宣言》第 29 条以后又接着说："人权的实施包含着在个人人权与个人对于他们所在的社会的义务之间保持一种平衡的关系的要求。没有这种平衡，社会作为一个整体所享有的权利就会被否定。这将导致不稳定，甚至无政府状态"。

发展中国家将个人的权利同他对于社会和国家的义务统一起来的观点，在许多发展中国家的宪法，特别是 1981 年非洲统一组织通过的《非洲人权和民族权宪章》中有集中的反映，《宪章》在标题为《权利与义务》的第一部分不仅规定了个人的权利和自由，而且也规定了民族权利以及个人对其家庭、国家和其他合法认定的社区及国际社会的义务。非洲人权学者称颂《宪章》的这些规定，并把它们看作是对于国际人权法的发展所作出的一大贡献。

3. 人权有普遍性，也有特殊性，在处理人权问题时，必须考虑到这个世界在政治、经济、社会和文化上的多样性。

发展中国家认为人权具有普遍性：然而，它们对于人权的普遍性的解释与西方发达国家不尽相同，在发展中国家之间也不一致，显示了不同文化、宗教和法律观念对于人权的理解的种种不同影响。有的发展中国家接受了天赋人权说，与多数西方国家一样，认为人权是人所固有的，生而有之，并以此说明人权的普遍性。有的发展中国家主要依据人权是《联合国宪章》以及《世界人权宣言》等国际人权文书所规定，为国际社会普遍接受的事实，说明人权的普遍效力。亚洲和非洲的一些伊斯兰国家则是按照伊斯兰教义解释人权的普遍性。这些国家认为，真主创造了人并赋予他们以生命的权利。人权的普遍性，在于它是真主赋予人的，不因种族、性别或其他属性而有所区别。

基于对于人权普遍性的认识，发展中国家一般承认国际上存在人权的共同标准；但是，这些国家又认为，由于不同国家在历史、文化、传统以及发展程度等等方面存在差异，各国对于人权的理解和解释是不完全一样的，因此，人权也有特殊性，在共同的人权标准之外还有具有地区和民族特点的人权标准。苏丹司法部长在维也纳世界人权大会上论述这一观点的发言有代表性，他说："普遍性并不意味着否认明显的文化、宗教和民族的特殊性。这就是为什么某些地区民族采用了与他们的习惯和传统相一致的标准的原因"。为了论证这一观点，他还补充说，"《世界人权宣言》并不排斥有美洲、非洲、欧洲或阿拉伯的人权宣言"。新加坡外长也在这次会议上强调了人权的特殊性，他以《世界人权宣言》通过45年以来，不仅在西方与第三世界之间，而且在西方国家之间，对于《宣言》许多条款的含义争论不休的事例说明，在人权问题上存在不同观点的分歧，对此不能视而不见。他认为，"如果用普遍性来否认或掩盖现实中存在的差异，那么，普遍承认人权理想将是有害无益的"。

从人权具有特殊性的观点出发，发展中国家因此认为，"每个国家必须按照其本国传统促进对于基本人权的尊重"，① 而国际上关心人权的方

---

① 印度代表在第四十四届联合国大会上的发言。

式，则应当"考虑到我们生活的这个世界在政治、经济、社会和文化上的巨大多样性"，① "要结合每一地区或国家的历史、文化特点和发展阶段"。②

4. 实施人权首先是一个国家的责任；国际一级的人权促进和保护应以合作的精神和非对抗的方式进行，而不能以人权为借口对他国施加压力和干涉他国内政。

发展中国家普遍认为，实施人权主要是一个国家的责任和权限，应由各国政府考虑到本国情况，采取适当的措施以促进人权的尊重和保护。印度尼西亚代表在第四十六届联合国大会上论述了这一观点，他说："毫无疑问，基本人权和基本自由具有国际效力；但是，人们也普遍认为国家范围内人权的执行应该是各个政府的权限和职责，同时考虑到各个国家各种复杂的问题、不同的价值体系和不同的经济、社会与文化现实。这种国家权限不仅产生于主权原则，也是各国对其民族和文化特性以及决定其文化和经济制度所固有的权利的必然结果"。牙买加外长在维也纳世界人权大会上也强调了国家对于保护人权的责任，他说，"主权原则、不干涉原则、自决原则使国家承担了在其疆界内，为所有人享有人权和基本自由提供适当保护的首要责任"。

发展中国家强调国家承担实施人权的首要责任的观点，在亚洲国家为筹备1993年世界人权大会而召开的区域会议所通过的《曼谷宣言》中有明确的反映。《宣言》宣告："国家负有主要责任，通过适当基础设施和机制来促进和保护人权，并认为必须主要通过这种机制和程序来寻求和给予补救"。非洲国家为同一目的而通过的《突尼斯宣言》也作了同样的宣告："实施和促进人权的职责主要在于各国政府"。

与上述观点相联系，发展中国家认为，国际上最有效的促进和保护人权的制度和方法，应当是在尊重国家主权的基础上，通过对话进行国际合作，而不是其他。印度尼西亚出席曼谷会议的代表团团长在会上说："在《联合国宪章》中，人权是被放在'国际合作'这一标题下对待的。所

---

① 印度尼西亚代表团团长在世界人权大会亚洲区域筹备会议（曼谷会议）上的发言。

② 朝鲜代表团团长在维也纳世界人权大会上的发言。

以，在国际一级促进和保护人权应该以合作的精神和非对抗的方式来进行。这种合作精神不容许对其他国家人权的促进加以谴责、评判或训斥，更不能容许把人权用作对他国发动政治斗争的借口，或者错误地利用人权作为经济合作的条件"。发展中国家尤其反对将人权问题政治化和意识形态化，或把人权问题同贸易和经济技术援助联系起来，利用人权问题对他国施压，以达到将某种价值观念和发展模式强加给其他国家的目的。他们认为，"人权问题首先是个道德问题，不应该为了对外政治利益而加以利用"，[①] "任何不是出于保护这些基本权利的真诚愿望，而是出于虚伪的政治目的来对待人权问题都不能认为是正当的"。[②]

三

经过第二次世界大战以后将近 50 年的努力，发展中国家在争取和维护人权方面取得了举世瞩目的成就。绝大部分前殖民地和半殖民地获得了政治上的独立，摆脱了过去受外国统治和压迫的无权地位；其中许多国家国内的政治、经济、文化和法制建设取得了很大成绩，人民享受人权的水平有了明显提高，人权的行使也得到了一定的法律和物质保障。所有这一切，标志着发展中国家的人民没有人权的悲惨历史已经终结，开始走上了逐步充分实现人权的道路。发展中国家的人权成就是历史性的，得到了国际社会的公正评价。发展中国家人民对于人权的执著追求和作出的努力理应受到普遍称赞。

但是，应当看到，发展中国家在改善人权状况方面取得的进展仅仅是初步的，在它们通向人权理想高峰的道路上还有许多台阶需要攀登，需要克服一个又一个困难。

发展中国家面临的人权问题很多，其中最基本、最紧迫的，因而需要优先考虑的是生存和发展问题；正是这两个问题引起了国际社会的特别关注。目前，世界上有许多发展中国家被列为最不发达国家；在这些国家

---

① 1991 年 10 月，土耳其总统厄扎尔在土耳其议会组织的一次人权会议上的讲话。

② 印度尼西亚代表团团长在世界人权大会亚洲区域筹备会议（曼谷会议）上的发言。

中，由于外国势力的插手和国内不同利益集团之间的争斗，战祸频仍，社会动荡不安，经济停滞不前，广大人民群众生活在贫困和落后之中，每年都有千千万万的人死于战乱、疾病、饥饿和营养不良。国家和民族的尊严因此受到凌辱，人民连最基本的生命权都得不到保障。有些发展中国家，虽然人权状况有了很大改善；但是，由于发展不充分，它们的综合国力仍然不足以对外抵御侵略和欺侮，对内消除动乱和其他灾害，保障人民充分享受人权。这些国家的生存仍然常常受到考验和威胁。

发展中国家的生存和发展遇到困难绝不是偶然的，有其深刻的国内外原因。就其国内原因来说，归根结底是历史遗留下来的贫困、落后、愚昧的负担过于沉重，很难在较短的期间内彻底加以改变。从国外原因来说，主要是旧的国际经济秩序作恶的结果。

现行的国际经济秩序是在大多数发展中国家还没有作为独立国家存在的时候建立的，它的经济贸易体制明显地偏向于保护工业发达国家的利益，而没有照顾工业发展水平低下的发展中国家的需要。在这种不公平的经济贸易条件下，发展中国家的资源源源不断地流向发达国家，极大地削弱了发展中国家赖以发展的物质手段，且严重地威胁到发展中国家的生存。联合国的有关资料对此提供了很好的说明。据统计，发展中国家欠付发达国家的外债，1977年为2440亿美元，1982年增至6250亿美元，1983年高达7850亿美元。至1988年1月，发展中国家负债已超过了一万亿美元这一心理上的极限。仅仅为了偿付外债的利息，发展中国家在80年代每年要支出600亿美元；而在同期，它们从发达国家得到的资金每年只有300亿美元。[①] 这种资金倒流的结果是，穷国越穷，富国越富，发展中国家绝对贫困化趋势加剧，被联合国确定为最不发达的国家从1981年的24个增加到了1990年的42个。发展中国家的生存处于危机之中。

上述事实说明，现行国际经济秩序已经成了发展中国家谋求发展，实现人权道路上的最大障碍；不消除这一障碍，发展中国家很难在人权领域取得大的进展。正是基于这一认识，广大发展中国家强烈要求改变旧的国际经济秩序，建立公平、合理的新的国际经济秩序，把它看作是它们当前

---

① 参见米兰·布兰伊奇：《国际发展法原则》，北京，第Ⅷ，17—18页。

最迫切的需要。布基纳法索代表在第四十四届联合国大会上发言，表达了发展中国家的这一要求，他说："维护人权应当以促进建立公正的国际经济秩序为起点。"

实现人权理想是一个艰巨的任务，需要整个人类年复一年的长期奋斗，对于发展中国家来说，尤其任重而道远。发展中国家饱尝没有人权的痛苦，它们更加珍视人权，有更大的决心去争取人权。发展中国家充分享受人权的一天一定能够到来。

（原载《人权的普遍性和特殊性》，1996 年）

论人权与主权的关系

　　人权与主权是国际人权法中的两个基本概念；在国际人权活动中，人们谈论最多的也许也是这两个概念。然而，对于这两个概念人们的解释不尽相同；特别是关于人权与主权的关系问题，国际上还存在比较大的争论。

　　在西方国家有一种流行的观点，认为国家主权已经成为在世界范围内实现人权道路上的一个障碍，为了促进和保护人权，必须限制和取消主权。有人甚至主张把各国政府撇在一边，由"世界议会"通过立法，由"世界政府"保护人权。① 这显然是一种将人权与主权对立起来的观点。在这种观点的影响下，有些国家的决策者往往以保护人权的名义，对他们认为侵犯人权的国家任意地进行干涉，甚至采取制裁或武装入侵的行动，而根本不顾对方是一个主权独立的国家。其结果往往是，人权不仅没有得到促进，正常的国际秩序和世界和平却遭到了破坏，人权遭到了更加严重的践踏。

　　我不能同意这样的观点。我认为，人权与主权并不是一对相互冲突，甚至相互对立的概念；恰恰相反，在它们之间存在着内在的同一性和统一性。在当代的国际人权保护制度中，人权与主权是并存的，而且都拥有应有的地位，共同地为着世界和平和正常的国际秩序，为增进人权的正义事业发挥着积极作用。

　　什么是人权？人权，在一般意义上，是指人作为人应当享有的权利和

_____

　　① 参见 Jessup, A Modern Law of Nations, 1948, p. 91, 转引自周鲠生《现代英美国际法的思想动向》，世界知识出版社 1963 年版，第 43 页；约翰·汉弗莱：《国际人权法》，世界知识出版社 1992 年版，第 5 页。

自由；在法律上讲，是指国际法和国内法所承认和保证的，个人为维护其尊严所必要的基本权利和自由。根据《世界人权宣言》及其他国际人权文书，它包括个人的生命权和人身自由，以及各种经济、社会、文化和公民、政治权利。个人的这些权利和自由有赖于他们所属国家的承认和尊重，需要国家利用其掌握的资源去创造条件，保证其逐步实现。当这些权利和自由遭到侵犯时，需要国家采取立法、司法和行政措施加以救济。当这些人权尤其是人们的生存权和发展权遭到外来的侵犯或威胁时，还需要国家团聚全国人民的力量去加以保卫。很明显，如果没有以享有主权为其本质属性的国家，无论在国内或是国际上，个人的人权都不能得到应有的保障。

人权也指由个人组成的人民为其主体的集体人权，如自决权、发展权等。从集体人权看人权与主权的关系，二者之间的同一性和统一性则更为明显。在一定意义上说，集体人权与国家主权是同义词。众所周知，自决权是一国人民自由决定其政治地位，自由谋求其经济、社会和文化发展的权利。[①] 在对外关系上，自决权意味着一国人民不受任何外国影响，独立处理其政治、经济、社会和文化问题的权利，与国家主权的对外含义——独立权是一样的。发展权是指个人和各国人民参与、促进并享受经济、社会、文化和政治发展，以便所有人权和基本自由均能获得充分实现的权利，包括对他们的所有自然资源和财富行使不可剥夺的完全主权的权利。[②]简言之，发展权就是一国行使主权，谋求发展的权利。没有主权，也就没有发展权。可见，无论是个人人权或是集体人权的实现都是与国家主权的存在紧密相关的。否定了主权就等于否定了人权。

我们还可以从另一个角度看人权与主权的关系。当今世界绝大多数国家都是按照人民主权学说构筑其政治法律体制的。根据这一学说，国家的一切权利和权力均来自于人民和属于人民，即所谓主权在民。人民直接地或者通过选举产生代表间接地治理国家，行使包括主权在内的国家一切权利和权力。对于这些国家，以国家为其主体的国家主权，实质上是以一国

---

① 参见《经济、社会和文化权利国际公约》和《公民权利和政治权利国际公约》第一条。

② 参见 1986 年 12 月 4 日《发展权利宣言》第一条。

的全体人民为其主体的集体人权，是组成这一国家的全体人民的意志和利益在政治和法律上的最高和最集中的体现。这就是说，主权是以人权为本的，没有人权也就没有主权，主权就成为无源之水，无本之木，失去了存在的根据。

人权与主权的这种关系说明，那种将它们对立起来，认为为了人权就必须限制或者取消主权的观点在理论上是完全错误的。不仅如此，这种观点也是与当代的国际人权保护制度相悖的。诚然，国际人权保护制度的出现和发展表明，对于人权的促进和保护仅仅依靠一个国家的内部机制是不够的，除此以外，还需要有各个国家在国际层次上的合作。而为了进行这种合作，它们必定要承担一定的国际义务，甚至要接受国际社会的监督。然而，这一情况并不能证明将人权与主权对立起来的观点是有道理的。

首先，国际人权保护制度不是从天上掉下来的，而是由世界各国行使主权，通过制定《联合国宪章》《世界人权宣言》《经济、社会和文化权利国际公约》《公民权利和政治权利国际公约》等众多国际法律文件而建立的，也就是说，国际人权保护制度是各国主权意志的产物；没有国家主权，就没有国际人权保护制度。

其次，当今的国际人权保护制度，不仅不否定主权，而且把对于一国主权的威胁看成是同种族隔离、种族歧视、殖民主义、外国统治和占领、侵略等一样，都是造成人权遭到大规模侵害的原因，①并且要求促进和保护人权的活动遵循国家主权原则。对此，1993年联合国主持召开的世界人权会议通过的《维也纳宣言和行动纲领》做了十分明确的指示，它说："促进和保护人权的过程，应当按照《联合国宪章》的宗旨和原则以及国际法推动。"②

联合国是由主权国家组织和参加的国际组织。《联合国宪章》通过规定联合国的宗旨和原则，为联合国的一切活动确立了应予遵循的基本原则，而其中最根本的原则是尊重国家主权原则。

---

① 参见1977年12月16日联合国大会通过的《关于人权新概念的决议案》，载董云虎、刘武萍编著《世界人权约法总览》，四川人民出版社1990年版，第990—991页。

② 参见《维也纳宣言和行动纲领》第七段，载刘楠来等编《人权的普遍性和特殊性》，社会科学文献出版社1996年版，第234页。

按照《联合国宪章》的规定，联合国有四项宗旨，其中的第三项宗旨是："促成国际合作，以解决国际间属于经济、社会、文化及人类福利性质之国际问题，且不分种族、性别、语言或宗教，增进并激励对于全体人类之人权及基本自由之尊重。"① 这就是人们通常所说的联合国促进人权的宗旨。从条文的文字以及旧金山制宪会议有关这一问题的讨论情况看，此项规定的意图十分清楚，即：联合国促进人权的活动，应当通过"国际合作"的方式推进。国际合作是有关国家在相互尊重主权和平等的基础上共同处理国际问题的一种行为方式。《联合国宪章》规定通过国际合作促进对于人权的尊重，表明了联合国在人权问题上承认和尊重国家主权的态度。

《联合国宪章》关于联合国及其会员国为实现联合国的宗旨应遵循的原则的规定，进一步说明了联合国促进人权的活动必须遵循国家主权原则。按照《宪章》的规定，联合国及其会员国应予遵循的原则有七项，主要包括各会员国主权平等原则、善意履行《联合国宪章》义务原则、和平解决国际争端原则、在国际关系上不使用威胁或武力原则、不干涉别国内政原则等。② 这些原则作为《宪章》原则和当代国际法的基本原则，是所有国家都必须遵守的。在这些原则中，国家主权平等原则是最主要的，是其他各项原则的核心和基础。按照此项原则，联合国各会员国都是主权国家，它们在相互关系上是独立的、平等的，应当相互尊重国家人格，相互尊重主权、政治独立和领土完整，以及自由选择和发展本国政治、经济、社会和文化制度的权利。

有一种理论认为，由于联合国宪章规定了尊重人权的宗旨和原则，人权就不再纯属国内管辖事项，而成为国际社会合法关注的事项了。因此，当一国国内发生人权问题时，其他国家可以置该国的主权于不顾而进行干涉。③ 这是一种相当流行的观点，然而，它却缺乏必要的法律依据。由于

---

① 《联合国宪章》第一条。
② 《联合国宪章》第二条。
③ 参见《奥本海国际法》上卷第二分册，商务印书馆1981年版，第211页；Louis Henkin, Human Rights and Domestic Jurisdiction, in Human Rights, International Law and the Helsinki Accord, 1977, p. 35。

联合国宪章的规定，人权确已不再纯属国内管辖事项，而成为国际社会关注的事项了。然而问题是，人权是否已不再是国内管辖事项？是否能认为，凡是国际社会关注的事项都不再是国内管辖事项？众所周知，外国使节在驻在国享有什么待遇，历来是国际社会所关注的事项，因此，在国际上还形成了有关外交使节地位的习惯国际法和条约国际法。然而，这一情况并没有影响它作为国内管辖事项的性质。国际法理论一向认为，一国给予外国使节以什么待遇，是由一国国内法规定的问题，属于国内管辖事项。① 当然，一国在就这一问题作出规定时应当考虑到国际法的要求，履行它所承担的国际法义务。

人权问题曾经纯属国内管辖事项，只是在《联合国宪章》作出规定后，它才大规模地进入了国际法领域。尽管如此，国际人权法在总体上仍是把人权作为本质上属于国内管辖事项对待的，对它适用不干涉内政原则。我们在联合国通过的许多国际人权文书中可以很清楚地看到这一点。例如，按照《公民权利和政治权利国际公约》第 41 条的规定，只有在有关国家专门发表声明承认人权事务委员会接受和审议一缔约国对另一缔约国的指控的职权的情况下，即，只有在有关国家自愿将其对于人权事务的管辖权让予人权事务委员会的情况下，一缔约国才能向该委员会提出对另一缔约国的指控，而该委员会也才能接受和审议这一指控。此外，除非一国参加了公约的第一任择议定书，人权事务委员会也无权接受和审议该国个人声称其人权受到侵害的来文。这些规定，基于国家主权平等原则和人权本质上属于国内管辖事项的假设，排除了一国在人权问题上任意地将另一国置于被告地位的可能性和合法性；表明了缔约国如何履行国际人权条约义务，如何执行国际人权标准，乃是该国的内政，其他国家不得任意地进行干涉。

在我们说人权本质上属于国内管辖事项，一国没有权利任意干涉他国人权事务的时候，并不意味着在任何情况下，一国侵犯人权的行为都可以不受国际社会的干预。根据现行国际人权法，在一国发生大规模粗暴侵犯人权的情况下，这个国家是不能用主张主权来对抗国际社会的干预的。关

---

① 参见《奥本海国际法》上卷第二分册，商务印书馆 1981 年版，第 244 页。

于哪些行为构成大规模粗暴侵犯人权的行为，这尚有待定义。但是，从现有的国际人权文书来看，种族灭绝、种族隔离、种族歧视、殖民主义、外国统治和占领、侵略、对一国主权、统一和政治独立的威胁等造成的人权侵害，都应当被认为是大规模粗暴侵犯人权。这些行为不仅违反了国际人权法，同时也违反了一般国际法，其中一些行为，也违反国际刑法，构成了国际犯罪。对于这些行为，国际社会有权加以干预，甚至施以制裁和惩罚。应当指出，即使在这些情况下，外来的干预也必须遵循国际法规定的程序，使用合法的手段进行；有关国家的主权仍应得到必要的尊重。

在讨论人权与主权的关系问题时，我们还不能不考虑到当今国际政治的现实，即：大国与小国，强国与弱国，发达国家与发展中国家事实上仍处于不平等地位。有力量借口人权问题对另一国国内事务进行干涉并将这一干涉付诸行动的，只有大国、强国和发达国家；而小国、弱国和发展中国家不仅没有可能去干涉比它强大的国家的人权事务，甚至对于后者的非法干涉都无法有效地加以抗拒。在这一现实面前，干涉只能是大国和强国的特权，是强权政治和霸权主义。这是为什么中国以及许多发展中国家在原则上反对借口人权问题干涉别国内政的基本道理。

广大发展中国家所以坚决反对借口人权问题干涉别国内政，还有一个重要原因。这些国家有着长期遭受外国统治、主权被任意践踏的悲惨历史。它们深深懂得主权与独立的弥足珍贵。一个国家一旦丧失主权和独立，它的人民的人权也就不可能得到应有的尊重和保障。所以，这些国家在取得独立以后，在努力建设国家，不断改善本国人民人权状况的同时，特别注意维护国家的主权和独立，对于外来的一切可能危及其主权和独立的言论和行动保持着特别的警惕。

（在中国与非洲国家人权研讨会上的发言，2002 年 10 月 18 日）

（原载《紫荆》杂志 2003 年 1 月号）

人权在本质上属于一国的内政

人权问题本质上是一国如何对待其国民的问题，原本专属一国的国内事务，由一的国内法加以规定和调整。所以，在传统的国际法中是没有关于人权的规定的。事实上，人权（Human Right）一词也只是在1945年《联合国宪章》对它作出规定以后才第一次出现在国际法律文献之中。在第二次世界大战临近结束之际，联合国家的领导人在总结战争的经验教训，规划战后国际秩序的过程中，形成了一个共识，认为德、日法西斯对外发动侵略战争与它们在本国内外粗暴压制和摧残人权之间有着紧密联系，为了建立和维持国际持久和平，有必要重申对于人权的信念，在世界范围内促进对于人权的尊重。在这一思想的指引下，联合国的缔造者们决定将促进国际合作，以增进并激励对于所有人的人权的尊重作为联合国的宗旨之一规定进了《联合国宪章》，并在宪章第56条要求各会员国采取行动与联合国合作，以达成这一宗旨。由此，人权问题开始进入了国际法领域，对此，是没有任何疑问的。然而，关于原本专属一国国内事务的人权是否因为《联合国宪章》的规定而已演变成为不再是一国国内事务的问题，在国际上却一直存在着不同的认识和争论。

早在1948年，美国杰塞普教授就以人权已被《联合国宪章》置于国际保障之下为理由，认为"国家对自己公民的待遇不复是宪章第2条第7款所指的'在本质上属于国内管辖'"，进而主张对于一国的人权事务是可以加以干涉的。这种观点和主张在英、美等国的国际法学界颇有影响；但是，却在社会主义国家和一些发展中国家招来了一片反对之声。前苏联学者指出，《联合国宪章》尊重基本人权原则的产生，并不意味着这些权利可以直接受现代国际法的调整而不再是各国的内政。保障人权现在和将来始终主要是各国的内政。我国著名的国际法学家周鲠生更尖锐地指出，英美国际法学家否定国家主权，主张个人人权直接受国际法保护的行为，是为帝国主义歪曲联合国宪章的规定，推行侵略和干涉政策建立理论的基础。在联合国于 1993 年召开维也纳世界人权会议前后，这一问题再次成了国际社会争论的焦点。针对西方国家强调人权不再是一国国内管辖事项，指责一些国家"用不干涉原则作为挡箭牌，而在后面违反人权"的言行，一些发展中国家展开了反击，它们坚持人权在本质上属于一国内政的立场，强烈反对一国干涉另一国人权事务的行为和主张。例如，印度尼西亚代表在第 46 届联合国大会发言说："毫无疑问，基本人权和基本自由具有国际效力；但是，人们也普遍认为国家范围内人权的实施应该是各个政府的权限和职责……这种国家权限不仅产生于主权原则，也是各国对其文化和经济制度所固有的权利的必然结果"。牙买加外长在维也纳世界人权会议上指出，"主权原则、不干涉原则、自决原则使国家承担了在其疆界内，为所有人享有所有人权和基本自由提供适当保护的首要责任。指控侵犯人权不应当用作干涉本质上属于一国国内管辖事项的借口。"可见，尽管国际社会普遍承认和尊重联合国宪章规定的促进人权的宗旨和原则，但是，在宪章的这些规定是否已经改变了人权属于一国内政的性质问题上却明显地存在着不同的认识和解释。众所周知，国际法是以世界各国的协调意志或共同同意为基础的，没有这一协调意志或共同同意就不能形成公认的国际法规则。这些长期而持续地存在着的不同认识说明，国际上并不存在关于人权不再是国内管辖事项的协调意志或共同同意，因而也不可能存在有关的国际法规则。因此，西方一些国家流行的因为有《联合国宪章》的规定，人权已不再是国内管辖事项的言论是不能成立的，缺乏应有的法律依据。它们只能看作是一些国家和学者的观点或主张，而不是现行国际法。

应当认为，随着《联合国宪章》对人权作出规定和国际人权法的发展，人权已不再纯属一国的国内管辖事项。一国在依其主权处理本国人权事务时，不能不受其作为联合国会员国在《宪章》中所作出的促进人权的承诺的约束。按照人权条约的规定，缔约国有义务采纳包括修订法律在内的种种措施以履行条约的规定，也有义务定期向条约机构提交履约情况报告，并接受其审议和监督。按照联合国大会和经济暨社会理事会的决议，前联合国人权委员会和现联合国人权理事会有权接受和审议一国对另一国有关人权问题的"来文"，而有关国家则需要对该"来文"提出答复，并接受可能要求的调查，等等。国际法上的所有这些安排，都在一定程度上使一国处理其人权事务的自主权受到某种限制。尽管如此，包括这些安排在内的国际法上所有有关人权保护的规定，都是建立在承认人权本质上属于一国国内管辖事项，尊重国家对于人权的主权和管辖权的基础之上的。按照这些规定，国家承担着在国内实施人权的主要责任，它有权斟酌决定为实施人权所需要采取的具体步骤和措施，对此，其他国家是无权加以干涉的。

《公民权利和政治权利国际公约》是联合国为实现《宪章》所规定的人权宗旨和原则，使缔约国承担在国内实施公民权利和政治权利的法律义务而制定通过的重要国际人权文书，它所建立的国际人权保护机制为国际人权保护提供了基本模式，其中的一些规定明显地体现了对人权在本质上属于国内管辖事项性质的承认。例如，《公约》在规定缔约国有尊重和保证在其领土内和受其管辖的一切个人享有《公约》所承认的各项权利并采取必要步骤和措施以实现这些权利的义务的同时，把采取什么步骤和措施等对于实现《公约》权利具有实质意义的权利保留给了缔约国。再如，《公约》虽然是国家之间的条约，但在内容上规定的主要是缔约国与其管辖下的个人之间的关系，而不是国与国之间的权利和义务。根据这一《公约》，一缔约国得以干预另一缔约国人权事务的权利是极其有限的。例如，按照《公约》的规定，缔约国应定期向《公约》设立的条约机构——人权事务委员会提交其履约情况报告。委员会在对这一报告进行研究后应提出针对所有缔约国，而不是针对报告国的一般性意见，其他缔约国则能对委员会的一般性意见，而不是对缔约国的报告发表看法。再如，《公约》还规定了一缔约国指控另一缔约国的程序。按照这一程序，上述的人权事务委员会有权接受和审议一缔约国指控另一缔约国不履行条约义务的"通知"；但是，这一程序只有在指控国和被指控国均专门发表声明承认委员会有权接受和审议这一"通知"的条件下才能启动。换言之，如果被指控国不愿意听取其他国家对其履约情况的指控，它可以不发表声明承认委员会的这一职权。在这种情况下，一缔约国在法律和事实上就不可能向委员会指控另一缔约国。即使这一程序启动了，委员会和指控国能对被指控国施加的影响也是极其微弱的。按照《公约》的规定，整个程序应是在"和解"和"友好解决"的精神下进行，无论指控国或是委员会都不能将自己的意见强加给被指控国。值得指出的是，尽管《公约》规定有这一程序，但自《公约》生效以来40多年期间，却没有一个国家采取行动以提起这一程序指控其他国家的实例。

综上所述，在《联合国宪章》将促进人权的尊重规定为联合国的一项宗旨后，原本专属一国国内管辖事项的人权开始进入国际法领域，而不再是一个纯粹的国内问题。但是，这并不意味着人权已不再是国内问题。恰恰相反，现行的国际人权保护制度是建立在将人权视作本质上属于国内管辖事项的认识的基础之上的。按照《宪章》关于会员国应当遵行不干涉在本质上属于任何国家国内管辖事项的原则的规定，在原则上，一个国家是不能对另一个国家的国内人权进行干预或干涉的。第36届联合国大会通过的"不容干涉和干预别国内政宣言"，针对国际上时有发生的任意干涉别国人权内政的现象指出，"各国有义务避免利用和歪曲人权问题，以此作为干预国家内政，对其他国家施加压力或在其他国家或国家集团内部或彼此之间制造猜疑和混乱的手段"。这一宣言虽然不具法律约束力，但它清楚地表明了国际社会对于人权本质上属于一国内政的共识。

（原载《解放日报》，时间已无可查）

划清对人权的国际保护和以人权
为借口干涉别国内政的界限

自从《联合国宪章》把促进对于人权的尊重规定为联合国的一项宗旨以来，国际上已经形成被称为国际人权保护的法律制度。在一定的情况下，国际社会可以对发生在一国或国与国之间的侵犯人权的行为进行合法干预。我国在恢复联合国席位以后，积极参加了联合国的这类活动，如对南非种族主义政权的谴责和制裁。另一方面，以美国为首的西方国家经常在保护人权的幌子下非法干涉别国内政，"6·4"以后对我国的制裁就是一个突出例子。为了积极参与国际人权活动，更加有力地揭露西方人权外交的实质和使我国的活动建立在合理合法的基础上，很有必要划清人权的国际保护和以人权为借口干涉别国内政的界限。我们认为：

一、应强调人权问题本质上属于一国的国内管辖事项，在一般情况下，应由各个国家依据其主权自主处理，其他国家不得加以干涉。其理由是：

1. 人权问题实质上是一个国家给予其国民以什么待遇的问题，历来都是由国内法规定的国内管辖事项。《联合国宪章》和国际人权文书使国家承担了保护和促进人权的义务，但没有赋予一国对他国的人权立法和政策进行干涉的权利。国际人权文书承认国家有权根据本国安全、公共秩序等等需要，通过法律对某些人权加以限制的规定也说明了这一点；

2. 人权的实现主要由国内法加以保障。在人权遭受侵犯的情况下，主要通过国内立法、司法、行政措施加以救济；

3. 国际人权公约规定的国际监督程序，未经一个国家的明示同意，对它不发生约束力；

4. 在一国为某项国际人权公约缔约国的情况下，只有在用尽国内救济办法以后，有关国际人权机构才能开始受理有关该国侵犯人权的申诉的程序。

可见，西方国家鼓吹的"人权无国界"、人权问题是"国际社会正当关切的事项，因此联合国及其会员国有权进行干预"等等说法，都是没有根据的。在一般情况下对别国人权事务的干涉，皆属非法干涉。

二、按照《联合国宪章》和国际人权公约的规定以及联合国组织的有关决定，在某些特定情况下，联合国及其会员国对发生在一国的侵犯人权行为有权进行干预。主要有两类情况：

1. 对于被现代国际法确认为国际犯罪的严重侵犯人权行为，如侵略和侵略战争、种族灭绝、种族隔离、贩卖奴隶、国际恐怖主义、贩毒等，各国可根据一般国际法和有关国际公约的规定进行干预和行使管辖权。

2. 国际人权公约的缔约国恶意违反公约的规定，不履行公约义务，其他缔约国可按公约规定的程序加以追究。在实践中，各国都是按照这些规定做的，没有什么异议。

我国是联合国会员国，而且是安理会常任理事国，对于贯彻执行联合国的宗旨和原则，维护国际法律秩序负有特殊的责任。我国已经参加了七项有关人权的国际公约。因此，我国应当承认，在上述任何一种情况下，国际社会进行的干预是正当的国际干预。

三、正确区分"干涉内政"和"非干涉内政"。"不干涉内政"是国际法上的概念，仅适用于国家与国家、国家与国际组织之间的关系，而不适用于个人和民间组织等私人行为。因此，在判定某种行为是否属于干涉别国内政时，有必要区分这种行为是私人行为还是国家或国际组织的行为。

1. 不具有国家机关公职人员身份的个人、民间组织、新闻媒体以及不是作为官方代表的公职人员个人发表的，评论他国人权政策和人权状况的言论，一般属于私人行为，谈不上"干涉别国内政"；

2. 国家元首、政府首脑、外交部长以及一切以官方代表身份出现的人，在国际法容许的范围之外发表的针对他国人权政策和人权状况的不友好言论、攻击或恶意中伤，应视作"干涉别国内政"；

3. 议员个人一般被认为是民意代表，而不是政府官员，他对外不代表国家，国家也不对其行为负责。因此，议员个人对他国人权政策或人权状况的言论，一般不宜视作"干涉别国内政"。

4. 议会是国家机构的一部分，它通过的决议、法案等具有官方文件的性质。因此它的行为有可能构成对他国内政的干涉。如果一国的议会在讨论涉外事务时，或在其通过的决议或法案中，涉及到其他国家的内政，如美国国会通过的"对台湾关系法"，被干涉的国家有权以干涉内政为理由提出抗议。如果它的讨论和通过的法案或决议只是确定了一般对外政策，而不是针对某一具体国家，如美国国会 1974 年、1975 年通过的将对外援助同人权问题联系起来的援外法案修正案，则不能认为是干涉别国内政。然而，如果这类决议或法案违反了国际法或该国参加的国际多边或双边协定，即违背了它所承担的国际义务，因此受到损害的国家有权提出交涉，追究其责任。

（原载《中国社会科学院·要报》1991 年 9 月 11 日）

从德黑兰到维也纳，步履维艰而又充满希望的国际人权活动

　　6月14日至25日，联合国将在奥地利首都维也纳召开世界人权大会。这是继1968年德黑兰会议以后，在全世界范围内专门讨论人权问题的又一次会议。

　　第二次世界大战临近结束之际，联合国的缔造者们鉴于以往两次世界大战的历史教训，认为防止战争必须提倡对于人权的普遍尊重。基于这一认识，他们把"促进国际合作……增进并激励对于所有人的人权及基本自由的尊重"同维持国际和平与安全、发展国际间的友好关系等目标并列为联合国的宗旨和原则，并在《联合国宪章》中规定了下来。近50年来，联合国以1948年通过《世界人权宣言》为起点，在制定国际人权文书，同大规模粗暴侵犯人权的行为作斗争和促进国际人权合作等方面做了大量工作，为社会的发展和人权的实现作出了有益的贡献。

　　在联合国的人权活动中，1968年的德黑兰大会曾经发挥过重要作用。这次会议是在联合国已经通过《世界人权宣言》《经济、社会和文化权利国际公约》《公民权利和政治权利国际公约》《给予殖民地国家和人民独立宣言》等最基本的国际人权文书，而这些文书却未能得到很好实施的情况下，为制定采取促进人权的进一步措施的方案而召开的，第一次在世界范围内专门讨论人权问题的会议。会议所通过的著名的《德黑兰宣言》和一系列决议，反映了世界各国人民对于人权领域进展缓慢的不满情绪，把遵守《世界人权宣言》等国际人权文书宣布为国际社会各成员国的一项义务，呼吁他们严格加以遵守。

　　《德黑兰宣言》明确提出了国际社会应当努力实现的一系列目标，这

些目标主要有:1. 反对种族隔离、种族歧视和殖民主义。《宣言》指出,联合国大会通过《给予殖民地国家和人民独立宣言》已经 8 年,而殖民主义问题仍然是国际社会需要首先解决的问题,联合国全体会员国应与联合国合作,刻不容缓地采取有效措施,使这项宣言得到充分实施;2. 反对侵略和武装冲突。《宣言》指出,侵略或任何武装冲突给人类带来无穷的痛苦,直接导致人权的大规模侵犯,使整个世界处于灾难与不安之中,国际社会有义务开展合作以消除这一祸害;3. 消灭发达国家和发展中国家之间的差距。《宣言》指出,发达国家和发展中国家之间日益扩大的差距,妨碍了国际社会人权的实现,各个国家应尽最大努力以消灭这种差距。《宣言》特别强调发展对于消灭这一差距的重要意义,指出,"人权实现方面长久进展之达成,有赖于健全有效的国内和国际经济及社会的发展政策";4. 全面实现经济、社会、文化权利和公民、政治权利。《宣言》指出,"人权和基本自由是不容分割的,若不同时享有经济、社会和文化权利,则公民及政治权利决无实现之日"。

《德黑兰宣言》的发表,为世界各国提供了目标明确的共同行动纲领,指明了当时国际人权活动前进的方向,从而对联合国人权领域的活动,特别是它反对种族歧视、种族隔离和殖民主义的斗争起到了很大促进作用。1973 年,联合国大会通过禁止并惩处种族隔离罪行国际公约,责成各缔约国采取必要措施以禁止和预防这种犯罪,并对犯有这种罪行的人给予惩处。联合国强化了对于南非种族主义政权的制裁措施,与其国内反种族主义斗争相结合,最终迫使该政权宣布放弃种族隔离政策。在联合国的推动下,非殖民化进程也大大加快了。至 80 年代末,昔日的殖民地国家和人民绝大多数已走上了民族独立的道路。联合国还为改变旧的国际经济秩序,帮助发展中国家发展采取了一系列步骤,先后通过了《建立新的国际经济秩序宣言》《各国经济权利和义务宪章》《关于发展权的决议》和《发展权利宣言》等重要国际人权文书,这后一文书明确宣布发展权是一项不可剥夺的人权。

然而,许多事实证明,《德黑兰宣言》所提出的许多任务至今没有完成,在国际社会面前,仍然横亘着重重障碍,影响着联合国所致力的人权理想的实现。

种族歧视和民族压迫，遭到了国际社会的一致谴责；但是，它在一些国家根深蒂固，几乎在其社会生活的一切领域都有表现。美国一向被认为是个文明国家，然而，就在这个国度，种族歧视引发了洛杉矶种族骚乱，震惊了全世界。近年来，在一些国家和地区，排外情绪和新纳粹主义又有所抬头，引起了世界各国的忧虑。一些前殖民地国家在赢得独立以后正在艰难地建设自己的国家，它们无论在政治或是经济上仍然受制于包括原宗主国在内的一些发达国家，继续受到外国的剥削和压迫。

发展中国家关于消除旧的国际经济秩序，建立新的国际经济秩序和实现发展权的呼吁遭到某些发达国家的冷遇，有的国家甚至不承认发展权的存在。《德黑兰宣言》要求消灭的发达国家和发展中国家之间的差距，不仅没有缩小，反而更加扩大了。

在谈论妨碍人权实现的障碍时，还必须指出国际人权活动中频繁出现的不正常现象：某些西方国家热衷于在保护人权的幌子下，干涉别国内政，力图把自己的意识形态和民主模式强加于人。近些年来，这些国家还越来越多地把人权同援助等问题联系起来，企图向一些国家施加压力，以谋取一己私利，这种做法既违背了国际关系准则，又破坏了国际人权合作的基础，构成了妨碍人权实施的一大障碍，并很有可能将国际人权活动引入歧途。在前不久召开的世界人权大会亚洲、非洲、拉丁美洲区域筹备会上，许多国家的代表以不同的方式对西方国家的这种错误行为提出了批评。这些会议分别通过的《曼谷宣言》、《突尼斯宣言》和《圣何塞宣言》，均明确强调，在国际人权活动中必须尊重国家主权、不干涉内政和自决原则。

德黑兰会议以后的国际人权活动实践给人们以启示，不消除上述这些障碍，联合国的人权使命就难以实现，占世界人口4/5的发展中国家的人权状况就难以大幅度改善，发达国家人民享受人权的程度因此也将受到影响。维也纳世界人权大会应不负众望，在探索克服所有这些障碍的方法和途径方面作出最大的努力，与会各国尤应特别注意解决广大发展中国家所关心的和平、发展、自决等问题。

维也纳会议的召开将提供难得的机会。但机会并不等于现实。人们期望，所有与会国家都能真正从促进人权的崇高目标出发，尊重联合国宪章和国际法的基本原则，平等对话，求同存异，加强合作，争取维也纳会议取得比德黑兰会议更大的成功。

（原载《人民日报》（海外版）1993 年 6 月 14 日）

中国积极参加国际人权活动

一　中国一贯承认和尊重《联合国宪章》保护和促进人权的宗旨和原则，积极参与联合国人权领域的活动

中国是联合国的创始国，又是安全理事会的常任理事国，一贯承认和尊重《联合国宪章》规定的保护和促进人权的宗旨和原则，积极参与联合国主持下的人权领域的各方面活动，为促进国际人权合作，实现世界人民充分享受基本人权的崇高目标，作出了努力和贡献。

1945 年 6 月，联合国在美国旧金山成立，联合国大会通过《联合国宪章》，重申对于基本人权的信念，把"促成国际合作……增进并激励对于所有人的人权及基本自由的尊重"规定为联合国的宗旨之一，并责成各会员国采取共同的和个别的行动，与联合国合作，促进人权及基本自由的普遍尊重和遵守。中国代表团出席了这次会议并在《宪章》上签了字。

1955 年 4 月，亚洲和非洲 29 个国家在印度尼西亚首都万隆召开亚非会议，通过了被称为《万隆宣言》的《亚非会议最后公报》，宣布完全支持《联合国宪章》提出的人权基本原则，表示注意到联合国大会 1948 年 12 月 10 日作为所有人民和国家努力实现的共同标准而通过的《世界人权宣言》。《万隆宣言》宣告了著名的万隆会议十项原则，将"尊重基本人权、尊重《联合国宪章》的宗旨和原则"列为其中的第一项原则。中华人民共和国政府总理周恩来率领代表团出席了这次会议，并为会议的成功和万隆会议十项原则的制定作出了重大贡献。回国以后，周恩来总理向全国人民代表大会常务委员会扩大会议作报告时指出，"（万隆）宣言的十项原则中也规定了尊重基本人权、尊重《联合国宪章》的宗旨和原则……这些都是中国人民的一贯主张，也是中国一贯遵守的原则。"

由于一些西方国家的阻挠，中国在联合国的席位在一段时间内未能恢复。尽管如此，中国对于联合国在没有中国参与的情况下为实现联合国保护和促进人权的宗旨和原则所进行的活动仍然持赞赏和支持的态度，给予联合国大会先后通过的《世界人权宣言》《经济、社会和文化权利国际公约》和《公民权利和政治权利国际公约》等重要国际人权文书以肯定的评价。1986 年，在联合国第 41 届大会上，中国代表团团长吴学谦讲话表示，《经济、社会和文化权利国际公约》和《公民权利和政治权利国际公约》"对实现《联合国宪章》关于尊重人权的宗旨和原则有着积极的意义。我国政府一贯支持宪章的这一宗旨和原则"。1988 年 9 月，中国外长钱其琛在联合国第 43 届大会上又称赞《世界人权宣言》是"第一个系统地提出尊重和保护基本人权具体内容的国际文书。尽管它存在着历史的局限性，但它对战后的国际人权活动的发展产生了深远影响，起了积极作用。"

中国自 1971 年在联合国的合法席位恢复后，便积极参与联合国人权领域的活动，例如参加历届经济及社会理事会会议有关人权议题的审议；1979、1980 和 1981 年，中国派出代表团作为观察员出席经济及社会理事会附属机构人权委员会第 35、36 和 37 届会议；1981 年，中国在经济及社会理事会第一届常会上当选为人权委员会成员国，并一直连任该委员会成员至今。人权委员会的任务，主要是就国际人权法案和宣言、保护少数人的权利、防止基于种族、性别、语言或宗教方面的歧视，以及进行其他有关人权事项，向经济及社会理事会提出提案、提议和报告；还可以调查有关侵犯人权的指控，在有大规模侵犯人权情况的证据时，还可以采取行动。中国作为委员会的正式成员国，一直积极地参加它的各项活动。自 1984 年起，中国向人权委员会推荐的人权事务专家连续当选为其下属的"防止歧视和保护少数小组委员会"的委员和候补委员。中国专家在该机构中发挥着重要作用，并先后担任该机构下属的土著居民问题工作组和来文工作组的成员。

二　中国为丰富、发展和维护人权概念作出了重要贡献

联合国成立将近 50 年来，制定和通过了大量国际人权文书，极大地丰富和发展了人权概念。现在，人权的内涵已远远超出了传统的范围，它

不再仅指公民和政治权利，而且包括经济、社会和文化权利；它也不再仅仅是个人权利，而且包括自决权、发展权等集体人权。所有这些人权，不可分割、相互依存，相互联系，构成了人权统一体。人权概念的新发展，对于实现人权理想，促进国际和平和人类进步事业具有极其重要的意义。在这一新发展中，中国同其他发展中国家一起发挥了重要作用，作出了很大贡献。

中国一贯坚持人权概念的完整性，主张各项人权的全面实现。在联合国的各种会议上，中国代表反复强调经济、社会、文化权利与公民、政治权利同等重要，它们相互依存，不可分割，必须同样重视，并呼吁国际社会努力创造条件，使人们能够充分全面地享有人权。在联合国纪念《世界人权宣言》通过 40 周年的大会上，中国代表发言指出："《宣言》中规定的公民、政治权利和经济、社会、文化权利是相互依存和不可分割的，正如人权两公约的序言所指出的，'按照《世界人权宣言》，只有在创造了使人可以享有其经济、社会及文化权利，正如享有其公民和政治权利一样的条件的情况下，才能实现自由人类享有免于恐惧和匮乏的自由的理想'。对两类人权给予同等看待，普遍尊重，是全面保护人权与基本自由的重要条件"。中国的这一立场和态度，反映了占世界人口绝大多数的广大发展中国家的要求，也是同《德黑兰宣言》、联合国大会"关于人权新概念的决议"等重要文件完全一致的；它对维护人权概念的完整性，促进国际人权运动的健康发展产生了积极影响。中国十分重视发展权问题，认为发展权是人权的不可分割的一部分，它的实现将有助于促进世界人民充分享受各项人权和基本自由。为了使发展权利被确认为一项人权和推动发展权的实现，中国在联合国内一直进行着不懈的努力，得到了广大发展中国家的好评。

在 70 年代末，发展中国家第一次在联合国大会上提出发展权概念时，中国立即响应，并派出代表参加人权委员会和从 1981 年开始为起草《发展权利宣言》而成立的历届政府专家组会议，推动《宣言》在 1986 年第41 届联合国大会上的通过。《发展权利宣言》明确宣告："发展权是一项不可剥夺的人权，由于这一权利，每个人和所有各国人民均有权参与、促进并享受经济、社会、文化和政治发展，在这种发展中，所有人权和基本自由都能获得充分实现"。在联合国人权委员会第48届会议上，针对有些国家否认发展权是一项人权，把它说成仅仅是一种经济目标，或把它说成只是一种个人权利的观点，中国代表明确指出，发展权不仅仅是经济目标，它的内涵要比经济目标丰富和充分得多。"发展是经济、社会、文化和政治的全面进程，而在这种全面进程的发展中，所有人权和基本自由，也就是政治、公民权利、经济、社会、文化权利，才能得到充分发展。发展权强调的是各种人权和基本自由的相互依存和不可分割性。把发展权仅仅看成是经济目标，实际上是以偏概全，把经济权利和其他权利割裂和对立起来，是对发展权的曲解"。中国代表还指出，发展权是一项个人人权，因为人是发展的主体，每个人都应当是发展权利的积极参与者和受益者；同时，发展权也是一项国家和民族的集体人权，因为，国家和民族的发展是个人发展的前提和基础，没有国家和民族的发展，就谈不上个人的发展。说发展权是集体人权，还因为个人的发展取决于国家和民族的发展，只有在国家和民族的发展中，个人的发展才有实现的可能。发展权的实现应当意味着整个国家和民族在经济、社会、文化、教育、卫生等各个方面的全面发展和社会正义的实现。

中国尤其关心发展权的实现，认为"促进发展权的实现是国际社会面临的共同的长期的任务"。针对世界上存在的影响发展权实现的重重障碍，中国代表在联合国讲坛上不止一次地发出呼吁，要求努力创造为实现发展权所必需的内部和外部条件。在联合国人权委员会第48届会议上，中国代表指出，"需要国际社会采取积极有效的措施，消除制约发展中国家发展的障碍，消除世界经济秩序中不公正不合理的现象，建立新的国际经济秩序，消除种族主义、殖民主义、霸权主义、外国侵略、占领、颠覆和干涉等影响发展权的因素，为实现发展权创造有利的国际经济和政治环境"。为了促进发展权的实现，中国一贯积极支持人权委员会关于实现发展权问题的全球磋商，支持将发展权问题作为一个单独的议题在人权委员会内加以审议。中国一直是人权委员会关于发展权问题的决议的共同提案国。

民族（人民）自决权是一项不可剥夺的人权，也是充分享有人权和基本自由的前提和保证。联合国大会"关于人民与民族的自决权的决议"开宗明义第一句话指出："人民与民族应先享有自决权，然后才能保证充分享有一切基本人权"。联合国大会以后通过的《给予殖民地国家和人民独立宣言》《经济、社会和文化权利国际公约》《公民权利和政治权利国际公约》等也都以明确的文字宣布，"所有人民都有自决权，依据这一权利，他们自由决定他们的政治地位，并自由谋求他们的经济、社会和文化的发展"。中国一贯重视民族（人民）自决权，把继续支持仍然处于外国占领、殖民统治或种族隔离制度下的人民实现民族自决权的正义斗争，看成是国际社会应当优先关注的问题。中国认为，各国人民享有自决权，是《联合国宪章》的宗旨和原则的重要内容，也是指导和处理国际关系的基本准则，在今天世界上坚持民族自决权具有十分重要的意义，尤其对于第三世界国家来说，是关系到他们生死存亡，前途命运的大问题。"尊重民族自决权，维护国家的独立、主权和领土完整，反对外来入侵、干涉和控制，是一个国家赖以生存的基本保障，也是该国人民充分享受人权和基本自由的前提"。中国代表不止一次地发出呼吁，要求尊重各国人民的自决权，指出种族歧视、民族压迫、武装入侵、外国统治、干涉内政等都是对民族自决权的侵犯。"承认民族自决权，就是要尊重一切国家的主权、独立和领土完整，让各国人民根据本国的实际情况选择其政治、经济制度和发展道路，决定自己的命运。任何国家尤其是大国不应把自己的意识形态、价值观念和发展模式强加给别国，也不得以任何借口侵犯、肢解或吞并他国领土"。为了维护民族自决权，中国还与广大第三世界国家一起，同种种侵犯民族自决权的行径作了坚决斗争。中国的鲜明立场和积极行动，为维护自决权不受歪曲，促进这一权利的实现作出了贡献。

中国对于人权概念的丰富和发展所起的作用，还表现在关于生存权在人权体系中的地位的认定和生存权概念内涵的阐发上。《世界人权宣言》包含有生存权的思想，宣布"人人享有生命权"，"人人有权享受为维持他本人和家属的健康和福利所需的生活水准，包括食物、衣着、住房、医疗和必要的社会服务；在遭到失业、疾病、残废、守寡、衰老或在其他不能控制的情况下丧失谋生能力时，有权享受保障"；但是，它没有直接提出生存权这一概念。1981 年非洲统一组织通过的《非洲人权和民族权宪章》第 20 条规定"一切民族均拥有生存权"，明确提出了生存权概念，但没有阐明生存权的内容。中国很早就在联合国提出了生存权的概念。1982

年2月23日，中国代表在联合国人权委员会第38届会议上就发展权问题发言时指出："广大第三世界国家和人民，过去由于长期遭受帝国主义和殖民主义的掠夺和剥削，他们求取发展的权利被剥夺殆尽，他们生活贫困落后，连最基本的生存权利都得不到应有的保障，哪里还谈得上什么发展"。1990年11月23日，中国代表在第45届联合国大会第三委员会上又发言提出，"对广大发展中国家人民即占世界人口的大多数来说，最紧迫的人权问题仍然是生存和改善生存条件的权利，包括衣、食、住、行、就业、教育、医疗等等"。1991年11月1日中国国务院新闻办公室发表的《中国的人权状况》白皮书，不仅明确提出生存权概念，而且根据中国人民近150年以来的经验，对生存权的重要意义和它应包括的内容作了很好的阐述。中国关于生存权概念的论述，丰富和发展了人权概念，对于促进国际人权运动，特别是对于发展中国家维护国家独立，发展民族经济，为充分享有人权和基本自由创造必要的条件，都具有极其重要的意义。

三　中国积极参与制定国际人权文书，积极参加国际人权公约

中国自1981年当选为联合国人权委员会成员国以来，一直积极参加该委员会拟订人权宣言、人权公约的工作，为制定国际人权文书作出了自己的贡献。中国派出代表参加多项国际人权文书的起草工作小组，在这些工作组的会议上，中国代表提出的意见和修正案受到了各方面的重视，不少建议被采纳进了有关的国际人权文书。迄今为止，中国参加起草的国际人权文书，包括《发展权利宣言》《儿童权利公约》《保护所有移徙工人及其家属权利国际公约》《禁止酷刑和其他残忍、不人道或有辱人格的待遇或处罚公约》《个人、团体或社会机构在促进和保护世所公认的人权和基本自由方面的权利和义务宣言》《保护在民族或种族、语言和宗教上属于少数人的权利宣言》和《保护所有人免遭被迫或非自愿失踪宣言》等。

中国对参加国际人权公约持积极态度。到1992年年底为止，中国已经加入8个联合国主持下制定的国际人权公约，这些公约是：

1.《消除对妇女一切形式歧视公约》。我国于1980年7月17日签署，同年9月29日批准加入，11月4日交存批准书，12月4日对我国生效。我国递交的批准书载明了中国对该公约的保留意见，即不接受公约第29

条第 1 款的约束。

2. 《消除一切形式种族歧视国际公约》。我国于 1981 年 12 月 29 日递交加入书，1982 年 1 月 28 日对我国生效。我国在加入书中载有两点声明：（1）台湾当局对该公约的签字是非法的和无效的；（2）我国对该公约第22 条持保留态度。

3. 《关于难民地位的公约》。我国于 1982 年 8 月 25 日通知联合国秘书长加入该公约，9 月 24 日交存加入书，12 月 23 日对我国生效。我国对该公约第 14 条后半部分和第 16 条第 3 款持保留态度。

4. 《关于难民地位的议定书》。我国于 1982 年 9 月 24 日交存加入书，自该日起对我国生效。我国对该议定书第 4 条持保留态度。

5. 《禁止并惩治种族隔离罪行国际公约》。我国于 1983 年 4 月 18 日交存加入书，5 月 18 日对我国生效。我国在加入时未做任何保留。

6. 《防止及惩治灭绝种族罪行公约》。我国于 1983 年 4 月 18 日交存加入书，7 月 17 日对我国生效。我国对公约第 9 条持保留态度，同时声明台湾当局 1951 年 7 月 29 日以中国名义对该公约的批准是非法的和无效的。

7. 《禁止酷刑和其他残忍、不人道或有辱人格的待遇或处罚公约》。我国于 1986 年 12 月 12 日签署，同时声明对该公约第 20 条和第 30 条第 1款保留。1988 年 10 月 4 日交存批准书，同年 11 月 3 日对我国生效。

8. 《儿童权利公约》。我国于 1990 年 8 月 29 日签署，1991 年 12 月 29日批准了该《公约》，在批准的同时声明，将在符合中华人民共和国宪法第 25 条关于计划生育的规定的前提下，并根据《中华人民共和国未成年人保护法》第 2 条的规定，履行《公约》第 6 条所规定的义务。

此外，我国还签署了《反对体育领域种族隔离国际公约》。

对于已经加入的国际人权公约，中国一贯严肃认真地履行有关义务，并按照规定提交执行公约情况的报告。中国同根据《公约》规定设立的监督机构进行真诚合作。中国推荐的专家还连续当选为分别根据《消除对妇女一切形式歧视公约》和《消除一切形式种族歧视国际公约》设立的"消除对妇女歧视委员会"和"消除种族歧视委员会"的委员。中国委员对促进有关公约缔约国履行公约义务作出了自己的贡献。

中国还批准了国际人道主义法领域的 4 个日内瓦公约，它们是：

1. 《改善战地武装部队伤者病者境遇的日内瓦公约》。我国于 1958 年 11 月 5 日批准，同时声明对该公约第 l0 条保留。

2. 《改善海上武装部队伤者病者及遇船难者境遇的日内瓦公约》。我国于 1958 年 11 月 5 日批准，同时声明对该公约第 10 条保留。

3. 《关于战俘待遇的日内瓦公约》。我国于 1958 年 11 月 5 日批准，同时声明对该公约第 10、12 和 85 条保留。

4. 《关于战时保护平民的日内瓦公约》。我国于 1958 年 11 月 5 日批准，同时声明对该公约第 11 和 45 条保留。

此外，中国还承认了旧中国政府对 14 个国际劳工公约的批准，并新批准了 3 个国际劳工公约。它们是：

1. 《确定准许儿童在海上工作的最低年龄公约》。

2. 《在海上工作的儿童及未成年人的强制体格检查公约》。

3. 《确定准许使用未成年人为扒炭工或司炉工的最低年龄公约》。

4. 《农业工人的集会结社权公约》。

5. 《工业企业中实行每周休息公约》。

6. 《本国工人与外国工人关于事故赔偿的同等待遇公约》。

7. 《制定最低工资确定办法公约》。

8. 《航运的重大包裹标明重量公约》。

9. 《船舶装卸工人伤害防护公约》。

10. 《各种矿场井下劳动使用妇女公约》。

11. 《确定准许使用儿童于工业工作的最低年龄公约》。

12. 《海员遣返公约》。

13. 《海员协议条款公约》。

14. 《对国际劳工组织全体大会最初 28 届会议制定的各公约予以局部的修正，使关于各该公约所赋予国际联盟秘书长的若干登记职责今后的执行事宜有所规定，并因国际联盟的解散及国际劳工组织章程的修正而将各该公约一并酌加修正公约》。

15. 《残疾人职业康复和就业公约》。

16. 《男女工人同工同酬公约》。

17.《三方协商促进实施国际劳工标准公约》。

四 中国积极参加联合国反对和制止大规模粗暴侵犯人权行为的斗争

1977 年 12 月 16 日，联合国大会通过 32/130 号决议指出，种族隔离，一切形式的种族歧视、殖民主义、外国统治和占领、侵略和对国家主权、国家统一和领土完整的威胁，以及拒绝承认民族自决和各国对其财富及自然资源行使充分主权，均造成对于人权的大规模粗暴侵犯，联合国人权机构应把它们作为优先审议和处理的事项。大规模粗暴侵犯人权行为严重破坏联合国保护和促进人权的宗旨和原则，威胁国际和平与安全，给有关国家人民带来巨大痛苦，其主要受害者是弱小民族和广大第三世界国家。中国一贯主持正义，在联合国内与其他国家一起，同种种大规模粗暴侵犯人权的行为展开坚决斗争，为公正解决有关问题作出了贡献。

中国坚决支持联合国为消除种族歧视和种族隔离而采取的行动。早在 1972 年中国恢复联合国的合法席位后不久，中国外交部长便就种族歧视问题致函联合国秘书长，并附有中国政府和官方机构支持民族独立和反对种族歧视、种族隔离问题的文件，重申中国政府坚决反对种族歧视和种族隔离罪行，坚决支持各国人民反对种族歧视和种族隔离斗争的一贯立场。1990 年 3 月 21 日，中国总理李鹏又就"消除种族歧视国际日"致电联合国反对种族隔离特别委员会，向其表示声援和支持，呼吁国际社会继续为彻底消除种族歧视和种族隔离而共同努力。1981 年和 1983 年，中国先后批准《消除一切形式种族歧视国际公约》《禁止并惩治种族隔离罪行国际公约》和《防止及惩治灭绝种族罪公约》，参加了国际上反对种族歧视、种族隔离的法律安排。中国高度评价和支持联合国发起的"向种族主义和种族歧视进行战斗的十年"和"向种族主义和种族歧视进行战斗的第二个十年"活动。

南非种族主义政权在南非本土顽固推行种族歧视和种族隔离政策，在纳米比亚实行殖民统治并对邻国发动入侵，大规模严重侵犯南部非洲广大黑人群众的人权和基本自由，受到世界各国人民和国际社会的严重关注，长期以来一直是联合国各机构审议的重点事项。中国一贯坚决支持南非人民反对统治当局的种族主义政策和纳米比亚人民争取独立的正义斗争。在联合国外，坚持不与南非当局发生政治、经济、外交关系的原则立场；在联合国内，积极参与关于南部非洲问题的审议，支持联合国对南非当局的强烈谴责和采取制裁措施。中国是联合国许多有关决议的共同提案国。中国还每年向联合国南非信托基金捐款。

中国历来支持各国人民反对外国侵略和占领，维护民族自决权的斗争。1982年，中国代表团第一次参加联合国人权委员会的会议时就发言支持巴勒斯坦人民要求返回家园，建立自己的国家和阿拉伯国家要求以色列归还被占领土的斗争，强烈谴责以色列当局侵略扩张行径和侵犯占领区居民基本人权的行为。在此后人权委员会历届会议审议巴勒斯坦问题和阿拉伯被占领土问题时，中国代表一贯支持阿拉伯国家和巴勒斯坦人民正义事业的立场，敦促以色列停止其在占领区内对巴勒斯坦居民的镇压和撤出其占领的阿拉伯领土，并参加联合国机构有关决议的共同提案，为促进巴勒斯坦和阿拉伯被占领土问题的政治解决作出了努力。即使在1992年第48届人权委员会会议上，一些原来支持巴勒斯坦人民斗争的国家立场发生变化后，中国仍一如既往，仗义执言，与其他国家共同努力，促使会议再次通过了谴责以色列侵略和侵犯人权行径的决议。

外国军队入侵阿富汗在联合国遭到了广泛的谴责。中国赞同和支持联合国机构对阿富汗问题的审议，在有关会议上中国代表对侵略者表示了强烈谴责，要求外国军队立即无条件地撤出阿富汗，恢复和尊重阿富汗的主权与独立，让阿富汗人民在不受外来干涉的情况下自己决定自己的命运。中国代表指出，"外国侵占阿富汗，剥夺了阿富汗人民的自决权、基本人权和生存之权"，"是赤裸裸的大规模粗暴侵犯阿富汗人民人权的行为，也是对阿富汗民族的自决权利的最粗暴的践踏，"呼吁国际社会尽一切努力来制止这种侵略行径。对于外国侵略柬埔寨、柬埔寨人民的自决权受到侵犯的问题，中国同样采取了谴责的态度。1989年12月，一个超级大国出兵入侵巴拿马。中国代表在联合国的会议上，对于这种公然违背国际法准则和联合国宪章的宗旨和原则、践踏巴拿马的独立和主权的侵略行径表示了震惊和谴责，强烈呼吁和要求这个超级大国立即停止这种侵略行为，无条件地从巴拿马撤回全部入侵军队，尊重巴拿马的独立和主权。

五　中国反对国际人权领域的霸权主义和强权政治，一贯主张在相互尊重和平等交流的基础上开展国际人权合作

"促进国际合作……增进并激励对于所有人的人权和基本自由的尊重"，是《联合国宪章》规定的联合国的宗旨。这一宗旨，与《联合国宪章》规定的"维持国际和平与安全"、"发展国际间以尊重人民平等权利及自决原则为根据的友好关系"、国家主权平等、和平解决国际争端、在国际关系上不使用武力或武力威胁、不干涉别国内政等宗旨与原则相辅相成，构成战后国际政治、法律秩序的基础；它的实施，应当与联合国的其他宗旨与原则保持充分的协调一致，而不能相互抵触。

中国在国际关系上，一贯遵循《联合国宪章》的宗旨和原则，倡导和平共处五项原则，为促进国际合作和国际关系的健康发展竭尽努力。在国际人权领域，特别反对那种将人权问题政治化、意识形态化、利用人权问题干涉别国内政、破坏正常的国际人权合作的做法。针对一些西方国家的上述错误做法，中国代表在联合国的会议上不止一次地阐述了中国关于国际人权合作的观点。中国一贯认为，人权问题本质上属于一个国家内部管辖的问题，一国公民的人权，主要依靠其所属国家努力，加以促进和保护，其他国家无法越俎代庖。尊重国家主权和不干涉内政是公认的规范国与国之间关系的国际法原则，适用于国际关系的一切领域，毫无疑问，在国际人权合作中也应遵行这些原则。那种认为主权原则已经过时，不干涉内政原则不适用于人权领域的主张，实际上是要求主权国家在人权问题上放弃国家主权，这是完全违背国际法和《联合国宪章》的宗旨和原则的。

中国还认为，在我们这个世界上并存着不同的政治、经济、社会制度和法律体系，各国的意识形态、风俗习惯、文化传统和发展程度也不尽相同，这就决定了各个国家对于人权的理解、实施人权和保护人权的方法与步骤必然会有所不同。这是正常的现象。任何国家，无论其大小、强弱、贫富，都有权自己选择本国的政治制度、发展道路和价值观念，有权根据本国国情制定保护人权的政策。一个国家试图将自己的人权标准和模式绝对化，要世界上所有国家遵照实行，是不恰当的，也是根本行不通的。因此，中国主张，国际人权合作应当在相互尊重、平等交流的基础上进行，

提倡对话，交流观点和经验，共同促进人权的实现，而应避免互相指责和攻击，更不应以人权为借口以势压人，对别国施加压力，强行推销自己的政治制度和价值观。中国的主张，是顺利推进国际人权合作唯一正确的方法。中国的努力，为推动国际人权合作沿着正常、健康的道路前进作出了贡献。

为了更好地加强人权领域的国际合作，全面推进国际社会促进和保护人权的活动，出席 1993 年维也纳世界人权大会的中国代表团团长、外交部副部长向大会提出了四条原则建议，受到了普遍欢迎。这些建议是：

1. 国际社会应优先关注外国侵略、占领所造成的大规模粗暴侵犯人权现象，继续支持仍然处于外国占领、殖民统治或种族隔离制度下的人民实现民族自决的正义斗争；致力于消除地区冲突造成的大规模粗暴侵害人权现象。

2. 促进世界和平与稳定，为实现促进人权的目标创造良好的国际环境。为此，各国应在《联合国宪章》和国际法原则的基础上建立互相尊重、平等相待、友好相处、互利合作的新型国际关系；在互让互谅、平等协商、公平合理原则基础上，和平解决一切国际争端，不诉诸武力和武力威胁；任何国家都不搞霸权主义和强权政治，不搞侵略、扩张和干涉，以确保地区和世界和平与稳定，从根本上防止发生武装冲突和由此带来的大规模侵犯人权事件。

3. 尊重和确保发展中国家的发展权。国际社会应致力于建立公平合理的国际经济新秩序，为发展中国家的经济起步创造一个良好的国际经济环境。发达国家尤有责任在债务、资金、贸易、援助、技术转让等方面采取切实行动，帮助发展中国家克服经济困难，促进经济发展，以逐步弥合而不是扩大南北差距，进而达到共同发展、共同繁荣的目的。

4. 尊重和确保每个国家根据本国国情制定保护人权政策的权利，不应利用人权问题向别国施加政治、经济压力。人权问题可以进行国际间的讨论。这种讨论应当在相互尊重、平等交流的基础上进行。

（原载《中国人权建设》，1994 年）

关于自决权

一　自决权的由来和确立

关于自决权的渊源存在不同的说法。前苏联和我国的一些学者一般是从列宁提出的民族自决权开始的；而西方国家则往往追溯到 17、18 世纪启蒙时期自然法学派的天赋人权说和社会契约论，以及体现这些思想的美国《独立宣言》等历史文件，该《宣言》宣告，所有人生而平等，都具有包括生命权等权利在内的天赋人权。为了保障这些权利，人民设立了政府。如果政府损害这一目的，人民就有权改变或废除这一政府，成立新的政府。基于这一思想，《宣言》在列举了英国殖民统治的罪状以后，宣告当时是英国殖民地的美国与英国分离，成为"自由独立的合众国"。尽管有此历史渊源，自决权作为一项政治原则和法律权利，只是在第一次世界大战后期才被正式提出并受到国际社会的重视的。

1917 年 11 月 8 日，列宁签署的《和平法令》宣告："如果某个民族被强制留在别国版图之内，如果违反这个民族的愿望，不让他有权在合并国军队或任何较强民族的军队完全撤走的条件下，不受丝毫强制地用自由投票的方式决定这个民族的国家形式问题，那末合并这个民族的行为就是兼并，即侵占和暴力行为"。同年 12 月 3 日，苏维埃政府发表《告俄国和东方全体伊斯兰教劳动人民书》宣告：遭受帝国主义压迫的波斯人和土耳其人，阿拉伯人和印度人，应当是自己国家的主人，有权掌握自己的命运，按照自己的样式来建设自己的生活。1918 年 1 月 25 日，全俄第三次苏维埃代表大会通过的《被剥削劳动人民权利宣言》，把"争取在各国人民之间实现以自由的民族自决为基础的，不割地不赔款的民主和平"作为苏维埃政府对外政策的目的。此后不久，苏维埃政府声明支持亚美尼亚人民享有自由的自决权，承认波兰、爱沙尼亚等国的独立，同波斯、阿富汗和土耳其分别签订友好条约，承认这每一个国家有权自由地、无阻碍地解决其自己的政治命运，承认他们享有根据自己的意愿选择政体的权利。

与此同时，美国总统威尔逊于 1918 年 1 月 8 日在国会发表"和平十四条"演说，提出以民族自决原则为基础的建立战后世界秩序的设想，主张"公正不偏地调整一切有关殖民地的要求"。美国并不真正关心被压迫民族的自决权，在英、法等殖民大国对其设想表示疑虑以后，立即作出解释，说明美国的本意并非要解决一切殖民地问题，而只是指"德国的殖民地以及那些由于战争而可能要由国际来考虑的其他殖民地"而已。由于英、美、法等国的这一态度，目的在于建立战后秩序的凡尔赛和约不仅没有一般地肯定自决权，而且在"委托统治"的名义下使殖民统治合法化了。自决权遭到了蔑视。第二次世界大战中，德、日、意法西斯国家对欧、亚、非许多国家的侵略和占领，更是对自决权的粗暴践踏。

第二次世界大战以后帝国主义阵营的削弱和社会主义阵营的形成，为殖民地人民的民族解放运动的高涨和自决权在国际法上的确立廓清了道路。1945 年联合国家通过的《联合国宪章》，把"发展国际间以尊重人民平等权利及自决原则为根据的友好关系，并采取其他适当办法以增强普遍和平"确定为联合国的宗旨之一，从而把自决作为联合国及其成员国的目标和政策提了出来。1952 年 2 月，联合国大会通过决议，要求把自决权列入拟议中的人权公约。同年 12 月，联大在其"关于人民与民族的自决权的决议"中明确指出，"人民与民族应先享有自决权，然后才能保证充分享有一切基本人权"，把自决权的实现视作充分享有一切基本人权的前提条件。1960 年 12 月 14 日，联大又通过《给予殖民地国家和人民独立宣言》，宣布必须立即和无条件地结束一切形式和表现的殖民主义，"所有人民都有自决权，依据这一权利，他们自由地决定他们的政治地位并自由地谋求他们的经济、社会和文化发展"。1966 年，联大通过的《经济、社会和文化权利国际公约》和《公民权利和政治权利国际公约》均在第 1 条规定"所有人民都有自决权……"。随后，联大又在 1970 年通过的《关于各国依联合国宪章建立友好关系及合作之国际法原则宣言》中，把"所有人享有平等权利与自决之原则"宣布为国际法原则。至此，自决权和自决原则在当代国际法中的地位得到了完全确立。1975 年欧洲安全与合作会议通过的赫尔辛基最后文件，把"尊重各国人民的平等权利和他们的自决权"确定为指导与会各国之间关系的原则，对此提供了进一步的证明。参加这次会议的，不仅有除阿尔巴尼亚以外的所有欧洲国家，还有美国和加拿大等北美国家，其中既有主要资本主义国家，也有当时是社会主义国家的苏联和东欧各国，即两个敌对组织，北大西洋公约组织和华沙条约组织的成员国。

二　自决权的含义

自决权的含义涉及两方面问题：1. 自决权的主体是谁，即什么人享有自决权？2. 自决权的内容是什么？在这两方面问题上都存在不同的看法。

1. 什么人享有自决权？

一种意见认为，只有处于外国占领和殖民统治下的人民享有自决权。这主要是一些发展中国家的观点。例如，印度在批准《经济、社会和文化权利国际公约》和《公民权利和政治权利国际公约》时，曾针对两公约规定自决权的第 1 条发表声明说："该条中出现的'自决权'一词仅适用于处在外国统治下的人民，而不适用于主权独立国家或作为一个民族整体的实体的人民或民族的一部分"。斯里兰卡的总统顾问维拉库恩说："自决权只对处于殖民主义和外国统治下的民族才适用。对于独立后的国家来说，自决权应当加以限制"。

另一种意见是一些西方国家所坚持的，认为所有国家的人民都享有自决权，而不限于特定的部分人民。它们特别强调个人的权利，认为在任何情况下，自决必须包括尊重个人的基本自由和基本权利。

尽管存在上述分歧，上述两类国家以及几乎所有其他国家在一国国内的少数民族是否享有自决权的问题上态度却是一致的，即：不承认他们享有自决权。反映西方国家与苏联东欧国家共同立场的赫尔辛基最后文件在确认各国人民享有自决权时，明显地把少数民族排除在外，不是在关于自决权的第 8 条，而是在关于尊重人权和基本自由原则的第 7 条中规定了少数民族的权利。此外，《最后文件》还为自决权的实施设定了一个限制条件，即自决权必须按照包括关于各国领土完整的国际法有关准则在内的国际法加以实施，从而排除了一国国内某一民族行使实质上是分离权的自决权的可能性。需要指出，前苏联在理论上和宪法中是支持一国国内少数民族的自决权的，但是，这并没有妨碍它成为《最后文件》的签字国。

2. 自决权的内容是什么？主要有以下几种说法：

（1）列宁在提出民族自决权概念时，是把它作为一种分离权来解释的：民族自决"就是民族脱离异族集体的国家，就是组织独立的民族国家"。他说，从历史的经济的观点看来，马克思主义者的纲领上所谈的"民族自决，除了政治自决，国家独立、建立民族国家以外，不能有什么别的意义"。长期以来，苏联在理论和本国宪法制度上一直坚持这一解释，但是，它在1973年向欧安会提交的一个建议中对自决权作了如下表述：自决权是所有人民"建立社会制度和选择他们认为适当的，为保证他们的国家经济、社会和文化发展所必要的政府形式的权利"。

（2）一些西方国家特别强调自决权的国内意义。它们提出自决包括"外部自决"和"内部自决"的理论，认为实现自决是一个持续不断的过程。一个国家推翻殖民统治，建立自己的独立国家，是实现了外部自决，但并不意味着该国人民已经完全实现了自决权。它们从政府是人民设立的，人民有权改变政府的理论出发，认为只有当人民通过自由的、定期的选举，直接或间接地参与了国家管理，即实现内部自决，才算是真正实现了自决权。荷兰向欧安会提出的一个有关建议具有代表性，它把自决权表述为"每一国家人民在不受任何其他国家或国家集团的任何形式的干涉和适当尊重人权和基本自由的情况下，自由选择、发展、采用或改变其政治、经济、社会和文化制度的权利"。

（3）一些发展中国家主要考虑到国内防止国家分裂的需要，对自决权的内容作了狭义的解释，认为自决权仅仅是指被压迫民族反对外国和殖民统治，建立独立国家的权利。一位印度官员说，"印度在1947年取得了独立，已经行使了自决权，我们再不需要它了。"斯里兰卡的一位官员也表示了类似的立场，他说，"我们讲自决权，是站在最前线反对殖民主义。我们不能把自决权的概念发展得太远，使自己处于危险的境地，以致村子里的每一个人都可以讲独立。在一个国家获得独立以后再讲自决权，就可能使国家陷于混乱。"印度在加入《经济、社会和文化权利国际公约》和《公民权利和政治权利国际公约》时,都对其中规定自决权的第 1 条作了只适用于外国统治下的人民,而不适用于主权独立国家或一个人民或一个民族整体的一部分的保留声明。

(4)两个人权公约关于自决权内容的规定的措词,与《给予殖民地国家和人民独立宣言》所使用的措词完全相同,即:"所有人民都有自决权,依据这种权利,他们自由决定他们的政治地位,并自由谋求他们的经济、社会和文化的发展"。1970 年《国际法原则宣言》对自决权内容作了与此基本相同的表述,除重复这些文字外,增加了"不受外来干涉"几个字。

(5)我国学者对自决权的一个有影响的解释是:自决权"首先指帝国主义统治的殖民地人民取得民族独立的权利,也泛指一个民族不受外族统治干涉,决定和处理自己事务的权利"。"根据这项权利,一切民族在排除外来压迫和干涉的情况下应自由决定自己的社会、政治和经济制度"。中国代表在联合国人权委员会上发言指出,"民族自决权是近代国际关系准则的核心要素。所有人民都应平等地享受自决权利,并凭这种权利自由决定他们的政治地位,自由谋求他们的经济、社会和文化的发展。"

三　关于自决权问题的思考

1. 自决权是当今世界上得到普遍承认的一项基本人权,不实现自决权,其他人权的实现就没有保证。尊重各国人民的自决权也已成为普遍接受的国际法基本原则。在联合国的会议上,中国代表专门就自决权问题发过言,表示了中国政府对于自决权的肯定和支持。我国与印、缅共同倡导的和平共处五项原则中虽然没有直接提及自决原则,但是,其中"互相尊重国家主权和领土完整"、"互不干涉内政"等原则实际上包含了这一原则的内容。因此,我国在国际事务中理应坚持自决权和自决原则;在当前的国际形势下,更有必要强调自决权的重要意义。

2. 从 20 世纪以来自决权的提出和确立为国际上的一项法律权利的背景来看,它主要是针对殖民统治、外国占领和民族压迫的,它首先是被压迫民族决定自己命运,摆脱殖民主义和外国统治,建立民族独立国家的权利。在这个意义上，像通常那样使用"民族自决权"概念是完全可以的，对于一些发展中国家强调自决权仅适用于殖民统治和外国占领下的人民的主张应表示理解。在当前的国际形势下，我国也应强调自决权在反对殖民统治和外国占领方面的意义。

3. 从 1975 年欧安会协商经过及其通过的赫尔辛基最后文件来看，自决权是不适用于一国国内的少数民族的。在实践中，我们也没有看到一个国家真正赞同国内的少数民族享有自决权，可以主张从国家中分离出去。我国是一个多民族国家，各民族和睦团结是国家统一和繁荣富强的基本条件，也是每一民族根本利益所在。因此，我国理应摒弃民族自决权即分离权的概念，与其他国家一样，强调自决权不适用于国内的少数民族。在我国的实践中，实行的是民族区域自治，而不是民族自决。在今天国际上有人策划西藏独立等阴谋分裂中国的情况下，更有此必要。采取这一立场，在国际上也不会招致反对。

4. 关于自决权的对内方面，即所谓内部自决，是一个比较复杂的问题。按照两个人权公约和《国际法原则宣言》关于自决权是指人民自由决定其政治地位，自由谋求其经济、社会和文化发展的权利的规定来说，按照人民主权学说和我国宪法关于"一切权力属于人民"的规定来说，对于西方国家提出的自决权要求由人民通过选举参与国家管理的观点不能表示异议。如上所述，列宁时期提出的民族自决概念，也包含有由人民决定自己的政治命运，根据自己意愿选择政体的内容。我国也已建立了人民代表大会制度和比较完善的民主选举制度。但是，另一方面，西方国家所以强调"内部自决"，其锋芒主要是针对社会主义国家的，其目的在于为其干涉别国内政，将自己的价值观和社会、政治制度强加于别的国家制造理论和法律根据。基于以上分析，我们所宜采取的态度可能是：在承认自决权对内方面要求的同时，强调不干涉内政是自决权固有的内容，内在的要求。一个国家的人民选择什么样的社会、经济、政治制度和政权形式，完全是一国的内政，其他国家不得干涉。《国际法原则宣言》说得很清楚，"本着平等权利和民族自决的原则，所有人民均有权自由决定其政治地位，并谋求其经济、社会和文化发展，不受外来干涉，且每一国家均有义务尊重这一权利"。中国采取上述态度，在国际法上是有充分根据的，西方国家很难提出异议。而且，主要是在西方国家影响下通过的《赫尔辛基最后文件》也明确规定，"所有人民始终有权在他们愿意的时候，按照他们的愿望，不受外来干涉，完全自由地决定他们的内外政治地位，并根据他们的愿望，谋求他们的政治、经济、社会和文化的发展"。

劳动（工作）权：国际法的视角

　　劳动是人类创造物质和精神财富的活动，自有人类以来，始终与人的生存和发展密切相关。但是，劳动权这一概念，却只是在人类社会进入资本主义发展阶段，随着现代工业化的进展才提出来的。最初，劳动被看作是个人谋生的手段，劳动权是作为个人获取物质保障的必要的权利，而频频见之于国内争取劳动者权益的活动和有关的政治、法律文献之中。进入20世纪以后，人们关于劳动和劳动权的观念有了很大提升。劳动权开始被认为是实现人的价值，保证人的全面发展的必要的权利，而且，也与社会正义和世界和平紧密地联系在一起。在这种情况下，国际社会越来越关注劳动权的保障问题，劳动权也被纳入了国际法的范围。在国际人权文书中，劳动权通常被表述为工作权。

　　在国际层面，以国际条约形式对工作权最初作出规定的是1919年成立的国际劳工组织，该组织在其组织章程《国际劳工组织章程》（1918年6月28日）中明确指出，目前的劳动状况是对多数人民的不公正，以致世界和平与和谐受到了威胁；为了正义和人道，也为了确保世界永久和平，各缔约国达成协议，建立国际劳工组织，并规定以"建议"和"国际公约草案"的形式，决定本组织会员代表大会议决事项。80多年来国际劳工组织就劳动者的基本权利、就业、劳动报酬、工作条件、社会保障等问题制订了180余项国际劳工公约，提出了190余项建议书。第二次世界大战结束以后，以促进所有人的人权的尊重作为自己宗旨之一的联合国，对促进和保护工作权的活动给予了很大重视，先后将工作权规定进了《世界人权宣言》和《经济、社会和文化权利国际公约》。在联合国制定通过的《公民权利和政治权利国际公约》《消除对妇女一切形式歧视公约》《儿童权利公约》《保护所有移徙工人及其家庭成员权利国际公约》等其他普遍性国际人权条约中也都包含有有关工作权的一些规定。此外，《欧洲社会宪章》《非洲人权和人民权利宪章》等区域性人权文书，也都对工作权作了规定。根据这些国际人权文书，工作权取得了国际人权法承认和保护的基本人权的地位，有关的缔约国承担有采取包括立法在内的一切适当方法，使工作权在其国内逐渐地达到充分实现的义务。

《世界人权宣言》及《经济、社会和文化权利国际公约》对工作权的内容作出了全面、集中的规定，为世界各国实现工作权提供了为之共同努力的国际标准。根据这两项基本国际人权文书的规定，工作权不是一项单一的权利，而是由多项权利要求构成的复合权利，有关工作权的法律规范形成了一个复杂的规范体系。一位学者（克利斯托弗·德泽维奇 Krzystof drzewicki）用"工作权和工作中的权利"和"与工作有关的权利"这一短语来表示工作权，这是很有道理的。[①]

《世界人权宣言》以个人为主体，从个人应当享有哪些人权的角度规定了工作权的内容。《经济、社会和文化权利国际公约》从缔约国承担义务，应予保证实现的工作权的角度对工作权的内容作了规定。二者的角度不同，但其宗旨和规定的工作权的内容却是一致的，基本相同的。按照这两项国际人权文书，以及其他有关的国际人权文书的规定，工作权或与工作有关的权利大致可分为以下四类权利和自由：1. 与就业有关的权利，包括不受奴役和不受强迫或强制劳动的自由，选择职业的自由，获得免费就业服务的权利，就业权，就业保护权，免于失业的保障权等；2. 由就业派生的权利，包括享有公正的、安全和卫生的工作条件权、获得公允的报酬权（同工同酬和同值工作同酬权）、获得职业指导和培训权，社会保障权、妇女和儿童保护权等；3. 不受歧视和平等就业的权利，人们不应因为种族、肤色、性别、语言、宗教、政治或其他见解、国籍或社会出身、财产、出生或其他身份的不同而在享有工作权上受到歧视，尤其是男女享有平等就业的权利；4. 为行使工作权利所必要的辅助权利，包括结社自由（主要指参加和组织工会自由）、集体交涉权、罢工权、迁徙自由等。

国际人权文书对于工作权的这些规定，确立了工作权的国际标准，对

---

① 参见《国际人权法教程》第一卷，中国政法大学出版社 2002 年版，第 295 页。

于推动各国实施工作权具有十分重要的意义，有助于在世界范围内普遍实现工作权。特别是以国际条约形式确认的国际工作权标准，因其对于缔约国具有法律约束力，其意义更是不容低估。然而，国际工作权标准的建立并不意味着工作权的实现已经有了保证。事实上，迄今为止，关于工作权的国际法律制度，包括工作权标准在内，还不是很完善。不仅如此，无论国际或国内层面上实施工作权，还面临着许多困难，这些困难又往往同国际人权法的性质和特点联系在一起，不是很容易就能得到克服的。

　　首先，不同的国际人权文书，对于工作权内容的规定并不完全相同，存在一些微小的，却是重要的差别。例如，《世界人权宣言》规定"人人有工作权"（第23条），明白无误地承认了每个人的工作权。但是，《经济、社会和文化权利国际公约》在一般承认工作权（"缔约各国承认工作权"）的同时，只是说"人人应有机会凭其自由选择和接受的工作来谋生的权利"（第6条第1款），在"人人有工作权"问题上采取了模糊的态度。这种不同，不可避免地会给人权理论和实践带来混乱。现在有一种观点认为，将工作权解释为"人人有工作权"或"人人都有获得工作的权利"是不适当的，它会导致就业过多和经济效率低下。[1] 这种观点受到了维持一定的失业率是经济正常运行的必要条件的经济理论的支持。这是一种否定"人人有工作权"的观点，而这一观点显然是与工作权是人的基本权利，人人都有平等地、不受歧视地享有工作权的人权基本理念相悖的，也是与充分就业是任何合理经济政策的重要目标的另一种经济理论[2]和《经济、社会和文化权利国际公约》第6条第2款关于缔约各国应为充分实现工作权采取步骤的要求相对立的。看来，在人权理论和人权规则方面，在如何处理人权和经济、社会发展的关系问题上还有许多事情要做。

　　其次，尽管规定有工作权的国际人权条约对缔约国有法律约束力，它们负有义务在其国内实施有关工作权的条款规定。但是国际条约法承认缔约国在签署或批准国际人权条约时，有权在不违反条约宗旨的前提下，对

---

　　① 参见《国际人权法教程》第一卷，中国政法大学出版社2002年版，第305—306页。
　　② 参见美联社2006年10月9日关于经济学家费尔普斯获诺贝尔奖的报道，《参考消息》2006年10月10日。

条约的某些条款规定提出保留或发表解释性声明，其法律效果是，缔约国对于其提出保留或发表解释性声明的条款规定有权不执行或部分执行。换言之，国际人权条约有关工作权的规定是否能得到全面的完全的执行很大程度上取决于缔约国。事实上，许多国家在签署或批准《经济、社会和文化权利国际公约》及《公民权利和政治权利国际公约》时，曾对其中有关工作权的条款提出了保留或发表解释性声明。容许对人权条约提出保留或发表解释性声明本身具有合理性，也是国际法保留给缔约国的主权权利，我们不能表示反对；而且，允许保留和解释性声明，对于保证尽可能多的国家参加国际人权条约，从而较好地实现人权的普遍性也是有利的。但是，另一方面，缔约国的保留和解释性声明必定会对人权条约的全面实施和包括工作权在内的人权的普遍实现带来消极影响。

再次，《经济、社会和文化权利国际公约》规定，缔约国承担"尽最大能力……采取步骤……逐渐达到本公约承认的权利的充分实现"。（第2条第1款）对此款规定的一般解释是：包括工作权在内的经济、社会和文化权利，是一种需由缔约国采取行动，逐渐地加以实现的积极权利，它的充分实现是个渐进的过程，特定时期内实现的程度取决于缔约国能够并准备投入的资源的多寡。因此，经、社、文权利在一国实现的程度，是同该国的发展水平，拥有资源的多寡成正比的。发达国家有可能，也应当比较好地实施经、社、文权利，而欠发达国家在实施经、社、文权利方面却会遇到资源不足的困难。对于后一类国家实现经、社、文权利的进程显然不能有不切实际的要求。为了鼓励和促进发展中国家实施工作权，国际社会应当在经济和技术方面，给予必要的援助与合作。应当指出，经、社、文权利实现的渐进性，并不意味着缔约国可以不去立即履行人权条约规定的义务。

此外，经济的全球化也给工作权的普遍实现带来了许多问题。例如，跨国公司对于高额利润的追逐，往往借助于严重侵害工人合法权益的手段；劳动力在世界范围内的流动和一些国家实行反移民政策，使得移徙工人的工作权和其他人权的保障变得非常突出，等等，所有这些问题都对现行的工作权保护机制提出了严峻挑战，需要认真地加以研究和对待。

从国际法的视角观察和研究工作权，可以确定，工作权已经确立了它在国际人权法中作为一项基本人权的地位，在世界范围内促进和保护工作权的国际法律机制也已基本形成，这一切，对于工作权的普遍实现，是十分有利的。但是，不容忽视的是，这一机制仍然不够健全，特别是为了应对不断发生的新问题，需要对这一机制不断地加以完善。有关工作权的国际法律制度，有赖于各个国家的贯彻执行，主观上需要它们具有执行这一制度的政治意愿，客观上，要求它们拥有必要的资源，而拥有充分的资源，尤其是对于广大发展中国家来说，只有在经过长期的发展以后才能做到。因此，工作权在世界范围内的普遍和充分实现将是一个长期的过程。①

（提交第十五届中欧人权司法研讨会，2006 年）

---

① 经济、社会和文化权利委员会在其第 18 号一般性意见中指出"对于全世界成千上万的人来说，充分享有自由选择或可接受的工作权仍然是一种遥远的前景"。

关于国际人权法中的少数人的概念

在一个存在不同人种、宗教和语言的国家里，切实保障在人种、宗教或语言方面处于少数的群体及其成员个人享有应有的人权，是这个国家能够普遍实现人权的必要条件。所以，国际人权法在为所有人制定人权标准、力图在全世界普遍实现人权的同时，又提出了少数人的概念，以便为少数人人权的实现作出特别的安排。国际人权法之所以认为有必要这样做，主要是因为这些少数人，由于种种原因，可能或者实际上在他们所在的国家里受到歧视和不平等待遇，以致其不能像本国的其他成员一样同等地享有人权。换言之，国际人权法之所以提出少数人概念，其目的不在于使少数人享有某种特权，而是为了使他们能与本国的其他成员同等地享有人权。

国际上为保护少数人的权利而作的努力由来已久。早在 17 世纪初就已出现了包含有关相互保护居住在本国境内并与对方国家的主要民族同出一脉的少数民族的规定的国际条约，如 1606 年匈牙利国王与特兰西瓦尼亚王储签订的《维也纳条约》。在第一次世界大战结束以后召开的巴黎和会上，一些国家曾提出将保护少数民族问题写进国际联盟盟约的建议，只是因为多数与会国的不同意而没有成功。尽管如此，这次会议以后，欧洲一些国家还是在它们之间签订了一些有关保护少数人权利的双边条约，其中一些条约还规定，缔约国履行保护少数人权利的义务应置于国际联盟的监督之下。1945 年联合国的成立标志着国际人权保护制度的建设进入了一个新的阶段。此后，联合国及其专门机构制定通过了一系列有关少数人权利保护的国际人权文书。其中较为重要的有：《防止及惩治灭绝种族罪公约》（1948 年）、《取缔教育歧视公约》（1960 年）、《消除一切形式种族歧视国际公约》（1965 年）、《公民权利和政治权利国际公约》（1966 年）、

《在民族、人种、宗教和语言上属于少数群体的人权利宣言》（1992 年）
等。联合国人权委员会还在其第一届会议上决定设立由独立专家组成的防
止歧视和保护少数小组委员会，以研究和审议有关少数人权利保护问题。
此外，一些区域性国际组织也对少数人的权利保护问题给予了很大关注。
应当认为，为少数人人权的实现作出特别安排，在当今世界已不再是一个
美好的愿望，而且已经被付诸实施。然而，国际上为此而进行的标准制定
工作，应当说进展并不理想。迄今为止，尚没有一项国际人权文书对少数
人的权利作出全面的规定，一个能为人们普遍接受的少数人概念也没有最
终形成。

　　在联合国体系内最早提出少数人概念的国际人权文书也许是《公民权
利和政治权利国际公约》，该公约第 27 条规定："在那些存在着人种的、
宗教的或语言的少数人（ethnic, religious or linguistic minorities）的国家
中，不得否认这种少数人同他们的集团中的其他成员共同享有自己的文
化、信奉和实行自己的宗教或使用自己的语言的权利"。根据此条规定，
可以认为，国际人权法中的"少数人"是指那些在人种、宗教或语言上具
有共同特征，在一国的人口数量中处于少数的人。然而，我们在其他国际
文件中还可以看到关于少数人概念的另外一些表述。例如，1992 年联合国
大会通过的《在民族、人种、宗教和语言上属于少数群体的人权利宣言》
是联合国专门为保护少数人权利而制定的重要国际文件。这一文件在表述
少数人概念时，在《公民权利和政治权利国际公约》所使用的"人种的、
宗教的或语言的少数人"之前增加了"民族的（national）"一词。这一增
加虽然并没有在实质上改变上述少数人概念，但它毕竟引起人们对于"少
数人"这一概念究竟包括哪些人的多种解释。事实上，在联合国以及一些
区域性的国际人权文书中对于"少数人"是有不同的表述的。例如，联合
国教科文组织通过的《取缔教育歧视公约》使用的是"少数民族"（na-
tional minorities），联合国大会通过的《消除一切形式种族歧视国际公约》
使用的是"种族或人种团体"（racial or ethnic groups），欧洲理事会制定
的《欧洲人权和基本自由保护公约》使用的也是"少数民族"（national
minority）。这种在对于"少数人"的表述中存在不一致的现象，已经在国
际人权理论和实践中带来了一些混乱。例如，在是否应当把"少数民族"

包括在"少数人"概念之中的问题上就存在许多争论。有的国家和学者对此持肯定的态度，而有的国家和学者则相反。联合国人权委员会认为，"少数民族"一词意味着更高的起点，它会排斥那些永远不能成为少数民族的少数者。

此外，在如何判断和认定"少数人"的问题上，也存在许多不明确的地方。

防止歧视和保护少数小组委员会任命的特别报告员卡波托尔蒂（Francesco Capotorti）先生曾在其1977年提交的报告中对"少数人"下了如下定义："一国人口中在数量上少于其余人口的群体，处于非主宰地位，与该国的其余人口不同，这种群体的成员具有人种、宗教或语言上的特征，并明示地或默示地在保护其文化、传统、宗教或语言方面显示出一种团结的情感。"这一定义包含了5项用来界定"少数人"的特征：①少数人是在一国的人口中在数量上处于少数的群体；②它在一国的人口中处于非主宰地位；③少数人成员是所在国的国民；④他们具有人种、宗教或语言上的特征，而与该国其他人口不同；⑤明示地或默示地表示有保护其文化、传统、宗教或语言的愿望。在随后有关少数人定义的讨论中，前4项特征被归类为判断少数人的客观标准，或称构成少数人的客观要素。第5项特征则被看作是判断少数人的主观标准或构成少数人的主观要素。卡波托尔蒂先生的这一定义曾被提交各个国家以征询意见。各国的反馈意见以及种种有关少数人权利保护问题的论坛表明，对于所有这些主、客观标准或要素或多或少都存在不同的意见。

关于判断少数人的主观标准，人们的看法应该说是基本上一致的。他们认为，少数人群体是以一种文化上的认同为前提而存在的群体，判断少数人群体的存在自然应当以其成员是否具有保护他们自己的特性，以一个不被其他社会群体同化，而具有特性的群体继续存在下去的主观愿望为标准。值得注意的是，这一主观标准，实际上已被国际劳工组织制定通过的《关于独立国家土著和部落人民公约》（第169号公约）作为判定属于少数人范畴的土著人民的一项标准所采用，该公约明文规定："土著或部落人民的自我认同应作为确定本公约的条款是否适用于这一群体的基本标准"。然而，在这主观标准方面也并不是不存在问题，例如，少数人自我认同的主观愿望应由少数人群体自身表达或是可由其他组织，如其所在的国家予以确认？这种自我认同应以何种方式表示，等等。由谁来确定少数人身份，尤其在实践中具有重要意义。某些人可能会为了取得少数人身份而弄虚作假；一些国家的政府也许会为了逃避保护少数人权利的责任而不承认某些人的少数人身份，等等。这些问题仍然有待取得统一的明确的解决。

判断少数人的客观标准问题，比其主观标准要复杂许多。关于少数人群体应是在一国人口中处于少数，并且具有人种、宗教或语言上的特征而与其他人群不同这两个特征是不存在争议的。问题在于，少数人群体成员拥有多少人口才能被认定已经构成了少数人？少数人的人口数量上的少数是就其在一国的领土范围内或是就其在某一地域范围内而言？在少数人群体的人种、宗教或语言的特征方面，也存在这一特征应由谁来判断和认定的问题，是否应由其所在国政府来确认？依据《公民权利和政治权利国际公约》设立的人权事务委员会在其关于《公约》第 27 条的"一般性意见"中说："一特定缔约国中一个人种的、宗教的或语言的少数的存在并不取决于该缔约国的判断而是要求根据客观的标准来确定。"按照这一意见，少数人群体特征的确定不能依赖于他们所在的国家，而应依据"客观标准"，那么这一"客观标准"又是什么呢？

关于少数人在一国的人口中处于非主宰地位的标准，初看起来是很有道理的。这一标准的设立是基于这样的假设：在一个社会中多数人往往构成一种统治力量，在这一多数人统治面前，少数人为了能够与多数人一样平等地享有自己的权利，就必须有一种特别安排，受到特别的保护。应当认为，这一假设是能够成立的，也是与客观现实基本相符的。问题在于，现实的社会生活很复杂。我们曾在过去的南非看到过与此正好相反的情况，在那里，不是多数人统治少数人，而是在人口数量上处于少数的群体在对人口数量上处于多数的群体实行着统治。事实上，由于政治、经济等种种原因，在一个社会中，少数人群体统治多数人群体的现象并不是绝无仅有的，外族入侵者对当地人民的统治和殖民主义对殖民地人民的统治都是突出的例子，它们往往带有人种、宗教或语言上的少数人统治多数人的色彩。

　　少数人群体成员应是一国国民的标准有可取和不可取的两面。这一标准要求少数人群体成员拥有一国的国籍或公民身份。其合理性在于，只有当少数人群体成员拥有一国的国籍或公民身份，在他和该国国家之间才能建立起法律联系，从而使他能够理所当然地受到国家的法律保护。否则，国家在法律上是没有义务去承认和保护他的权利的。然而，这一标准却明显地与国际人权规范不符，甚至是直接抵触的。《公民权利和政治权利国际公约》在责成存在少数人的国家不得否认这种少数人的对自己的文化、宗教和语言的权利的同时（第 27 条），要求每一缔约国不分国籍等任何区别，尊重和保证在其领土内和受其管辖的一切个人享有《公约》所承认的权利。（第 2 条第 1 款）按照此项规定，缔约国有义务保证在其领土内和管辖下的包括少数人群体成员在内的一切个人享有《公约》所承认的权利，而不能以他们是否具有该国国籍为条件。唯一的例外是，缔约国对于没有其国籍的人可以不承认他们参加选举，担任公职等政治权利。（第 25 条）

　　厘清少数人的概念是国际上制定有关保护少数人权利标准工作的基础，在这些方面已经做了大量工作，并取得了明显的成绩，但是，仍有许多问题需要研究解决，看来，一个可被普遍接受的少数人概念大概还需要经过很长时间才能出现。

（原载《中国人权年刊》第二卷，2004 年）

国际法上少数民族的保护问题

　　少数民族的保护作为人权问题的一部分，原本纯属少数民族所在国的国内事务，是由该国自主处理的。但是，由于这一问题有时可能影响到与邻国的关系，甚至关系到国际社会的和平与安全，因此，长期以来，它在一定程度上，也成了国际社会所关注的事项和国际法调整的对象。早在17世纪，欧洲国家间缔结的一些条约，就包含有关于相互保护居住在本国境内并与对方国家的主要民族同出一脉的少数民族的规定；第一次世界大战以后，战胜国曾与一些新成立的国家或因战争而扩大领土的国家缔结了一些有关保护在种族、宗教和语言上属于少数群体的人不被强行同化的条约。凡尔赛和约还使奥地利、匈牙利等战败国承担了保护其国内少数民族的义务。①

　　第二次世界大战期间，德国和日本法西斯对于平民百姓的惨无人道的暴行和基于政治、种族、宗教等原因进行的大规模的屠杀和迫害、激起了全世界人民的极大愤慨和对于人权的关注。联合国家在制定《联合国宪章》时，为了重申人权，促进人们对于人权的尊重，决定把促成国际合作，以增进对于所有人的人权和基本自由的尊重规定为联合国的一大宗旨。《联合国宪章》没有提及少数民族权利。1948年12月10日由联合国大会通过的《世界人权宣言》在列举人权和基本自由时，也没有专门提及少数民族的权利。据认为，这主要是因为，当时流行的观点认为，如果个人的人权得到了保护，就没有必要就少数人的权利专门作出规定。少数民族问题的复杂性和敏感性，则是造成这一情况的另一原因。② 所以，尽管

---

　　① 约翰·汉弗莱：《国际人权法》，世界知识出版社1992年版，第73页。

　　② Human Right Fact Sheet No. 18: Minority Rights, pp. 3 - 4.

联合国《宪章》和其他人权文书，没有专门就少数民族权利的保护问题作出规定，这并不意味着联合国不关心少数民族的保护。实际上，它是通过保证包括少数民族成员在内的所有人都享有人权的方式来达到保护少数民族的目的的。《联合国宪章》第 1 条在阐述联合国促进人权的宗旨时指出，促成国际合作"不分种族、性别、语言或宗教，增进并激励对于所有人的人权及基本自由的尊重。"第 55 和第 56 条重申了联合国的这一宗旨，责成各会员国采取共同的和个别的行动与联合国合作以达成这一宗旨。这些规定，尽管不是直接地，却是明确地提出了这样一个要求：一国国内各个民族成员的人权和基本自由，不论是人口居于多数的民族或是人口居于少数的民族，均应平等地、不受歧视地得到尊重，所在国家应采取行动以确保他们享有这些权利和自由。《联合国宪章》的这一要求，在《世界人权宣言》中再次被提了出来。《宣言》第 1 条和第 2 条宣告："人人生而自由，在尊严和法律上一律平等"，"人人有资格享受本宣言所载的一切权利和自由，不分种族、肤色、性别、语言、宗教……等任何区别。"

《联合国宪章》和《世界人权宣言》的这些规定，在国际法上确立了对于少数民族成员的"平等待遇原则"和"不歧视原则"。平等待遇原则肯定了少数民族成员与社会的其他成员在法律上的平等地位，要求采取措施，防止少数民族成员仅仅因为他们属于少数民族而可能受到歧视或其他不公正待遇。不歧视原则要求禁止和防止任何否认或限制少数民族成员享有与社会其他成员平等的权利的行为，保证他们得到与社会其他成员同等的发展机会。这两项原则后来在联合国制定的一系列国际法律文书中得到了重申，其中包括《经济、社会和文化权利国际公约》《公民权利和政治权利国际公约》《消除一切形式种族歧视公约》《消除一切形式妇女歧视公约》《儿童权利公约》《取缔教育歧视公约》《关于就业及职业歧视公约》等。一些区域性国际人权文书，如《欧洲人权公约》和《欧洲社会宪章》《非洲人权和人民权宪章》等也都作为一般规则规定了平等待遇原则和不歧视原则。应当认为，对于少数民族成员的这两项原则，已经成为国际社会普遍接受的国际法原则。《公民权利和政治权利国际公约》规定："每一缔约国承担尊重和保证……一切个人享有本公约所承认的权利，不分种族、肤色、性别、语言、宗教、政治或其他见解，国籍或社会出身、

财产、出生或其他身份等任何区别"。（第 2 条第 1 款）《欧洲人权公约》
第 14 条规定：人人对本公约列举的权利与自由的享受，不得因性别、种族、肤色、语言、宗教、政治的或其他见解、民族或社会出身、同少数民族的联系、财产、出生或其他地位而有所歧视。

值得注意的是，《公民权利和政治权利国际公约》在规定平等待遇原则和不歧视原则的同时，还进一步提出了对于少数民族成员的"特殊权利"原则。这一原则具体体现在《公约》第 27 条的规定中："在那些存在着人种的、宗教的或语言的少数人的国家中，不得否认这种少数人同他们的集团中的其他成员共同享有自己的文化、信奉和实行自己的宗教或使用自己的语言的权利"。这就是说，按照《公约》规定，少数民族的成员，除与社会的其他成员一样有权享有《公约》对所有社会成员规定的各项权利和自由以外，还应享有对于他们民族所特有的文化、宗教和语言的权利。随着《公民权利和政治权利国际公约》的生效和世界上大多数国家（140 个—1997 年底）加入这一公约，这一原则也已得到了国际社会的公认。集中体现这一原则的国际人权文书是 1992 年 11 月 18 日联合国大会第 47/135 号决议通过的《在民族或族裔、宗教和语言上属于少数群体的人的权利宣言》。这一宣言的第 2 条列举了少数民族成员享有的各项特殊权利，包括：享受其文化、信奉其宗教并举行其仪式和适用其语言的权利，参加文化、宗教、社会、经济和公共生活的权利，参加国家和区域一级关于其所属少数群体或其居住区域的决定的权利，成立和保持他们自己的社团的权利，以及与其群体的其他成员及属于其他少数群体的人和在民族或族裔、宗教或语言上与他们有关的其他国家的公民建立和保持接触的权利。

承认少数民族成员享有特殊权利，是对少数民族的特性的承认，并不意味着他们享有某种特权。国际社会之所以确立了特殊权利原则，主要是因为，由于历史的原因，一个社会中的少数民族往往在政治、经济、社会和文化方面处于相对落后的地位。如果不采取一些特殊措施来帮助少数民族，那么，他们不仅不能同社会的其他成员一样享有社会的所有成员都应享有的那些权利和自由，而且，这些少数民族本身都有可能不能继续存在下去。因此，特殊权利原则是对平等待遇原则和不歧视原则的重要补充，也是为维持少数民族的存在和保证他们得到应有的发展所必要的。

少数民族构成一个社会的有机组成部分，它的存在和发展是同其所在国家的政治、经济和社会状况紧密联系在一起的。一个繁荣、稳定、民族关系和谐的国家，可为其境内少数民族的兴旺发达提供良好的环境和必要的条件；而少数民族的兴旺发达和积极参与国家的政治、经济生活，则是国家得以繁荣稳定和健康发展的重要保证。少数民族的命运与他们所在国家的命运息息相关。少数民族与国家之间的这种关系，要求人们在处理少数民族的保护问题时，既要重视少数民族的需要和他们应有的权利，也要关注国家的整体利益。需要在这二者之间取得平衡。显然，只考虑少数民族的利益，或是只考虑国家利益的做法都是不妥当的。

《世界人权宣言》《公民权利和政治权利国际公约》等国际人权文书旨在促进和保护个人的人权；但是，它们都没有把人权绝对化，也没有将个人与他们所属的社会对立起来，而是在强调个人人权的同时，指出个人对于他所属的社会负有义务，他们在行使自己的权利和自由时，不能不受到为保证他人的权利和自由，为维护国家的安全、公共秩序或其他社会需求而由法律确定的限制。据此，少数民族成员在主张和行使自己的权利时，也是不能不受到他（她）对社会所承担的义务的制约的。对此，《在民族或族裔、宗教和语言上属于少数群体的人的权利的宣言》也作了相应的规定。按照这些规定，少数民族成员"行使《宣言》所规定的权利不得妨害一切个人享受普遍公认的人权和基本自由"，也不得从事"违反联合国宗旨和原则，包括国家主权平等、领土完整和政治独立的任何活动"。（第8条第2、4款）。

现代国际法为保护少数民族确立了一系列原则，无疑，对于促进和保护少数民族的人权，缓和和解决少数民族问题给国际社会造成的麻烦将可起到积极的有益的作用。但是，我们看到，由于少数民族问题固有的复杂性和敏感性，有关这一问题的国际法规范的形成和发展是相当迟缓的。迄今为止，我们还没有一个能为国际社会普遍接受的少数民族定义。这些现象迫使我们相信，对于国际法在解决少数民族问题上的作用不能抱有不切实际的期望。事实上，尽管国际法上已经形成一些有关少数民族的行为规范，少数民族问题仍被看作主要是一个国家的国内事务，应由各国政府承担解决这一问题的主要责任。只有当这一问题越出了一国的范围，影响到国与国之间的关系，甚至威胁到国际和平与安全时，或者在一国的民族政策违反了它所承担的国际义务的情况下，国际法才可能真正地发挥作用。

（提交中欧第二届司法研讨会的论文，1998 年）

《经济、社会和文化权利国际公约》与人权的发展

　　《经济、社会和文化权利国际公约》是联合国大会为保证人人都能享有作为人权不可分割的一部分的经济、社会和文化权利而于 1966 年 12 月 16 日通过的，具有法律约束力的国际人权文书。它的制定和通过，对于联合国致力推进的国际人权事业和人权理想的实现具有十分重要的意义。在一定意义上说，它比联合国大会于同一天通过的《公民权利和政治权利国际公约》更为重要。

　　经、社、文权利公约的意义是深远的，多方面的。其意义首先在于进一步确定了经济、社会和文化权利在国际人权体系中的地位，为形成一个新的，符合时代要求的人权概念作出了贡献。众所周知，自 17、18 世纪以来形成的传统人权概念仅仅是指自由权、平等权、言论自由、出版自由、参加公共事务管理等公民和政治权利。在一些启蒙思想家的论述、或者俄国十月革命的文献、1919 年德国魏玛宪法、以至国际劳工组织早期制定的国际劳工公约中，虽然曾经提出生存权、工作权、社会保障权、受教育权等今天被称为经济、社会和文化权利的权利，但是这些权利在很长时期里一直没有受到普遍的重视，也没有被包容在人权的概念之内。然而，这样一种不包含经济、社会和文化权利的人权概念是有缺陷的，因为，对于一个人来说，为了能够维护他作为一个人的尊严，他必须既享有公民和政治权利，也享有经济、社会和文化权利，缺一不可；而且，这两类人权也是互相依存，不可分割的。一个人，如果不能同时享有经济、社会和文化权利，那么，他的公民和政治权利就很难得到充分实现；同样，如果不能同时享有公民和政治权利，他的经济、社会和文化权利也是很难得到充

分实现的。

现实生活要求有一个将公民、政治、经济、社会和文化权利包容在一起的新的人权概念。最先提出新的人权概念的是联合国大会于 1948 年 12 月 10 日通过的《世界人权宣言》。这一国际人权文书在系统阐述人权内容时明显地突破了传统的人权概念，将一系列经济、社会和文化权利同公民和政治权利一起宣布为人人有资格享受的人权。

经、社、文权利公约在《世界人权宣言》的基础上，进一步确立了经济、社会和文化权利作为人权一部分的地位，它不仅对经济、社会和文化权利的内容作了详细的规定，丰富了经济、社会和文化权利的内容，从而也丰富了整个人权的内容；而且，它还以国际条约的形式，赋予了经济、社会和文化权利以法律权利的性质。不仅如此，《公约》还在其序言部分宣告，"只有在创造了使人可以享有其经济、社会和文化权利，正如享有其公民和政治权利一样的条件的情况下，才能实现自由人类享有免于恐惧和匮乏的自由的理想"，用明确的文字强调，在保证人权理想的实现上，经济、社会和文化权利与公民和政治权利是同等重要的。直至今日，世界上仍然有人否定经济、社会和文化权利也是人权，贬低经、社、文权利作为人权的价值，在这种情况下，《公约》的上述宣告显得尤其重要。

应当指出，经、社、文权利公约在发展人权概念方面的贡献，不仅表现在它对于经、社、文权利作为人权的肯定上，而且还表现在关于自决权这一集体人权的规定上。长期以来，人权一直被限制在个人权利的范围之内，集体人权是不被承认的。所以，即便在系统阐述人权内容的《世界人权宣言》中，也没有集体人权的位置。然而，个人享有人权是同这个个人所属的集体——人民、民族和国家的状况分不开的，为了保证个人人权能够得到充分实现，不承认由这些个人所组成的集体的集体人权，是很难想象的。关于个人人权与集体人权的这种关系，联合国大会 1952 年通过的"关于人民和民族的自决权的决议"有一经典说明，它指出："人民与民族应先享有自决权，然后才能保证充分享有一切基本人权"。正是从这一认识出发，经、社、文权利公约与公民和政治权利公约都将人民的自决权置于个人享有人权的基础和先决条件的地位，在第 1 条中以同样的文字规定"所有人民都有自决权"，并对自决权的内容作了规定。《公约》的这些规定，肯定了人民自决权这一集体人权在国际人权体系中的基础地位，丰富和发展了《世界人权宣言》所宣布的新的人权概念。

经、社、文权利公约对于人权发展具有重要意义的另一方面，是它在国际上建立了较为有效的促进人权的新的机制，有助于普遍享有人权目标的实现。

《世界人权宣言》建立了最初的机制。它是作为"所有人民和所有国家努力实现的共同标准"而发布的，要求各国人民和各个国家采取措施，为实现《宣言》所宣布的各项人权共同作出努力。但是，从《宣言》的文字和精神来看，与其说它将实现人权的主要责任委诸于国家，不如说，它更强调的是个人的责任和个人的努力。个人被看作是权利的主体，同时也是主要的责任主体。《宣言》序言指出："（联合国）大会发布这一世界人权宣言……以期每一个人和社会机构经常铭念本宣言，努力通过教诲和教育促进对权利和自由的尊重，并通过国家和国际的渐进措施，使这些权利和自由在各会员国本身人民及其管辖下领土的人民中得到普遍和有效的承认和遵行"。由此可见，在《宣言》中，是每个个人和社会机构，而不是国家被要求承担促进人权的主要责任。国家虽然也被要求采取措施，但是，它的作用是第二位的，是支持和帮助的作用。《宣言》对于促进人权的途径和方法也作了提示，即"努力通过教诲和教育促进对权利和自由的尊重。"

经、社、文权利公约规定用来促进人权的机制与《世界人权宣言》不同，它将促进人权的主要责任委诸于国家，要求每一缔约国尽最大能力个别地或集体地采取措施，使用一切适当方法，逐渐达到《公约》所承认的权利的充分实现。①《公约》的许多条款都以"缔约国承认"、"缔约国承担保证"等措词开始，强调缔约国有义务履行《公约》的规定，而且这是一种法律义务，缔约国必须加以履行，否则，将要承担国际责任。《公约》还建立了对于缔约国履行条约义务的情况进行监督的制度。按照这一制度，缔约国必须定期向《公约》指定的联合国机构——经济和社会理事会和由其设立的经济、社会和文化权利委员会提交关于执行《公约》的情

---

① 《经济、社会和文化权利国际公约》第 2 条第 1 款。

况的报告，并接受它的审议。当然，《公约》建立的这一机制，并不排除个人和社会机构在实现人权方面的责任和作用。《公约》将实现人权的责任主要委诸于国家是非常正确而必要的，因为国家拥有的可用于实现人权的资源，远较个人能够拥有的资源多，让国家承担主要责任，有利于更快更好地促进人权。

尽管经、社、文权利公约对人权的发展，特别是对经济、社会和文化权利的普遍实现有很积极的影响，但是，它的制定，并不意味着经、社、文权利的普遍实现从而可以一帆风顺，在这一方面仍然存在许多困难和问题。不解决这些困难和问题，经、社、文权利的普遍实现仍然是难以达到的。

在不同的国家，存在着不同的问题和困难。在发达国家，由于资源比较丰富，它们有可能为实现经、社、文权利作出较大的努力，所以，一般地说，这里的人享受经、社、文权利的水平应当较高。但是在这些国家，存在着重视公民权利和政治权利，忽视经济、社会和文化权利的倾向，而且，有人根本不承认经、社、文权利是人权，或者不适当地强调经、社、文权利与公民和政治权利之间的区别，致使经、社、文权利的实现，受到了程度不等的消极影响。美国至今没有批准经、社、文权利公约，就是这一实例。在发展中国家，由于现实生活的需要，人们一般都比较重视经、社、文权利。这里最大的问题是，由于经济、社会发展的程度不高，缺乏必要的资源，经济、社会和文化权利的充分实现受到了不同程度的限制。

中国分别于 1997 年 10 月和 2001 年 2 月签署和批准了经、社、文权利公约，随后向联合国秘书长提交了批准书。经、社、文权利公约即将对中国生效。中国是一个拥有 13 亿人口的世界大国，占世界人口的五分之一。经、社、文权利公约在中国的实施，不仅会提高中国人民享受经济、社会和文化权利的水平，以至整个人权水平，而且对整个人类人权理想的实现也是一件意义重大的大事。

中国在过去的 20 年间先后参加了十几项国际人权条约，一贯以严肃认真的态度，积极履行条约的义务，对于经、社、文权利公约，中国也将如同对于其他人权条约一样，认真对待它根据公约所承担的义务。事实上，在签署和批准这一公约前，中国已经积极创造条件，包括制定和修改法律，为在中国国内实现经济、社会和文化权利作出了努力，并取得了举世瞩目的成绩。例如，随着保障就业措施的逐步实施，全国现在从业人员已达 7.1 亿多人。为了充分实现工作权，国家开展了大规模的职业培训工作。在 2000 年，全国成人技术培训学校培训学员达 9642 万人次。为了实现社会保障权，中国正在推进社会保障制度的改革，已初步建立以职工基本养老保险、基本医疗保险、失业保险为主要内容的社会保险制度。至 2000 年，全国所有城市和县人民政府所在的城镇都已建立了城镇居民最低生活保障制度。为了公民的健康权，中国正在进行医疗制度的改革，努力创造条件，保证全国人民健康水平逐步提高。1999 年，全国妇女孕产保健覆盖率超过 86%。在受教育权方面，也取得了很大成绩。到 2000 年底，普及九年义务教育的人口覆盖率达 85%。开展扫盲工作的结果，青壮年文盲率已下降到 5% 以下。

中国在致力于普遍提高全中国人民享受人权的水平时，特别注意创造条件，使女子能与男子一样平等地享受各种人权。2000 年 10 月，女子从业人数为 3.3 亿人，占全国从业人员总数的 46.7%，比例是较高的。受教育权方面的情况更好一些。2000 年，全国小学女童入学率为 99.07%，男童入学率为 99.14%。成年男女受教育年限的差距，2000 年降至不到 1.5 年，表明中国男女受教育水平间的差距已经大大缩小。

中国在实现经、社、文权利方面取得的成绩是令人鼓舞的。但是，对于充分实现人权的目标来说，这些成绩仍然是初步的，今后还有很长的路要走。经、社、文权利公约对中国的生效将是一个新的动力，推动中国政府和中国人民更加努力地去为实现经、社、文权利创造更加有利的条件。随着社会经济发展程度的提高和法制建设的完善，中国人民享受人权的水平肯定会更加迅速地得到提高。

（原载《人权发展与法制建设》，2002 年）

关于国际人权公约下缔约国
义务的几个问题

　　国际人权公约的实施具有十分重要的意义。没有公约的实施，国际人权公约只能是一纸空文。而为了保证国际人权公约能够在其缔约国中得到切实的实施，明确缔约国根据公约承担有什么义务是至关紧要的。就缔约国而言，只有当它清楚了解了自身的义务时，才能合乎要求地在其国内实施公约的各项规定。就条约监测机构而言，为了恰如其分地评估各缔约国实施公约的情况，它也必须对公约下的缔约国义务有正确的理解。

　　缔约国在国际人权公约下承担有哪些义务，是一个相当复杂的问题。对此，有许多需要讨论的地方。其中的一个问题是，公约的缔约国是否承担有在其国内"立即实现"（immediate realization）公约所承认的各项权利的义务。关于这一问题，有一种意见认为，《公民权利和政治权利国际公约》与《经济、社会和文化国际公约》规定的缔约国的义务是不一样的。对于前者承担有"立即实现"的义务，而对于后者承担的是"逐渐实现"（progressive realization）的义务。① 这一意见，来自于国际人权公约起草期间把公民、政治权利和经济、社会、文化权利看作是两类性质不同的人权的观点。按照这种观点，公民、政治权利是一种消极权利（negative rights），它们只要求政府不去做可能损害它们的行动，而不需要动用多少资源就可以立即实现。经济、社会、文化权利与它们不同，是一种积极权利（positive rights），充分实现这类权利，要求政府动用许多资源，去采取积极的行动。由于它们的充分实现，取决于政府掌握的资源的

---

　　① 约翰·汉弗莱：《国际人权法》，世界知识出版社1992年版，第180、182页。

多少，因此，它们只能逐渐地达到。① 与此相适应，关于公民和政治权利的义务被称为"消极义务"、"立即实现"义务；关于经济、社会和文化权利的义务则被称为"积极义务"、"逐渐实现"义务。上述观点，在当时负责起草国际人权公约的联合国人权委员会中得到了多数人的支持，因此，委员会提出了分别就经济、社会、文化权利和公民、政治权利制定两项国际人权公约的建议，并在以后起草的过程中，对缔约国的义务作了不同的规定。②

应当认为，这种区别经济、社会、文化权利和公民、政治权利的观点，并不是完全没有道理的。但是，它有以偏概全的毛病。现在，有越来越多的人权学者正确地指出，为了实现公民和政治权利，也需要政府采取积极行动，并投入一定的资源，它们的充分实现也是一个逐渐达到的过程。至于经济、社会和文化权利，其中有些权利，如参加工会权、罢工权等，为了它们的实现，也并不是一定需要政府投入多少资源的。值得注意的是，分别对《经济、社会和文化权利国际公约》与《公民权利和政治权利国际公约》的实施情况负有监测任务的经济、社会和文化权利委员会及人权事务委员会，在它们的"一般性意见"（General Comments）中已明确地反映了这些观点。例如，经济、社会和文化权利委员会在其"一般意见3"中指出："公约规定逐步实现权利并确认因资源有限而产生的局限，但它同时也规定了立刻生效的各种义务。"（While the Covenant provides for progressive realization and acknowledges the constraints due to the limits of available resources, it also imposes various obligations which are of immediate effect. ）另一方面，人权事务委员会也承认，公民和政治权利的实现，也需要国家采取旨在使公约承认的权利得到实现的积极行动，而不能仅仅依靠立法来完成。例如，为了保证言论、集会、结社自由以及选举权的行使，应该采取积极措施，克服诸如文盲、语言障碍、贫困、妨碍迁

---

① 参见 Philip Alston and Gerard Quinn, The Nature and Scope of States Parties Obligation under the International Covenant on Economic, Social and Cultural Rights, in Human Rights, Quarterly, 1987, p. 159。

② 参见《经济、社会和文化权利国际公约》和《公民权利和政治权利国际公约》的第 2 条。

徙自由的障碍等困难。①

由于将人权分为两类而影响到国际人权公约对于缔约国的义务作出不同规定的，还有另一个例子：按照《公民权利和政治权利国际公约》的规定，对于公约所承认的公民和政治权利受到侵犯的个人，缔约国有给予司法救济（judicial remedy）的义务（第 2 条第 3 款）；而在《经济、社会和文化权利国际公约》中，却没有与此相同的规定。换言之，这一公约并不要求缔约国在一个人的经济、社会和文化权利受到侵犯时向他提供司法救济。

这一区别也来自于国际人权公约起草过程中占主导地位的一种观点，认为公民权利和政治权利是可司法的权利（justiciable rights），而经济、社会、文化权利则不具有这一性质。当时，法国代表 Cassin 先生曾表示一个意见，认为在不能享有经济、社会、文化权利的情况下，应当可以诉诸法律程序（recourse to legal proceedings was envisaged in the event of deprivation of enjoyment of those rights）。但是，这一意见当即遭到了美国代表罗斯福夫人的反对。她说，这类权利是不可司法的（Such rights were not justiciable）。②

我们暂且不论罗斯福夫人的这一观点是否正确，但是有一点很清楚，即这一观点导致了这样一个结果：在一个人的经济、社会、文化权利遭到侵犯时，却不能寻求法律上的保护。因此，在人权保护的法律框架内，经济、社会和文化权利被置于低于公民、政治权利的地位。这一情况，显然与今天我们大家都承认的，认为经济、社会和文化权利与公民、政治权利同等重要的观点不相称。我们应当改变观念，努力使经济、社会和文化权利像公民权利和政治权利一样，也能在法律上得到应有的保护，在它们受到侵犯情况下，可通过司法程序得到救济。令人高兴的是，现在已经有许多国家把经济、社会和文化权利规定进了它们的宪法之中，有关保护经济、社会和文化权利的立法也越来越多。尽管如此，在我们这个世界的许

---

① 参见人权事务委员会的“一般性意见 4”和“一般性意见 25”。

② 参见 Philip Alston and Gerard Quinn, The Nature and Scope of States Parties Obligation under the International Covenant on Economic, Social and Cultural Rights, in Human Rights, Quarterly, 1987, p. 170。

多角落，对于经济、社会、文化权利的保护仍然不像对于公民、政治权利的保护那样受到重视。有些国家的政府仍然不愿意尽其所能，承担起保护经济、社会、文化权利的责任。去年 12 月，在荷兰乌得勒支和阿姆斯特丹召开的纪念世界人权宣言 50 周年的学术研讨会上，Alston 教授主张，应当承认经济、社会、文化权利是可司法权利。这一呼吁是完全正确的。我认为，它应当受到广泛的支持。

（原载《人权与 21 世纪》，2000 年）

关于保留在批准和实施
《经社文权利公约》中的作用

　　《联合国宪章》把"促进国际合作……增进并激励对于所有人的人权和基本自由的尊重"规定为联合国的四大宗旨之一，责成各会员国采取行动以达成这一宗旨，[①] 从而启动了在世界范围内促进人权的历史进程。与此同时，联合国也开始了制定具有普遍性的国际人权规范的活动，以便为世界各国及其人民提供可为其实现而努力的共同人权标准。在这一方面，联合国采取的最初步骤，是决定制定应由一项宣言、一项多边公约以及公约的执行措施等三部分构成的"国际人权宪章"。受命起草这一宪章的人权委员会发现，一份属于建议性质的人权宣言比较容易得到会员国的一致同意，而要求它们接受具有法律约束力的国际人权公约则要困难得多。因此，在得到联合国大会的同意后采取了先起草一个宣言，后起草国际人权公约的办法。事实证明，人权委员会的这一考虑是有道理的。联合国大会于 1948 年 12 月 10 日通过《世界人权宣言》以后，[②] 过了 18 年，才在 1966 年 12 月 16 日通过了《经济、社会和文化权利国际公约》（以下简称"经社文权利公约"）及《公民权利和政治权利国际公约》。

　　经社文权利公约是联合国为保证人人都能享有作为人权不可分割一部分的经济、社会和文化权利而制定的具有规范性的国际法律文书。它比《世界人权宣言》更为广泛而详细地规定了经济、社会和文化权利，责成各当事国尽最大努力采取步骤以逐渐达到这些权利的充分实现。它的通

---

① 《联合国宪章》第 1 条和第 55、56 条。
② 联合国大会以 48 票对 0 票通过了《世界人权宣言》，苏联等 8 国投了弃权票。

过，对于联合国致力推进的国际人权事业和人权在世界范围内的普遍享有，具有特别重要的意义。但是，徒法不足以自行。经社文权利公约作为一项国际条约，并不是在联合国大会上通过以后就自动获得对于世界各国的普遍约束力，从而可以保证得到实施的。为了使它能够起到规范各个国家行为的作用，它还必须得到这些国家以批准的方式所表示的自愿接受它的约束的同意。否则，这一公约只能成为一纸具文。关于经社文权利公约只有经过批准才能产生效力的问题，在该公约中也有明文规定：本公约须经批准。公约只是在第 35 件批准书或加入书交存联合国秘书长之日起 3 个月后生效；对于在公约生效以后加入公约的国家来说，公约在该国交存批准书或加入书之日起三个月后生效。① 可见，争取尽可能多的国家的批准是经社文权利公约能否获得普遍约束力，即能否具有普遍性的关键。

对于经社文权利公约的批准，如同对于任何一项国际条约的批准一样，属于一国的主权行为，是由一个国家自主决定的事情。一个主权国家有权决定批准这一公约，也有权决定不予批准，而没有必须加以批准的义务。在这一问题上，其他国家或者包括联合国在内的国际组织，可以对一个国家的这一斟酌决定权施加影响，但却不能把自己的意志强加于它。这就意味着，经社文权利公约能否得到一个国家的批准，取决于这一国家对于公约的各项条款能否接受，批准公约是否符合其国家利益的判断，取决于这一国家的政治意愿。换言之，只有当一个国家认为经社文权利公约的各项条款能够为它所接受，批准公约是符合它的国家利益的情况下，它才会作出批准公约的决定。

如上所述，经社文权利公约从起草到通过经历了 18 年。这一事实表明，公约约文在参加公约制定的国家之间达成协议是相当困难的。实际上，公约的许多条款都是种种不同的人权主张和要求的折中、妥协的产物。这就决定了它们不可能完全符合每一个参加公约制定的国家的要求，它们也不可能与其中每个国家的国内法律制度完全一致。对于未参加公约讨论和通过的国家来说，情形则更是如此。如果考虑到世界各国具有不同的文化历史背景、社会政治制度和发展程度，这些国家因此也必定会有不

---

① 《经济、社会和文化权利国际公约》第 26、27 条。

同的人权观和人权要求，而且有理由加以坚持，那么，要求经社文权利公约的每一条款都能为所有国家无保留地接受，就是不现实的，也是不合理的。在这种情况下，为了使尽可能多的国家能够批准经社文权利公约，就有必要找到一种可行的方法，使它们不至于由于种种原因不能接受公约的某一或某些条款而妨碍它们作出批准公约的决定。

由于某种原因致使一国不能接受一国际条约的某项条款而妨碍该国参加该项国际条约，并不是一个新问题。在以往的国际法实践中，已经形成了有利于这一问题解决的方法，这就是国际条约法中的保留制度。按照这一制度，一缔约国基于国家主权平等的理论和原则，有权在签署、批准或加入一国际条约时发表单方面的声明，以摒除或更改条约的某一或某些条款对该国适用时的效力；同时，又不影响该条约对该国发生约束力，使该国成为条约的当事国。随着多边国际条约的逐渐增多，保留制度已经得到了广泛的采用。问题在于，这一保留是否适用于以保护人权为目的的国际人权条约，特别是经济、社会和文化权利国际公约？

关于保留是否适用于国际人权条约的问题，在联合国活动的初期是不明确的，无论在联合国机构中，或是在联合国的会员国和国际法学者中都有很多不同的意见。

1948 年 12 月 9 日，联合国大会通过了《防止及惩治灭绝种族罪公约》，并向各国开放签署和加入。截至 1951 年 10 月 12 日，联合国秘书长收到了 19 份向其交存的批准书和加入书。其中，菲律宾、保加利亚等国家交存的批准书和加入书附有保留，而这些保留受到了一些国家的反对。联合国秘书长对于能否把附有保留的批准书和加入书视为有效存有疑问，遂向第五届联合国大会提交了一份对多边公约的保留的议题，请求审议。同时，他还提交了一份他认为关于多边公约的保留应当遵循以往的惯例的报告。联大会议在审议这一议题时发生了激烈争论，几种不同的意见相持不下。因此，联合国大会作出决议，请国际法院就灭绝种族罪公约的保留问题提出咨询意见，并请国际法委员会就多边公约的保留问题进行研究和提出报告。

在国际法院中，有几位法官认为，自国际联盟以来，国际法上已基于条约的完整性概念，确立了要求一个保留必须得到所有条约当事国的一致同意，才能使保留国成为当事国的规则。在处理灭绝种族罪公约的保留问题时，公约的完整性较之公约被普遍接受更为重要，因此，他们认为，对于灭绝种族罪公约的保留，必须得到所有当事国的一致同意。如果一个保留为该公约的一个或几个当事国所反对，保留国如继续维持其保留，它就不能被认为是该公约的当事国。① 另有一位法官认为，灭绝种族罪公约属于旨在确立新的重要的国际法原则的公约，也是旨在规范社会性和人道主义事项以改善个人地位的公约，它是在联合国大会上经过充分讨论以后通过的，确立了所有国家都应予以遵守的一些原则。因此，对于这一公约不得作出保留。②

国际法院的多数法官在考虑灭绝种族罪公约的保留问题时，采取了较为灵活的态度。他们力求在公约的完整性和公约的普遍性之间求得平衡，而较为倾向普遍性。国际法院最后以 7 票对 5 票通过了咨询意见，其主要内容如下：（1）条约的完整性概念要求一个保留除非经所有缔约国无例外地接受，不得认为有效。作为原则，这一概念具有无可争辩的价值。但是，就灭绝种族罪公约而言，它指望得到国家的广泛参加，这个目的只有对完整性原则加以灵活的运用才能达到。（2）灭绝种族罪公约是为了人道主义和文明的目的而通过的，制定该公约的联合国大会和各国的意志是使尽可能多的国家参加该公约。公约的这一目的和宗旨既限定了作出保留的自由，也限制了反对保留的自由。因此，一个保留是否符合该公约的目的和宗旨必须作为评价一个国家在加入时作出保留的态度的标准，也必须作为一个国家在反对保留时评价该保留的标准。基于以上理由，国际法院得出的结论是：对于灭绝种族罪公约提出的保留，"如果该保留同该公约的目的和宗旨相符合，作出和维持该保留的国家可以被认为是该公约的当事国，否则，该保留国不被认为是该公约的当事国"。③

国际法委员会在国际法院提出咨询意见以后向联合国大会提出了它的关于多边公约的保留问题的报告。这一报告与国际法院的咨询意见针锋相

---

① 参见李浩培《条约法概论》，法律出版社 1987 年版，第 177—181 页。
② 同上书，第 181—183 页。
③ 同上书，第 172—176 页。

对，提出了多边公约的保留应遵循必须得到条约当事国一致同意的惯例而稍加修改的建议。它的理由与国际法院中的少数法官的异议意见大致相同。①

1952 年 1 月 12 日，联合国大会对国际法院的咨询意见和国际法委员会的报告进行了讨论。会上，大多数国家的代表的意见是，为了确保各国主权平等和使多边公约得到较为广泛的接受，需要对保留采取较为灵活的态度。大会随后通过了反映这一多数意见的第 598（Ⅵ）号决议，决定：关于灭绝种族罪公约，要求联合国秘书长按照国际法院的咨询意见处理保留问题；关于在联合国赞同下将来缔结的一切多边公约，要求联合国秘书长作为含有保留或反对保留的文件的保管者，继续存放文件而不审查这些文件的法律效果，同时把这些有关保留或反对保留的文件的文本通知一切有关国家，由各个国家自行从这些通知引出法律上的结果。② 这一决议的决定，构成了联合国秘书长现行的处理多边公约的保留问题的制度，并对后来在 1969 年制定的《维也纳条约法公约》产生了重大影响。根据该公约的规定，一个国家在签署、批准和加入一条约时，有权对条约提出保留，除非该保留为条约所禁止，或者与条约的目的和宗旨不相符合。③

关于经社文权利公约是否容许保留的问题，联合国曾在 1952 年 2 月 5 日通过第 546（Ⅵ）号决议，要求人权委员会在其负责起草的两个国际人权公约——经社文权利公约及《公民权利和政治权利国际公约》——中列入关于容许或不容许保留以及关于保留的法律效力问题的条款。人权委员会未能做到这一点。④ 所以，在它提交联合国大会讨论的两个国际人权公约草案和以后联大通过的两个国际人权公约文本中没有包含关于保留的规定，既没有容许保留的规定，也没有禁止保留的规定。按照条约没有禁止的就是容许的一般解释规则，特别是从上述联合国关于多边公约的保留问题的讨论来看，应当认为，经社文权利公约没有禁止保留，就意味着对它

---

① 参见李浩培《条约法概论》，法律出版社 1987 年版，第 183—186 页。

② 同上书，第 187—188 页。

③ 《维也纳条约法公约》第 19 页。

④ Markus G. Schmidt. Reservations to UN Human Rights Treaties, J. P. Gardner, Human Rights as General Norms and a State's Right to Opt Out, 1997, P. 20.

是容许保留的。它只受一个条件的限制，即保留必须符合公约的目的和宗旨。在实践中，许多国家在签署和批准经社文权利公约时，对它的一些条款提出了保留或发表了解释性声明。据经济、社会和文化权利委员会1993年7月18日的汇总材料，至少有36个国家分别对这一公约提出了大约70项保留或解释性声明，涉及公约的几乎所有实质性条款。有的国家还对公约的程序性条款提出了保留。

对于各国的保留和解释性声明的分析表明，它们所以提出保留或发表解释性声明的考虑和理由是多种多样的。一些国家因公约条款的规定与其本国的有关制度不相符合而提出了保留。例如，刚果对公约第13条第3、4款提出了保留，认为这两款规定的，父母有为其孩子选择非公立学校的自由和容许个人设立和管理教育机构的自由所体现的教育自由原则，与刚果的教育国有原则和国家在教育领域的垄断地位不一致。英国和法国坚持其国内对于外国人就业的特殊规定而对公约第6条关于人人享有工作权的规定提出了保留，也属于这一类。一些国家为了维护本国私人企业的利益，对公约有关给予公共假日报酬的第7条（丁）项提出了保留，如日本、瑞典等。有些国家对于规定罢工权的第8条第1款（丁）项提出了保留。它们的考虑不完全相同。日本与荷兰根本不承认罢工权；而挪威则在原则上宣布承认罢工权，但认为其国内法规定的将劳动争议提交国家工资委员会解决的做法是与罢工权一致的。有的国家提出的保留带有明显的殖民主义色彩，例如，英国保留了不将公约关于男女同工同酬、社会保障、组织工会等问题的条款适用于其海外领地的权利。而有些国家对公约发表的声明，则是出于反对殖民主义的考虑，如阿尔及利亚、几内亚等国认为，公约第1条第3款和第14条关于维持一些领土的附属国地位的规定，是与联合国的宗旨和原则，与《联合国宪章》和联合国大会通过的给予殖民地国家和人民以独立的决议相抵触。尽管经社文权利公约并不要求各缔约国立即充分实施公约所保证的各项权利，但是有些国家仍然认为有必要发表声明，保留它们延期适用公约的某些条款的权利，如巴巴多斯政府在声明完全接受公约第13条关于实行免费的义务的初等教育原则，并承诺采取必要步骤全面适用这些原则的同时，又宣布，它不能保证在现阶段充分适用这些原则。

以上列举的种种保留和声明，仅仅是各国作出的保留和声明的一部分。但是，从中不难看出，在许多国家的人权政策和国内人权立法之间，在它们与经社文权利公约的条款规定之间确实存在许多不一致、甚至相抵触的地方。这些不一致或抵触本来是会妨碍这些国家批准经社文权利公约的。然而，由于保留制度的运用，使得这些国家能够在维持它们关于人权问题的某些特殊立场的情况下参加公约，成为公约的当事方。由此可见，保留在保证尽可能多的国家批准经社文权利公约方面的作用是十分明显的。我们不能不承认和重视保留对于促成经社文权利公约的普遍接受，从而促进人权的普遍尊重的积极意义。

应当指出，我们在看到保留的积极意义的同时，不能不注意到它对于人权普遍性的实现也有消极的一面。一个国家对经社文权利公约的某一或某些条款提出保留，意味着这一国家拒绝在其国内实施公约的这些条款，这就必定影响到该国人民充分享有这些条款规定的权利，人权的普遍性因而将受到损害。在这个意义上，容许保留是不可取的。当然，考虑到保留对于促进人权的普遍性有积极的一面，而且对经社文权利公约提出保留属于一国的主权权利，也是国际法所承认的，所以，我们不能加以反对。尽管如此，我们毕竟应当要求各国政府不要滥用保留的权利。1993 年《维也纳宣言》在敦促所有国家普遍批准人权条约的同时，"鼓励所有国家尽可能避免提出保留"，① 这是完全必要的。

中国是联合国的创始会员国，也是安全理事会的常任理事国，一贯承认和尊重联合国宪章所规定的促进人权的普遍尊重的宗旨和原则。新中国成立以后，无论在被排斥在联合国组织之外期间，或是在恢复了联合国的合法席位以后，都坚持不渝地为促进人权的普遍享有作出自己的努力。中国的这一立场，也突出地表现在它对于保留的审慎态度上，迄今为止，中国已加入 17 项国际人权条约。在签署和批准这些条约时，只是在确实必要的情况下，才提出保留。因此，对这些条约所作的保留是很少的，而且其中绝大部分保留是针对公约中的争端解决条款，而不是针对有关权利规

---

① 《维也纳宣言及行动纲领》第 26 段。

定的实质条款提出的。① 所以，中国的保留，对于这些条约所保证的权利在中国的实现，只有很小的影响。

中国已于 1997 年 10 月 27 日签署了经社文权利公约。在签署时，没有对公约的任何条款提出保留或发表解释性声明。目前，中国政府已按照中华人民共和国宪法的规定，将该公约提交全国人民代表大会常务委员会审议批准。在批准该公约时，或许需要对其中的某些条款提出保留或发表解释性声明。至于将会提出哪些保留，当然应视对于公约条款的规定和中国现行法律制度的对照研究结果而定，但从中国以往的实践来看，这种保留可望限制在确实有必要的范围之内，而不会很多。② 中国将会努力以其所拥有的资源，在国内很好地实施公约的有关规定，以保证中国人民逐步地充分地享有公约所规定的各项经济、社会和文化权利，同时，也为在世界范围内促进人权的普遍享有作出自己应有的贡献。

（原载《〈经济、社会和文化权利国际公约〉研究》，2000 年）

---

① 参见刘楠来《中国参加国际人权活动情况》，载苏明主编《中国人权建设》，四川人民出版社 1994 年版，第 876、877 页。

② 2001 年 2 月 28 日，全国人民代表大会常务委员会决定批准经社文权利公约；同时，发表了以下三点声明：一、中华人民共和国政府对公约第八条第一款（甲）项，将依照中华人民共和国宪法、工会法和劳动法等法律的有关规定办理。二、公约适用于香港和澳门特别行政区，依照这两个特别行政区的基本法的规定，通过该特别行政区的法律予以实施。三、台湾当局于 1967 年 10 月 5 日盗用中国名义对公约所作的签署是非法的和无效的。

人权条约在中国法律体系中的地位

人权条约是国际条约的一种。按照国际法的要求，缔约国有义务在其国内适用它所缔结或者参加的国际人权条约。[①] 为了在其国内适用人权条约，缔约国首先必须将这条约纳入国内法，使其成为本国国内法的一部分。因为，一国的法院和其他执法机关在自己的执法活动中必须适用国内法，而没有义务适用国际法。中国著名的国际法学者李浩培教授指出："一个在国际上已生效的条约，其规定在各国国内得到执行，以得到各国国内法的接受为前提条件"。[②]

将人权条约纳入国内法如同其他国际条约一样通常有两种方式：转化和采纳。所谓转化，就是由国家通过立法将条约的内容规定在国内法律中，使条约的规定成为国内法律的规定。所谓采纳，就是由国家通过宪法或法律将条约宣布为国内法的一部分，使其具有与国内法律同样的效力。在一国以采纳方式将条约纳入国内法的情况下，会发生条约与该国宪法和法律的关系问题，即所谓的条约在一国国内法律体系中的地位问题。这一问题，照例是由一国的国内法处理的。由于各国的法律传统和法律规定不一，所以，在不同的国家中，国际条约的地位是不完全一样的。

在荷兰，国际条约的地位高于宪法和法律。该国宪法（1953 年）明文规定，只要国会以三分之二多数表决通过，条约的内容可以背离宪法（第 63 条）。包括宪法规定在内的法律规定，如其适用将与该法律规定制定以前或以后荷兰缔结的条约相抵触，都不应予以适用（第 65 条），且法

---

① 1969 年《维也纳条约法公约》第 26 条规定："凡有效之条约对其各当事国有约束力，必须由各该国善意履行。"

② 李浩培：《条约法概论》，法律出版社 1987 年版，第 380 页。

院无权判断条约是否符合宪法（第 60 条（3）项）。

在美国，按照宪法的规定，美国缔结的条约与宪法和联邦法律一样被看作是"美国全国的最高法律"，其地位与宪法和联邦法律相同，高于任何州的宪法和法律（第 6 条）。但是，美国的判例法有一项规则：与美国宪法相抵触的条约，在美国法中是无效的。[①] 据此规则，美国缔结的条约的地位是低于宪法的。

俄罗斯联邦 1993 年宪法规定，俄罗斯联邦宪法具有最高的法律效力。俄罗斯联邦缔结的国际条约是俄罗斯联邦法律体系的组成部分，其地位高于一般法律，但低于宪法。联邦宪法法院有权裁决不符合联邦宪法的国际条约不能生效和适用（第 15、125 条）。

阿根廷宪法（1853 年）与美国宪法一样，将阿根廷缔结的国际条约与宪法和根据宪法制定的国家法律并列，视为国家的最高法律。但是它于 1863 年颁布的第 48 号法律在关于阿根廷法院执行职务时应适用法律的优先顺序的规定中，将与外国缔结的条约置于宪法和国会通过的法律之后，而位于各省的法律和该国过去适用的一般法律和国际法原则之前（第 21 条）。

中国的宪法和法律没有对中国缔结的条约的法律地位作过一般的、原则性的规定；但是，我们可以从宪法和 1990 年缔结条约程序法关于权力机关缔结条约的职权和程序的规定中对此作出推断。按照这些规定，中国缔结的国际条约分为三类：一、由全国人民代表大会常务委员会决定批准的条约和重要协定，包括：①友好合作条约、和平条约等政治性条约，②有关领土和规定边界的条约、协定；③有关司法协助、引渡的条约、协定；④同中华人民共和国法律有不同规定的条约、协定；⑤缔约各方议定须经批准的条约、协定；⑥其他须经批准的条约、协定；二、由国务院核准即可在我国生效的协定和具有条约性质的文件；三、无须全国人大常委会决定批准或者国务院核准，由政府部门以自己的名义缔结的协定。[②] 依

---

① 李浩培：《条约法概论》，法律出版社 1987 年版，第 394 页。

② 《中华人民共和国宪法》第 67 条（14）、第 89 条（9），《中华人民共和国缔结条约程序法》第 7、8、9 条。

据法律文件的效力来自制定该文件的机关的规则加以判断，这三类条约的法律等级或法律效力分别相当于（一般）法律、行政法规和部门规章，均低于宪法和由全国人民代表大会通过的基本法律。[①]

在我国的学术著作中有时可以看到这样的观点，认为"条约和法律在中国国内具有同等的效力"。[②] 这是一种误解，因为它没有考虑到我国的法律分为一般法律和基本法律两类，它们具有不同等级的效力；同时，我国缔结的国际条约又分为三类，它们也具有不同等级的效力。在这种情况下，概括地说条约和法律具有同等的效力，不免失之笼统。

我国的宪法和法律，除《中华人民共和国香港特别行政区基本法》和《中华人民共和国澳门特别行政区基本法》以外，没有就人权条约的缔结、地位和适用问题专门作过规定。在《缔结条约程序法》第7条第1款列举的应由全国人大常委会决定批准的各种条约中，也没有提及人权条约；但是，这并不意味着我国目前不存在从中可推断出人权条约的法律地位的法律规定。应当认为，以上引证的据以推断国际条约地位的法律规定也是适用于人权条约的。特别是《缔约条约程序法》第1款（5）项，按照此项规定，凡缔约各方议定须经批准的条约，应由全国人大常委会决定批准。众所周知，国际人权条约一般都是由缔约各国议定须经批准，并在条约文本中有明文规定的。[③] 因此，我国缔结或者参加的国际人权条约均须按照该法的规定提交全国人大常委会审议批准；在得到批准后，取得相当于我国一般法律的地位。事实上，我国现已参加的一些主要国际人权条约，如《消除对妇女一切形式歧视公约》《儿童权利公约》等，都是由中国政府提请全国人大常委会审议批准的，它们当然取得相当于全国人大常委会通过的一般法律的地位。1997年中国签署的《经济、社会和文化权利国际公约》现已于2001年2月28日经全国人大常委会审议批准，1998年中国

---

① 按照我国宪法和立法法的规定全国人民代表大会和它的常务委员会通过的法律都是法律，而没有区分为基本法律和一般法律，其效力等级似乎是相同的。但是，从有关立法程序看，它们似乎又并不完全相同。所以，有将它们区分为基本法律和一般法律的意见。

② 王铁崖：《国际法引论》，北京大学出版社1998年版，第209页。

③ 《经济、社会、文化权利国际公约》第26条第2款，《公民权利和政治权利公约》第48条第2款，《防止及惩治灭绝种族罪公约》第11条第2款，等等。

签署的《公民权利和政治权利国际公约》也将提交全国人大常委会审议批准。在得到批准后，这两项人权条约也将在我国取得相当于一般法律的地位。

综上所述，按照我国现行的宪法和法律规定，中国缔结或者参加的国际人权条约，除少数由政府部门缔结的以外，一般都具有相当于一般法律的地位，在中国法律体系中低于宪法和基本法律，高于行政法规和部门规章。

这里有一个问题值得研究，即：赋予国际人权条约以一般法律的地位是否适当？众所周知，国际上缔结的人权条约，无论是《经济、社会和文化权利国际公约》《公民权利和政治权利国际公约》等综合性的，旨在全面促进和保护人权的条约，或是《消除对妇女一切形式歧视公约》《儿童权利公约》等促进和保护特定人权的条约，它们所涉及的权利和自由，绝大部分都是为维护人的尊严所必要的基本权利和自由，如人身自由、自由发表意见的自由、宗教信仰自由、通过选举参加公共管理的权利、集会、结社自由、劳动和休息权利、社会保障权利、受教育权、不受歧视的权利，等等。这些权利和自由，在中国都是由宪法规定的，被称为宪法权利。为了保护和保障这些权利和自由的实现，全国人民代表大会制定通过了一系列基本法律，如婚姻法、教育法、选举法等实体法，以及民事诉讼法、刑事诉讼法、行政诉讼法等程序法。只有个别宪法权利——劳动权例外，目前是由全国人大常委会通过的一般法律《中华人民共和国劳动法》加以保障的。对此，学界有一种意见认为，这是一种"立法错位"现象，主张规定劳动权的劳动法也应是基本法律，应由全国人民代表大会制定通过。① 应当认为，这一意见不是没有道理的。有鉴于此，考虑将国际人权条约的决定批准权改由全国人民代表大会行使，以便将人权条约的法律等级从一般法律提高至基本法律，也许是适宜的。如果这样，就有必要考虑对宪法和缔结条约程序法的有关条款进行必要的修订。

与人权条约在我国法律体系中的地位密切相关的一个问题是，当被纳入国内法的人权条约与我国的法律发生冲突时应当如何处理。

---

① 李步云主编：《立法法研究》，湖南人民出版社1998年版，第41页。

在一国缔结或者参加国际条约前，它通常需要做的一件事是仔细审查条约约文和本国现行的法律，以便防止条约规定与其国内法律规定发生冲突。为了消除可能的冲突，缔约方可以通过协商谈判以修改约文，也可以在签署或者批准条约时，对条约的某一或某些条款提出保留或发表解释性声明。此外，也可以采取修订法律的方法，以消除本国的法律与待签订的条约之间的冲突。中国在签署《公民权利和政治权利国际公约》前，曾先后对中国刑法和刑事诉讼法作了修订，其中有关死刑、无罪推定、罪刑法定、律师介入诉讼的时间等问题的规定，虽然与公约的相应规定还不完全相同，但在某种程度上已逐渐趋向一致。

尽管一国在缔结或者参加国际条约之前可以采取种种方法以防止本国法律与该条约发生冲突，对一国已经生效的条约与其国内法律发生冲突的情况仍然不可避免，甚至是经常发生的。因此，每一个希望积极参与国际合作的国家都必须认真考虑妥善解决条约与其国内法律冲突的问题，并为此建立必要的法律制度。

条约与国内法律冲突的解决，如同条约在一国国内法律体系中的地位一样，也是一个由一国的国内法处理的问题，各国有权自主决定其解决这一冲突的方法，除国际条约法中"一当事国不得援引其国内法规定为理由而不履行条约"①的规则外，不受其他国际法的约束。正因为如此，各国用来解决条约与国内法律冲突的方法是多种多样的。从各国的经验来看，这些方法主要有：①按照条约的要求，修订旧法律和制定新法律；②推定国内法律与条约一致；③赋予条约以与国内法律同等效力，适用"后法优于先法"原则；④视条约为特别法，适用"特别法优于一般法"原则；⑤适用"条约优于国内法"原则；⑥适用"国内法优于条约"原则，等等。

在中国《立法法》中已就如何解决国内法律之间的冲突的方法问题作了详细的规定，但没有包含有关用来解决条约与国内法律冲突的方法的规定。在实践中，使用的方法是多种多样的，包括修订旧法律、推定国内法律与条约一致、适用条约优先原则等。这些方法应当也是可以用来解决人权条约与中国法律的冲突的。

————————

① 《维也纳条约法公约》第 27 条。

　　修订旧法律是中国为消除条约与法律的冲突而使用的重要的有效方法。1982 年全国人大常委会通过的《中华人民共和国民事诉讼法（试行）》曾规定，申请人关于在外国执行判决的请求只能通过人民法院向外国法院提出（第 203 条）。此后，中国与一些国家缔结的司法协助协定规定，承认和执行缔约一方法院裁决的请求，应由当事人直接向另一方法院提出。① 显然，《民事诉讼法（试行）》的规定与该协定的规定是有冲突的。为了消除这一冲突，全国人民代表大会于 1991 年制定通过了新的《中华人民共和国民事诉讼法》对旧民事诉讼法的上述规定作了修改，规定当事人可以直接向有管辖权的外国法院申请承认和执行（第 266 条）。

　　推定条约与国内法律一致，是我国解决条约与国内法律冲突的另一方法，其典型实例是对于 1992 年《中华人民共和国领海及毗连区法》和 1982 年《联合国海洋法公约》关于军舰通过领海问题的规定的解释。1996 年 5 月 15 日全国人民代表大会常务委员会在其关于批准《联合国海洋法公约》的决定中曾经声明："《联合国海洋法公约》有关领海内无害通过的规定，不妨碍沿海国按其法律规章要求外国军舰通过领海必须事先得到该国许可或通知该国的权利"。正是基于这一声明，中国认为，中国《领海及毗连区法》要求外国军舰通过中国领海须经中国政府批准的规定，同《联合国海洋法公约》的相关规定是没有冲突的。

　　中国经常用来解决条约与国内法律冲突的方法之一是适用条约优先原则。这一原则体现在许多法律的规定中。最早规定这一原则的可能是 1982 年《民事诉讼法（试行）》，该法第 189 条宣布，"中华人民共和国缔结或者参加的国际条约与本法有不同规定的，适用该国际条约的规定，但是，我国声明保留的条款除外"。此后，数以十计的其他法律也都作了同样的规定。1991 年通过的新的《民事诉讼法》也重申了这一规定。由于这样的规定不断地重现于我国的法律中，而且几乎已成了许多法律用于解决条约与国内法律冲突的一种模式，有些学者因此认为，我国在条约与国内法关系问题上采取的是"优先适用条约规定"的一般立场，② 国际条约的地

---

① 《中华人民共和国和法兰西共和国关于民事、商事司法协助协定》第 20 条第 1 款。
② 万鄂湘等：《国际条约法》，武汉大学出版社 1999 年版，第 192 页。

位优于国内法。①

中国重视适用条约优先原则以解决条约与国内法律的冲突，有助于较好地体现我国善意履行条约义务的态度。所以，在可能的情况下，尽量适用这一原则是可取的。事实上，我国许多法律都规定适用这一原则以解决该法律与我国缔结或者参加的国际条约之间的冲突问题。然而，所有这一切还不足以证明我国已把"优先适用条约规定"作为处理条约与国内法关系问题的一般原则。因为，首先，我国宪法或者宪法性文件，或者包含有适用条约规则的法律都没有就条约与国内法律的关系问题作过原则性的、一般适用的规定。一些法律中的在条约与国内法律有不同规定情况下适用条约规定的规定，其适用范围应当认为仅限于作出此项规定的法律所调整的范围；其次，在我国的立法实践中，用于解决条约与国内法律冲突的方法，并不只是适用条约优先原则一种，而是还有其他方法；而且，从包含有优先适用条约条款的许多法律的规定中可以看出，条约优先原则往往是用于解决涉外法律关系中的条约与国内法律的冲突，对于非涉外法律关系或没有涉外因素的案件能否适用这一原则，还有待立法和司法机关作出说明。再次，《缔结条约程序法》第 7 条在列举应由全国人民代表大会常务委员会决定批准的国际条约时，把"同中华人民共和国法律有不同规定的条约、协定"也包括在内。② 这一规定说明，立法者认为，同我国法律有冲突的国际条约的生效和在中国的适用，必须由最高权力机关采取立法措施予以特别的同意。它从一个侧面证明，在国内法律与条约发生冲突情况下适用条约优先原则并不是普遍适用的一般原则。

应当指出，一国在决定其解决条约与国内法律冲突的方法时，虽然可以有多种选择；但是，这种选择并不是任意的，它不能不考虑到条约在该国法律体系中的地位。以中国为例说明。在中国，在条约的地位相当于一般法律这种情况下，为了解决条约与一般法律之间的冲突，决定适用条约优先原则，应当说是没有问题的。但是，如果为了解决条约与基本法律之间的冲突，那么，决定适用条约优先原则就不妥当了，而适用上位法优于

---

① 李浩培：《条约法概论》，法律出版社 1987 年版，第 395 页。
② 《缔结条约程序法》第 7 条（4）。

下位法原则才是合理的。可见，条约在一国法律体系中的地位，在很大程度上决定着可以用来解决条约与国内法律之间的冲突的方法。

（原载《依法治国与法律体系建构》，2008 年）

国际人权条约在国内的适用问题

　　国际人权条约在国内的适用，主要是指一国参加或者缔结的国际人权条约，在其国内法院审理有关案件时援引为法律根据的问题。这是一个在国际法理论和实践中比较清楚的问题，然而，近年来国际上出现的一些新的动向，使得这一问题重新引起了人们的注意。同时，这一问题对于我国具有重要现实意义。我国目前已参加多项国际人权条约，并将批准加入《公民权利和政治权利国际公约》。在国内如何适用这些国际人权条约是我国面临的不容回避的问题，而现行的法律对于这一问题却缺乏原则性的规定，所以，在今天来讨论国际人权条约的适用问题仍是很有必要的。

一　有关国际条约适用的一般理论和实践

　　长期以来，国际上已经形成有关国际条约的缔结、效力、适用等问题的一系列规则，这些规则适用于一切国际条约。国际人权条约是国际条约的一种，因此，它们也适用于国际人权条约。

　　国际条约，是各缔约国依据国际法签订的反映它们在特定问题上的共同同意的协定，一旦生效，对当事国即产生法律约束力。它们有义务按照条约信守原则善意地执行条约规定。在国内适用国际条约，是每一缔约国的义务，而且不能因为有国内法上的理由而拒不履行。对此，国际法有明确无误的规定："凡有效之条约对其当事国有约束力，必须由各该国善意履行"，"一当事国不得援引其国内法规定为理由而不履行条约"。①

　　在国内适用国际条约，是国际法对每一当事国提出的要求；而一个国

---

① 1969 年《维也纳条约法公约》第 26、27 条。

家以何种方式适用国际条约，却是由各该国依其主权斟酌决定，并由其国内法加以规定的事情。各国有权采取不同的方式使条约得到适用。国际法上不存在对所有国家都有约束力的关于条约适用方式的统一规定。国际法学者们指出，"国际法通常并不致力于它的规范的执行，而把它的实施委诸义务国。"① 这是因为，第一，国际条约作为国际法只对缔结或参加条约的国家（重点为笔者所加）有约束力，而并不直接约束这些国家的国家机关和公民个人；第二，国内法院和其他与执行国际法有关的国家机关在它们的执行活动中，必须适用国内法，即使国内法是与国际法相抵触的。② 当然，如果一国法院按照其国内法律作出判决，而该法律是违反国际法的，尽管该判决在其国内是有效的，这个国家应就其法院的判决承担国家责任。③

由于国内法院和其他国家机关在其执法活动中必须适用国内法，因此，为了使国际条约能够在一国国内得到执行，就需要将它的条款规定纳入（incoporation）国内法，使其成为国内法的一部分。我国著名的国际法学者李浩培教授指出，一个在国际上已生效的条约，其规定在有关国家内得到执行，是以得到各该国国内法的接受为前提条件的。④

在各国的实践中，将条约纳入国内法的方式基本上分为"采纳"（adoption）和"转化"（transfomation）两种。⑤ 所谓采纳就是通过宪法或法律规定，将条约宣布为国内法的一部分，使其具有与国内法同等的效力。其效果是，国内法院和其他国家机关可以像适用国内法律一样直接适用条约。因此，采纳方式也称为直接适用条约的方式。这种方式又有两种形式。一种形式是在宪法或法律中径直宣布国家缔结或者参加的条约是本国法律的一部分，如美国，其宪法第 6 条规定，根据美利坚合众国的权力缔

---

① ［奥］阿·菲德罗斯：《国际法》（上），商务印书馆 1981 年版，第 228—229 页。

② 参见 Lauterpacht's Collected Papers, Vol. I, pp, 151—152；转引自王铁崖《国际法引论》，北京大学出版社 1998 年版，第 193 页。

③ 《奥本海国际法》上卷第一分册，商务印书馆 1981 年版，第 26 页。

④ 李浩培：《条约法概论》，法律出版社 1987 年版，第 380 页。

⑤ 我国学者对 incoporation, adoption, transfomation 三词还有与此不同的翻译，例如，李浩培先生将其分别译为"接受"、"纳入"和"转变"。

结的一切条约，与本宪法和依据本宪法所制定的合众国法律，都是美国全国的最高法律，每个州的法官都应受其约束。日本和阿根廷的宪法也都作出同样意义的规定。另一种形式是在宪法或法律中规定，条约须经立法机关的批准或认可，一经公布即具有本国法律的效力，如法国，其宪法第55条规定，该国依法批准或者认可的条约或者协定，自公布后即具有高于各法律的权威。以这种形式处理条约与国内法律关系问题的，还有荷兰、葡萄牙等国。

转化是由国家通过立法将条约的内容规定在国内法律中，使条约的规定转化为国内法律的规定并予以适用的方式。国内法院和其他国家机关是通过适用国内法律来适用条约的，因此，也称为间接适用条约的方式。英国在传统上是采用转化方式适用条约的国家。在这个国家，签订和批准条约是女王的特权；为了在国内执行，条约的规定须经议会立法，将其转化为国家法律后才能适用。意大利也是这样的国家，按照其法律规定，议会授权总统批准条约和议会命令执行条约是两个不同的立法行为。条约经议会许可总统批准后，发生国际法上的效力；只有经过议会命令执行，条约才被接受为意大利的国内法，可被法院适用。

一个国家采用何种方式在其国内适用国际条约，一种可能是受到国际法理论中有关国际法与国内法关系的一元论和二元论的影响，而更重要的可能是由其法律传统所决定的，很难说，其中有什么特别的考虑。在采纳和转化两种方式的对比中，也很难说有优劣之分；因为，从执行条约的需要和效果来看，这两种方式均有它的可取之处。事实上，从一些国家适用条约的实践中可以看到，它们并不是始终如一地固守传统的适用条约的方式，在一定的情况下，它们会考虑采用与其不同的方式。例如美国按其宪法是以采纳方式直接适用条约的国家；然而，在那里，不仅存在间接适用条约的情况，而且这种实践已经成为美国的习惯法。1929年，美国最高法院法官马歇尔在福斯特诉尼尔森案的判决中，把美国缔结的条约区分为无须任何立法规定的助力即可在美国直接适用的自动执行条约和只有在立法机关作出补充法律规定的情况下才可加以适用的非自动执行条约。这一判决后来成了美国法院一系列判决所遵循的先例而成了美国的判例法。在美国的影响下，荷兰、法国等以直接方式适用条约的国家纷纷效尤，也将它们缔结或者参加的国际条约作了自动执行条约和非自动执行条约的区分，使一部分条约只有在有补充立法的情况下才能得到适用。这些国家之所以认为有必要将一些条约视为非自动执行条约，是有一系列理由和实践需要的。这些理由主要有：1. 有些条约明文规定缔约国须采取立法措施予以执行。缔约国以补充立法执行条约，是它的条约义务；2. 有些条约是政治性的，它所规定的权利和义务原则上只涉及缔约国国家本身；为了把这类条约的效力扩及自然人和法人，需要另以立法加以规定；3. 有些条约的规定只是确定了一些原则，或属于纲领性的；为了适用，需要有立法作出补充规定；4. 有些条约不是使用本国语文写成的；为了执行，有必要将其译成本国文字并以法律形式加以公布，等等。① 另一方面，我们也可以看到，一些传统上以间接方式适用条约的国家，也在一定情况下直接适用国际条约，英国、挪威两国近年来采取的一些立法措施，是特别明显的例证。

二　适用国际人权条约制度发展的新动向

国际人权条约是国际条约的一种。各国适用国际条约的法律制度，如同适用于其他国际条约一样适用于国际人权条约。很少有国家在法律上就人权条约的适用问题作专门的规定。然而，自 20 世纪 90 年代以来，至少有三个国家在这一方面作了规定，而且规定了与适用一般国际条约的方式不同的适用方式。

1992 年 4 月 2 日，美国参议院通过了批准《公民权利和政治权利国际公约》的决议，这一决议同时包含了美国对该公约提出的一些保留、谅解和声明，其中一项声明宣称，《公约》的第 1 条至第 27 条为"非自动执行条款"。如上所述，按照宪法的规定，作为一般规则，美国是将国际条约采纳为国内法以直接适用的方式适用它所缔结或者参加的国际条约的。参议院的决议将《公民权利和政治权利国际公约》宣布为非自动执行条款，意味着这一公约只有在得到国会补充立法的情况下才能适用，即间接适用。

---

① 李浩培：《条约法概论》，法律出版社 1987 年版，第 389—393 页。

　　1999 年 5 月 21 日，传统上实行间接适用国际条约制度的挪威，通过了一项名为"加强人权在挪威法律中的地位的法律"，亦称"人权法"，宣布承认《欧洲人权公约》《经济、社会和文化权利国际公约》及《公民权利和政治权利国际公约》是挪威国内法律的一部分，并规定，在这些国际人权条约与挪威国内法律发生冲突的情况下，前者具有优先地位。这一法律使得以上三项国际人权条约都能在挪威国内得到直接适用。

　　在此前不久，英国女王陛下在议会的建议和同意下，颁布了已于 2000 年 10 月 2 日生效的《1998 年人权法案》，专门就《欧洲人权公约》在英国的适用问题作了规定。这一法案的宗旨是"将权利带回家"，即：将《欧洲人权公约》规定的，由位于法国斯特拉斯堡的欧洲人权法院提供司法保护的权利"带回"到英国的国内法律体系，以便通过使个人能够在英国的国内法律程序中援引《欧洲人权公约》，而给予该公约以更多的效力。根据这一法案，英国的公共权力机关应当遵守《欧洲人权公约》，它所实施的违反《公约》规定的行为被认为构成违法行为。该违法行为的受害人有权在英国的法院对该行为提起诉讼，以请求救济。法院在依据英国法律审理案件时，应对法律作与《公约》规定保持一致的解释，并必须考虑到欧洲人权法院的判决、裁定、声明或咨询意见。如果法院认定公共权力机关的行为是违法行为，则应当给予受害人以公正和适当的救济。法院在这类诉讼中适用英国法律，而且必须是适用英国法律；但是，它可以确定英国的某一法律是否与《欧洲人权公约》的规定一致；如果确定不一致，法院可作出该法律与《公约》不一致的声明。随后，英国政府和议会应通过一快捷的补救程序修改该项法律，使其与《公约》相一致。英国的这一《人权法案》，不影响英国法律，包括与《公约》不一致的法律的效力、继续适用或执行，也没有将《欧洲人权公约》宣布为英国国内法的一部分。然而，它授权英国法院受理英国的公共权力机关违反《欧洲人权公约》的案件，并在实质上按照《公约》的规定对案件进行审理，从而以一种迂回方式使《欧洲人权公约》在英国得到某种程度的直接适用。①

　　美国、挪威和英国的这些立法活动互不相同，但是，它们有一个共同

---

　　① 参见英国驻华使馆：Law and Governance，Issue 2，2002.

点，即，都是用来专门处理国际人权条约的适用问题的，而且，都是采用了与各该国传统上适用一般国际条约的方式不同的方式。这些新的经验给我们带来许多启示，很值得仔细研究。

三　我国有关国际条约适用的立法和实践以及关于国际人权条约适用方式的思考

中华人民共和国自成立以来，缔结和参加了数量众多的国际条约。对于这些条约，中国政府一贯恪守条约信守原则，严肃认真地履行条约义务，并在国际上赢得了良好声誉。但是，应当指出，我国适用国际条约的法律制度并不健全、完善。这在一定程度上影响了包括国际人权条约在内的多种国际条约的顺利实施。

目前，我国宪法或宪法性法律文件都没有就条约的适用问题作出过原则性的一般规定。条约的适用问题，往往是以逐个处理的方式在各有关的法律中加以规定的。从现有的法律规定来看，我国既以采纳的方式直接适用条约，也以转化的方式间接适用条约，也有些条约的适用同时采用了采纳和转化两种方式。

最早以采纳方式适用条约的法律可能是 1980 年 9 月 10 日全国人民代表大会通过的《中外合资经营企业所得税法》，该法第 16 条（2）项规定："中华人民共和国政府和外国政府之间订有避免双重征税协定的，所得税的抵免应当按照各该协定的规定办理。"按照此项规定，我国法院或其他执法机关在处理中外合资经营企业所得税的抵免问题时，可以而且应当直接适用有关协定。此后，我国又制定通过了一些规定直接适用国际条约的法律，其中特别重要的法律有《民事诉讼法》《行政诉讼法》等基本法律。1982 年《民事诉讼法（试行）》和 1991 年《民事诉讼法》均包含以下条款规定："中华人民共和国缔结或者参加的国际条约与本法有不同规定的，适用国际条约的规定。但是，我国声明保留的条款除外。"《行政诉讼法》也作了同样的规定。我国立法关于直接适用国际条约的规定，由于最高人民法院发布的具有司法解释效果的文件而得到加强。1987 年 4 月10 日，最高人民法院发出《关于执行我国加入的〈承认及执行外国仲裁裁决公约〉的通知》，要求各高、中级人民法院立即组织审判、执行人员认真学习这一《公约》并"切实依照执行。"1989 年 6 月 12 日最高人民法院发出的《关于印发〈全国沿海地区涉外、涉港澳经济审判工作座谈会纪要〉的通知》，指示各地"自动直接适用"1980 年《联合国国际货物销售合同公约》。

以转化方式间接适用国际条约的法律也不少。1992 年和 1998 年先后颁布的《领海及毗连区法》和《专属经济区和大陆架法》是间接适用《联合国海洋法公约》的典型实例。属于这类法律的还有如《外交特权与豁免条例》（1986）、《领事特权与豁免条例》（1990）等，它们是我国分别加入《维也纳外交关系公约》和《维也纳领事关系公约》以后，为执行这两项公约而制定通过的。值得指出的是，这两项用来间接适用国际条约的法律都包含有以下内容的规定："中国缔结或者参加的国际条约另有规定的，按照国际条约的规定办理。"按照此项规定，《维也纳外交关系公约》和《维也纳领事关系公约》也都是可以在国内直接适用的。

关于国际人权条约在国内的适用方式问题，如同对于其他国际条约一样，在我国的法律中也没有作出过原则性的一般规定。从现有的法律规定和实践来看，实际上是既采用直接适用方式，又采用间接适用方式。上述的《民事诉讼法》和《行政诉讼法》的有关规定表明，在涉及人权的民事和行政诉讼中，如果我国的有关诉讼规定与我国缔结或者参加的国际人权条约有不同规定的，法院是可以而且应当直接适用国际人权条约的。在实际生活中，将国际人权条约的规定转化为国内法律间接地加以适用，则可能源于更多的情况。1982 年全国人民代表大会制定的《中华人民共和国妇女权益保障法》，确定了男女平等和禁止歧视妇女的原则，对妇女享有的权益，包括政治权利、文化教育权益、劳动权益、财产权益、人身权利、婚姻家庭权益等，作了全面规定，并且规定，当她们的合法权益受到侵害时有权获得行政和司法救济。这实际上是一部为实施我国于 1980 年批准参加的《消除对妇女一切形式歧视公约》，将其转化为中国法律的法律。1996 年 4 月 4 日，全国人民代表大会通过《中华人民共和国香港特别行政区基本法》，规定"《公民权利和政治权利国际公约》《经济、社会和文化权利国际公约》和国际劳工公约……通过香港特别行政区的法律予以实施"。后来通过的《澳门特别行政区基本法》也作了同样的规定。这是我国仅有的专门就国际人权条约适用方式作出规定的两部法律，都要求国际人权条约通过国内法（香港和澳门法律）间接地加以适用。它们的制定，是否意味着中国的立法者已经一般地确立了国际人权条约应通过国内法间接地适用的原则，并已决定将其作为一项原则，不仅适用于特别行政区，而且也适用于中国全境，则还是一个有待进一步立法行动加以明确的问题。

综合世界各国和我国的立法和实践情况考虑，视情况灵活运用直接适用和间接适用两种方式适用国际人权条约，当是一个正确的选择。鉴于上文述及的一些国家所以要间接适用国际条约的理由，而许多国际人权条约，如《公民权利和政治权利国际公约》，都具有宜于间接适用的国际条约的特征，我国确立在一般情况下均以间接方式适用国际人权条约的原则，也许是合适的；而且，间接适用方式也比较符合我国一贯强调的国际人权标准的实施应结合一国的具体情况的主张。不论以后会作何种选择，尽快采取立法措施，先从原则上解决国际人权条约在国内的适用问题，当是我国完善社会主义法制总任务中的一项重要课题。

（提交"当代人权理论与实践学术研讨会"的论文，2002 年 12 月 14 日）

适用国际人权条约的新动向

　　国际人权条约是国际条约的一种。各国适用国际条约的法律制度，如同适用其他国际条约一样适用于国际人权条约，很少有国家在法律上就人权条约的适用问题作专门的规定。然而，自 20 世纪 90 年代以来，至少有三个国家在这一方面作了规定，而且规定了与这些国家在传统上适用于一般国际条约的方式不同的适用方式。

　　众所周知，按照其宪法的规定，作为一般规则，美国是将国际条约采纳为国内法，以直接适用的方式适用它所缔结或者参加的国际条约的。人权条约作为国际条约的一种，当然也应适用这一规则。然而，美国参议院的一项决议作出了与此不同的规定。1992 年 4 月 2 日，美国参议院通过了批准《公民权利和政治权利国际公约》的决议，这一决议同时包含了美国对该公约提出的一些保留、谅解和声明，其中一项声明宣称，《公约》的第 1 条至第 27 条为"非自动执行条款"。参议院的决议将《公民权利和政治权利国际公约》宣布为非自动执行条款，意味着这一公约只有在得到国会补充立法的情况下才能适用，即间接适用。

　　1999 年 5 月 21 日，传统上实行间接适用国际条约制度的挪威，通过了一项名为"加强人权在挪威法律中的地位的法律"，亦称"人权法"，宣布承认《欧洲人权公约》《经济、社会和文化权利国际公约》及《公民权利和政治权利国际公约》是挪威国内法律的一部分，并规定，在这些国际人权条约与挪威国内法律发生冲突的情况下，前者具有优先地位。这一法律使得以上三项国际人权条约都能在挪威国内得到直接适用。

　　英国的宪政传统是女王及其政府行使缔约权，而立法权则掌握在议会手中，英国缔结的条约都要通过议会立法转化为国内法间接地加以适用，人权条约也是如此。然而不久前，英国女王在议会的建议和同意下颁布的，已于 2000 年 10 月 2 日生效的《1998 年人权法案》，专门就《欧洲人权公约》在英国的适用问题作出了与此通例不同的规定。这一法案的宗旨是"将权利带回家"，即：将《欧洲人权公约》规定的，由位于法国斯特拉斯堡的欧洲人权法院提供司法保护的权利"带回"到英国的国内法律体系，以便通过使个人能够在英国的国内法律程序中援引《欧洲人权公约》，而给予该公约以更多的效力。根据这一法案，英国的公共权力机关应当遵守《欧洲人权公约》，它所实施的违反《公约》规定的行为被认为构成违法行为。该违法行为的受害人有权在英国的法院对该行为提起诉讼，以请求救济。法院在依据英国法律审理案件时，应对法律作与《公约》规定保持一致的解释，并必须考虑到欧洲人权法院的判决、裁定、声明或咨询意见。如果法院认定公共权力机关的行为是违法行为，则应当给予受害人以公正和适当的救济。法院在这类诉讼中适用英国法律，而且必须是适用英国法律；但是，它可以确定英国的某一法律是否与《欧洲人权公约》的规定一致；如果确定不一致，法院可作出该法律与《公约》不一致的声明。随后，英国政府和议会应通过一快捷的补救程序修改该项法律，使其与《公约》相一致。英国的这一《人权法案》，不影响英国法律，包括与《公约》不一致的法律的效力、继续适用或执行，也没有将《欧洲人权公约》宣布为英国国内法的一部分。然而，它授权英国法院受理英国的公共权力机关违反《欧洲人权公约》的案件，并在实质上按照《公约》的规定对案件进行审理，从而以一种迂回方式使《欧洲人权公约》在英国得到某种程度的直接适用。①

美国、挪威和英国的这些立法活动互不相同，但是，它们有一个共同点，即都是用来专门处理国际人权条约的适用问题，而且，都是采用了与各该国适用一般国际条约的方式不同的方式。

（原载《学习时报》2003 年 1 月 6 日）

---

① 参见 The British Embassy：Law and Governance，Issue 2，2002。

中日适用国际人权条约
制度的比较

国际人权条约是国家之间为促进和保护人权而签订的协定。按照国际法的一般规定，条约一旦生效，各缔约国就应诚实履行实施条约的法律义务，而其中最为重要的义务则是由其法院和其他国家机关以一定方式在其国内适用条约的规定。一国以何种方式适用国际条约，属于各该国依其主权自主决定的问题，应由其国内法加以规定。由于各国的法律传统不同，它们在这一方面的制度往往是有差异的。

中日两国都是许多国际人权条约的参加国，同样承担着在国内适用这些条约的义务。以比较研究的方法探讨两国适用人权条约的法律制度很有现实意义。本文拟从国际人权条约纳入国内法的方式，国际人权条约在国内法律体系中的地位和国际人权条约在国内的适用三个方面作些初步分析。

一　国际人权条约纳入国内法的方式

人权条约是国际条约的一种。按照国际法的一般要求，缔约国有义务在其国内适用它们所缔结或者参加的国际人权条约。[1] 由于一国的法院和其他国家机关在其执法活动中必须适用本国国内法，而没有义务适用国际法；所以，为了使国际人权条约能够在国内得到适用，缔约国首先必须将该条约纳入（incoporation）国内法，使其成为本国国内法的一部分。对

---

[1]　1969 年《维也纳条约法条约》第 26 条规定："凡有效条约对其各当事国有约束力，必须由各该国善意履行。"

此，世界各国的国际法学者，无论在国际法与国内法的关系问题上持一元论或二元论观点的学者的意见都是一致的。① 奥地利著名学者阿·菲德罗斯指出："国际法通常并不致力于它的规范的执行，而把它的实施委诸义务国。"② 这是因为，第一，国际条约作为国际法只对缔结或参加条约的国家有约束力，而并不直接约束这些国家的国家机关和公民个人；第二，国内法院和其他与执行国际法有关的国家机关，在它们的执法活动中必须适用国内法，即使国内法是与国际法相抵触的。③ 中国著名国际法学者李浩培教授说得很清楚，他说，一个在国际上已生效的条约，其规定在有关国家内得到执行，是以得到各该国国内法的接受为前提条件的。④

一国以何种方式将国际条约纳入国内法，是由各该国的法律加以规定的。在日本，宪法对此有相当明确的规定。按照宪法的规定，日本实行立法、行政、司法三权分立制度。与其他国家缔结条约的权力由政府行使；而政府缔结的条约，在缔结前或缔结后须得到行使立法权的国会的承认。条约在得到国会的承认后即成为日本的法律。⑤ 可见，日本是采用通过立法程序使条约成为本国法律的方式将条约纳入国内法的，⑥ 这就是所谓的采纳（adoption）方式。美国、法国、荷兰等国也都采用这种方式将国际条约纳入国内法。

在中国，与外国缔结条约的权力，如同日本一样，也属于政府；而批准条约的程序则较日本复杂。按照中华人民共和国《宪法》的 1990 年《缔结条约程序法》的规定，中国缔结的条约分为三类：第一类是以条约为名称的国际条约和重要协定，此类条约须经全国人民代表大会常务委员

---

① 李浩培：《条约法概论》，法律出版社 1987 年版，第 380 页；王铁崖：《国际法引论》，北京大学出版社 1998 年版，第 198 页；［日］寺译一、山本草二主编：《国际法基础》，中国人民大学出版社 1983 年版，第 96 页；［苏］童金主编：《国际法》，法律出版社 1988 年版，第 72 页。

② ［奥］阿·菲德罗斯：《国际法》，上册，商务印书馆 1981 年版，第 228—229 页。

③ 参见 Lauterpacht's Collected Papers, Vol. Ⅰ , pp. 151 - 152；转引自王铁崖：《国际法引论》，北京大学出版社 1998 年版，第 193 页。

④ 李浩培：《条约法概论》，法律出版社 1987 年版，第 380 页。

⑤ 日本《宪法》第 59、73 条。

⑥ 日本《宪法》并没有专门就国际人权条约的纳入方式作出规定。由于国际人权条约属于国际条约的一种，所以，宪法有关条约的一般规定也适用于国际人权条约。中国的情况也是如此。

会决定批准才能生效；第二类是以协定为名称的国际条约和具有条约性质的文件，经国务院核准即可生效；第三类是由政府各部门以自己的名义缔结的协定，此类条约无须全国人民代表大会常务委员会的批准或国务院核准即可生效。① 中国法律没有专门就国际人权条约的批准程序作过规定。考虑到这类条约涉及公民的基本权利，在内容和意义上都具有重要性，在我看来，它们当属第一类条约，须由全国人民代表大会常务委员会决定批准。而且，正因为国际人权条约具有这样的重要性，所以，缔约各国在议定条约约文时往往要求这类条约须经批准。例如，《经济、社会和文化权利国际公约》《公民权利和政治权利国际公约》等许多国际人权条约均包含有"本公约须经批准"的条款规定。② 根据《中华人民共和国缔结条约程序法》关于缔约各方议定须经批准的条约的批准由全国人民代表大会常务委员会决定的规定，③ 也应当认为，国际人权条约必须得到全国人大常委会的批准。事实上，中国缔结或者参加的国际人权条约，迄今为止都是经全国人大常委会审议后决定批准的。

　　关于如何将国际条约纳入国内法的问题，中国的宪法和法律都没有作出过原则性的一般规定，因此，是不明确的。目前，中国的学术界和立法机关正在就这一问题进行深入讨论，以便今后能在立法中加以明确。

　　尽管如此，通过对于中国有关适用条约的一些法律规定的考察，我们可以清楚看到，中国实际上在以多种方式实现将条约纳入国内法的过程。一种方式是采纳，另一种方式是转化（transfomation），此外，也有同时采用这两种方式的。

　　最早以采纳方式将条约纳入国内法的法律可能是 1980 年 9 月 10 日通过的《中外合资经营企业所得税法》，该法第 16 条（2）项规定："中华人民共和国政府和外国政府之间订有避免双重征税规定的，所得税的抵免应当按照该协定的规定办理。"按照此项规定，中国法院和其他国家机关

---

①　参见《中华人民共和国宪法》第 67 条（14）、第 89 条（9），《中华人民共和国缔结条约程序法》第 7、8、9 条。

②　《经济、社会和文化权利国际公约》第 26 条（2），《公民权利和政治权利国际公约》第 48 条（2）。

③　《中华人民共和国缔结条约程序法》第 11 条。

在处理中外合资经营企业所得税的抵免问题时，可以而且应当将有关的避免双重征税协定视作国内法律而直接地加以适用。此后，中国又制定颁布了许多包含有同样的或类似的条款规定的法律。例如，1982 年《民事诉讼法（暂行）》和 1991 年《民事诉讼法》均规定："中华人民共和国缔结或者参加的国际条约同本法有不同规定的，适用该国际条约的规定，但中华人民共和国声明保留的条款除外。"根据这些法律规定，有一些学者甚至得出结论认为，似乎中国在总体上是以采纳方式将条约纳入国内法的。①

应当指出，中国不仅以采纳方式，而且也以转化方式将条约纳入国内法。所谓转化方式，就是通过制定新法律或者修订旧法律，将有关条约的内容规定在法律中，使条约的规定转化为国内法律的规定。采用这种方式将条约纳入国内法的事例很多。例如，中国在批准《联合国海洋法公约》前后，为了在国内执行这一公约，先后制定了《领海及毗连区法》和《专属经济区及大陆架法》。这两项法律的许多规定直接来自于《公约》，有些条款规定则是转述了《公约》的规定。再例如，中国在 1980 年批准了《消除对妇女一切形式歧视公约》以后，于 1992 年制定了《中华人民共和国妇女权益保护法》。此外，中国也不乏同时采用采纳和转化方式将条约纳入国内法的情况，其典型实例是，中国在 1986 年和 1990 年先后制订了《外交特权与豁免条例》和《领事特权与豁免条例》，以转化方式将于 1975 年和 1979 年加入的《维也纳外交关系公约》和《维也纳领事关系公约》纳入了国内法，而这两项条例又都包含有以下规定："中国缔结或者参加的国际条约另有规定的，按照国际条约的规定办理……。"按照此项规定，上述两项公约也应被认为已经以采纳方式纳入了中国国内法。可见，中国的立法实践在将国际条约纳入国内法的方式上是不拘一格的，具有很大的灵活性，即：视条约的不同而选择采用不同的纳入方式。鉴于国际条约本身的多样性和复杂性，中国的这种实践不能说是没有道理的。

---

① 钱戈平：《关于条约在中国国内法上的适用问题》，载朱晓青、黄列主编《国际条约与国内法的关系》，世界知识出版社 2000 年版，第 188 页。

二　国际人权条约在国内法律体系中的地位

在一国以采纳方式将国际条约纳入国内法，从而使该条约成为国内法一部分的情况下，不可避免地会产生条约在其国内法律体系中的地位，即与其宪法和其他法律的关系问题。

日本宪法在规定以采纳方式将条约纳入国内法的同时，也明确了被纳入国内法的条约与宪法的关系。日本《宪法》第 98 条规定："本宪法乃国家最高法规，违反其条款的法律、命令、诏书及关于国务的其他行为全部或一部均不生效。"可见，在日本的法律体系中，宪法位于最高层，法律处于宪法之下而不得与它抵触。日本国会所承认的国际条约，作为日本的法律，也是处于宪法之下，不得与宪法相抵触的。否则，它就不可能得到国会的承认。在这一方面，日本的制度似乎与美国相同，而不同于法国和荷兰。至于被承认的国际条约与其他法律之间的关系问题，在日本的宪法中找不到明确的回答。日本早稻田大学宪法学教授户波江二认为，在日本，"条约的国内法效力，具有仅次于宪法而优越于其他法律的效力。"而且，这一观点已在理论和实务中获得广泛承认。①

在中国，被纳入国内法的条约与宪法之间的关系是明确的。《中华人民共和国宪法》在其序言中指出，"本宪法……规定了国家的根本制度和根本任务，是国家的根本法，具有最高的法律效力。全国各族人民、一切国家机关和武装力量、各政党和各社会团体、各企业事业单位，都必须以宪法为根本的活动准则，并且负有维护宪法尊严、保证宪法实施的职责。"根据这一宣告，中国缔结的一切条约，无论是由全国人大常务委员会批准的条约和重要协定，或是由国务院核准的协定和由政府各部门以自己的名义缔结的协定，其地位均低于宪法，而不得与宪法有抵触。《立法法》第78 条规定："宪法具有最高的法律效力，一切法律、行政法规、地方性法规、自治条例、规章都不得同宪法相抵触"，也清楚地说明了这种关系。

---

① ［日］户波江二：《〈公民权利和政治权利国际公约〉第 19 条在日本的实施》，载《国际法与比较法评论》第 1 卷，北京大学出版社 2000 年版，第 32 页。

中国缔结或者参加的国际条约与中国其他法律的关系则远较其与宪法的关系复杂，看来，也比日本的条约与法律的关系复杂。众所周知，按照中国宪法和2000年《中华人民共和国立法法》的规定，中国的法律体系自上而下由宪法、基本法律和一般法律、行政法规、地方性法规以及部门规章和地方政府规章等多个层级组成，它们各自的效力不等，一层高于一层，上位法高于下位法。① 如上所述，中国缔结或者参加的国际条约分为三类；按照法律的效力来自于有权制定该项法律的机关的规则进行判断，这三类条约的国内法效力是不一样的，由全国人大常务委员会批准的条约和重要协定的效力相当于一般法律；由国务院核准的协定的效力相当于行政法规；而由政府各部门以自己的名义缔结的协定的效力相当于部门规章。它们与其他法律之间的关系，需要在它们所属的中国整个法律体系中，依据《立法法》确定的规则加以判断。《立法法》详细地规定了不同层次的法律之间的关系。根据这些规定，第一类条约的效力低于基本法律，而高于行政法规、地方性法规和部门规章；第二类条约的效力低于基本法律和一般法律，而高于地方性法规和部门规章；第三类条约的效力则低于法律和行政法规，而与地方性法规相当。② 国际人权条约属于第一类条约，所以，它们的效力相当于一般法律，而低于基本法律，高于行政法规、地方性法规和部门规章。

三　国际人权条约在国内的适用

一个国家在其国内如何适用国际条约，是与该国将条约纳入国内法的方式紧密联系在一起的。以采纳方式纳入条约的国家，因为条约已成为其国内法律，所以，国家机关通常是直接适用条约。在以转化方式纳入条约的国家，一般情况下，条约是在被转化为国内法律以后而间接适用的。然而，世界各国适用条约的具体情况表明，实行直接适用制度的国家在一些情况下也间接适用条约；而实行间接适用制度的国家在一些情况下也直接

① 详见《中华人民共和国立法法》第78—86条。
② 同上。

适用条约。前者如美国。美国以采纳方式纳入条约，因而在原则上是直接适用条约的国家。但是，自1929年以来，美国已形成将美国缔结的条约区分为自动执行和非自动执行两类条约的习惯法。自动执行条约可由美国法院和其他国家机关直接适用；非自动执行条约则只有在国会通过有补充立法的情况下才能适用，即只能间接适用。1992年4月2日，美国参议院在通过批准《公民权利和政治权利国际公约》的决议时曾专门发表声明，宣称《公约》的第1条至第27条是"非自动执行条款"。按照这一声明，这一公约在美国只能间接适用。后者如英国。英国是以转化方式纳入条约，通过适用议会立法间接适用条约的国家。然而，英国在1998年通过了旨在将《欧洲人权公约》规定的权利"带回家"的《人权法案》；按照这一法案，英国法院在很大程度上可以直接适用《欧洲人权公约》。与英国一样在传统上也是实行间接适用制度的挪威，在1999年制定了一项名为"加强人权在挪威法律中的地位的法律"，宣布《欧洲人权公约》《经济、社会和文化权利国际公约》及《公民权利和政治权利国际公约》是挪威国内法律的一部分，并规定，在这些国际人权条约与挪威国内法律发生冲突的情况下，前者具有优先地位。根据这项法律，上述三项国际人权条约都能在挪威得到直接适用。

日本以采纳方式将国际条约纳入国内法，条约在得到国会的承认后即成为日本的法律。所以，日本是实行直接适用制度的国家。对此，日本宪法有相当明确的规定："日本所缔结的条约及业经确立之国际法规须诚实遵守之"。（第98条第2款）按照日本政府在议会的说明，这项条款规定不仅意在使日本在对外关系上受国际法和条约的约束，而且也使日本政府、立法和司法机关以及国民在国内都受其约束。这样，国际法和条约不经转化，显然可以由日本的各主管机关予以适用。[①] 户波江二在论及宪法的这一条款时也谈了同样的看法，他说，"除条约中抽象的政治宣言性的内容外，原则上条约均可解释为不经特别程序即可与国内法通用。"国际人权条约的实施也是一样，"不需要采取特殊的立法措施即可将国际人权

[①]　李浩培：《条约法概论》，法律出版社1987年版，第386页。

条约直接作为国内法实施。"①

中国宪法没有包含有关适用国际条约的方式的明示规定。各类国际条约的适用制度往往是由有关的法律加以规定的。从这些法律的规定中可以看出，中国适用条约的方式，与将条约纳入国内法的方式一样，是多种多样的。以采纳方式纳入国内法的条约直接适用，以转化方式纳入国内法的条约，则通过适用有关国内法律间接地适用。有些条约则既直接适用，又间接适用。值得指出的是，中国有两项法律明确规定，国际人权条约需经转化为国内法而间接地加以适用。对此作出明确规定的法律是《香港特别行政区基本法》和《澳门特别行政区基本法》，这两项法律都规定："《公民权利和政治权利国际公约》《经济、社会和文化权利国际公约》和国际劳工公约……通过香港（澳门）特别行政区的法律予以实施。"香港和澳门都是中国的特别行政区，在这两个行政区实行的社会、政治、法律制度有别于整个中国实行的制度。因此，按照两个基本法在这里实行的间接适用国际人权条约的制度并不一定适用于整个中国。然而，两个基本法的这一规定似乎可以认为在很大程度上反映了中国立法者在适用国际人权条约问题上的基本态度。实际上，上文提及的中国为执行《消除对妇女一切形式歧视公约》而制定了《妇女权益保障法》的事实也表明了中国立法者的这一态度。

从世界各国适用国际人权条约的实践来看，无论是采用直接方式或是间接方式，对于全面、顺利实施条约都是有利有弊的。正因为如此，不少国家都在不断完善它们适用条约的法律制度；中日两国虽然都在不同程度上建立了适用条约的制度，但不容讳言，它们适用条约的实践还不是很丰富，在适用条约的过程中仍然存在不少问题。在这种情况下，对现行的适用人权条约的制度进行目的在于不断完善的深入研究，无疑是很有必要的。

---

① ［日］户波江二：《〈公民权利和政治权利国际公约〉第 19 条在日本的实施》，载《国际法与比较法评论》第 1 卷，北京大学出版社 2000 年版，第 32 页。

关于我国是否加入人权
两公约的意见

为了适应我国改革开放、社会主义现代化建设事业和创造更加有利的国际环境的需要，外交部及时就我国是否加入人权两公约事征求意见，是完全正确的。经我们认真研究，认为我国尽快签署《经济、社会和文化权利国际公约》和《公民权利和政治权利国际公约》，是十分必要的。现仅就加入的理由和有关问题提出以下意见，供参考。

一、《经济、社会和文化权利国际公约》和《公民权利和政治权利公约》，是世界各国人民长期斗争的结果，并非仅是西方国家当权者意志的反映。我国完全可以对人权两公约作出自己的解释，更加主动地拿起它们为我所用。

二、加入"人权两公约"已是国际潮流。"人权两公约"自1966年联合国大会通过后至1981年年底的15年间各有60余国加入，平均每年约4个国家。在这以后的10年间又有约50个国家加入，平均每年5个国家。加入"人权两公约"的过程呈加速趋势。目前联合国的大多数成员国已成为两公约的缔约国。在安理会5个常任理事国中，英、法和前苏联已早在1981年前加入两公约，美国则于去年加入了《公民权利和政治权利国际公约》。日本、德国也早已加入。在第三世界国家中，印度、埃及、巴西等重要国家业已加入。在原社会主义国家集团中，只有中国和古巴尚未加入。我国是世界上尚未批准"人权两公约"的唯一大国，显得很突出。联合国秘书长曾多次敦促尚未加入两公约的国家完成批准、加入的手续。我国加入人权两公约已势在必行。

三、我国加入"人权两公约"具有充分条件和坚实基础。1. 我国的执政党是工人阶级政党。我们的国家是人民的国家。我们党的宗旨，国家的性质必然决定我们的党和国家是最尊重和保护人权的党和国家。这是我们的根本优势，其他国家无法与我们相比拟。2. 我国的人权立法和人权实践尽管还有不足，但并不逊色于其他国家。我国人权立法与"人权两公约"的精神是完全一致的，没有相背之处。我国在人权保护方面做了大量工作，成绩巨大。我国人权实现的状况以我国的发展水平来衡量，可以自豪地讲是相当好的。因此我们在人权问题上完全可以是主动的，理直气壮的。参加"人权两公约"无论在立法上和实践上均不存在不能克服的困难。3. 我国一贯承认和尊重联合国宪章保护和促进人权的宗旨和原则，积极参与联合国人权领域的活动。截止1992年底，我国已加入联合国主持下制定的9项国际人权公约。"人权两公约"是最重要、最基本的国际人权公约。我国代表曾在联合国一再公开表示，两公约对实现联合国宪章尊重人权的宗旨和原则有积极意义。因此，加入这两项公约是我国在国际人权合作中合乎逻辑的行动。

四、加入"人权两公约"对我国有利。1. 关心人权、保护人权，是世界的时代潮流。我国作为社会主义国家从来就把充分全面实现人权作为自己为之奋斗的崇高目标。加入"人权两公约"，更高地举起人权的旗帜，可以大大提高我国的国际形象。2. 人权并非资产阶级的专利，西方国家也不是人权"楷模"。它们无论在立法、制度和实践上都存在一大堆亟待解决的问题。加入"人权两公约"，可以使我国在国际人权斗争中处于更加主动的地位，有利于宣传我国的成就，开展有理、有利、有节的斗争，扩大我国的影响，为我国改革开放和社会主义现代化建设创造良好的国际环境。3. 标榜人权的美国民主党当选总统克林顿即将上台。我国在加入国际人权公约，参加国际人权合作方面表现出主动和积极态度，可以起到釜底抽薪的作用，有利于化解美国对中国的人权攻势，维持和改善中美的正常关系。4. 1993年6月，联合国将召开第二次世界人权大会。会上，发展中国家与某些西方国家之间不可避免地会发生一场争斗。我国如能在这次会前宣布加入"人权两公约"的意向，将能取得最大的宣传效果，也能加强我国和发展中国家在会上的有利地位。5. 加入"人权两公约"也有助于加强我国社会主义民主和社会主义法制建设，增强广大人民的人权意识，提高干部与群众、群众与群众之间互相尊重各自享有的法律权利的自觉性，有利于我国进一步完善人权立法和改善人权状况。

五、为了防止西方国家利用"人权两公约"干涉我国内政，我国加入"人权两公约"时可以采取以下措施。1. 不承认人权事务委员会接受与审议一国指控另一国的权限。根据《公民权利和政治权利国际公约》第41条第1款的规定，公约缔约国得随时声明承认根据公约设立的人权事务委员会接受和审议一缔约国指控另一缔约国的通知的权限。据截止1992年3月的资料，在加入该公约的112个国家中仅有36个国家发表了这样的声明。这一事实说明公约第41条规定的制度并不是很受欢迎的，我国没有必要发表这一声明。2. 不承认人权事务委员会接受和审议个人指控的权限。联合国大会在通过《公民权利和政治权利国际公约》的同时，还通过了一个任择议定书，规定根据公约设立的人权事务委员会有权接受和审议成为本议定书缔约国的公约缔约国管辖下的个人指控该国的来文。据截止1992年3月的资料，加入该议定书的国家为66个，刚刚超过当时加入《公民权利和政治权利国际公约》的112个国家的一半。我国主张人权本质上是一国主权范围内的管辖事项，没有必要加入该议定书。3. 对人权两公约共同的第1条关于自决权的规定发表解释性声明。鉴于国内外有人企图在自决权的幌子下策划西藏、台湾分裂的阴谋，我国在加入"人权两公约"时，对其中的自决权一词的含义作出我们的解释也许是适宜的。印度为防止国家分裂，在批准"人权两公约"时曾就其中的第1条作过如下声明："该条中出现的'自决权'一词仅适用于处在外国统治下的人民，而不适用于主权独立国家或作为一个民族整体的实体的人民或民族的一部分"。印度的这一解释性声明值得我们借鉴。

六、加入"人权两公约"之后，有必要对我国某些国内法规定逐步地加以适当调整。我国人权立法的精神与"人权两公约"的精神是一致的，原则上不存在加入"人权两公约"的障碍，但是，也有一些问题需要作些调整，这些问题大体可以分为三类。

（一）我国现行法律没有规定的

1. 罢工权。《经济、社会和文化权利国际公约》第8条第1款（丁）

规定，缔约国应保证罢工权。我国现行宪法和法律均没有规定这一权利，这一权利在以前的宪法中曾作过规定，可是在 1982 年宪法中删除了。我国现行法律无罢工权规定，但也没有禁止罢工的规定，从法律不禁止的就是容许的一般法理来说，可以讲我国实际上是承认罢工权的。但是，为了与国际公约接轨，可以在适当时候，在宪法或者劳动法中规定罢工权。

2. 迁徙自由。《公民权利和政治权利国际公约》第 12 条第 1 款规定，每一个人均有权享受迁徙自由。我国宪法和法律中没有相应的规定，在实践中还多少有所限制，如限制农村人口进入城市。然而，由于市场经济的发展，粮食价格的放开、人口流动的增加，以及对外开放的扩大，进出境限制的缩小，承认迁徙自由势在必行，可以考虑在适当时候在宪法中加以明文规定。

（二）我国现行法律规定不明确或不具体的

1. 请求国家赔偿权。《公民权利和政治权利国际公约》第 9 条第 5 款和第 14 条第 6 款规定，遭受非法逮捕或拘禁的受害者和被误判受到刑罚的人有权得到赔偿。我国宪法第 41 条规定，由于国家机关和国家工作人员侵犯人民权利而受到损失的人，有依照法律规定取得赔偿的权利。我国民法通则和行政诉讼法对此也有请求赔偿的规定。正在加紧起草的国家赔偿法正式出台后，这个问题应可得到适当解决。

2. 无罪推定问题。《公民权利和政治权利国际公约》第 14 条第 2 款规定，凡受刑事控告者，在依法证实有罪之前，应有权被视为无罪。我国刑诉法第 12 条关于"未经人民法院判决，对任何人都不得确定有罪"的规定，可以理解为承认无罪推定。可考虑在修改刑事诉讼法时，明确规定无罪推定原则。

3. 关于刑事被告辩护准备时间问题。《公民权利和政治权利国际公约》第 14 条第 3 款（乙）规定，应保证受刑事控告者有相当时间和便利准备他的辩护并与他自己选择的律师联络。我国刑事诉讼法第 110 条规定，人民检察院的起诉书副本至迟在开庭七日之前送交被告人。根据全国人大常委会 1983 年 9 月 2 日通过的关于严惩严重危害社会治安的犯罪分子的决定，对于杀人等严重危害公共安全应当判处死刑的犯罪分子，可以不受上述规定的送达起诉书副本的时间的限制。对于这些规定，国际上有人认为，我国法律没有保证受刑事控告者有足够的准备辩护的时间。我们认为，我国有必要在适当时候修改刑事诉讼法时适当延长刑事被告辩护准备时间。

（三）我国现行法律规定与《公约》规定有出入的

1. 18 岁以下的罪犯不能判死刑问题。《公民权利和政治权利国际公约》第 6 条第 5 款规定，对 18 岁以下的人所犯的罪，不得判处死刑。我国刑法第 44 条规定："已满 16 岁不满 18 岁的，如果所犯罪行特别严重，可以判处死刑缓期 2 年执行"。这一规定与公约有出入，可以用加入公约时作保留解释或者用修改刑法两种方式来解决。

2. 关于不能强迫承认犯罪。《公民权利和政治权利国际公约》第 14 条第 3 款（庚）规定，不能强迫受刑事控告者作不利于他自己的证言或强迫其承认犯罪。我国刑事诉讼法第 64 条规定，被告人对侦查人员的提问应当如实回答。实践中，我国还执行"坦白从宽，抗拒从严"的政策。我国有必要对刑事诉讼法中的有关规定作相应的修改。

（应外交部要求提交的意见书，1992 年 12 月）

关于加入《经济、社会和文化权利国际公约》的研究报告

　　今年 4 月 7 日，江泽民主席在会见法国国防部长时说："我们曾多次积极评价《经济、社会和文化权利国际公约》和《公民权利和政治权利国际公约》。经过认真研究，中国首先准备在今年年底之前签署联合国《经济、社会和文化权利国际公约》。"这一宣告，在国际上引起了很大反响，受到了广泛的欢迎。目前，国内有关部门正在就签署该项公约的问题进行研究。近年来，我们在这一方面也作了一些研究。为了配合国家签署以及以后批准该项公约的工作，现将我们研究的情况和结果报告如下：

　　一、《经济、社会和文化权利国际公约》是联合国为实施《联合国宪章》促进尊重人权的宗旨和原则而主持制定的一项重要国际人权公约，它与《世界人权宣言》和《公民权利和政治权利国际公约》一起构成"世界人权宪章"。截止 1995 年 6 月 30 日，已有 132 个国家批准了公约，另有 3 个国家在公约上签了字，其中有英、法、德、日、加拿大、澳大利亚等西方国家，印度、伊朗、菲律宾、埃及、阿尔及利亚、南非、巴西、阿根廷等发展中国家。前社会主义国家苏联、波兰、捷克斯洛伐克、罗马尼亚、南斯拉夫，现社会主义国家越南、朝鲜等也加入了这一公约，没有加入公约的国家有印尼、马来西亚、新加坡等。美国政府在卡特任期内曾经有意加入公约，但是，由于国内有反对意见而至今没有作出加入的决定。联合国秘书长曾多次发出呼吁，敦促更多的国家加入这一国际公约。

　　我国是联合国的创始会员国，又是安理会的常任理事国，一贯承认和尊重联合国促进尊重人权的宗旨和原则，积极参与联合国促进和保护人权的活动，并曾多次高度评价《经济、社会和文化权利国际公约》和《公

民权利和政治权利国际公约》在促进和保护人权方面的积极意义。加入《经济、社会和文化权利国际公约》，将是我国为实现联合国的宗旨和原则所作的又一贡献，符合我国在国际人权事务方面的一贯立场。它将突出表明中国对于国际人权活动的积极态度，有利于进一步提高我国的国际形象，使我国在国际人权斗争和合作中处于更加有利的地位。加入《经济、社会和文化权利国际公约》，对于促进我国的民主和法制建设，进一步提高人民的生活质量也将起到积极作用。

二、《经济、社会和文化权利国际公约》是一项对其缔约国有法律约束力的国际条约。我国一旦加入公约，就承担了在国内采取步骤，逐步实施公约所规定的各项经济、社会和文化权利的条约义务，必须按期向联合国秘书长提交关于为实施这些权利而采取的措施和取得的进展的报告，并接受经济、社会和文化权利委员会对报告的审议。因此，在履行加入公约的法律手续之前，必须以严肃认真的态度，对公约的各项条款进行细致的研究，以便准确地把握公约规定的内容和精神，明确公约对缔约国的要求。为此，除需要对公约的各项条款进行解读外，还有必要了解这些条款产生的历史和背景，研究负有审议缔约国报告职责的经济、社会和文化权利委员会所提出的"一般性意见"。还有必要对我国的宪法、法律、法规和现行政策与公约的相关规定进行对照研究，找出二者一致和不一致的地方。最后，要在这些研究的基础上，决定是否要对公约的哪些条款提出保留或发表解释性声明。

《经济、社会和文化权利国际公约》是建立在国家主权原则的基础之上的，以缔约国的自愿同意为其效力根据。因此，缔约国有权对其不能接受或一时不能实施的条款提出保留或发表声明。由于这一公约施加于缔约国的义务，只是尽最大能力采取步骤，以便用一切适当方法，逐步达到充分实现公约承认的权利，所以，我国无须对那些一时还不能完全实施的条款提出保留或发表声明，只是对于那些与我国法律规定有抵触或者规定不一致的条款，才有必要这样做。在决定是否提出保留或发表声明时，可参考其他国家在签署和批准公约时已经提出的保留和声明。

三、我们对《经济、社会和文化权利国际公约》和我国宪法、法律、法规和现行政策的相关规定作了对照研究，总的认识是，《经济、社会和文化权利国际公约》的宗旨和原则，与我国的社会主义制度、宪法原则和人权观是一致的，公约有关权利保护的大部分条款与我国现行法律规定也是一致的。我国对于人权的保护，在有些方面如对于妇女权利的保护，甚至超出了公约的要求。仅有有限的几项公约条款与我国的法律规定稍有抵触或不完全一致。对于这些不一致，不难通过在签署公约时提出保留或发表解释性声明或通过以后修改法律的办法予以协调。因此，我国在今年年底前签署《经济、社会和文化权利国际公约》是不存在困难的。

根据我们的研究，与我国法律规定有出入，因而有必要对其提出保留或发表声明或需要修改法律的公约条款，主要有以下几条：

1. 公约第 8 条第 1 款（甲）规定，人人有权组织工会和参加他所选择的工会。《公民权利和政治权利国际公约》也有与此相同的规定。我国宪法承认"公民有结社的自由"。工会法也规定，"以工资收入为主要生活来源的体力劳动者和脑力劳动者都有依法参加和组织工会的权利。"这些规定在原则上与公约的规定是一致的。但是，按照工会法第 10 条"全国建立统一的中华全国总工会"的规定，我国的劳动者是不被承认有组织和参加全国总工会系统以外的工会的权利的，就此而言，是与公约的规定不一致的。在我国目前的发展阶段，容许工会多元化对于保持国家稳定和维护职工权利并不有利，因此，我们还不能完全实施公约的这一条款，而有必要对它作出一定的限制。鉴于我国宪法承认公民有结社的自由，我们不宜简单地对公约的这一条款提出保留。比较适当的办法是发表如下解释性声明：中华人民共和国声明，第 8 条第 1 款（甲）所规定的组织工会和参加工会的权利将依照中国的法律行使。

2. 公约第 8 条第 1 款（丁）规定，缔约国应保证罢工权。罢工是劳动者用来维护自身权益的一种手段，在许多国家的宪法中，都被规定为公民享有的一种宪法权利。这一权利，就其性质而言，属于社会权利而不是政治权利，它产生于劳资关系中，也是主要用于处理劳资关系的。因此，罢工权被规定在《经济、社会和文化权利国际公约》中，而在《公民权利和政治权利国际公约》中并没有它的地位。在我国的现实生活中，存在着罢工现象。1975 年和 1978 年宪法曾经规定公民有罢工的自由。1982 年修宪时，将这一自由删除了。目前，我国现行法律中既没有承认罢工权的规定，也没有禁止罢工的规定。从工会法第 25 条看，我国对职工正当的罢工行为实际上是加以保护的。考虑到我国现在处于社会主义的初级阶段，实行社会主义公有制为主体，多种所有制经济共同发展的基本经济制度，劳动纠纷在所难免。为了保护劳动者的合法权益，承认他们有罢工权是必要的。当然，罢工的发生，可能会给社会带来一些负面影响；但是，如果我们制定法律，对罢工权的行使规定一些合理的限制，不难把它的消极影响限制在可以容许的范围之内。所以，我们的意见是，没有必要对公约的罢工权条款提出保留。可在以后适当时机通过修宪程序，在宪法中重新规定罢工自由。在签署公约时，可发表以下声明：中华人民共和国政府接受第 8 条第 1 款（丁）项的原则，并将制定法律，以保障和规范罢工权的行使。

3. 公约第 13 条第 4 款规定，缔约国不得干涉个人或团体设立及管理教育机构的自由。按照公约第 2 条第 2 款规定的，缔约国应保证普遍行使公约所宣布的权利，不能因宗教等而有任何区别的原则，以及第 13 条第 3 款关于缔约国应尊重父母使他们的孩子能按照他们自己的信仰接受宗教和道德教育的自由等等规定，这里所说的个人和团体设立教育机构的自由应认为包括设立宗教学校的自由在内。我国新近颁布的《社会力量办学条例》第 5 条规定，"社会力量不得举办宗教学校和变相宗教学校"，与公约的这一条款有抵触。在我国不准备修改这条规定的情况下，需要对公约的这一条款提出保留或发表声明：在中华人民共和国境内，个人或团体设立教育机构的自由将依照中国的有关法律行使。

四、关于自决权问题，《经济、社会和文化权利国际公约》和《公民权利和政治权利国际公约》都在第 1 条用同样文字规定，所有人民都有自决权，他们凭这种权利自由决定他们的政治地位，并自由谋求他们的经济、社会和文化的发展。所有人民得为他们自己的目的自由处置他们的天然财富和资源。在这一条中，两个国际人权公约还规定，缔约各国应促进自决权的实现，并尊重这种权利。联合国人权事务委员会的"一般性意见"指出，自决权具有特别重要的意义，因为自决权的实现是有效保障和遵守个人人权和促进及巩固这些权利的基本条件。

在人权公约中单独规定自决权，是社会主义国家和第三世界国家提出的，目的主要在于支持殖民地人民争取民族解放，建立独立国家的斗争。为了维护自己的经济权益，发展中国家还力争把对于自然资源的永久主权观念纳入自决权的范围，在政治内容以外，又赋予它以经济内容。多数西方国家，特别是欧洲殖民大国，从一开始就反对将自决权规定在人权公约中。联合国大会第三委员会是以 33 票赞成，12 票（西方国家）反对，13 票弃权的表决结果通过自决权条款草案的。在讨论过程中，西方国家得以用"自由处置他们的天然财富和资源"的措辞替代了对于自然资源的永久主权的概念，并用"不损害根据基于互利原则的国际经济合作和国际法而产生的任何义务"来限制它的行使。目前，包括美、英、法、德等主要西方国家在内的所有公约缔约国都接受了公约规定的自决权。

关于自决权，国际上主要在两个问题上有不同意见。

1. 自决权的主体。1952 年联合国大会曾通过一个《关于人民和民族的自决权的决议》。根据这项决议，自决权的主体包括人民（people's）和民族（nation's）。前苏联为制定国际人权公约而提出的关于自决权的第一个草案也规定，人民和民族享有民族自决权。但是，在后来的联合国的文件中，包括《给予殖民地国家和人民独立宣言》《经济、社会和文化权利国际公约》《公民权利和政治权利国际公约》《关于各国依联合国宪章建立友好关系及合作的国际法原则宣言》等在内，都与《联合国宪章》中"人民自决"的措辞保持一致，只是说所有人民有自决权，而没有再提民族有自决权。

《经济、社会和文化权利国际公约》的规定是"所有人民都有自决权"；但是，公约没有给"人民"下定义，从而为对"人民"一词作出不同解释提供了方便。前苏联代表在该条草案获得通过后说，"从讨论中已经很清楚，'人民'一词包括国家和种族"。印度在加入该公约时发表声明说，自决权仅适用于外国统治下的人民，而不适用于主权独立国家或者人民或民族的一个部分，对"人民"一词作了狭义解释。对于印度的这一声明，法、德等国提出了反对，认为自决权适用于所有人民，而不仅仅是外国统治下的人民。也有学者以前苏联的加盟共和国为例，认为多民族国家中，事实上和宪法上达到与国家的其他组成部分同等规模的一个民族，也享有自决权。现在多数国家和学者倾向于对"所有人民"作广泛的解释，即指所有国家的人民。但是，尽管对"人民"有各种各样的解释，绝大多数国家和学者在一国国内的少数民族不享有自决权这一点上却是一致的。

2. 自决权的内容。正如上述印度的声明所表明的，一些国家和学者只承认自决权是从外国统治下获得独立的权利，是种外部自决。但是，更多的国家和学者，特别是西方国家在承认自决权具有对外方面内容的同时，还认为自决权有它的对内方面，即内部自决。按照这种观点，实现自决是一个持续不断的过程。一国人民推翻殖民统治，建立自己的独立国家，是实现了外部自决；但这并不意味着已经完全实现了自决权。已经取得独立的国家的人民还应该有选择他们的政府的形式，决定国家的社会、经济和文化政策的内部自决权，包括进行革命的权利。根据公约关于所有人民凭其自决权，不仅可以自由决定他们的政治地位，而且可以自由谋求他们的经济、社会和文化的发展的规定，许多学者都认为，自决权不仅具有政治方面的内容，而且还有经济、社会和文化方面的内容，即可分为政治自决、经济自决、社会自决和文化自决。联合国人权委员会下设的防止歧视和保护少数小组委员会的一位特别报告员，曾根据经济和社会理事会的授权，对自决权的历史和当前的发展作了一番研究，在他提交的报告中，对于自决权的政治、经济、社会和文化方面的内容有相当详细的阐述。

值得指出的是，联合国的所有成员国在承认处于殖民统治和外国统治下的人民有取得独立的自决权的同时，都认为自决权不能用于破坏或损害主权独立国家的领土完整和政治统一。这一观点已经载入联合国大会于1970 年未经投票即获通过的《关于各国依联合国宪章建立友好关系及合作的国际法原则宣言》，成为国际社会公认的一般国际法规则。

总之，现在国际上普遍地把自决权理解为是一国人民所享有的集体人权，人民依据这一权利，对外可以争取和维护国家的独立，对内自主决定本国的政治制度和经济、社会、文化发展。一国国内的少数民族不享有自决权。自决权不能被用于破坏或损坏主权独立国家的领土完整和政治统一。这一自决权概念，有利于被压迫民族和人民反对外来统治，争取和维护国家的主权与独立，也是同我国特别强调的"各国都有权选择符合本国国情的社会制度、发展战略和生活方式。各国的事情要由各国人民自己做主"（江泽民总书记在党的十五大的报告）的主张相一致的。因此，公约的自决权条款是我国在决定签署《经济、社会和文化权利国际公约》时可以接受的。接受这一条款，不会给我国的领土完整和政治统一造成危害，而且还有利于我们反对外来的对于我国人民自己选择的社会制度和发展道路的干涉。在联合国的会议上，中国代表曾不止一次肯定地谈到人民和民族自决权，并且认为"《经济、社会和文化权利国际公约》和《公民权利和政治权利国际公约》把'所有人民都有自决权'列为首条首位，无疑是十分重要的"（1982 年 6 月 23 日在联合国召开的亚洲人权讨论会上的发言），实际上已经向国际社会表明了我国对于两个国际人权公约中自决权条款的赞同态度。

关于加入《公民权利和政治权利国际公约》问题的研究报告

今年 6 月 17 日，江泽民主席在接受美国记者采访时说，我国准备在今年秋天签署《公民权利和政治权利国际公约》（以下简称《公约》）。去年，钱其琛副总理兼外长也曾对新闻界发表过类似的讲话。这表明了我国对《公约》的原则立场，也把我国加入《公约》的问题提上了议事日程。近年来，我们对《公约》及其加入问题作了研究。现将研究情况报告如下，供中央领导和有关部门参考。

一　我国加入《公约》的重要意义

《公约》是联合国为实施《联合国宪章》促进尊重人权的宗旨和原则，在《世界人权宣言》之后，由联合国大会于 1966 年 12 月 16 日通过的，它与《世界人权宣言》和同它一起通过的《经济、社会和文化权利国际公约》共同构成"世界人权宪章"，被认为是最重要的国际人权文书之一。《公约》于 1976 年 3 月 23 日生效。截止 1998 年 8 月 20 日的统计，有 144 个国家加入了这一公约，其中包括美、英、法、德、日、加、澳等发达国家，印度、伊朗、菲律宾、埃及、阿尔及利亚、尼日利亚、巴西、阿根廷等发展中国家，以及俄国、波兰、捷克和斯洛伐克、南斯拉夫、越南、朝鲜等。没有加入《公约》的国家有印尼、马来西亚、新加坡、古巴等。在联合国安全理事会的五个常任理事国中，只有我国尚未加入。

我国是中国共产党领导的人民民主专政的社会主义国家，尊重和保障人权是国家的本质特征之一。江泽民同志指出："共产党执政就是领导和支持人民掌握管理国家的权力，实行民主选举、民主决策、民主管理和民主监督，保证人民依法享有广泛的权利和自由，尊重和保障人权"。

我国是联合国的创始会员国，又是安理会的常任理事国，一贯承认和尊重联合国促进尊重人权的宗旨和原则，积极参与联合国促进和保护人权的努力。在联合国讲坛和其他国际场合，我国代表不止一次对《世界人权宣言》《经济、社会和文化权利国际公约》及《公民权利和政治权利国际公约》给予高度评价。加入《公约》符合我国的社会主义性质和我国在国际人权事务方面的一贯立场，是我国为实现联合国的宗旨和原则所作的又一贡献。它将突出表明我国对于国际人权活动的积极态度，进一步提高我国的国际形象，有利于消除国外一些人的偏见，使我国在国际人权的斗争和合作中处于更加有利的地位。它有利于发扬社会主义民主，健全社会主义法制，必将对依法治国，建设社会主义法治国家，实现宪法所确定的"把我国建设成为富强、民主、文明的社会主义国家"的目标起到积极的作用。

二 我国加入《公约》将要承担的基本义务

《公约》由序言和六个部分的条款规定组成，共53条。

第一部分即第1条，规定人民的自决权。第二部分（第2—5条）规定缔约国根据《公约》所应承担的一般义务。第三部分（第6—27条）是《公约》的核心，列举了缔约国应采取措施在其国内实施的各项公民权利和政治权利。第四部分（第28—45条）规定设立人权事务委员会作为监测《公约》实施情况的机构，并对它的组成、职权和议事程序作了规定。第五部分（第46、47条）是有关《公约》与《联合国宪章》、联合国机构之间的关系和各国人民对于自然财富和资源的固有权利的规定。第六部分（第48—53条）规定了《公约》的批准、生效和修正程序。加入《公约》，在法律上不仅意味着对上述《公约》内容的承认，而且意味着要承担相应的义务。对于准备加入《公约》的国家来说，首先要认真考虑的是加入后将要承担的义务。

《公约》是一项对其缔约国具有法律约束力的国际条约。根据《公约》规定，我国加入《公约》后将承担的基本义务是：尊重和保证我国领土内和受我国管辖的一切个人无区别地、特别是男女平等地享有《公约》所承认的各项权利；在现行立法或其他措施没有对这些权利作出规定的情况下，采取步骤，以采纳为实施这些权利所必需的立法或其他措施；在任何人根据《公约》享有的权利受到侵犯的情况下，保证他们得到有效的补救。在社会处于紧急状态情况下，国家可以采取措施克减上述义务，但是，有关生命权、禁止酷刑、废除奴隶制和奴役、不因未履行契约义务而受监禁、罪刑法定、人人应被承认法律面前的人格以及思想、良心和宗教自由的义务不得克减，也不得与其承担的其他国际法义务相抵触。根据《公约》第40条的规定，我国在加入《公约》后还将承担向人权事务委员会提交有关实施《公约》情况的报告的义务。值得注意的是，缔约国根据《公约》承担的义务，与它根据《经济、社会和文化权利国际公约》所承担的义务有很大的不同。根据后一公约规定，缔约国只承担采取措施"逐步实施"公约所承认的各项权利的义务；而根据《公民权利和政治权利国际公约》，缔约国应承担"立即实施"《公约》所承认的各项权利和自由的义务。这一情况，要求我们在签署和批准《公约》前对它进行更加审慎、更加细致的研究。

经过研究，我们认为，不仅《公约》的宗旨和原则与我国的宪法原则和人权理论是一致的，而且，由于改革开放以来，我国在完善社会主义法制和保护人权立法方面取得了很大进步，《公约》有关权利保护的绝大部分条款与我国现行法律的具体规定也是一致或基本一致的。可以说，我国已具备履行《公约》义务的条件，现在签署和批准《公约》在法律上不存在无法克服的困难。同时，也要看到，在我国法律的规定与《公约》的规定之间还存在一些不尽一致和个别抵触之处，但这些不一致或抵触并不构成我国加入《公约》和履行《公约》义务的障碍。因为，在国际法律实践中，公约缔约国的法律与所加入的公约之间存在不一致或抵触乃是一个普遍现象；而且，《公约》与我国已经签署的《经济、社会和文化权利国际公约》一样，都是建立在国家主权原则的基础之上的，以缔约国的自愿同意为其效力根据。我国在签署和批准《公约》时，有权对其中与我国法律不一致或有抵触，因而是我国不能接受或暂时不同意实施的条款发表解释性声明或提出保留。此外，还可以在条件成熟时，对我国现行法律进行必要的修改和补充。

三　关于自决权

《公约》与《经济、社会和文化权利国际公约》一样，在第 1 条用同样文字规定，所有人民都有自决权，他们凭借这种权利自由决定他们的政治地位，并自由谋求他们的经济、社会和文化的发展。缔约各国应促进自决权的实现，并尊重这种权利。《公约》所设立的人权事务委员会在其"一般性意见"中指出，自决权具有特别重要的意义，因为自决权的实现是有效保障和遵守个人人权和促进及巩固这些权利的基本条件。

自决权条款最初是由社会主义国家和第三世界国家提出来的。在联合国大会第三委员会将该条款付诸表决时，主要西方国家都投了反对票。但它们在签署和批准《公约》时，并没有对这一条款提出异议。国际上，在自决权的主体和自决权的内容这两个问题上曾有一些不同看法。关于自决权的主体，联合国早期文件并无明确表述。按照《联合国宪章》，自决权的主体是"人民"（people）。1952 年联合国大会通过《关于人民和民族的自决权决议》宣称，人民与民族应先享有自决权，然后才能保证充分享有一切基本人权。据此，民族与人民都是自决权的主体。但是，后来所有的联合国文件，包括两个国际人权公约在内，都只称"所有人民都有自决权"。联合国的文件没有对"人民"一词下过定义。前苏联代表认为："'人民'一词包括国家和种族"。印度在加入两个国际人权公约时发表声明说，自决权仅适用于外国统治下的人民，而不适用于主权独立国家或者人民或民族的一部分，从而对作为自决权主体的"人民"一词作了狭义的解释。法、德等国对印度的这一声明提出了反对，认为自决权适用于所有人民，而不仅仅是外国统治下的人民。值得注意的是，尽管对"人民"一词有不同的解释，却从来没有一个联合国文件或其他国际文件承认过一国国内处于少数地位的民族或人民的一部分享有自决权的。关于自决权的内容，有的国家和学者把自决权看作是从外国统治下获得独立的权利，即外部自决或对外自决，但更多的国家和学者除承认自决权的对外方面外，还认为自决权有它的对内方面，即内部自决。一国人民在推翻外国统治，建立自己的国家，即实现外部自决之后，还应该有选择自己的政府的形式，决定本国的社会、经济和文化政策的自决权，包括进行革命的权利。一些学者还认为，自决不只限于政治自决，还包括经济自决、社会自决和文化自决。问题在于，一国内部的一部分人民或民族是否能够以行使自决权为名，采取危及国家领土完整和政治统一的分离或分裂活动。对此，国际社会是持否定态度的。联合国大会于 1970 年未经投票即予通过的《关于各国依联合国宪章建立友好关系及合作的国际法原则宣言》宣告，关于自决权的规定，不得解释为授权或鼓励采取任何行动，局部或全部破坏或损害自主独立国家的领土完整或政治统一。

总之，自决权是一项基本人权，也是国际法上的一项重要权利。依据这一权利，人民对外可以争取和维护国家独立，对内自主决定本国政治制度和经济、社会、文化发展。自决权不得被用于破坏或损坏主权独立国家的领土完整和政治统一。这一自决权概念，同我国强调的"各国都有权选择符合本国国情的社会制度、发展战略和生活方式。各国的事情要由各国人民自己做主"的主张是一致的。我国在加入《公约》时接受自决权条款没有困难。事实上，中国代表在联合国召开的会议上不止一次地表明过对于自决权的赞同态度。

四　与我国法律不尽一致或有抵触的《公约》条款和我国应采取的相应对策

经初步研究，我们认为，与我国法律规定不尽一致或有所抵触并因此需要对其发表解释性声明或提出保留的《公约》条款有第 6 条第 2、4 款、第 12 条第 1 款、第 15 条第 1 款和第 22 条第 1 款。与我国法律规定不尽一致，但不需要对其发表声明或提出保留，而只需今后适当修改我国法律的《公约》条款有第 7 条，第 8 条第 3 款和第 9 条第 1 款、第 9 条第 2 款、第 10 条第 2 款、第 14 条第 3 款（乙）、（庚）、第 14 条第 7 款、第 19 条第 1、2 款和第 20 条第 1、2 款。兹简述如下：

1. 按照《公约》第 6 条第 2、4 款的规定，只有对最严重的罪行，即故意杀人并招致被害人死亡的罪行以及其他极端严重的罪行才能判处死刑；被判死刑的人应有权要求赦免或减刑。根据有关的解释，"其他极端严重的罪行"也主要是与危害生命相关的。我国刑法虽然规定死刑只适用于极其严重的犯罪，但可适用死刑的罪名，除故意杀人罪外，还包括危害国家安全罪、危害公共安全罪、侵犯公民人身权利罪、经济犯罪等 60 余种罪名，挂有死刑的条款有 51 个，适用死刑的范围与《公约》规定的范围有较大不同。我国也没有被判处死刑的人有权要求减刑或者赦免的规定。因此，有必要声明：考虑到惩罚犯罪、保护人民，维护社会正常秩序的需要，中国在目前还不能废除对罪行极其严重的犯罪分子适用死刑；但死刑的判决和执行将严格按照中国的法律和有关程序进行。同时，中国将会努力减少死刑的适用。

2.《公约》第 7 条禁止对任何人施加酷刑或残忍的、不人道的或侮辱性的待遇或刑罚。未经本人自由同意，不得对任何人施以医药或科学试验。我国已加入禁止酷刑公约。我国法律也明文禁止酷刑和禁止使用任何方法对公民进行侮辱，并规定对实施酷刑和侮辱他人人格尊严的行为，依法追究刑事责任；不过，尽管实践中没有、也不允许以人体进行科学试验的事例，但法律中却缺少有关未经本人同意不得对其实施科学试验的明文规定。对本条没有必要发表声明或提出保留，可以考虑在今后修订有关法律时增加这方面的内容。

3.《公约》第 8 条第 3 款和第 9 条第 1 款禁止强迫和强制劳动，但依照法庭命令要求被拘禁的人从事的劳动或其他工作、服务、不在禁止之列。《公约》还保护人人享有人身自由和安全；除非依照法律规定的根据和程序，任何人不得被剥夺自由。我国的法律规定与《公约》的这些规定基本上是一致的。但是，我国的劳动教养制度不经司法程序即剥夺被劳动教养者的人身自由，这是与《公约》的规定相抵触的。由于我国在原则上是反对强迫劳动，重视维护人身自由，非经法律程序不得剥夺个人人身自由的，因此不宜对《公约》的这些条款提出保留或发表旨在限制它们效力的声明。较好的办法是尽早改变劳动教养制度，对于应劳动教养者，通过简易司法程序判定适当期限的工读矫正，而且，教管期限不宜过长。

4.《公约》第 9 条第 2 款规定，被逮捕人在被逮捕时应被告知逮捕他的理由。我国法律规定，公安机关拘留（逮捕）人后，应当把拘留（逮捕）的原因和羁押的场所，在二十四小时以内通知被拘留（逮捕）人的家属或者他的所在单位，与《公约》的规定不完全相符。有必要在以后作适当修订。

5. 《公约》第10条第2款规定，被控告的人与被判刑的人，被控告的少年与成年人应分别看管。我国法律只有未成年人与成年人分别看管的规定，而没有被控告人与被判刑人分别看管的一般性规定。在以后修订法律时有必要增加这一内容。

6. 《公约》第12条第1款规定，每一个人都有迁徙自由和选择住所的自由。我国1954年宪法曾规定有居住和迁徙自由，在以后的几部宪法中，没有规定迁徙自由，也没有禁止迁徙自由。按照我国法规，居民从城市迁农村，从大城市迁小城镇，一般不受限制；相反，如果从农村迁城市，从小城镇迁大城市，则要受限制。这与《公约》的要求不完全符合。但是，在目前条件下，我国对迁徙自由作一定限制又是必要的。因此，可以考虑对这一条款发表声明：中国赞同公民的迁徙和选择住所的自由，但是，考虑到中国的实际情况，这一自由将逐渐地得到实施。与此同时，也可以考虑在宪法中恢复迁徙自由的规定，同时附上自农村迁入城市须遵守城市管理制度的但书。

7. 《公约》第14条第3款（乙）规定，受到刑事指控的人应有时间和便利准备辩护并与自己的律师联络。人权事务委员会的"一般意见"指出："律师应可在充分守秘的情况下与被告联系。"我国法律规定，被告人有权自己辩护，也可委托律师辩护，这是与《公约》的要求一致的。但是法律又规定，律师会见在押犯罪嫌疑人，侦查机关可以派员在场。这项规定与《公约》的要求不符。在修订法律时，应予修改。

8. 《公约》第14条第3款（庚）规定，不得强迫刑事被告人作不利于他自己的证言或强迫他承认犯罪。此项规定，含有不得接受用强迫方法获得的证据的要求。我国法律禁止刑讯逼供和使用其他非法方法收集证据，其精神与《公约》一致。但是，我国法律没有以刑讯逼供方法取得的口供不得作为证据的规定；同时，要求犯罪嫌疑人"如实回答"侦查人员的提问，这些规定是与《公约》的要求不符的。我国在批准禁止酷刑公约时，对其第 15 条："不得援引任何业经确定系以酷刑取得的口供为依据……"的规定，没有提出保留。因此，对《公约》的这一条款也不宜提出保留；然而，应该在以后修订法律时补充有关内容。

9.《公约》第 14 条第 7 款规定有一事不再理原则，对任何人在依法判定有罪或无罪以后，不得就同一罪名对他再予审判或惩罚。我国的司法制度奉行实事求是，有错必究的原则。对于已经发生法律效力的判决或裁定，如果发现在认定事实或适用法律上确有错误，当事人可以提出申诉，要求重新审判，司法机关也可主动地依照审判监督程序提起再审。这一原则和做法与《公约》规定虽有出入，但符合司法公正的要求。因此，不必发表声明。

10.《公约》第 15 条第 1 款规定了罪刑法定原则和法律适用上的从旧兼从轻原则，即，任何人的行为或不行为，依照当时的法律不构成犯罪的，均不得认为犯有刑事罪，所加的刑罚也不得重于犯罪时适用的规定。如果犯罪之后法律规定了较轻的刑罚，犯罪者应予减刑。我国的法律也规定了同样的原则。不过，我国刑法还规定，在新法施行以前，依照当时的法律已经作出的生效判决，继续有效。这样，从旧兼从轻原则只适用于正在进行中的案件，而不适用于已作出生效判决的案件。因此，在签署或批准《公约》时，有必要如同有些国家那样发表声明：此项规定仅适用于尚未作出确定判决的案件。

11.《公约》第 19 条第 1、2 款规定，人人有持有主张的权利、自由发表意见的权利，包括寻求、接受和传递消息和思想的自由。我国法律规定了公民有言论、出版等自由，基本上与《公约》的要求一致，但在内容上还不够具体，今后在修改法律时有必要加以改进。

12.《公约》第 20 条第 1、2 款禁止鼓吹战争的宣传和鼓吹民族、种族或宗教仇恨，要求在法律上加以规定。我国法律将煽动民族仇恨、民族歧视的行为规定为犯罪，但是，我国法律没有禁止鼓吹战争的宣传和禁止鼓吹宗教仇恨的规定，今后可考虑增补。

13.《公约》第 22 条第 1 款规定，人人有权享受与他人结社的自由，包括组织和参加工会的权利。我国宪法和法律承认公民有结社自由、有参加和组织工会的权利，但是，按照工会法的规定，我国的劳动者是没有组织和参加全国总工会系统以外的工会的权利的，这与《公约》的规定有抵触。但是，我国目前不能实行工会的多元化，因此，有必要发表声明：组织和参加工会的权利将依照中国的法律行使。

五　涉及《公约》实施的几个问题

1. 关于第 41 条人权事务委员会接受和审议一缔约国指控另一缔约国的通知的职权。《公约》第 41 条规定，人权事务委员会具有接受和审议一缔约国指控另一缔约国未执行《公约》规定的通知的职权。按照该条规定，声明承认委员会这一职权的缔约国，如果认为同样声明承认委员会这一职权的另一缔约国没有执行《公约》的规定，它可以用书面通知该国注意此事项。若双方未能就此事项取得满意的处理，它有权用通知的方式将此事项提交委员会。委员会则应召开秘密会议审议这一通知并提出报告。委员会也应对有关缔约国提供斡旋，以求得事项的友好解决。第 41 条的这一授权涉及一个重要问题，即主权国家是否同意其他国家或国际机构干预其国内的人权事务。从国际法上讲，按照国家主权原则，一个国家是可以同意，也可以不同意的，正是基于这一原则，《公约》把是否承认人权事务委员会这一职权的问题留给缔约国自己决定，缔约国可以发表声明承认委员会这一职权，也可以不发表这样的声明。对于没有发表声明的缔约国，发表声明的缔约国没有权利向人权事务委员会提出针对它的指控，委员会也无权受理这一类指控。截止 1998 年 8 月，发表声明承认人权事务委员会这一职权的国家有 43 个。第 41 条已于 1979 年 3 月 28 日生效，但迄今为止，没有一个承认委员会这一职权的国家使用过这一程序。我国一贯认为人权问题本质上属于一国的国内事务，原则上应由各国自己处理，反对外国或国际机构进行干预或干涉，基于这一立场，我国不应发表承认人权事务委员会接受和审议国家之间指控的职权的声明。

2. 关于《公民权利和政治权利国际公约（第一）任择议定书》

联合国大会在通过《公约》时，还通过了一个关于个人申诉程序的《议定书》，按照该议定书，人权事务委员会有权接受并审议成为《议定书》缔约国的《公约》缔约国管辖下的个人声称其为《公约》规定的权利受到缔约国侵害的受害人的来信。委员会在收到来信后，只要来信符合《议定书》规定的条件，就应将该来信提交被控的缔约国注意。收到通知的国家则应在六个月内向委员会提出解释或声明。委员会应参照个人和缔约国提出的一切书面资料，召开秘密会议对来文进行审议，向有关缔约国及个人提出其意见。该《议定书》已于 1976 年 3 月 23 日生效。截止 1998 年 8 月，成为《议定书》缔约国的国家为 92 个。《议定书》规定的这一程序，如同《公约》第 41 条规定的人权事务委员会接受和审议国家之间指控的程序一样，也关涉国家主权。《议定书》因此同样把缔约国是否承认委员会有权接受和审议个人申诉的问题留给各《公约》缔约国自己去决定。《公约》缔约国可以批准或加入《议定书》从而成为《议定书》的缔约国，也可以不批准或加入《议定书》，拒绝成为它的缔约国。基于前述理由，我国不能承认人权事务委员会接受和审议个人申诉的职权，因此，不应加入该《议定书》。

3. 关于《公民权利和政治权利国际公约第二任择议定书》。

1989 年 12 月 15 日，第 44 届联合国大会通过了旨在废除死刑的《公民权利和政治权利国际公约第二任择议定书》。按照该议定书的规定，在议定书缔约国的管辖范围内，任何人不得被执行死刑；每一缔约国承担采取一切必要措施，在其管辖范围内废除死刑的义务。该议定书已于 1991 年 7 月 11 日生效。截止 1998 年 8 月有 32 个国家成为《议定书》的缔约国。在国际上，废除死刑是作为维护人权，特别是生命权的要求而提出来的，但是，对于现在是否应当废除死刑，仍然存有很大争议。《议定书》是在 59 票赞成，28 票反对，48 票弃权的情况下通过的。由于是否废除死刑仍属一国主权决定的事项，该议定书同关于个人申诉的第一议定书一样是作为"任择议定书"通过的，《公约》的缔约国可以自己决定是否批准或加入。依前所述，我国法律规定，对罪行极其严重的犯罪分子可以适用死刑。而且，目前没有可能废除死刑，因此，我国不宜加入这一议定书。

中国为何要签署《公民权利和政治权利国际公约》

　　《公民权利和政治权利国际公约》是联合国大会继《世界人权宣言》之后，于 1966 年 12 月 16 日通过的另一重要国际人权文书。它与《世界人权宣言》和与它同日通过的《经济、社会和文化权利国际公约》一起构成了"世界人权宪章"，为联合国在世界范围推动的国际人权活动奠定了理论和法律基础。第二次世界大战期间，德国法西斯和日本军国主义在对外实行侵略时，惨无人道地残杀和迫害被占领国家的人民，粗暴地、大规模地侵犯人权，犯下了灭绝人性的滔天大罪。为了反对侵略战争，维护国际和平，也是为了伸张正义和人权，联合国家在缔造联合国的时候在《联合国宪章》中，把促进国际合作、增进对于所有人的人权和基本自由的尊重规定为联合国的一大宗旨。联合国成立之后，为了实现这一宗旨，联合国大会相继通过了上述一个宣言和两个公约，作为世界各国在促进人权的尊重方面共同遵从的标准。

　　《公民权利和政治权利国际公约》由序言和六个部分的条款组成，共53 条。其中第三部分是公约的核心，列举了缔约国应当采取措施在其国内加以实施的各项公民权利和政治权利，主要包括生命权、不受酷刑权、不被强迫役使权、人身自由和安全、迁徙自由、法律和法庭面前平等权、隐私权、思想和宗教信仰自由、发表意见自由、结社和和平集会权、通过选举参与公共事务权等等。公约是一项对其缔约国具有法律约束力的国际条约。加入公约的国家必须承担履行公约规定的义务。按照公约规定，缔约国必须承担的基本义务是：尊重和保证其领土内和受其管辖的一切个人无区别地、特别是男女平等地享有公约所承认的各项权利；在现行立法或其他措施没有对这些权利作出规定的情况下，应采取必要的立法或其他措施，保证这些权利得到实施；在任何人根据公约享有的权利受到侵犯的情况下，应保证他们得到立法、司法或行政措施的救济。为了监督缔约国实施公约的情况，公约还规定设立了一个机构——人权事务委员会，要求缔约国定期地向它提交实施公约的情况的报告。所以，缔约国还有向它提交报告的义务。

中国是联合国的创始会员国，也是联合国安全理事会的常任理事国，一贯承认和尊重联合国促进人权的宗旨和原则。早在20世纪50年代，周恩来总理就曾庄严地宣布："尊重基本人权，尊重《联合国宪章》的宗旨和原则……是中国人民的一贯主张，也是中国一贯遵守的原则。"1971年中华人民共和国在联合国的合法席位得到恢复后，中国政府一直派代表参加联合国大会、经济和社会理事会、人权委员会等联合国机构审议人权问题和制定国际人权标准的活动，为发展人权概念，共同促进国际人权事业作出了自己的贡献。中国很重视国际人权文书在促进和保护人权方面的积极作用，一方面，积极参与了《发展权利宣言》《儿童权利公约》《禁止酷刑和其他残忍、不人道或有辱人格的待遇或惩罚公约》等许多重要国际人权文书的起草和讨论；另一方面，也从我国的具体情况出发，参加了一些联合国制定的对缔约国有法律约束力的国际人权公约。迄今为止，中国参加的国际人权公约已达17个。去年10月，中国政府代表签署了《经济、社会和文化权利国际公约》，今年，我国又在《公民权利和政治权利国际公约》上签了字。

中国签署《公民权利和政治权利国际公约》的意义是重大的。中国作为一个有12亿人口的世界大国，加入公约的行动必定会极大地增强它的权威性和扩大它在全世界的影响，有助于公约所承认的各项公民和政治权利的普遍实现。这是中国为实现联合国尊重人权的宗旨和原则作出的又一贡献。中国加入公约，还表明了中国促进和保护人权的坚定决心，以及积极参加国际人权活动，认同人权问题上的共同国际标准的态度。多年来，西方国家一直攻击中国不尊重人权。中国的这一行动有力地批驳了这一攻击，也有助于消除国外一些人在人权问题上对中国抱有的偏见和误解。

中国签署《公民权利和政治权利国际公约》，对于加强我国的人权保障，进一步提高人权水平也将起到重要作用。中国是共产党领导的人民民主专政的社会主义国家，尊重和保障人权是国家的基本政策。江泽民总书记在党的十五大报告中指出："共产党执政就是领导和支持人民掌握管理国家的权力，实行民主选举、民主决策、民主管理和民主监督，保证人民依法享有广泛的权利和自由，尊重和保障人权。"签署公约以后，国家将会对人权保障和社会主义法制建设提出更高的要求，从而为宪法所确定的"把我国建设成为富强、民主、文明的社会主义国家"的宏伟目标的早日实现创造有利的条件。可以预期，随着公约在我国的批准和逐步实施，中国人民享受人权的水平将会不断地得到提升。

（原载《人民日报》1998 年 11 月 25 日）

《公民权利和政治权利国际公约》
在中国的批准和实施

1998 年 10 月 5 日，中国政府代表在联合国总部签署了《公民权利和政治权利国际公约》，在参加这一重要的国际人权条约方面迈出了决定性的一步。中国的这一举动，表明了中国积极参加国际人权合作，努力增进对于人权的尊重和保护的真诚态度；在法律上讲，它还意味着，中国已经承担了"不得采取任何足以妨碍条约目的及宗旨的行为"的义务。然而，签署《公约》并不意味着加入《公约》，为了成为《公约》的缔约国，中国还有待履行批准《公约》的法律程序。随后，中国还面临着在国内实施《公约》的问题。

一　《公约》在中国的批准问题

对国际条约的批准，是一国的立法机关通过作出决定向缔约国他方表示该国确定同意缔结该项条约的一种法律程序。在国际实践中，重要的国际条约一般都要求批准；只有经过批准，这一条约才能对缔约国产生约束力。《公民权利和政治权利国际公约》是一项极其重要的国际条约，它明文规定："本公约须经批准。批准书应交存联合国秘书长。"（第 48 条第 2款）《公约》"自第 35 件批准书或加入书交存联合国秘书长之日起 3 个月后生效；"对于在第 35 件批准书或加入书交存后批准或加入本《公约》的国家，《公约》"自该国交存其批准书或加入书之日起 3 个月后生效"。（第 49 条）按照这些规定，中国为了加入《公约》，必须由立法机关就中国加入该《公约》的问题作出批准决定，并将批准书或加入书交存联合国秘书长。在交存批准书或加入书之日起 3 个月后，该《公约》开始对中国生效。

　　《公民权利和政治权利国际公约》需经批准，不仅是国际法上的要求，它同时也是中国国内法的要求。《中华人民共和国宪法》和 1990 年《缔结条约程序法》对于中国缔结国际条约的程序作了规定；按照这些规定，中国同外国缔结的条约和重要协定均需经批准，其批准权属于全国人民代表大会常务委员会。① 《公民权利和政治权利国际公约》是以中华人民共和国的名义缔结的国际条约，它的批准权属于全国人民代表大会常务委员会，因此，应由全国人大常委会审议批准。目前，因为批准这一《公约》的准备工作尚未完成，中国政府还没有将《公约》提交全国人大常委会。

二　中国在批准《公约》前需要解决的问题

　　中国是联合国的创始会员国，又是安全理事会的常任理事国，一贯支持和尊重联合国促进人权的宗旨和原则，在联合国的合法席位得到恢复以后，中国积极地参加了联合国开展的各项人权活动，在 20 世纪 80 年代短短的 10 年期间，先后参加了联合国通过的 8 项重要国际人权公约。1997 年和 1998 年，中国又先后签署了《经济、社会和文化权利国际公约》和《公民权利和政治权利国际公约》，而前一《公约》已在今年 2 月 28 日经全国人民代表大会常务委员会审议批准。这一系列事实表明，中国在批准《公民权利和政治权利国际公约》的政治意愿上是没有问题的。

　　在法律方面，中国批准《公约》也不存在无法克服的困难。《中华人民共和国宪法》和现行法律包含了许多有关保护人权的规定，这些规定与《公约》的宗旨和原则以及其中关于权利保护的条款大多是一致的或基本一致的。然而，应当认为，在这一方面不是不存在问题。中国的有些法律规定与《公约》的规定之间存在一些不尽一致，甚至有抵触的地方。为了批准《公约》，中国有必要采取措施，协调中国法律与《公约》的关系。

　　中国法律与《公约》之间存在不一致或抵触的规定不是很多，其中属

---

① 参见《中华人民共和国宪法》第 67 条第 14 项；1990 年《缔结条约程序法》第 7 条。

于刑事法律的主要有以下条款规定:

1. 按照《公约》第 6 条规定,缔约国可以对犯罪判处死刑,但判处死刑只能是作为对最严重的罪行的惩罚。联合国经济和社会理事会于 1984 年 5 月 25 日通过的《关于保护死刑犯权利的保障措施》曾对所谓"最严重的罪行"作有解释,是指"蓄意而结果为害命或者其他极端严重后果的罪行"。《中华人民共和国刑法》保留适用死刑,规定"死刑只适用于罪行极其严重的犯罪分子"。(第 48 条第 1 款)这一规定在精神上与《公约》的有关规定是一致的。但是,我国刑法容许对其适用死刑的罪行的范围明显地比《公约》容许的范围广泛很多,许多与谋害人命无关的犯罪也可以判处死刑,这是与《公约》有抵触的。此外,在适用死刑的程序方面,中国法律与《公约》之间也有差距。例如,按照《公约》规定,被判处死刑的人应有权要求赦免或减刑;而在中国的法律中,被判处死刑的人有权提起上诉,但缺少承认他们要求赦免或减刑的权利的明文规定。

2. 《公约》第 8 条第 3 款规定,除依照法庭的命令外,"任何人不应被要求从事强迫或强制劳动"。第 9 条第 1 款又规定,"人人有权享有人身自由和安全……除非依照法律所确定的根据和程序,任何人不得被剥夺自由。"我国的劳动教养制度与《公约》的上述规定有抵触;根据这一制度,由民政、公安、劳动部门的负责人组成的劳动教养管理委员会有权批准对需要实行劳动教养的人实行劳动教养,实际上剥夺他们的自由最多可达 4 年。①

3. 《公约》第 14 条第 3 款规定,不得强迫刑事被告人作不利于他自己的证言或者强迫他承认犯罪。此项规定含有不得接受用强迫方法获得的证据的要求。中国的刑事诉讼法严禁刑讯逼供和以威胁、利诱、欺骗以及其他非法方法收集证据,这在文字和精神上都是与《公约》的要求一致的。但是,中国的法律没有关于以刑讯逼供的方法取得的口供不得作为证据的明文规定。同时,刑事诉讼法要求犯罪嫌疑人对于侦查人员的提问,"应当如实回答"。(第 93 条)此项规定,与《公约》的要求是不相符的。

此外,中国法律在被逮捕人应被告知逮捕他的理由,刑事被告人行使

---

① 参见《国务院关于劳动教养的补充规定》第 1、3 条。

辩护权利等问题上的规定，同《公约》的规定也不完全一致。

从世界各国的实践来看，消除本国法律与准备参加的国际人权条约之间的不一致的方法通常有两种，一是修订国内法，使其与国际人权条约趋向一致；一是对不准备或者暂时不能在国内实施的条约条款提出保留或者发表解释性声明。中国在审议批准《公约》时，可视情况考虑分别采用这两种方法。

修订国内法使其与《公约》趋向一致应是比较理想的方法。事实上，中国在签署《公民权利和政治权利国际公约》前已经采用这种方法。例如，《公约》第6条第5款规定，对18岁以下的人所犯的罪行不得判处死刑，而中国1979年旧刑法规定，对于已满16岁不满18岁的人，如果所犯罪行特别严重，可以判处死刑缓期2年执行（第44条）。这一规定与《公约》的有关规定明显不符。1997年中国通过了新刑法，删除了这一规定。然而，中国法律中一些与《公约》不一致的规定，如对于严重经济犯罪判处死刑的规定，看来很难在短期内加以修改。对于这些《公约》条款，也许不得不提出保留，但数量从我国以往参加国际人权条约提出保留的实践来看，对实质性条款提出的保留几乎没有，反映了中国在保留问题上的谨慎态度。可以预期，如果中国不得不对《公民权利和政治权利国际公约》提出保留，那么，这种保留也不会是太多的。

三　《公约》在中国的实施

在国内组织实施《公约》规定，是缔约国根据《公约》所承担的基本义务。

《公民权利和政治权利国际公约》对《公约》在其缔约国国内的实施问题作出了一系列的规定。根据这些规定，缔约国应在其法律中对《公约》所承认的各项权利作出规定，以保证在其领土内或受其管辖的一切个人，不分种族、肤色、性别、语言、宗教、政治或其他见解、国籍或社会出身、财产、出生或其他身份等任何区别，都能享有这些权利。如果现行法律没有规定，则应当采取立法措施加以规定。缔约国还应当保证一个人，当他应当享有的权利受到侵犯时，能够得到包括司法救济在内的有效救济。据此，中国在加入《公民权利和政治权利国际公约》后首先需要做的一项工作是，就我国的现行法律对于《公约》所承认的各项权利的保护程度进行一次审查。如果这种保护还不够充分，则需要采取立法、司法、行政等措施，使这些权利能够得到应有的保护。

与实施公约有关的另一法律问题是，《公约》将以何种方式在国内得到适用。关于这一问题各个国家的实践是多种多样的。在美国按照其宪法的规定，美国缔结的国际条约与宪法和联邦法律一样被视为都是美国的最高法律，在美国全国的法院可以直接适用。然而，对于《公民权利和政治权利国际公约》，参议院在作出批准该项《公约》的决议中，将其宣布为非自动执行条约，因此，需要通过美国的补充立法间接地加以适用。英国同美国一样都是普通法系国家，但是，英国适用国际条约的法律制度与美国不同。在英国，国际条约只能通过国内立法将其转化为国内法，间接地加以适用。挪威是大陆法系国家，但它适用国际条约的法律制度与英国相同，也需要将条约转化为国内法间接地适用。然而，1999 年，挪威又颁布了一项法律，宣布《公民权利和政治权利国际公约》和《经济、社会和文化权利国际公约》及《欧洲人权公约》为其国内法律，从而使这些人权条约能够在挪威直接适用。此项法律还规定，当这些条约与挪威法律发生冲突时具有优先地位。

在中国，适用国际条约的法律制度正处在形成的过程中。《中华人民共和国宪法》或者其他法律都没有就国际条约在国内的适用问题作出过原则性的规定。在《中华人民共和国民事诉讼法》等一些法律中包含有这样的条款规定："中华人民共和国缔结或者参加的国际条约同本法有不同规定的，适用该国际条约的规定，但中华人民共和国声明保留的条款除外。"根据这一规定，应当认为，在这些法律的适用范围内，有关的国际条约应是可以直接适用的，而且，其效力优于国内法。然而，这一规则是否应被看作中国已经确立的一般性规则，而能适用于包括《公民权利和政治权利国际公约》在内的所有国际条约，则是有疑问的。有些学者认为，像《公民权利和政治权利国际公约》这样的人权条约，其中有关人权保护的许多条款只是纲领性的，比较原则，不够具体和精密，难以直接适用。而且，中国在承认国际人权标准的同时，一贯主张国际人权标准的实施应与各国的具体情况相结合。所以，《公民权利和政治权利国际公约》在中国的实施，或许不能不借助于补充立法。中国暂时还没有批准这一《公约》，立法机关在审议批准《公约》时，很可能也会就如何适用《公约》的问题作出决定。

（原载《〈公民权利和政治权利国际公约〉批准与实施问题研究》，2002 年）

关于完善《公民权利和政治权利国际公约》实施机制的建议

《公民权利和政治权利国际公约》（以下简称《公约》）是联合国为实现人权宗旨和原则而主持制定的国际人权条约，在当代国际人权活动和国际人权法中占有十分重要的位置。1998年年底，我国政府签署了《公民权利和政治权利国际公约》。此后，关于全国人民代表大会常务委员会何时以及如何批准《公民权利和政治权利国际公约》，以及随后这一公约将会如何得到实施，一直受到国内外的高度关注。为了使《公约》能够在我国顺利实施，建立和完善它的实施机制是十分必要的。

一 修订法律法规，逐步消除国内法与《公约》规定之间的冲突和差距

缔约国在其国内实施国际人权条约，一般都要通过国内法来进行。《公约》作为国际人权法，其主要目的不是为了替代国内法，而是在于建立国际人权标准，责成各缔约国按照这些标准制定和修订国内法，以保证《公约》所承认的各项人权在缔约国内得到实施。

为在国内实施《公约》，我国首先需要按照《公约》确立的标准，对现行的有关法律法规进行修订。应当说，我国的国内法在基本原则、基本精神和主要法律条款等方面，与《公约》是一致的、协调的，但在一些具体规定上存在一定的差距：一是有些法律规定对于公民权利和政治权利的保护低于《公约》标准。例如，按照《公约》规定，只有当一个人犯有侵害他人生命的最严重罪行的情况下，才能对他判处死刑；而按照我国刑

法，可判处死刑的罪行较多，许多并不危及他人生命的犯罪也可判处死刑。再如，在我国劳动教养制度下，行政执法部门有权决定剥夺他人人身自由；而按照《公约》规定，除非通过司法程序，任何人不得被剥夺自由。二是现行法律制度不健全，对公民权利和政治权利的保护不规范、不充分。如按照《公约》规定，人人有自由发表意见的权利，这一权利的行使可以受法律规定的某些限制。我国宪法规定了言论自由，但是没有具体规范和保障言论自由的法律法规。三是我国有些法律规定与《公约》有抵触。如《公约》规定，受到刑事指控的人，不得被强迫作不利于他自己的证言或强迫承认犯罪，而我国法律要求被告"如实陈述"。这些不同和差距的存在，必定会影响《公约》的实施。我国有必要在坚持国家根本制度的前提下，逐步修订与《公约》规定不一致的法律法规；对一时还不能履行或不能完全履行的《公约》规定，则需要在批准《公约》的同时，对它提出保留或发表"解释性声明"。

二　建立、健全适用国际条约的法律制度

在国内实施《公约》，在法律层面上还会遇到《公约》的适用问题。国际条约在一国国内的适用制度，通常都由该国的宪法加以规定。由于人权条约不同于其他国际条约，因此有的国家还对人权条约的适用，作了不同于其他国际条约的安排。例如，按照美国宪法，美国缔结的国际条约如同联邦法律一样是美国的最高法律，可由各级法院直接适用。但是，美国参议院在通过决议批准《公约》的同时，又将《公约》宣布为"非自动执行条约"，这就意味着，《公约》在美国只能通过国会的补充立法，间接地加以适用。而在挪威，按照该国宪法，包括人权条约在内的所有国际条约，只能在转化为挪威的国内法律后间接地加以适用。但是，挪威在2000年通过一项法律，将《公约》等三项国际人权条约宣布为挪威的国内法，并规定挪威法院在审理案件中可直接适用这些条约。

我国宪法和其他有关宪法性法律，如《立法法》，都没有就国际条约与国内法的关系和条约的适用问题作过规定。我国有些法律，如《民事诉讼法》包含有这样的规定："中华人民共和国缔结或者参加的国际条约与

本法有不同规定的，适用国际条约规定，我国声明保留的条款除外。"由此，有学者认为，我国已确立直接适用条约，并实行条约优先的原则。这一观点并不完全符合我国实际。首先，上述规定只是某些法律的规定，而不是宪法的一般性规定，它仅在包含这一规定的法律的范围内适用，而不适用于该法范围以外的其他所有事项；其次，在有些情况下，这一规定有违宪嫌疑。因为，按照宪法和缔结条约程序法的规定，我国缔结或者参加的国际条约，分为全国人大常委会批准的条约和重要协定，国务院核准的协定，以及国务院各部门签订、无须全国人大常委会或国务院批准或核准的其他协定，它们的法律效力分别相当于（一般）法律、行政法规和部门规章，均低于由全国人民代表大会通过的基本法律。所以，在一部由全国人民代表大会通过的基本法律作出上述规定的情况下，适用中就会出现效力低于基本法律的由全国人民代表大会常委会或国务院等国家机关批准或核准的国际条约优于全国人民代表大会通过的基本法律的错位现象。

我国有必要尽快在宪法中就国际条约与国内法的关系问题作出原则性的规定，进而明确适用条约的方式问题。在此基础上，对现行法律中有关适用条约的规定作一次清理，依据确定的原则，作出新的规定。在条约适用方式的选择上，应保留灵活性，可视条约的具体情况分别采用直接或间接方式。原则上可规定，凡需要通过补充立法间接适用的条约外，其他条约均可直接适用。至于哪些条约需要间接适用，则应在总结我国适用国际条约的实践经验的基础上，参考其他国家的做法，加以确定，并在有关法律中列举清楚。人权条约一般适宜于间接适用。

三　建立健全国家机关人权保障机制，发挥非政府组织作用

我国的国家机关，包括各级人民代表大会，人民政府及其各个部门，法院和检察院等，承担着管理国家事务，增进人民福祉，维护公民合法权益的重任，有责任在各自的职权范围内，把实行尊重和保护人权的宪法原则，履行《公约》规定，促进和保护人们的公民权利和政治权利，作为自己日常工作的重心之一，并为此建立健全必要的机制，如受理人民群众的

人权申诉和处理这类申诉的有效机制等。各级人民代表大会既是民意代表机构，又是权力和立法机构，拥有广泛的职权，理应在促进和保护人权，保障《公约》实施方面起到更大的作用。可考虑在各级人大专门委员会之外，增设人权委员会，专司人权事务；也可考虑设立人权监督专员（办公室），负责受理人民群众的人权申诉，对其他国家机关实行人权监督。

第二次世界大战后，非政府组织在国际人权领域和其他一些国家国内人权领域的活动越来越活跃，发挥的作用越来越显著。目前，一些非政府组织已在联合国取得咨商地位，而联合国也鼓励非政府组织在人权条约的实施和缔约国人权报告的撰写方面发挥作用。

我国是人民当家做主的社会主义国家。实施《公约》的过程，也应当是人民群众、非政府组织积极参与的过程。全国总工会、全国妇联等人民团体，作为党和国家联系群众的重要纽带，在贯彻党和国家的方针政策、维护所联系的群众合法权益方面，一直发挥着重要作用。近年，它们在参与人权活动方面也表现出了很大积极性。此外，改革开放以来，全国各地也涌现出了一批以增进人权为宗旨或者专门从事人权研究的组织和机构。国家应当建立适当的规章制度和激励机制，引导和规范非政府组织在人权领域的活动，让它们在我国的人权事业和实施《公约》的过程中发挥应有的作用。

四　开展《公约》的学习、宣传和研究，正确认识和掌握《公约》的精神和内容

正确认识和掌握《公约》的精神和内容，是我们顺利实施《公约》的先决条件。我们有必要在公职人员和广大人民群众中适当组织人权和《公约》的学习、宣传和研究，以便人们对于人权和《公约》有一个正确、全面的认识。在这一学习、宣传和研究中，需要弄清楚人权的内涵以及一般的人权概念与法律上的人权概念之间的区别，《公约》承认的各项权利的内容和标准以及缔约国的义务，在公民权利和政治权利受到侵犯的情况下，可以使用的救济手段等。同时，还应辩证地处理好个人与国家和

集体的关系，权利与义务的关系，以及尊重和保护人权与维护社会稳定之间的关系。

（原载《中国社会科学院要报·领导参阅》2005 年 8 月 25 日）

妥善处理两个国际人权公约继续适用于香港特别行政区而引起的"报告"问题

1984 年，我国政府在关于香港问题的中英联合声明中，承诺"《公民权利和政治权利国际公约》和《经济、社会和文化权利国际公约》适用于香港的规定将继续有效。"此后，《香港特别行政区基本法》第 39 条又规定："《公民权利和政治权利国际公约》《经济、社会和文化权利国际公约》和国际劳工公约适用于香港的有关规定继续有效，通过香港特别行政区的法律予以实施。"这两项法律文件都肯定了英国当年参加的《公民权利和政治权利国际公约》和《经济、社会和文化权利国际公约》（以下简称两个国际人权公约），在香港回归后继续适用于香港。为了香港的顺利回归和维护香港的长期繁荣稳定，我国作出这样的决定无疑是十分必要的。但是，由此也产生了一些法律问题有待研究解决，其中的一个问题是，由谁以及何时向联合国提交香港回归后实施两个国际人权公约情况的报告。

按照两个国际人权公约的规定，公约缔约国应按期向联合国秘书长提交缔约国为实施公约承认的各项权利所采取的措施，以及所取得进展情况的报告，由秘书长分别转交人权事务委员会和联合国经社理事会下设的经济、社会和文化权利委员会进行审议。在英国统治香港期间，有关两个公约实施情况的报告，是由作为公约缔约国、负责香港对外事务的英国政府提交，并由它派出代表团参加有关委员会的审议的。在香港回归后，此报告应由谁来提交？英国政府、特区政府还是我国中央人民政府？这是一个关系到国家主权和履行国际义务的问题，需要我们从法律上进行分析，作出正确的回答。

香港的回归意味着中华人民共和国已经恢复对香港行使主权，英国从此不再对香港地区拥有统治权和管辖权，也不再对香港实施两个国际人权公约承担义务。因此，英国将没有义务也没有权利就香港实施人权公约的情况向联合国进行报告。从维护国家主权来说，我国也不能容许英国对香港实行的人权政策和人权状况说三道四。

香港特别行政区政府也不能单独地出面提交报告。香港特区是中华人民共和国的一个地方行政区域，特区政府是我国的一个地方政府，不具有国际法上的主体地位，一般不具有独立地参加国际关系、享有国际法权利和履行国际法义务的权能。香港特区虽然享有中央授予的高度自治权，但关于国际人权事务的事项不在基本法的授权之列，它无权就人权问题单独地同有关国际机构发生联系。从国际条约法来说，两个国际人权公约与其他国际条约一样，都是规定缔约国之间的权利与义务关系的，只有具有缔约国主体地位的国家，才享有公约规定的权利并履行公约规定的义务。香港不具有国际法上的国家主体地位，不是两个国际人权公约的缔约国，当然没有权利也没有义务提交报告。

唯有中华人民共和国政府是合格的提交报告的义务主体和权利主体。我国政府在中英联合声明中作出了在"97"后的香港实施两个国际人权公约的承诺，从逻辑上说，从而承担了提交报告的义务。这一承诺也写进了基本法。在起草联合声明和基本法时似乎没有专门考虑提交报告的问题，只是笼统地规定两个国际人权公约"适用于香港的有关规定继续有效"。由于没有对"有关规定"作明确解释，也没有对有关报告制度的规定发表不予适用的声明或作出保留，按照国际条约的一般解释规则，只能解释为：这里的"有关规定"是包括报告制度的规定在内的。也就是说我国是接受了其中有关报告制度的规定的，是作出了提交报告的承诺的。作这样解释同我国在其他国际人权公约上的立场是一致的。例如，我国在加入禁止酷刑公约时也接受了其中关于报告制度的规定。但问题是，按照国际条约法规则，国际条约仅对缔约国有约束力。就两个国际人权公约有关报告制度的规定而言，只有公约的缔约国才负有提交报告的义务，而目前我国尚未参加这两个国际人权公约，不是它们的缔约国，就此而言，至少在目前我国并没有承担依照公约规定提交报告的义务。

在这种情况下，如何处理两个国际人权公约继续适用于回归后的香港而引起的报告问题是一个值得研究的问题。我们认为，一个较为妥善的处理办法是，在公开宣告我国政府承诺就香港特区实施两个国际人权公约的情况向有关国际机构提交报告的同时，声明，由于中国目前还不是这两个国际公约的缔约国，在提交报告问题上存在着程序方面的困难。中华人民共和国主席江泽民已经宣布，中国将于 1997 年年底之前首先签署《经济、社会和文化权利国际公约》。在以后适当的时机，还将签署《公民权利和政治权利国际公约》。中国将在成为这两个国际人权公约的缔约国、向有关国际机构提交报告时，同时报告香港特区实施公约的情况，并派出包括香港特别行政区代表在内的代表团参加联合国有关委员会对报告的审议。

（原载中国社会科学院《信息专报》1997 年 4 月 30 日）

芬兰人权考察报告

一　芬兰参加国际人权公约的情况

1. 芬兰作为联合国会员国，在1976年批准了《经济、社会和文化权利国际公约》和《公民权利和政治权利国际公约》及其任择议定书。在批准《公民权利和政治权利国际公约》时，根据本国的情况，对该公约中的三项条款提出了保留。

2. 芬兰虽然早在20世纪60年代即以观察员的身份参加了欧洲理事会的许多活动，包括有关难民的人道主义待遇方面的活动，但它参加《欧洲人权公约》是在东西方关系开始缓和以后。1989年5月，芬兰在成为欧洲理事会第23个成员国的同时，签署了《欧洲人权公约》及其8个议定书，1990年5月正式批准参加该项公约。在批准时，对该公约的第6条第1款关于法院应公开进行审理的规定，提出了保留。1991年，芬兰又批准了《欧洲社会宪章》。

3. 据芬兰人士介绍，芬兰在参加上述这些国际人权公约之前，做了大量的准备工作。主要是审查国内立法，找出国内立法与准备参加的国际人权公约之间不一致的地方，以便修改国内立法，使之与公约相衔接，或者在批准公约时，对其与国内立法相抵触的公约条款提出保留。例如，在参加《欧洲人权公约》的前一年，即1988年，由芬兰司法部主持对国内立法进行了仔细检查。当时，马蒂·贝荣巴博士曾经列举了一系列需要对芬兰立法进行修改的项目，其中大部分有关《欧洲人权公约》第5和第6条关于人身自由和公开审理的规定。

4. 国际人权公约和芬兰国内法的关系。在国际法与国内法的关系问题上，芬兰主张二元论，即国际法与国内法是两个不同的法律体系，国际法只有通过"纳入",才能成为芬兰的国内法。所以,芬兰在参加上述国际人权公约之后,都由议会通过相应的法令使这些国际人权公约成为国内法的一部分。芬兰最高法院院长向我们介绍说,《欧洲人权公约》"已经成为芬兰国内法的一部分,是芬兰立法的指导原则"。芬兰司法部的官员也作了类似的说明。

5. 参加国际人权公约的影响。由于芬兰已经参加了《公民权利和政治权利国际公约》及其任择议定书,芬兰的公民可以因其个人人权受到侵犯而向根据公约条款设立在日内瓦的人权事务委员会提出申诉。在人权事务委员会处理了这些案子以后,芬兰都相应地修改了与公约规定不一致的本国的法律规定。

二　芬兰国内的人权问题

芬兰人谈起芬兰的国内人权问题时,总喜欢宣扬在这方面取得的成就,如芬兰妇女在社会地位、工作、社会福利等等方面比其他欧洲国家高,对失业者的救济超出了"国际标准",犯罪率比西欧国家低,说芬兰语和说瑞典语的民族之间的矛盾处理得好,等等。但在芬兰学习和工作的同胞对我们说,芬兰官方承认芬兰也存在人权问题。给人印象深刻的是,芬兰解决得比较成功的是社会治安状况很好。醉酒的人虽多(失业救济高的副产品),但不惹是生非。芬兰最高法院院长说,他们那里没有受理过一起专门有关人权的案件,但在一些案件中有侵犯人权的情况。

目前,芬兰国内议论比较多的人权问题是:青年人服兵役和向苏联引渡劫机犯。按照芬兰法律的规定,青年人达到法定年龄,包括大学生在内,一律需要服兵役。对此一些民间人士和人权组织提出了批评。芬兰的官员和教授向我们解释说,芬兰是一个小国,只能实行全民皆兵,接受军事训练,才能保证国家的安全。另一个问题是向苏联引渡劫机犯的问题。自去年以来发生多起苏联人劫机飞来芬兰的事件。每一次芬兰都应苏联引渡的要求,将劫机犯遣送回了苏联。社会上许多人对此议论纷纷,批评政府不保护人权,芬兰当局很被动。在我们访问芬兰最高法院时,其法律顾问主动向我们介绍了这方面的情况,强调说明,在芬、苏之间有引渡条约，芬兰必须这样做。

我们有一个感觉：芬兰官方人士也许出于对我们去考察人权的意图有误解，害怕我们去挑刺；也许是因为，在芬兰人权问题也是一个敏感问题，所以，对我们去访既持欢迎、认真对待的态度，又显出有一点紧张。这可以从接待规格之高和事先进行充分准备中看得出来。在最高法院，院长亲自接谈和介绍芬兰的司法制度。在司法部，法律司司长率领手下四位官员向我们详细介绍了芬兰宪法和修宪情况、芬兰参加人权公约情况和芬兰的刑法。最突出的例子是在外交部法律司。我们本是朝着人权问题去的。但是，对方却提出了四项讨论计划，把人权问题列在第三项，而主讲人权问题的又不是我们要找的博士。结果，座谈的时间大部分被第一、二个问题占了，在我们刚就人权问题提出两个问题以后，主持座谈的那位博士就宣布时间到了，外交部的大门要关了，我们只好告辞。

三　芬兰的对外人权政策

在东西方冷战的格局中，芬兰一直奉行中立政策，置身于大国冲突之外。在人权问题上也是如此，没有参与西方国家对社会主义国家的攻击。对于国际人权问题一般通过外交途径进行讨论，很少采用公开批评的方式。

近年来，随着国际局势的激烈变化，苏联在人权问题上向西方让步，芬兰的对外人权政策开始发生变化。一位芬兰人权问题专家说，"国际局势的变化影响着芬兰的人权政策，现在人权的意义在芬兰的对外政策中日趋重要。在苏联表明国际间讨论人权问题不是对别国内政的干涉以后，芬兰感受到的压力减轻了"。芬兰对外政策的这一变化，具体表现在去年在日内瓦召开的国际人权会议上，芬兰公开对波罗的海的局势表明了立场，指名批评伊拉克占领科威特是侵犯人权，改变了过去一般不采用公开批评的做法。但是，也有一些事例表明，芬兰在具体处理国际人权问题时还是比较谨慎的。在处理苏联人劫机问题上，尽管国内有批评，芬兰还是将苏联劫机犯一一送回了苏联，而没有借口保护人权拒绝苏联引渡的要求。在我国"6·4"政治风波以后，许多西方国家对我国实行所谓制裁，但芬兰没有这样做。

今年三月，欧共体委员会通过一个报告，效法美国，主张将对外援助与受援国的人权状况联系起来。芬兰是欧洲理事会成员国，也是一个北欧国家，它的对外政策是否会受到这些事态发展的影响，需要严加注意。

四　芬兰对中国人权的态度

芬兰是中华人民共和国成立后最早宣布承认我国的国家之一，历来对我国持友好态度。在人权问题上，对我从来没有苛求，"6·4"政治风波以后，也没有同其他西方国家一起对我进行制裁。事实上，近两年来，两国关系还在向前发展。在出访前，我们曾作了必要准备，以应对可能发生的借口人权问题对我进行攻击的情况。然而，在整个访问期间，我们没有遇到一个人提出不友好的问题。无论是教授、学生还是政府官员都表现得很友好，很热情。不过，在接触中还是可以感到，他们对我国的人权政策不甚了解，存有一些疑问。在拉普兰德大学同一些研究生座谈时，有一位研究生问：中国为什么实行计划生育政策？在赫尔辛基国际法学会芬兰分会请我们作报告的会上，有两位学者提问：中国对于"世界人权宣言"持什么态度？中国是否准备参加国际人权公约？在这些场合，我们都主动地介绍了中国的人权政策、人权观和在保护人权方面取得的成就，对他们提出的问题也一一作了回答。对方听得很仔细。我们注意到，芬兰国际法学会分会主席一面听一面记，他在最后作总结时，说我们作了一个很好、很合理的报告，并对中国在保护人权方面取得的成就表示钦佩，对我们所说的在参加国际人权公约之前需要作很多准备等观点表示赞同，说芬兰在参加国际人权公约前也是做了大量准备工作的。

五　我们的建议

1. 西方国家利用人权为突破口，对我国实行和平演变，其重要策略之一就是往我国脸上抹黑，说中国不讲人权、侵犯人权，蛊惑人心。事实上，我国是社会主义国家，共产党和人民政府都是以为人民服务为宗旨，以全人类的彻底解放、人的全面发展为目标的。新中国成立 40 年来在实施和维护人权方面做了大量工作，取得了伟大成就，在国际人权活动中，我国也有良好的记录。我们所做的不比其他国家差，我们应当重视在国际上利用一切机会，积极主动、理直气壮地宣传我国的人权政策和成就，消除对我国的误解，争取舆论，还击西方人权外交的进攻。我们在芬兰的经历说明，我们有必要这样做，也是能够取得良好效果的。

2. 在我国过去的一段时间里，人权几乎成了不容讨论，不容研究的禁区；结果是，直到目前为止，我们对西方国家的人权理论、国际人权法的发展、各类不同国家的人权观和人权政策等不甚了解，不利于制定我国的对外人权政策和进行国际人权斗争。最近，中央领导同志明确指出：社会主义是讲人权的，要对人权问题进行认真研究。这为我们指明了方向，提出了任务。但是，我们面临人手不够，资料缺乏，信息不灵的困难，研究工作不易深入。为了较好地完成此项任务，有必要加强对于人权研究的组织领导和计划工作。在实施过程中，开展国际学术交流，搜集国际组织和外国的人权资料，是不可缺少的工作。同像芬兰这样政治上友好、人权活动活跃、人权资料丰富的国家的学术机构建立联系将是十分有益的，可收事半功倍之效，这对我们加强国际人权问题的研究将是非常有用的。

（原载中国社会科学院《信息专报》，1991 年）

挪威人权考察报告

1997 年 11 月 1 日至 14 日，我们法学考察团一行六人，应挪威奥斯陆大学人权研究所所长 Eide 教授的邀请，对挪威执行国际人权公约的情况进行了考察，并参加了关于《经济、社会和文化权利国际公约》的实施问题的研讨会。在东道主热情友好的接待和周到的安排下，访问达到了预期的目的。现将访问的情况报告如下：

一　基本情况

我们在挪威，前后共 14 天，先后访问了奥斯陆和卑尔根两个城市，16 个单位，同 28 位学者、官员、法官和人权活动分子进行了内容广泛的讨论。访问的单位主要有：议会、最高法院、外交部、司法部、议会督导员办公室、经济和环境犯罪调查局等国家机关，私法研究所、公法研究所、人权研究所、法社会学研究所、卑尔根大学法律系等学术机构，以及挪威红十字会、联合国协会、发表意见自由委员会、言论自由论坛等民间和半官方团体。会晤的人员主要有：最高法院首席大法官、议会秘书长、外交部人权大使、司法部法律司法律顾问等高级官员和 Eide 教授、欧洲人权委员会成员 Thune 女士、Eskland 教授、Kjoustad 教授等专家学者。讨论的问题包括：挪威的司法独立、议会监督、社会保障、法律援助、挪威法律与欧洲人权法的关系、挪威刑事诉讼法与挪威在《公民权利和政治权利国际公约》下的义务、挪威履行国际人权条约规定的报告义务的经验、非政府组织在对外人权工作中的咨询作用、官方信息的披露与获取信息的自由、种族歧视与言论自由，萨米人（挪威的少数民族）的权利、人权和人道主义法的教育等等。

在访问的最后两天，我们与挪威学者举行了关于《经济、社会和文化权利国际公约》的实施问题的研讨会。赴挪威访问前夕，我国政府代表在联合国总部签署了《经济、社会和文化权利国际公约》，这使得此次研讨会，对于我们更具有现实意义。会上，双方学者就工作（劳动）权、社会保障权、家庭保护和妇女权、适当的生活水准权、对于《经济、社会和文化权利国际公约》的保留等问题展开了讨论，交流了这些权利在各自国家实现的情况和经验。[①] 通过访问和讨论，我们对挪威的人权保障制度，挪威面临的人权问题，挪威学者的人权观点，以及对《经济、社会和文化权利国际公约》，都加深了认识；同时，也使他们比较系统地了解了中国在人权领域，特别是在实现经济、社会和文化权利方面取得的成就和中国学者的人权观点。许多挪威学者会上会下多次表示，中国学者的论文和发言给他们留下了深刻印象，认为中国学者对人权问题有很深的研究，感谢我们为研讨会作了很好的准备。

二　挪威的人权概况和几个值得注意的问题

挪威是一个发达的资本主义国家。国土面积约 38 万平方公里，资源丰富，仅北海石油出口一项，每年就创造 180 亿美元的收入，而其人口却只有 430 万。在政治体制方面，实行君主立宪制，议会、国王和政府、法院三足鼎立，权力相互制约。长期以来，这个国家相当重视社会保障。每一公民从出生至死亡，可以从国家得到众多的补助和救济。因此，这里的人们生活水平很高，社会比较稳定，人权状况也较好，被认为是个福利国家。公民的人权意识相当强，欧洲人权法院每年都从挪威收到 20 件左右的个人申诉。国家也比较注意人权的保护。截止 1997 年 1 月 1 日的统计，已参加普遍性和区域性国际人权条约 66 项，其中包括《经济、社会和文化权利国际公约》《公民权利和政治权利国际公约》《欧洲人权公约》等。

挪威也存在不少人权问题。从挪威公民向欧洲人权法院提交的个人申诉来看，他们的不满涉及社会生活的许多方面，如儿童的保护、母亲的权

---

① 按照双方的协议，2000 年分别以中文和英文在中国和挪威出版了会议论文集。

利、退休金、公平审判、言论自由、囚犯待遇，等等。此外，我们还听到，在隐私权的保护、获得信息的权利、萨米少数民族权利的保护等方面也都有问题。特别是对外来移民的种族歧视，已经成了挪威最引人注目的热点之一。近年来，随着外来移民的增加，挪威人中滋长了歧视有色人种的情绪，发生了多起侵犯外来移民人权的事件，在国内外引起了很大反响。其中一件是，一位移民青年因没有有效身份证而遭逮捕，未经审判被监禁了 10 个月。最后，这位青年为表示抗议而在狱中自焚了。另一件是，一个称为白人联盟党（White Alliance Party）的小政党，在其党纲中公然提出为维护挪威人原有的特性，反对挪威人与黑人通婚的主张。种族歧视事件的频繁发生，不仅使社会舆论哗然，而且引发了挪威法律制度是否完善、国际人权法在挪威的法律地位等问题的争论。外交部的一位官员在同我们谈到保护外来移民不受种族歧视问题时，就对挪威法律的不足和最高法院的工作提出了批评。

为了解决人权问题，挪威当局采取了一些措施。其中一些问题对于我们的人权研究很有价值。

1. 言论和出版自由（统称发表意见的自由）及其与反对种族歧视的关系

言论和出版自由，是国际人权公约，也是许多国家宪法明文规定加以保护的一项基本人权。按照这些公约和宪法的规定，这一自由不是绝对的，它的行使受到法律规定的限制，不能影响国家的安全、道德和其他人的权利。然而，在这一自由和对它的限制之间如何保持必要的平衡，却是一个十分难于把握的问题。

挪威宪法第 100 条有一原则性规定：人人都有言论和出版自由，一个人不能因其发表的文字而受到惩罚，除非他使自己或煽动他人不服从法律，蔑视宗教、道德或宪法权力，或诬告、诽谤他人。但是，什么是言论和出版自由，它的范围有多大？在什么情况下可加以限制，等等，在本条的规定中却没有明确的界定和具体说明，因此，在适用时很容易发生问题。有些问题，例如言论、出版自由与诽谤，言论、出版自由与保护隐私权之间的界限何在？言论、出版自由包含的获得和传递信息的自由与国家法律保护机密的要求之间的关系如何处理？过去曾由议会通过立法或由法院作出解释的方式加以解决。然而，至今仍有许多问题不能在法律中找到明确的答案，而法院的解释则常常引起争论。1996 年，挪威政府成立了一个半官方的发表意见自由委员会，由来自开业律师、新闻媒体、学术界、图书馆、劳工组织、少数人群体等方面的人士共 16 人组成，他们均以个人身份参加工作。委员会的任务主要是界定发表意见自由的概念和范围，对可以对这一自由施加的限制进行分类。目前，正在就获得信息自由的宪法保障，保护隐私权、通过游行示威行使发表意见自由的宪法保障、法院在发表意见自由问题上的自由裁量权的范围、挪威的宪法保障与其国际义务的关系等问题进行研究。看来，挪威当局的意图是，既要加强对于发表意见自由的宪法保障，又要明确对于这一自由可以施加的限制的程度和范围。

如何界定言论自由，言论自由与反对种族歧视之间的关系如何处理，是挪威最高法院正在审理的白人联盟党上诉案所要解决的核心问题。如上所述，该党以维护挪威人原有特性为理由，公然在党纲中提出反对挪威人与黑人通婚。对此，初审法院判定该党领袖有罪，处以监禁和罚金。被告人不服，以该判决违反挪威宪法和《欧洲人权公约》关于言论自由的规定为由，提起上诉。最高法院考虑到这一上诉案涉及重大原则问题，破例决定，不经中级法院，直接由最高法院管辖，并由全体法官出庭审判。最高法院首席法官告诉我们，在我们访问该法院的当天，法院正在听取双方律师辩论。他还说：最高法院必须就该党党纲提出反对挪威人与黑人通婚的主张是否属于言论自由，言论自由能否与主张种族歧视的行为相容的问题作出裁决。回国后得到消息称，最高法院已驳回上诉，维持了初审判决。我们尚未见到这一裁决的本文，但从这一消息中可以判断，最高法院并不认为被告关于该党党纲反对挪威人与黑人通婚的主张属于言论自由的理由是能够成立的，它在言论自由和反对种族歧视二者的关系上，选择了优先考虑反对种族歧视的立场。这是国外处理此类问题的最新的一个案例，反映了挪威当局，至少是挪威最高法院在这些问题上的态度，值得注意。

2. 议会督导员制度的建立和运作

挪威议会督导员助理向我们介绍了议会督导员制度及其运作情况。第二次世界大战以后，在许多国家都出现了行政权力不断扩张的现象，有破坏立法、司法、行政三权平衡关系之势；而且，其结果之一是，公民的权利受到了更多的侵犯。在这一情况下，在一些国家发展起来了议会督导员制度，其意义在于，由议会采取行动约束行政机关的行为，保护公民免受行政机关的不公正待遇。目前，世界上有 75—80 个国家建立了这一制度。各国的议会督导员制度，因文化背景不同而有所差异，但其基本特征是相同的。

挪威的议会督导员制度是在 1962 年依据一项法律建立的。1964 年，议会又通过一宪法条款（第 75 条第 12 项），规定议会应任命督导员，对行政机关及其所有官员实行监督，确保他们不做对公民个人不公正的事情。根据 1962 年法律的规定，督导员在议会大选后由议会任命。他不应有任何政治色彩，独立地行使职权，议会也不能干预他的工作。他有权受理公民个人或法人对所有行政机关侵犯个人权利的行为提出的申诉，也可以根据他自己得到的信息主动开展工作。其活动方式，主要是进行调查。他可以要求行政机关提供材料和作出说明；在遭到拒绝的情况下，可委托法院取证。调查结束后，督导员可就申诉案提出"意见"，在认为行政机关的行为没有道理、错误的或与一贯做法相违背的情况下，可建议后者加以改正或对受到不公正待遇的公民给予救济或赔偿，也可以建议该公民向法院提起诉讼。督导员的意见不具有法律约束力；但是，行政机关一般都能按照督导员的建议去办。据介绍，督导员的工作是有成效的。1996 年，督导员共处理了 2200 件申诉，其中，督导员主动提出的有40 件。

议会督导员制度体现了民意代表机关对政府机构的监督和制约关系，看来，在防止和纠正行政机关的违法行为，保护公民的合法权益方面发挥了一定作用。我国虽然不实行三权分立制；但是，作为民意代表机关的人民代表大会对各级政府实行监督，是宪法规定的基本政治制度之一。在我国，行政机关侵犯公民权益的现象也时有发生。对行政行为实行必要的约束，也一直是我国政治体制改革和法制改革的一个方向。因此，议会督导员制度对我国有一定的借鉴意义。

3. 国际人权法与挪威国内法的关系

挪威是欧洲人权公约、联合国《经济、社会和文化权利国际公约》

《公民权利和政治权利国际公约》等许多国际人权条约的缔约国。按照国际法的要求，它有义务在其国内实施这些国际条约的规定。长期以来，挪威是按照国际法理论中关于国际法与国内法关系的二元论学说来处理其国际人权条约在国内实施的方式问题的，即：把国际人权法和挪威国内法看成是两种不同的法律体系，为了在国内实施国际人权条约的规定，首先必须通过转化的方式，由议会制定法律，将这些国际条约的内容规定为国内法，然后，在其法院中适用规定有国际条约内容的国内法律。对此，宪法第110条有明确规定：国家当局有责任尊重和保护人权。实施人权条约的特殊条款应由法律加以决定。换言之，按照挪威的现行法律制度，挪威法院是不能直接适用，而是通过制定国内法间接地适用国际人权条约的。实际上，挪威法院也是一直这样执行的；而且，曾经有过因适用国内法，而其判决与挪威为其缔约国的国际人权条约规定有抵触的案例。

一段时间以来，挪威国内主张使挪威缔结或参加的国际人权条约具有与国内法同等的法律地位，可以在法院直接适用的呼声越来越强烈，甚至要求把国际人权法看作是高于国内法的最高法律，在国际人权法与挪威国内法发生冲突的情况下，优先适用国际人权法。这就是国际法理论中把国际法和国内法看作属于同一法律体系的一元论学说和这一学说中强调国际法高于国内法的国际法优先说。一位刑法教授直截了当地对我们说，他们主张一元论，法院在审理人权案件时可以适用国际人权法。当国内法与国际人权法发生冲突时，法院应适用国际人权法，国际人权法是最高的。在一元论主张的压力下，挪威国内舆论动向有了转变。一贯坚持二元论的挪威最高法院的态度正在软化。一位大法官说，最好的办法是议会通过一特别法律使欧洲人权公约享有与挪威法律同等的法律地位，在这以后，挪威法院就可以直接适用欧洲人权公约了。Eide教授介绍的情况使我们感到，挪威似乎已经准备改变由来已久的适用国际人权条约的法律制度，他说，挪威打算通过一项规定挪威与欧洲联盟的关系的法律，在这一法律中可以规定国际法优于国内法。同时规定，本法的适用优于其他法。从这些情况看，国际法优先说似乎已在挪威取得了上风。如果确实这样，我们可能很快就可以看到挪威法律制度的重大变化。①

在我国，国际人权条约能否直接适用的问题尚未得到解决。按照《民法通则》、《涉外经济合同法》等法律的有关规定，我国缔结或参加的有关民商事的国际条约可以在我国法院直接适用是没有疑问的；而且，如果这些条约与我国法律有不同规定，应适用国际条约。此外，从 1982 年《商标法》、1985 年《继承法》、1981 年全国人大常委会关于我国缔结或参加的国际条约所规定的罪行的管辖权的决定等法律文书来看，直接适用国际条约，如果条约与法律有不同规定，应适用条约规定的原则，不仅适用于民商事，而且适用于这一范围以外的问题。但是，因为我国宪法和法律中没有关于这一原则的一般性规定；因此，现在还不能说，在我国法律制度中已经一般地确立了这一原则。所有国际条约，特别是国际人权条约是否均可在我国直接适用，而且优于国内法，是需要我们进一步进行研究的问题，也是我国立法中需要进一步明确的问题。

三　访问挪威的两点体会

1. 挪威的人权状况比较好，尤其是它的社会保障程度比较高，很重要的原因是，这个国家的经济发展程度高，为其人权保障提供了必要的物质基础。近些年来，一些所谓的福利国家，因为经济发展缓慢，国家财政捉襟见肘，而不得不调整社会政策，挪威却因为 70 年代以来北海石油的开发保证了国家源源不断的财政收入，其福利开支至今没有受到影响。挪威人士往往无不自豪地介绍这一方面的情况。可见，一国人权状况的好坏是同它的经济发展程度密切相关的。另一方面，我们也看到，挪威的经济发展程度虽然很高，但是，仍然存在许多人权问题，不仅存在像言论自由这样人们已经谈论了数百年的老问题，而且还不时发生新的人权问题，如因外来移民增加而引发的种族平等问题。人权，仍是人们经常议论的一个话

---

① 1999 年 5 月 21 日，挪威通过一项名为"加强人权在挪威法律中的地位的法律"，宣布《欧洲人权公约》《经济、社会和文化权利国际公约》及《公民权利和政治权利国际公约》是挪威国内法律的一部分，并规定，在这些国际人权条约与挪威国内法律发生冲突的情况下，前者具有优先地位。

题，也是国家当局受其困扰，不得不投入大量人力、物力，认真加以对待的问题。挪威的情况给我们以启示：为了尊重和保障人权，国家首先必须大力地、持续地发展经济，否则，是无法保证日益增长的人权要求得到满足的。这一点，无论对于经济发达国家或是欠发达国家都是十分重要的，而对于后者更显得重要。然而，为了解决人权问题，仅仅发展经济是不够的，还必须经常关心这一问题，不断地完善有关机制，研究新情况，解决新问题。挪威的情况还说明一个事实，世界上没有一个国家没有自己的人权问题。经济发达，实行资产阶级民主达数百年的国家也不例外。因此，没有一个国家能够以人权楷模自居，可以任意地去教训别人。他们也没有资格把自己并不完善的政治、经济模式当做拯世救民的法宝强加于人。

2. 一个国家以何种方式适用国际条约，是各该国自行决定的国内事务，国际法上并不存在要求各国采用某一方式的规则。因此，世界各国适用国际条约的方式是多种多样的。长期以来，挪威同许多国家一样实行二元论学说，采用通过制定国内法律将国际条约的内容规定为国内法，然后予以适用的间接适用方式。但是，现在却面临着不得不改变这一制度的前景。挪威发生这一情况并不是偶然的，这是战后国际人权标准的影响日益扩大的结果。数十年来，国际人权文书越来越多，参加国际人权条约的国家越来越多，人们要求按照国际人权标准，而不是国内人权标准来维护自身权益的呼声也越来越高。在这种情况下，许多国家都不同程度地参照国际人权标准修订了本国的人权保障制度。然而，像挪威这样准备改变本国的基本法律制度，还是少见的，足见国际人权标准的影响之大。

我国一贯认为人权本质上属于一国的国内事务，主要应当依照本国的法律去加以促进和保护。这一观点是以现代国际法为根据的，因而是完全正确的，我们必须坚持。与此同时，我们确实也应当重视国际人权标准的存在和它日益扩大的影响，要注意认真地研究它的发展趋势。

（原载中国社会科学院《对外学术交流情况》1998 年 6 月 15 日）

海洋法编

国际海洋法的概念、特点和基本原则

国际海洋法的概念

国际海洋法，简称海洋法，是关于各种海域的法律地位和调整国与国之间在海洋活动中发生的各种关系的原则、规则和制度的总称。海洋法是当代国际法的重要组成部分。

世界海洋总面积达3.6亿平方千米，占地球表面积的71%。海洋自古以来就与人类的生活息息相关。它是人们海上交往的通道，是人类生存和发展不能缺少的丰富资源的宝库，也是国家之间进行合作和争斗的场所。为了调整国家之间在利用海洋过程中发生的各种关系，早在古罗马时代就已出现了与海洋有关的法律概念、原则、规则和制度。随着人们利用海洋的活动越来越多，规模越来越大，这一类的原则、规则和制度也越来越丰富。目前，这些原则、规则和制度已在当代国际法的体系中构成了被称为海洋法的国际法分支或部门法。

海洋法作为国际法的一部分，具有国际法的一般特征。尊重国家主权和领土完整、不干涉他国内政、在国家之间的关系上不使用武力或武力威胁、和平解决国际争端等适用于国际法一切领域的国际法基本原则，也是海洋法的基本原则。海洋法是国家之间的法律。它的各项原则、规则和制度，是各个国家通过签订条约或形成习惯等明示的或默示的协议所创设的，反映了它们的协调意志。海洋法的主体主要是国家，国家享有海洋法上的权利和承担海洋法上的义务。海洋法具有一般约束力，所有国家都有遵守的义务。国家应对其违反海洋法的行为承担国际责任。国家之间在解释和适用海洋法方面发生的争端，应通过适当的解决争端程序予以解决。

海洋法与所有其他法律一样，是同一定的社会物质生产方式联系在一起的，属于社会上层建筑范畴。它不是一成不变的，而是随着社会的进步不断地发展变化着。

海洋法已经历了两千多年的历史。据史料记载，早在古罗马时代就已有了海洋法的萌芽。当时，海洋被认为同空气一样是"共有之物"，各国都有使用海洋的权利。同时，海洋也被认为是可以对它行使管辖权的。罗马统治者曾对海洋提出过拥有管辖权的主张。在罗马和迦太基之间曾缔结有条约，相互限制对方的船舶在某些海域的航行。

在中世纪，海洋成了各国封建君主争夺瓜分的对象。他们对海洋提出了领有权或者主权的主张，力图将大片海域攫为己有。在这一方面，英国是个突出的例子。自10世纪起，英国国王就获得了"不列颠海的主权者"、"诸海的主权者"等称号，要求在他控制的海域内航行的外国船舶向英国国旗致敬，并向他缴纳通行费。1493年，西班牙和葡萄牙两国依据罗马教皇的一道谕旨，瓜分了大西洋。正如一位叫斯科特的美国学者所说，"17世纪初，欧洲诸海中大概没有一个部分是处在某种权力的要求之外的"。

进入资本主义发展时期，航海贸易的发展要求打破海洋被封建君主割据的局面，以便在广阔的海洋上能够航行自由。适应这一要求，荷兰法学家雨果·格老秀斯于1609年发表《海洋自由论》，提出了著名的海洋自由原则，主张海洋同空气一样，可供所有人使用，海洋浩瀚无边，不能为任何人所占有，而且，海洋是用之不竭的，也适合于供一切人航海和捕鱼之用。这一原则，在当时曾遭到英国等一些国家的君主和学者的反对；但是，由于它符合发展海上航行和贸易的需要，代表了资本主义发展的方向，所以，法、英、美、俄等大国先后都接受了这一原则。在这种情况下，大约在19世纪下半叶，国际上终于形成了在广阔的海域实行以海洋自由原则为核心的公海制度。几乎与此同时，由沿海国对其沿岸一带狭窄海域行使管辖权的领海制度也出世了。直至20世纪中叶，世界海洋基本上被划分为领海和公海两大部分，所以有领海以外就是公海的说法。

第二次世界大战结束以后，海洋法发生了巨大变化。战后经济的恢复和发展对于海洋资源提出了日益增长的需求，科学技术的巨大进步，为人类控制和利用更为广阔的海洋空间及其资源提供了必要的条件和可能，异军突起的发展中国家强烈要求改变有利于海洋大国的旧的国际海洋法律秩序,建立新的海洋法律制度,在这些因素的共同作用下,先后出现了以美国1945年《大陆架公告》为代表的,对沿海国海岸外处于公海海域下的海底底土和海床行使管辖和控制权的大陆架主张,由拉丁美洲国家为主提出的,对邻接海岸宽度为200海里的海域行使主权或管辖权的200海里海洋权主张,以及由地中海小国马耳他提出的,将国家管辖范围以外的海床洋底及其底土宣布为人类共同继承财产的主张。所有这些主张有一个共同点,都要求把国家的管辖权扩展到领海以外,按照传统海洋法并不处于国家管辖之下的海域和海底区域。领海以外就是公海的传统海洋法格局遭到了挑战。经过将近40年的发展,随着第三次海洋法会议的召开和1982年《联合国海洋法公约》的通过,除传统的领海和公海制度外,在海洋法上又先后形成了大陆架、专属经济区和国际海底区域等新的国际海洋法律制度。

在很长一段历史时期内,海洋法是以零散的国际习惯和条约规则的形式存在和发展的,直至人类进入20世纪,国际社会才开始对海洋法进行编纂,使之法典化。

1930年,国际联盟在海牙召开国际法编纂会议,就领水等三个问题的法律规则进行编纂。会议在领海是国家领土的一部分,国家对其行使主权的问题上达成了一致意见,提出了将一国陆地领土和内水以外邻接的海域统一称为领海的建议。由于与会国家在领海宽度以及与领海有密切关系的毗连区、历史性海湾等问题上存在分歧,会议只是提出了一份关于领海法律地位的规则草案,而未能就领海制度通过一项公约。

第二次世界大战结束以后,联合国十分重视国际海洋法的逐渐发展和编纂,并把它列为联合国大会的一项任务,在联合国的主持下迄今已举行了三次海洋法会议以讨论海洋法问题。

1958年2月24日至4月27日,第一次联合国海洋法会议在日内瓦召开,讨论了领海及毗连区、公海的一般制度、公海渔业养护、大陆架和内陆国出海等问题。经过热烈讨论,会议通过了后来被称为日内瓦海洋法四公约的《领海及毗连区公约》《公海公约》《捕鱼与养护公海生物资源公约》和《大陆架公约》,以及《关于强制解决争端的任择议定书》。会议未能就领海的宽度问题达成协议，所以，在其通过的《领海及毗连区公约》中没有对此作出规定。

为了讨论第一次海洋法会议未能解决的领海宽度问题以及与其有关的渔区问题，联合国在 1960 年召开了第二次海洋法会议。会议于 3 月 17 日至 4 月 26 日在日内瓦举行。因为与会国家在讨论的问题上意见分歧依旧，会议讨论没有取得任何成果。

1973 年 12 月 3 日至 1982 年 12 月 10 日，联合国召开了第三次海洋法会议，以"通过一项公约，处理一切有关海洋法的问题"，有 167 个国家和近 50 个国际组织参加。这是国际法历史上参加国家最多，历时最长的国际法编纂会议。会议在领海的宽度、专属经济区的建立、专属经济区和大陆架的划界原则、国际海底区域制度等问题上发生了激烈争论，最后以 130 票赞成，4 票反对和 17 票弃权的表决结果通过了《联合国海洋法公约》（以下简称《公约》）。这是一部真正意义上的"海洋宪章"，对包括领海及毗连区、用于国际航行的海峡、群岛水域、专属经济区、大陆架、公海、岛屿、国际海底区域、海洋环境保护、海洋科学研究、海洋技术的发展和转让、海洋争端的解决等在内的国际海洋法律制度作了详细的规定，是迄今为止对于海洋法最全面的一次编纂，也是对海洋法发展的一次总结。

《公约》的通过，标志着海洋法发展到了一个新的阶段；但是，这并不意味着海洋法从此停滞不前了。随着人类对于海洋环境、海洋资源的更加关注，科学技术的进步以及有关国家在海洋上的合作与斗争，海洋法还将不断发展变化。1994 年 7 月 28 日通过的《关于执行 1982 年 12 月 10 日〈联合国海洋法公约〉第十一部分的协定》、1995 年 12 月 4 日通过的《关于执行 1982 年 12 月 10 日〈联合国海洋法公约〉有关养护和管理跨界鱼类种群和高度洄游鱼类种群的规定的协定》都对通过时间不久的《公约》作了实质性的修改。2000 年，联合国又启动了涉及海洋环境的保护、海洋科学研究、海洋技术的转让、海上安全、非法和不正规捕鱼、公海海洋生物多样性的保护、海洋保护区和海洋综合管理等问题的新一轮海洋事务和海洋法的非正式磋商。这些问题的解决，必将导致一系列新的海洋法原则和规则的出现。

国际海洋法的特点

海洋法是用来调整国与国之间海上关系的法律，具有两个基本特点：作为调整海上关系的法律，海洋法具有综合性的特点；作为调整国家之间关系的法律，具有国际性的特点。

一 海洋法的综合性

海洋是集地域空间和生物资源、矿物资源、化学资源、水资源、能源、旅游资源等众多资源于一身的综合体，人类在这里从事资源开发，航行运输、科学研究、环境保护、军事利用等种种不同的活动。为了使海洋及其资源得到充分、有序、合理的利用，必须对它进行综合管理。海洋利用和管理的这一特性，决定了海洋法必定是一门综合性很强的法律。

海洋法的综合性，主要表现在它是由多种多样的法律规范构成的法律体系，在海洋法发展的现阶段，它至少包括关于海域法律地位的规范、关于海洋资源的勘探、开发和保护的规范、关于海上航行和飞越的规范、关于海洋环境保护的规范、关于海洋科学研究的规范、关于海洋技术转让的规范、关于海洋权益的规范和关于海洋争端解决的规范等。这些法律规范各自适用的范围不尽相同，而又相互联系，互相渗透，有机地结合在一起，构成统一的海洋法律体系。海洋法的这一综合性质要求在海洋执法的过程中，每一具体案件的处理都必须放在整个海洋利用和管理的环境中去考虑，在具体适用某一类法律规范时，必须同时考虑到与案件有关的其他类法律规范的要求。

二 海洋法的国际性

海洋法是国家与国家之间的法律，它是由各个国家通过明示的或默示的协议方式制定产生的，反映了各个国家的协调意志。海洋法的主要渊源是国家与国家之间缔结的国际条约，以及得到世界各国普遍承认的国际习惯。各个国家可以通过协议的方式创制新的海洋法规则，也可通过协议的方式修改或废除过时的海洋法规则。

海洋法的主体主要是国家。海洋法调整的对象是国家与国家之间的海上关系，它的内容主要是规定国家在海洋活动中和相互关系中的权利和义务。自然人和法人以及它们所拥有并在海上使用的船舶和飞机不是海洋法的主体，他（它）们只有通过国家才能享有海洋法上的权利，同时，通过遵守本国和其他国家有关海洋管理的国内法的方式接受海洋法的制约。

有关海洋法的解释和适用的任何争端是国家之间的争端，应在有关国家共同同意的基础上，使用相互同意的和平方法加以解决，争议的解决应尊重各有关国家的主权和管辖权。

三　海洋法与各国的海洋立法

海洋法与各国的海洋立法不同，它们分属于不同的法律体系。各国的海洋立法属于国内法体系，它是由一国的立法机关制定通过的，用于调整国家、国家机关，自然人和法人之间在利用海洋过程中发生的各种关系。国家、国家机关、自然人和法人都是国内海洋法律的主体，享有国内海洋法律上的权利并承担国内海洋法律上的义务。各主体之间有关海洋法律的争端受一国的执法和司法机关的管辖，由它依据国内法加以处理。

海洋法与各国的海洋立法也有密切的关系，海洋法的许多原则和规则来源于各个国家的国内海洋法律和有关的实践。另一方面，海洋法对于各国的海洋立法也有重大的影响。按照国际法的一般要求，各个国家必须遵守和实施海洋法，所以，各个国家的海洋立法不仅不能违反海洋法，而且应当使其与海洋法协调一致。实际上，许多国家海洋立法的许多规定或者直接引之于海洋法，或者是以海洋法为根据的。

国际海洋法的基本原则

海洋法是国际法的一部分，国际法在历史上形成的基本原则，如同适用于国际法其他领域一样适用于海洋法，也是海洋法的基本原则。国际法的基本原则是指各国公认的，适用于国际法一切领域和效力范围，构成国际法基础的法律原则，主要包括尊重国家主权和领土完整原则，不干涉别国内政原则，在国际关系上不使用威胁或武力原则以及和平解决国际争端原则等。此外，海洋法在其历史发展的过程中还形成了自己的一项基本原则，即用于和平目的原则。

一　尊重国家主权和领土完整原则

主权和领土是构成现代国际法意义上的国家四要素中的两个要素，主权是国家的根本属性，指的是国家对内的最高权利和对外的独立自主，不受其他国家控制的权利。领土是指国家所领有的，处于该国主权之下的空间，包括领陆、领水、领陆和领水之上的领空。领土是一国赖以生存和发展的物质基础，也是其行使属地优越权的地域范围。尊重国家主权和领土完整原则，要求国家在其相互关系中彼此尊重独立自主处理对内对外事务的权力和领土的完整性，不得有侵犯他国主权和领土完整的行为，否则应为此承担国际责任。

领海是沿海国领土的一部分，处于沿海国的主权之下，沿海国对其领海内的一切人和事享有属地优越权。除非行使无害通过权，外国船舶未经准许不得进入一国的领海。非法进入一国领海及其上空，构成对该国领土主权的侵犯。外国船舶和飞机在一国领海及其上空航行飞越或从事任何其他活动，应遵守该国有关的法律规章，并接受该国的监督和管理。对于外国船舶和飞机的违法行为，执法当局有权依据海洋法和国家有关法律加以处理。按照现代海洋法，沿海国对其领海以外的，属于其管辖海域的专属经济区和大陆架均享有一定的主权权利和管辖权。在公海和国际海底区域，各国对悬挂其旗帜的船舶享有专属管辖权。所有这些权利都是国家依据其主权合法享有的，其他国家必须予以尊重。

二　不干涉别国内政原则

不干涉别国内政原则是从国家主权原则引申出来的另一项国际法基本原则。根据这项原则，所有国家都有按照自己的意志，独立自主地处理对内、对外事务的权力，其他国家不得为了把某种行为或后果强加给另一国而对它的对内对外事务施加带有强制性或专横性的干涉，否则就违反了国际法。

海洋法承认沿海国对其领海和其他管辖海域享有主权或主权权利及管

辖权；基于这些权利，沿海国可以为其管辖下的海域制定必要的法律规章，设立主管机关对这些海域进行管理，执行有关法律规定。准备和已经进入一国管辖海域活动的外国船舶、飞机、自然人和法人应遵守该国的法律规章，并服从主管当局的监督和管理；如违反法律规章，应当接受相应的处理和惩罚。对于沿海国的法律规章制度、管理方式或处罚决定，其他国家可通过外交途径进行交涉或通过行政、司法程序寻求救济，但不得加以反对或持漠视的态度，更不得以任何方式特别是强力手段迫使沿海国加以改变或从中取得利益。

三　不使用威胁或武力原则

根据不使用威胁或武力原则，每一国家都有义务在其与其他国家的关系上避免为侵害任何国家领土完整或政治独立的目的，或以与联合国宗旨不符的任何其他方式使用威胁或武力，包括不得使用威胁或武力，以侵犯他国的领土或疆界，或以此为方法解决与其他国家的领土、疆界和其他国际争端。

海洋法以领海宽度从领海基线量起不得超出 12 海里的规定确定了领海的范围。在国际实践中，绝大多数沿海国都根据海洋法宣布了本国的领海基线和领海宽度，明确了它的领海外部界线。许多国家还与其海岸相邻相向国家划定了领海的分界线。这两种分界线都是有关国家的海上疆界线，应当得到尊重。一国使用威胁或武力侵害他国海上疆界线，是对该国领土完整的粗暴侵犯，构成了国际法禁止的国际不法行为，应为此承担国际责任。沿海国为保卫本国海上疆界线不受侵犯，有权建立军事和准军事部队，在受到外来武力攻击时，有权进行自卫。

四　和平解决国际争端原则

和平解决国际争端原则是对传统国际法上诉诸战争权的否定，要求各国在国家主权平等的基础上，以和平方法解决相互之间的争端，避免争端危及国际和平、安全和正义。《联合国宪章》第 33 条规定了谈判、调查、调停、和解、仲裁、司法解决、区域机关或办法的利用等可用来解决国际争端的和平方法。争端当事国可从中选择或另行商定解决争端的和平方法。

在利用海洋的过程中，国家之间经常会发生利益冲突，从而引起国际争端。这些争端大多是有关《公约》的解释和适用的争端；对于这一类争端，海洋法公约明确规定，各缔约国有义务按照《联合国宪章》关于和平解决国际争端的规定，以和平方法加以解决。此外，《公约》还要求在缔约国对《公约》的解释和适用发生争端的情况下，争端各方应迅速就以和平方法解决争端一事交换意见。在争端解决程序已经终止而争端仍未得到解决的情况下，争端各方也应迅速着手交换意见。在海洋利用的过程中，国家之间也可能发生不是有关《公约》的解释和适用的争端，对于这一类争端，也应按照一般国际法的要求，通过和平方法解决。

五　海洋用于和平目的原则

维护世界和平是当代人类的普遍要求，也是当代国际法所要达到的重要目标之一。联合国在成立之初通过《联合国宪章》序言表达了世界各国人民"欲免后世再遭今代人类两度身历惨不堪言之战祸"的决心，把"维持国际和平及安全"规定为联合国的首要宗旨。为了实现联合国的宗旨，《联合国宪章》还规定了联合国及其会员国必须遵行的七项原则，其中，各国主权平等原则、和平解决国际争端原则，在国际关系上不得使用威胁或武力原则等都是直接指向反对战争，维护和平的。

海洋用于和平目的原则是《公约》确定的一项基本原则，贯穿于《公约》的始终。《公约》在关于领海内的无害通过权，用于国际航行海峡的过境通行权、群岛水域的通过、专属经济区、公海和国际海底区域制度，以及在海洋科学研究制度的规定中，均提出了"专用于和平目的"或"不损害沿海国和平"，"不进行任何威胁或使用武力"的要求。根据此项原则，各国负有不将海洋用于对外发动战争的目的的义务。在利用海洋的过程中，各国应避免危及其他国家的和平及安全可能导致国家之间武装冲突的行为。

（原载《海洋行政执法必读》，2004 年）

国际海洋法的形成与发展

一 海洋法的历史

（一）海洋法的产生与发展

海洋法不是自古以来就有的，它同其他法律一样，是人类社会发展到一定阶段的产物，有它自己的产生和发展的历史。

在人类社会的最初阶段，即原始共产主义时期，没有国家，也没有法律，生活在沿海地带的人们自由地在海上航行和捕鱼，不受任何法律规范的约束。自从人类社会出现了奴隶主和奴隶两个阶级的对立以后，国家和法律就产生了。为了调整人与人之间、国家与国家之间在利用海洋的过程中发生的各种社会关系，也就产生了海洋法。

在古代奴隶制社会已经出现了一些关于海洋的法律观念和法律规范。在罗马法中，海洋被看作同空气一样，是"大家共有之物"，所有人都可以加以利用，但谁也不能把它据为己有。这里所说的所有人，在古罗马，是指罗马公民，而不包括外国人。罗马的法学家并不认为海洋是可以对罗马人以外的其他民族开放的。所以，罗马法承认海洋是"共有之物"，并不意味着当时已经出现了今天所说的"公海"概念。虽然如此，海洋从整体上说实际上是自由的，所有国家都可以在海上航行。在历史资料中，也有罗马的统治者主张对海洋行使管辖权的记载，罗马皇帝可以准许或者不准许其他民族到罗马管辖的海域内从事捕鱼或航行活动。公元前509年和公元前348年，罗马与迦太基签订条约，规定迦太基的船只不得在拉齐奥海湾行驶，罗马的船只不得在迦太基湾和地中海南部航行，也无权驶近利比亚的布匿部分和撒丁岛。这些事实似乎说明，当时已经有了某种海域管辖制度。但是，我们不能把这种海域管辖制度认作是领海制度，因为，在罗马法中，管辖权与所有权是有区别的。总之，在古代，海洋法尚处在萌芽状态，由于客观条件的限制，还没有可能形成各种具有不同法律制度的海域。

中世纪时，海洋法的发展是同封建君主争夺海洋的要求紧密联系在一起的。随着封建制度的确立，欧洲各国的君主开始把他们对于土地的争夺扩展到了海洋。威尼斯、热那亚、瑞典、丹麦—挪威联合王国等地中海、波罗的海和北海周围的国家，对所在的海域纷纷提出领有权或主权要求。英国国王不仅对英吉利海峡、加来海峡和爱尔兰海，而且试图对北海，甚至对北角和菲尼斯特雷角之间的大西洋确立自己的主权。自10世纪起，英国国王就自称为"不列颠海的主权者""诸海的主权者""海洋之王"，在他所控制的海域范围内，要求外国船只向英国国旗致敬，向外国船只征收通行费，甚至可以控制外国船只的航行和捕鱼。1493年，西班牙和葡萄牙两个国家，依据罗马教皇的一道谕旨，瓜分了整个大西洋，使争夺海洋的斗争达到了登峰造极的地步。截至17世纪初，在欧洲的诸海中几乎没有任何一部分是处于某种权力要求之外的了。

为了适应封建君主占有海洋的需要，一些法学家对罗马法重新作了解释，提出了沿海国可以对邻近海域享有所有权或主权的思想。12世纪的意大利法学家阿佐主张，通过皇帝赐予的特权，或者由于长期不间断的使用，可以把海洋的一部分据为己有。14世纪中叶，另一位意大利法学家巴托拉斯提出，毗连水域是属于君主管辖的，他还说，任何国家的君主对于沿海100海里以内的岛屿都有所有权。后来，他的学生巴尔都斯又肯定地宣称，邻接一个国家领土的海是隶属于该国管辖的海域。16世纪下半叶，意大利法学家真提利斯提出了沿岸海域是毗连海岸所属国的领土的延续的观点，并把这种海域称作领水。这是在国际法历史上第一次提出了领水的概念。

各国君主对于海洋的所有权和主权要求，以及法学家们的上述主张，对于以后领海制度的形成产生了重大影响。但是，在这一时期，还不能认为已经形成了领海制度。因为，君主们的权利要求往往是对整个海或洋提出来的。领海制度只是在人类社会进入资本主义发展阶段以后，与公海制度同时逐渐形成的。

1. 公海和领海制度的形成

随着资本主义生产关系在封建结构内部逐渐成长和新大陆发现以后航海贸易的兴起，海洋法的发展进入了一个新的阶段。新兴资产阶级为了能够在海上自由地航行和进行贸易，要求改变海洋被分割成各个势力范围的格局，在海洋上建立有利于正常航行的法律秩序。

1609 年，担任荷兰东印度公司律师的雨果·格老秀斯发表了《海洋自由论》。在这一著名的文献中，格老秀斯猛烈抨击葡萄牙垄断印度贸易的主张，提出了通商和航海是全人类的自由的观点。他论证说，海洋是人类共有的，它无边无际，流荡无定，任何人都无法加以占有；而且，海洋也是适合于供大家共同使用的，因为，无论航行或是捕鱼都不能使海洋罄竭。格老秀斯的海洋自由理论，当时遭到许多封建君主和学者的反对。1618 年，塞尔登发表《闭海论》，竭力为英国君主占有英国周围海洋的行为辩解。1635 年，英王查尔斯一世下令刊印《闭海论》，甚至通过英国驻荷兰大使，要求荷兰惩罚格老秀斯。但是，海洋自由理论有利于海上航行和贸易，代表了资本主义发展的方向，所以，随着资产阶级在欧洲各国逐渐取得统治地位，这一理论也就获得了越来越多的学者的支持。在 18 世纪，几乎所有著名的国际法学者都采取了支持海洋自由的立场。1702 年，荷兰学者宾刻舒克发表《海洋主权论》，把海洋分为领水和公海两部分，主张领水属于沿海国主权管辖，而公海则不属于任何国家。1756 年，瑞士学者瓦特尔也表示支持海洋自由，他说，任何国家都不得在海洋拥有排他的主权。与此同时，一些重要的海洋国家也开始在实践上适用海洋自由原则。1760 年，西班牙宣布实行 6 海里领水界限，实际上放弃了对于广大海域的主权要求。1789 年的法国资产阶级大革命提出了海洋对一切国家都是自由的要求，在当时法国海军的旗帜上写着"海上自由，各国平等"的口号。英国在 1805 年战胜法国和西班牙的联合舰队，取得"第一海上强国"的地位以后，也放弃了对广阔海域的管辖要求，转而采取支持海洋自由原则的立场。1808 年的海军部训令中，已经不再有强迫外国船只向英国国旗敬礼的要求。1821 年，当俄国颁布法令宣布禁止一切外国船舶驶近阿拉斯加海岸 100 英里以内时，英国同美国一起，向俄国提出了抗议。1825 年，英俄两国签订条约，约定两国不阻碍彼此的臣民在太平洋任何部分航行和捕鱼。所有这些事实表明，在 19 世纪初，海洋自由原则已经在理论和实践上得到了广泛的承认。

在海洋自由原则节节胜利，各国逐渐放弃对于大片海域的主权要求的同时，形成了由沿海国对毗连其海岸的一带海域行使主权的领水（海）制度。如上所述，自 12 世纪以来，巴托拉斯、巴尔都斯等法学家已经提出过沿海国对毗连海域拥有所有权和管辖权的思想，为领水制度的确立打下了理论基础。意大利法学家真提利斯（1552—1608）在海洋法的历史上第一次提出了领水的概念，他在《西班牙辩护论》一书中阐述了沿岸海域是毗连海岸所属国领土延伸的观点，并把这种海域称为领水。雨果·格老秀斯在《海洋自由论》中论证海洋自由的同时也认为，可以从海岸上进行控制的那部分海域是属于沿岸国所有的。在这以后，又有许多学者从各个不同的方面论证沿海国对毗连海域享有所有权和主权的理由。英国的威尔伍德从保护渔业资源的角度，论证了沿海国对沿岸海域享有所有权的重要性，他在 1613 年写的一本书中指出："一个国家的居民有在他们的沿岸进行捕鱼的原始的排他的权利。这一部分海洋必须属于沿海国的主要理由之一是，如果任何人都可以自由捕鱼，这些鱼类会有灭绝之虞"。1672 年，德国国际法学者普芬道尔认为，领水是沿海国为守护其所流经的海岸的壁障。因为，容许军舰在未经准许的情况下或未曾保证不作任何损害行为的情况下靠近海岸是有危险的。斯塔克说：国家对沿岸海水带拥有主权的原则的完全确立，是在 18 世纪初，确切地说，是 1702 年宾刻舒克发表《海洋主权论》时，在该书中，作者采纳了"领土主权延伸到炮火所及的范围"这一原则。

在领水制度的形成过程中，关于沿海国对其领水享有什么性质的权利问题曾经是有不同意见的。一种意见认为，领水是沿海国领土的一部分，属于沿海国所有，因此，沿海国对其领水享有排他的主权。另一种意见认为，沿海国既不是领水的所有者，也不是领水的主权者，他对于领水只是享有某种管辖或控制权。这场争论在 1919 年的《巴黎航空公约》签订以后就基本结束了。这一条约规定："缔约国承认每一国家对其领土上的空间享有完全的排他的主权。本公约所指的一国的领土应理解为包括本国和殖民地的国土以及毗连的领水"（第 1 条），从而以国际条约的形式肯定了国家对领水的主权。在这以后，虽然仍有个别学者和司法判例坚持领水不是国家领土一部分的观点，但是，这已经不再有多少影响了。在 1930 年海牙国际法编纂会议、1958 年第一次联合国海洋法会议和 1973—1982 年第三次联合国海洋法会议上，沿海国对领海的主权再也没有引起异议，后两次会议分别通过的领海与毗连区公约和联合国海洋法公约均明确规定，沿海国的主权及于领海。

　　领水的宽度也是一个长期有争论的问题。早期，曾经有过各种不同的确定领水宽度的方法和主张，例如，以从岸上听到海上人的声音的距离为领海的宽度，以测深锤沉到海底的地方到海岸的距离为领海的宽度，以从海岸上射箭的射程为领海的宽度，以目力所及的地方到海岸的距离为领海的宽度，等等。1702 年，荷兰学者宾刻舒克提出了以大炮射程决定领海宽度的主张，他认为，"陆地上的控制权终止在武器力量终止的地方"。这一主张后来被称为大炮射程说。1782 年，意大利法学家加利安尼根据当时的大炮射程大约为 3 海里的事实，提出了以 3 海里作为领海宽度的建议。这一建议提出以后，很快得到了一些国家的响应。美国第一个公开宣布了 3 海里领海。1793 年，英法两国发生战争时，美国总统华盛顿发表《中立宣言》，声明美国将在离它海岸 3 海里的海域内保持中立。随后，英、法、德、日等国也相继实行了 3 海里领海。

　　美、英等国实行 3 海里领海不是偶然的。这些国家大多是拥有庞大海军力量的海洋强国，为了使他们的海军舰艇能够在世界海洋上自由游弋，不希望看到宽阔的领水，所以，他们不仅自己实行 3 海里领水，而且说什么国际法上有"3 海里领水规则"，要求其他国家也把领水的宽度限制在 3 海里。但是，这种说法是没有根据的。一国的领海宽度历来是由该国自行确定的，国际法上长期以来并不存在关于领海宽度的统一的规则。事实上，在各国所确定的领海宽度中，除 3 海里以外，还有许多其他宽度。

　　1930 年，国际联盟在海牙召开国际法编纂会议，对包括领水在内的一些国际法问题进行编纂，在参加会议的 47 个国家中，有 35 个国家提出了他们对于领海宽度的具体主张，其中 18 国主张 3 海里，4 国主张 4 海里，11 国主张 6 海里，1 国主张 6 或 3 海里，1 国主张 12 或 6 海里。会上，以英国为首的主张 3 海里领水的国家曾经企图将 3 海里宽度强加给其他国家，但是，由于遭到强烈的反对而没有成功。

第二次世界大战以后，伴随着一系列独立国家的诞生，领海宽度问题上的分歧更加扩大，出现了越来越多的领海宽度。这些国家大多要求建立比较广阔的领海，以便更好地维护本国权益和安全。据 1958 年第一次联合国海洋法会议的资料，在向国际法委员会报告领海宽度的 52 个国家中，除 21 国主张 3 海里领海以外，其余 31 国分别提出 3、4、5、6、9、10、12、50、200 海里等 8 种领海宽度。1981 年 3 月，108 个国家宣布的领海宽度已达 13 种之多。此外，还有的国家采用地理坐标来划定本国的领海范围。不仅如此，领海的宽度还呈现出不断扩大的趋势。据统计，1950 年时，主张 3 海里领海的国家为 30 个，1958 年减少到 21 国，1981 年进一步减少到 13 国；另一方面，主张 12 海里或 12 海里以上领海宽度的国家在不断增加：主张 12 海里领海的国家从 1950 年的 3 个增加到了 1958 年的 11 个和 1981 年的 74 个，主张 200 海里领海的国家，则从 1950 年的 1 个增加到了 1981 年的 13 个。

1958 年，联合国召开第一次海洋法会议。会上，各国就领海宽度问题进行了热烈讨论。讨论的情况表明，与会各国在这一问题上的分歧像以往一样是很大的。面临领海宽度日益扩大的形势，一贯坚持 3 海里领海的国家作出了一些让步。美国提出了 6 海里领海加附有一定条件的 6 海里渔区的方案。英国也表示可以接受 6 海里领海。但是，这些让步未能满足广大发展中沿海国家的要求。因此，会议未能就领海宽度问题达成协议。专门为了解决领海宽度问题而召开的第二次联合国海洋法会议，由于同样原因也没有取得结果。

进入 70 年代以后，主张 12 海里领海的国家越来越多，主张 12 海里以上直至 200 海里领海的国家也在增加。在第三次联合国海洋法会议上，这两类国家已经在出席会议的国家中占绝大多数。在这种情势下，美、英等国不得不作出妥协，会议得以达成了领海宽度不得超出 12 海里的协议，并将这一协议写进了联合国海洋法公约。国际法上终于形成了关于领海宽度的统一规则。

第二次世界大战以后，全球经济的恢复和发展，极大地增加了对于海洋自然资源的需求，促使许多国家将眼光转向海洋，力图将本国的管辖权扩展到领海以外的公海区域。与此同时，科学技术的进步也为他们提供了在更大范围内利用和控制海洋的手段和现实可能性。特别是一些发展中的沿海国家，要求改革旧的海洋法律制度，建立新的海洋法律秩序，以满足保护他们的利益的需要。他们认为，旧海洋法仅仅有利于技术先进的海洋国家，而不利于弱小国家。所有这些因素共同作用的结果，海洋法发生了巨大变化。以海洋自由原则为基石的，领海以外即公海的旧海洋法格局被打破，在传统上属于公海的海域内出现了大陆架、专属经济区、国际海底区域等新的海洋法律制度。公海自由原则的适用范围大大缩小了，占世界海洋总面积百分之三十六以上的海域，如今已被置于沿海国的管辖之下。国家管辖范围以外的全部海床、洋底及其底土也被置于国际制度和国际机构的管辖之下。具有讽刺意味的是，所有这一切变化都是从致力于维护旧的海洋法律秩序，反对扩大国家海域管辖范围的美国所采取的一项措施，即发表《关于大陆架的公告》开始的。

2. 大陆架制度的形成

1946 年 9 月 28 日，美国总统杜鲁门发布《关于大陆架的公告》，宣布"处于公海下但毗连美国海岸的大陆架的底土和海床的自然资源属于美国，受美国的管辖和控制"。这一《公告》把美国的管辖和控制权扩展到了领海以外的大陆架资源，很明显是不符合传统海洋法的。但是由于它在客观上符合许多国家保护和控制本国沿海自然资源的需要，所以，不仅没有遭到任何国家的公开反对，而且成了许多国家效法的榜样。《公告》发表以后不久，首先是与美国毗邻的一些拉美国家，如墨西哥、阿根廷、智利等国，发表了关于大陆架的声明或法令。随后，北欧的冰岛、中东的阿拉伯联合酋长国、沙特阿拉伯，东南亚的菲律宾、巴基斯坦等国也纷纷提出了大陆架权利主张。1958 年第一次联合国海洋法会议召开前夕，宣布大陆架的国家已达 35 个。在参加这次会议的 87 个国家中，除联邦德国和日本以外，其他国家都接受了大陆架概念。

在第一次海洋法会议以前，宣布大陆架主张的国家对于大陆架的权利要求是不一样的。有的国家与美国相同，要求对大陆架的资源享有管辖和控制权，有的国家主张对大陆架资源享有专属管辖权，更多的国家则不仅对大陆架的资源提出权利主张，而且对大陆架本身提出了要求，在这些国家中，有的国家主张对大陆架享有管辖权和控制权，有的国家则把大陆架视作国家领土的一部分，主张对大陆架享有所有权和主权。

为了研究和解决各国在大陆架权利主张上的分歧和混乱，联合国国际法委员会从 1950 年起开始审议大陆架问题。委员会的讨论主要集中在大陆架的定义和沿海国对大陆架的权利的性质这两个问题上。经过反复讨论和征求各国政府的意见后，委员会在 1956 年第 8 届会议上通过了大陆架定义，确定大陆架是指"邻接海岸但在领海范围以外，深度达 200 米或超过此界限而上覆水域的深度容许开发其自然资源的海底区域的海床和底土"。关于沿海国对大陆架的权利的性质问题，委员会的结论是，沿海国有权"为了勘探大陆架和开发其自然资源的目的，对大陆架行使主权权利。"

国际法委员会的工作，为第一次联合国海洋法会议关于大陆架制度的讨论做了很好的准备，在这次会议上，虽然与会国家在大陆架定义和沿海国对大陆架的权利性质问题上继续有很大争论，会议仍然以国际法委员会拟订的关于大陆架的条款草案为基础通过了《大陆架公约》。这一公约的通过，标志着大陆架这一战后出现的新的海洋法律制度已经形成。

3. 专属经济区制度的形成

杜鲁门《大陆架公告》和拉美国家类似法律文件的发表，不仅导致了大陆架制度的确立，而且诱发了 200 海里海洋权主张的提出，这种权利主张成了后来形成的 200 海里专属经济区制度的最早渊源。

200 海里海洋权主张，首先是由拉丁美洲国家提出的。1947 年 6 月 23 日，智利总统发表声明，援引美国、墨西哥、阿根廷等国宣告大陆架的声明为依据，在设立渔业保护区的名义下，宣布智利对距离其海岸 200 海里的一条线以内的海域实行保护和控制。同年 8 月 1 日，秘鲁发布了同样内容的总统法令。随后，萨尔瓦多、尼加拉瓜、乌拉圭、巴西等拉美国家也相继采取了类似的立法行动。这些国家的具体权利要求不尽一致，但都主张，为了保护资源的目的，对 200 海里海域实行控制。

为了协调各国的立场，拉美国家曾多次召开地区国际会议，先后发表了多项关于海洋法的文件。在这些文件中，1972 年 6 月，加勒比海国家在多米尼加首都圣多明各集会后发表的《圣多明各宣言》具有特殊重要意义，这一宣言在 200 海里海洋权主张的基础上，提出了承袭海的概念，标志着专属经济区制度在观念上已基本形成。《宣言》宣布，承袭海是邻接领海的一个区域，其宽度与 12 海里的领海合并计算，最多不应超过 200 海里。在承袭海内，沿海国享有对于水域、海床和底土中可再生和不可再生的自然资源的主权权利，以及对区域内的科学研究加以规定和采取必要措施以防止海洋污染的权利。所有其他国家，除受沿海国对承袭海的权利的限制外，享有航行、飞越，以及铺设海底电缆和管道的自由。

在拉美国家为建立这一新的海洋法律制度而不断奋进的同时，非洲国家也在为同一目标作出很大的努力。1971 年 1 月，肯尼亚代表在亚洲法律协商委员会科伦坡会议上，第一次提出了专属经济区概念。1972 年 6 月 30 日，正当圣多明各会议结束以后不久，又在雅温得举行的非洲国家海洋法问题区域讨论会上提出了"非洲国家同样有权在领海以外设立一个经济区"的要求。同年 8 月，肯尼亚正式向联合国海底委员会提交题为"关于专属经济区概念的条款草案"，就专属经济区概念作了全面的说明，其内容与承袭海概念基本相同，主要内容有：1）所有国家均有权决定邻接其海岸位于 12 海里领海以外的海域的管辖范围；2）所有国家均有权在领海以外建立经济区，在该经济区内，各国为了勘探和开发的目的，对自然资源行使主权权利，并为了控制、管理、开发和保护区域内的生物和非生物资源的目的，以及防止和控制污染的目的，享有专属管辖权；3）经济区的建立，不影响国际法承认的航行自由、飞越自由和铺设海底电缆和管道的自由；4）经济区不应超出从测算领海的基线量起 200 海里。

200 海里海洋权主张以及承袭海和专属经济区概念，有利于沿海国维护国家权益和保护海洋资源，因此，受到了广大沿海国，尤其是发展中沿海国的赞同和支持。据统计，在 1970 年到 1981 年底的 12 年间，有 77 个国家宣布建立了 200 海里管辖区域，其中 46 个国家建立 200 海里专属经济区，8 个国家建立 200 海里领海，23 个国家建立 200 海里渔区。美国、苏联、日本等海洋大国曾经强烈反对 200 海里海洋权主张和专属经济区概念；但是，迫于大势所趋，他们不得不改变了态度，并先后分别宣布了自己的 200 海里渔区或经济区。在这种情况下，第三次联合国海洋法会议比较顺利地就专属经济区制度达成了协议。随着联合国海洋法公约的通过，专属经济区制度在海洋法上的地位完全得到了确立。

4. 国际海底区域制度的形成

第二次世界大战后海洋法的另一重大发展是国际海底区域制度的建立。国际海底区域是指国家管辖范围以外的海床洋底及其底土。长期以来，这一位于公海之下的区域的法律地位是不明确的，因为，在科学技术的进步还没有达到可以利用这一区域的时候，人们是不会觉得有必要建立它的法律制度的。进入60年代以后，探测深海洋底的技术有了长足进展，对于散布在大洋底的锰结核资源的调查也取得了重要成果。初步探明，仅在太平洋底部，其储量即达1.7万亿吨。与此同时，从深海洋底采集锰结核的技术也有了突破，多种采矿方法和设备试验成功。一些工业发达国家和跨国公司开始对勘探和开发国际海底资源表现出很大的兴趣。由于科学技术的进步，深海洋底被用于军事目的的威胁也增加了。超级大国的军事家们已在考虑利用深海洋底作为潜艇基地和部署战略核导弹的问题。无论从调整看来即将开始的勘探和开发深海底资源的活动的需要，还是防止迫在眉睫的海底军备竞赛，保证海床洋底专用于和平目的来看，为国际海底区域制定必要的法律制度，已经成了国际社会所面临的迫切问题了。

1967年8月17日，出席第22届联合国大会的马耳他代表团向大会提出《关于保留现行国家管辖范围以外的海床洋底及其底土专用于和平目的及其资源用于人类福利的宣言和条约》的提案，要求将它列入大会的议程。这一提案附有一解释性备忘录，其中指出，鉴于新技术的迅速发展，国家管辖范围以外的海床洋底及其底土将逐渐地为国家所占有和利用。一些技术先进的发达国家可能通过在深海洋底设置军事设施和开发海底资源而获得好处，因此，马耳他认为，宣布海床洋底及其底土为人类的共同继承财产的时候已经到了，应当立即采取步骤以起草一项条约。马耳他驻联合国大使阿维德·帕多应邀在联大第一委员会上介绍了马耳他提案的内容。

当年12月18日，联合国大会通过第2340号决议，决定设立一特设委员会以研究和平利用国家管辖范围以外的海床洋底及其资源用于人类利益的问题。次年，联大又通过决议，成立"和平利用国家管辖范围以外海床洋底委员会"，简称海底委员会，以取代特设委员会，其主要任务是"研究如何详细拟订法律原则及标准，以促进各国在勘探和开发国家管辖范围以外海床洋底及其底土方面的国际合作。"根据联大的这一决议，海底委员会展开了紧张的工作。在海底委员会工作的基础上，1970 年 12 月 17 日，第 26 届联合国大会以 118 票对零票，14 票弃权通过称为"关于各国管辖范围以外海床洋底及其底土的原则宣言"的第 2749 号决议。《原则宣言》宣告：1）国家管辖范围以外海床洋底及其底土以及该区域的资源为人类共同继承财产；2）任何国家和个人均不得以任何方式将该区域据为己有，任何国家不得对该区域的任何部分主张或行使主权或主权权利；3）任何国家和个人，均不得对该区域或其资源主张、行使或采取与行将建立的国际制度及本宣言各项原则相抵触的权利；4）所有关于勘探及开发该区域资源的活动，均应受行将建立的国际制度管制；5）该区域应予开放，由所有国家无歧视地，依据行将建立的国际制度，专为和平目的使用；6）各国在该区域的活动，应遵照适用的国际法原则和规则；7）该区域的勘探及其资源的开发应以全人类的福利为前提，并应特别顾及发展中国家的利益和需要；8）该区域应保留专为和平目的使用；9）应即以一项普遍协议的世界性条约建立适用于该区域及其资源的国际制度，包括负责实施其各项规定的国际机构。此项制度应确保各国公平分享从区域及其资源的利用取得的各种收益，同时应特别顾及发展中国家的利益与需要。

《原则宣言》的通过，表明国际海底区域及其资源是人类共同继承财产的原则已经确立，建立国际海底区域制度的努力已取得很大进展，有鉴于此，第 25 届联大于通过该《原则宣言》的同一天，又通过第 2750 号 C 决议，决定于 1973 年召开第三次联合国海洋法会议，以建立国际海底区域制度，并广泛讨论包括公海、大陆架、领海等问题在内的各种有关问题。

1973 年 12 月 3 日，第三次联合国海洋法会议在纽约联合国总部开幕。经过长达九年的协商，会议就建立国际海底区域制度基本上达成了协议。1982 年 4 月 30 日，会议通过联合国海洋法公约，其中的第十一部分以及公约的附件三，对国际海底区域制度作了详细规定。《公约》确认，国际海底区域及其资源是人类的共同继承财产，规定设立国际海底管理局，由它代表全人类负责管理、组织和控制区域内的活动。按照《公约》的规定，国际海底资源的勘探开发活动，既可由管理局的企业部直接进行，也可由缔约国或国营企业，或在缔约国担保下的自然人或法人以与管理局协作的方式进行。作为原则，区域内的活动应为全人类的利益进行，并特别顾及发展中国家的利益和需要，而且只能用于和平目的。

（二）海洋法的编纂

海洋法的原则、规则、规章和制度，最初，大部分是从各国的实践、先例和学说中产生的。它们经过长期的实践，被国际社会承认具有普遍的法律约束力，从而发展成了习惯法规范。这些习惯法规范往往有许多不明确和不确定的地方。为了消除这些缺点，有必要把这些习惯法规范条文化和系统化，即法典化。这项活动称为海洋法的编纂。在海洋法的编纂过程中，不可避免地要对原先存在的原则、规则、规章和制度进行修改或变动，有时还需要制定新的原则、规则、规章和制度，因此，海洋法的编纂总是同海洋法的发展联系在一起的。

在近代海洋法形成以前，在一些地区已经进行过海洋法的编纂，例如，7—9世纪罗马帝国后期"罗得海上法"的编纂，10世纪"阿马菲法集"的编纂、16世纪初"威斯比海上法"的编纂等。这些编纂活动主要涉及有关海上航行和贸易的惯例以及法官的判决。19世纪中叶以后，国际间也曾对私掠船制度以及海战法规和惯例作了部分编纂。但是，海洋法的编纂只是在进入本世纪以后才真正开始的。

1. 1930年海牙国际法编纂会议

1920年，负责起草《国际常设法院规约》的法学家委员会通过决议，促请召集国际会议，以协调对于国际法的一些问题的不同意见，并研究一些尚未得到充分规定的问题。1924年9月22日，国际联盟第5届大会通过瑞典的建议，责成国联行政院专家委员会拟订国际法编纂的问题目录。1927年，由国联行政院指派的，由16位国际法专家组成的"国际法逐渐编纂委员会"提出一份报告，认为，包括领水、海盗行为、海产的开发在内的7项问题已经成熟，可以编纂为法典。同年9月27日，国联大会决定召开国际法编纂会议，从事上述问题目录中的头三项问题，即国籍、领水和国家的责任的法典编纂。根据这一决定，行政院任命了一个由法学家组成的筹备委员会为该会议作准备。在领水方面，筹备委员会于征求各国政府的意见后，草拟了一个包括 28 个条款的领水公约草案作为会议的讨论基础。1930 年 3 月 13 日至 4 月 12 日，国际法编纂会议在海牙召开，参加会议的有 47 个国家的代表，苏联以观察员身份出席了会议。

会议对领水这一名词进行了讨论，认为这一名词在广义上包括"内水"和"领海"，在这里不如"领海"一词适当，因此，决定将"领水"改为"领海"。关于领海的法律地位，会议很快取得了一致意见，确认领海是国家领土的一部分，国家对其行使主权。但是，会议在领海宽度问题上陷入了分歧。以英国为首的一些国家主张狭窄的领海，赞同提交会议讨论的公约草案第 3 条规定的 3 海里领海宽度。他们认为，3 海里领海界限不仅是保障航海自由的最适当的界限，而且是国际法的现行规则，也是拥有当时世界船舶总吨位百分之八十的许多国家所同意的。发言支持 3 海里领海宽度的有英、美、日等 17 个国家。但是，更多的国家反对 3 海里领海界限，他们提出了 4、6、12 海里等多种不同的领海宽度。由于各国坚持自己的意见，会议未能就领海宽度达成一致意见。会上关于与领海有密切关系的毗连区、历史性海湾等问题的讨论也没有取得一致意见。因此，历时一个月的海牙国际法编纂会议没有能就领海通过一项公约，只是拟订了一份题为"领海法律地位"的草案，作为附件列入了会议最后通过的议定书。

2. 联合国的海洋法编纂

第二次世界大战以后，海洋法的编纂有了长足进展。在这一过程中，联合国发挥了重大作用。实际上，这一时期的海洋法编纂是在联合国的主持下进行的。

联合国自成立之日起就承担起了逐渐发展与编纂包括海洋法在内的整个国际法的任务。联合国宪章第 13 条规定："（联合国）大会应发动研究，并作成建议……提倡国际法之逐渐发展与编纂"。为此，1947 年第 2 届联合国大会决定成立国际法委员会，其任务是"促进国际法的逐渐发展及其编纂"。1949 年，国际法委员会召开第 1 届会议，拟定了一个供编纂的 14 个项目的清单，其中包括公海制度和领海制度。经过几年的工作，1956 年，国际法委员会完成了海洋法条款的起草工作。1957 年 2 月 21 日，联合国大会在讨论了国际法委员会的报告以后，通过决议决定召开第一次海洋法会议，以审查海洋法问题。

第一次海洋法会议于 1958 年在日内瓦召开。会议在国际法委员会准备的海洋法条款草案的基础上进行了广泛讨论，最后通过了领海与毗连区公约、公海公约、捕鱼与养护公海生物资源公约、大陆架公约和关于强制解决争端的任意签字议定书，在海洋法的逐渐发展和编纂方面取得了重大成果。但是，这次会议是在许多亚非国家没有取得独立，因而未能参加会议的情况下举行的，因此，会议通过的各项海洋法公约在整体上有利于海洋大国，而不利于发展中国家。此外，由于海洋大国坚持狭窄的领海范围，会议未能就领海宽度问题达成协议，领海与毗连区公约因此未能对领海宽度作出规定。领海宽度是海洋法中的一个基本问题，第一次海洋法会议未能对此作出决定，不能不说是一大失败。

为了解决领海宽度问题，联合国于 1960 年召开了第二次海洋法会议。这次会议，由于导致第一次海洋法会议失败的同样原因，也没有能在领海宽度问题上取得突破，会议以无结果而告结束。

进入 60 年代以后，国际形势发生了巨大变化，随着广大的殖民地半殖民地国家相继获得独立，第三世界国家在国际舞台上形成了一支举足轻重的力量。这些国家反对海洋霸权主义，维护自己的海洋权益的斗争也有了更大发展。40 年代开始的争取 200 海里海洋权的斗争如火如荼，成了一股不可阻挡的潮流。为了防止发达国家掠夺深海洋底的矿物资源和超级大国在深海底的军备竞赛，1967 年，马耳他代表团向联合国大会提出了宣布各国管辖范围以外的海床洋底以及该区域的资源为人类共同继承财产并为其建立国际制度的建议。这一建议获得了广泛的支持。联合国大会因此通过决议，决定设立海底委员会研究建立国际海底制度问题。这些事态的发展，直接导致了一次新的海洋法会议的召开。

根据第 25 届联合国大会 1970 年 12 月 17 日第 2750 号 C 决议和第 28 届联合国大会 1973 年 11 月 16 日第 3067 号决议，第三次联合国海洋法会议于 1973 年 12 月 3 日在纽约联合国总部召开，其任务是通过一项处理一切有关的海洋法事项的公约。经过长达九年的努力，会议在所讨论的绝大部分问题上取得了协商一致的结果，最后，以 130 票赞成，4 票反对（美国、以色列、委内瑞拉和土耳其）、17 票弃权，表决通过了《联合国海洋法公约》，完成了海洋法历史上规模最大的一次编纂工作。

二　第一、二次联合国海洋法会议和四个海洋法公约

（一）第一次联合国海洋法会议

会议于 1958 年 2 月 24 日至 4 月 27 日在日内瓦召开。参加会议的有 87 个国家的代表，中华人民共和国在联合国的席位没有恢复，因而未能参加这次会议。

会议采取先委员会研究，后全体会议表决通过的程序讨论制定海洋法公约问题。会议决定，委员会的表决以简单多数通过，全体会议表决以三分之二多数通过。

会议设立五个主要委员会分工讨论各种海洋法问题，其任务是：第一主要委员会，领海及毗连区；第二主要委员会，公海的一般制度，第三主要委员会，公海渔业和养护；第四主要委员会，大陆架；第五主要委员会，内陆国出海问题。

各委员会以国际法委员会准备的关于海洋法的条款草案为基础，对相关问题逐条进行讨论，提出修改和补充意见，拟出案文，报告全体会议审议通过。在第八次全体会议审议大陆架条款时，有国家提出了所有海洋法条款包括在一个公约中还是分类单独成立公约的问题。在第十一次全体会议审议公海条款时，也有的国家提出类似问题。会议采纳多数国家的意见，决定分别成立关于领海与毗连区、公海、捕鱼与养护公海生物资源和大陆架的四个公约，并决定将第五主要委员会讨论的内陆国出海问题条款纳入《公海公约》。关于解决争端问题，由于有些国家反对在公约中作出有关强制解决争端的规定，全体会议决定起草和通过关于强制解决争端的任意签字议定书，对愿意参加的国家开放签字。

各委员会和全体会议的讨论充满了争论，与会各国在领海宽度，军舰通过领海制度、大陆架定义、沿海国对大陆架权利的性质等许多问题上意见分歧很大，其中许多问题是在有反对票和弃权票的情况下解决的。经过

九周时间的紧张工作，第一次联合国海洋法会议通过了《领海与毗连区公约》《公海公约》《捕鱼与养护公海生物资源公约》《大陆架公约》和《关于强制解决争端的任意签字议定书》。

在第一次海洋法会议上，领海宽度是争论最大的问题。在第一主要委员会讨论时，曾有 14 个国家先后提出 21 个提案，经过辩论，对六个提案进行了表决，这就是加拿大 4 月 17 日提案（6 海里领海和不超过 12 海里的专属渔区）、印度和墨西哥 3 月 29 日联合提案（不超过 12 海里领海）、苏联 3 月 31 日提案（沿海国有权在 3—12 海里范围内自行确定领海宽度）、哥伦比亚 4 月 1 日提案（12 海里领海和 12 海里专属渔区）、瑞典 3 月 10 日提案（6 海里领海）和美国 4 月 19 日提案（6 海里领海和不超过 12 海里专属渔区，但如果某一外国船舶在签订公约前的 5 年内在那里经常从事渔业，则该国公民仍得在专属渔区的领海以外部分继续从事渔业）。表决结果，只有加拿大提案的第二项不超过 12 海里的专属渔区获得通过。全体会议在讨论了第一委员会的报告以后，决定对加拿大提案的第二项和上述美国、苏联以及由缅甸、哥伦比亚等八国提出的新提案（各国有权在 12 海里范围内规定其领海宽度，领海宽度不到 12 海里的，可以扩大其专属渔区到 12 海里）进行表决。表决结果，没有任何一项提案获得通过。

由于会议始终未能就领海宽度通过一项方案，《领海与毗连区公约》没有能对这一问题作出规定。有鉴于此，会议通过决议，建议联合国召开另一次国际会议，以解决领海宽度问题。

（二）第二次联合国海洋法会议

1958 年 12 月 10 日第 13 届联合国大会通过第 1307 号决议，决定召开第二次海洋法会议，以便"重新考虑领海宽度和渔区范围问题"。

第二次联合国海洋法会议于 1960 年 3 月 17 日至 4 月 26 日在日内瓦召开，参加会议国家与第一次会议相同。会议程序与议事规则也没有改变。

这次会议设立了一个全体委员会。会上一共提出了 9 个提案，经过讨论，决定对 5 个提案进行表决：18 国提案（国家有权在 12 海里范围内规定领海宽度，领海宽度少于 12 海里的，可以在 12 海里以外规定渔区）；冰岛提案（依靠沿海渔业的国家，在邻接其沿海渔区的海域内有必要限制捕鱼量时，该国应享有优先权）；美国和加拿大联合提案（6 海里领海和12 海里渔区，外国渔船如在 1958 年 1 月 1 日前 5 年期间经常在离岸 6—12海里水域内捕鱼，可以从 1960 年 10 月 31 日起继续在那里捕捞 10 年），阿根廷对美加联合提案的修正案（把 5 年改为 30 年）以及危地马拉对美加联合提案的修正案（在"经常……捕鱼"之前增加"以合法方式并且在沿海国不反对的情况下"字样）。表决结果，只有冰岛提案和美加联合提案获得通过。

全体会议对全体委员会的工作报告进行讨论后，对委员会通过的两个提案进行了表决，两个提案均未获通过，美加联合提案只差一票不足所需三分之二多数而被否决。这样，第二次联合国海洋法会议没有能够得到任何结果。

（三）四个海洋法公约和关于强制解决争端的任意签字议定书

1. 领海与毗连区公约

《公约》分三个部分，共 32 条，分别规定了领海制度、毗连区制度和最后条款。

《公约》的第一部分，主要规定了领海的法律地位，领海的界限和无害通过权等问题。

《公约》规定："国家主权扩展于其陆地领土及其内水以外邻接其海岸的一带海域，称为领海"。这一规定表明，领海是处于沿海国的主权之下，位于其陆地领土及其内水以外的一带水域。沿海国对其领海享有主权，这一主权及于领海的上空及其海床和底土。一般认为，领海主权的内容，除确定领海是沿海国领土一部分以外，主要包括：1）对于一切生物和非生物资源的所有权和专属管辖权；2）对于船舶航行的管理权；3）对于海洋科学研究的专属管辖权；4）对于海洋环境保护的管辖权；以及 5）对于刑事和民事案件的司法管辖权。

沿海国对领海的主权并不是绝对的，它的行使受到国际法的限制。《公约》规定，沿海国的领海主权"依照本公约各条款的规定和其他国际法规则行使"。

《公约》规定的领海界限，是指领海的范围，它由 3 个要素构成，即领海的宽度，领海的内部界限和领海的外部界限。《公约》只规定了领海的内部界限和领海的外部界限，而缺少关于领海宽度的规定。因此，领海与毗连区公约关于领海界限的规定是不完整的。

领海的内部界线，即领海的基线，也就是测量领海宽度的起始线。《公约》规定了两种基线：正常基线和直线基线。沿海国可以任意采用其中一种基线或混合采用这两种基线作为本国的领海基线。

正常基线也称低潮线基线，即以海水落潮时海水退到离岸最远的潮位线作为测算领海宽度的基线。采用低潮线为本国领海基线的国家，应当将这一基线标明在该国官方承认的大比例尺的海图上。

直线基线，是在大陆岸上和沿海岛屿上选定适当点作为基点，连接相邻基点的一系列直线所构成的领海基线。《公约》规定直线基线的划定应遵守下列规则：第一，只能在海岸线极为曲折的地方，或者紧接海岸有一系列岛屿的情况下才能采用；第二，不应在任何程度上远离海岸的一般方向，而且，基线内的海域必须充分接近领陆；第三，不应以低潮高地为起讫点；第四，一国不得采用直线基线制度，致使另一国的领海同公海隔断；第五，采用直线基线作为本国领海基线的国家，必须将它标明在该国官方承认的海图上，并且将这一海图向世界公布。

领海的外部界限，是一条其每一点同领海基线上的最近点的距离等于领海宽度的线，在《领海与毗连区公约》下，这条线的外侧水域属于公海，所以，领海外部界限也是领海与公海的分界线。在海岸相向国家的领海发生重叠的情况下，领海的外部界限是这些国家的领海的分界线。

《公约》没有对领海外部界限的划定办法作出规定。在国际实践中，通常有三种方法：交圆法、共同正切线法和平行线法。

在海岸相向或相邻的国家各自划定领海的范围时有可能发生重叠的现象，从而发生领海划界问题。为了给领海划界的解决提供指导，《公约》第12条规定了领海划界的基本原则：有关国家应通过谈判达成划界协议，在不能达成协议的情况下，他们应当以中间线作为两国领海的分界线。

领海是沿海国领土的一部分，处于该国属地管辖权之下，因此，外国船舶通过领海理应受沿海国的管制。但是，在过去长期国际实践中，形成了称为无害通过权的习惯法，根据这项权利，外国船舶不需要事先征得领海国的同意就可以通过一国的领海。领海与毗连区公约以专门一节确认了无害通过权并对有关外国船舶通过领海的规则作了比较详细的规定。

按照《公约》规定，一切国家的船舶均享有无害通过领海的权利，沿海国不应阻碍外国船舶无害通过领海，也不应仅以其通过领海为理由而征收任何费用。"通过"应是船舶不停顿地和迅速航行，除非因天灾等不可抗力或遇难，船舶不能停泊和下锚。船舶在通过时不得损害沿海国的和平、良好秩序和安全，应当遵守沿海国所制定的禁止捕鱼以及有关运输和航行等事项的法律规定。潜艇在通过领海时，应露出海面航行并悬挂旗帜。为了维护国家的安全，在不加歧视的条件下，沿海国可以在其领海的特定区域内暂时停止外国船舶的无害通过。

关于军舰是否享有无害通过权的问题，在第一次海洋法会议讨论时曾经引起激烈争论，与会国意见分歧很大，没有能达成协议。所以，《领海与毗连区公约》没有对这一问题专门作出规定。但是，许多国家和学者认为，《公约》关于"一切国家的船舶均享有无害通过领海的权利"的规定是作为适用于所有船舶的规则通过的，当然适用于军舰。一些反对给予军舰以无害通过权的国家也是这样理解的。为了不受有关条款的约束，这些国家在签署或批准《领海与毗连区公约》时，对它们提出了保留。需要指出，无论军舰是否享有无害通过权，它们在通过一国领海时，如同其他船舶一样应当遵守沿海国的关于通过领海的规章，如果不遵守这些规章，并且不顾沿海国向其提出的遵守规章的要求，沿海国可以要求军舰离开领海。

《公约》的第二部分规定了毗连区制度。按照《公约》规定，沿海国可在其领海以外，连接领海的公海内①设立毗连区，对关税、财政、移民和卫生等事项实行管制，以防止在其领土或领海内发生违反有关规章的行为，在发生这种行为的情况下，则对这种行为进行惩罚。《公约》的规定，把沿海国可以对其实行管制的事项限制在关税、财政、移民和卫生等四个

---

① 《联合国海洋法公约》作了修改，由于专属经济区制度的确立，对于宣布建立专属经济区的国家来说，毗连区是其专属经济区的一部分。对于没有宣布建立专属经济区的国家来说，毗连区仍是公海的一部分。

方面，但从《公约》生效前后的国际实践来看，除这些事项以外，有的国家还设立了对安全、海洋环境保护等事项实行管制的毗连区。

《公约》没有对毗连区的宽度作出具体的硬性规定，而是把它同领海的宽度联系在一起，规定毗连区的宽度不得延伸到从测算领海宽度的基线量起 12 海里以外。[①] 这也就是说，领海与毗连区的宽度合在一起不得超出 12 海里。

《公约》也对毗连区的划界原则作了规定，其内容与关于领海的划界原则相同。

《领海与毗连区公约》第三部分，对《公约》的签署、批准、加入、生效、修改程序作了规定。《公约》没有包含保留条款。在第一次海洋法会议讨论时，对这一问题曾有不同意见，有的国家主张允许保留，有的国家主张不应允许保留。会议通过了不设保留条款的建议。对此有两种不同的理解，一种认为不设保留条款就是不准保留，一种认为不设保留条款就是准许保留。《公约》生效后，一些国家对《公约》的某些条款提出保留，而另一些国家则对这种保留提出了反对意见。

《领海与毗连区公约》于 1964 年 9 月 10 日生效。

2. 公海公约

公海公约共 37 条，分为 4 个部分，分别对公海的定义和公海自由、公海上的船舶的国籍和船旗国的职责、公海上秩序的维持和最后条款作了规定。

《公约》规定，公海是指不包括在一国领海或内水内的全部海域。公海对所有国家开放。所有国家，包括内陆国在内，都有在公海上行驶悬挂其国旗的船舶，行使公海自由的权利。任何国家都不得有效地声明将公海的任何部分置于其主权之下。

按照《公约》的规定，公海自由包括航行自由、捕鱼自由、铺设海底电缆和管道自由，以及公海上飞越自由。

在公海上实行公海自由，不意味着公海处于无法律状态，各国可以不受任何约束地在公海上为所欲为。《公约》关于公海自由内容的规定，在

---

① 《联合国海洋法公约》改为 24 海里。

一定意义上也是对各个国家在公海上可以行使的公海自由的范围的限制；所有国家在行使公海自由时，应合理地照顾到其他国家行使公海自由的利益。

《公约》要求船旗国与有权悬挂其旗帜的船舶之间有真正的联系，并对该船舶有效地行使管辖和控制。在公海上航行的船舶只能悬挂一个国家的旗帜，除国际法规定的例外情况外，受该国的专属管辖，这些例外情况是：从事海盗行为、贩卖奴隶、悬挂方便旗等。在这些情况下，其他国家的军舰可以登临、检查、甚至加以扣留。军舰是执行国家政策的工具，是主权国家国家机关的一部分。《公约》规定，军舰在公海上享有不受船旗国以外任何其他国家管辖的完全豁免权。由一国所有或经营并专用于政府非商业性服务的船舶，也享有同样的完全豁免权。

船旗国对悬挂其旗帜的船舶行使管辖和控制，既是它的权利，也是它的义务。按照《公约》的规定，船旗国应对悬挂其旗帜的船舶采取为保证海上安全、防止海洋污染所必要的措施，应责成船舶船长在不严重危及其船舶、船员或乘客的情形下，救助在海上遇难的人。

《公约》关于维持公海上的秩序的规定，主要涉及在公海上从事海盗、贩卖奴隶等行为的船舶和飞机。《公约》对海盗行为下了定义，明确规定，所有国家应尽最大可能进行合作，以制止公海上的海盗行为，每一国家均可拿捕海盗船舶或飞机，逮捕船上人员并押收船上的财物，但是，基于海盗行为的拿捕，只能由军舰、军用飞机或其他为政府服务的船舶或飞机进行。贩卖奴隶是国际犯罪行为，《公海公约》规定，每一国家都应采取有效措施，以防止和惩罚准予悬挂其国旗的船舶贩运奴隶。对有理由认为有在公海上贩卖奴隶嫌疑的船舶，所有国家的军舰均有权登临检查。船上的奴隶和在任何船上避难的奴隶均当然获得自由。

《公海公约》对所有国家在公海海床上铺设海底电缆和管道的权利和责任作了规定。

《公约》规定了公约的签署、批准、加入、生效和修改程序。《公约》没有设保留条款。一些国家在签署或批准《公约》时提出了保留，而另一些国家对这些保留提出了反对意见。《公海公约》于1962年9月30日生效。

3. 捕鱼与养护公海生物资源公约

《捕鱼与养护公海生物资源公约》共 22 条，对所有国家在公海上捕鱼的权利和采取养护公海生物资源的必要措施的责任，以及有关国家解决有关养护公海生物资源的争端的方法和程序作了规定。

《公约》规定，所有国家均有任其国民在公海上捕鱼的权利，同时，他们也有单独，或与其他国家合作，采取养护公海生物资源的必要措施的责任。如果在某一公海区域内只有一个国家的国民从事捕捞一种或几种鱼类，则该国应于必要时为其本国国民在该区域内采取养护有关生物资源的必要措施。如果在某一或几个公海区域内有两个或两个以上国家的国民从事捕捞一种或几种鱼类，则这些国家，在其中任何一个国家要求的情况下，应进行谈判，以便就制定养护有关生物资源的必要措施达成协议。

《公约》规定，沿海国对邻接其领海的公海的任何区域内生物资源生产力的维持具有特殊利益，即使其国民不在这一区域内捕鱼，它也有权在平等的基础上参加这一区域的关于养护公海生物资源的任何研究和管理。如果一个国家的国民在邻接一沿海国领海的公海的任何区域内从事捕鱼，只要沿海国提出请求，这个国家就应与沿海国进行谈判，以便就定出养护这一区域的生物资源的必要措施达成协议。这个国家不应当在这一区域内执行与沿海国在该区域内所采取的措施相反的措施；但是，它可以与沿海国进行谈判，以便就定出养护这一区域的生物资源的必要措施达成协议。在沿海国与其他国家的谈判在六个月内未达成协议的情况下，沿海国可以在邻接其领海的公海的任何区域内采取适合于任何一种鱼类或其他海洋生物资源的单方面养护措施，只要这些措施有紧急适用的需要，有科学根据，而且在形式和事实上对外国渔民均不歧视，所有其他国家都应当遵守。此外，任何一个国家如果对于非邻接其海岸的公海一区域内生物资源的养护具有特殊利益，即使它的国民不在该区域内捕鱼，它也可以请求有国民在该区域内捕鱼的国家采取养护有关生物资源的必要措施。

《公约》规定，国家之间发生有关养护公海生物资源的争端，它们可以按照联合国宪章第 33 条的规定，使用其中规定的各种和平方法解决争端，也可以将这一争端提交由五人组成的特别委员会。特别委员会的决定对有关国家有约束力。

《公约》规定了《公约》的签署、批准、加入、生效、保留、修改程序。《公约》规定，缔约国在签署、批准或加入《公约》时，可对其中部分条款作出保留。

捕鱼与养护公海生物资源公约于 1966 年 3 月 20 日生效。

4. 大陆架公约

《大陆架公约》共 15 条，实质性条款只有 7 条，分别对大陆架定义、沿海国对大陆架的权利以及大陆架的划界原则作了规定。

《公约》规定，大陆架是指"邻接海岸但在领海范围以外，深度达 200 米或超过此限度而上覆水域的深度容许开采其自然资源的海底区域的海床和底土。"在这一定义中，《公约》使用了两项确定大陆架范围的标准：200 米水深标准和可开发性标准，亦称技术上可行标准。沿海国可以任意采用其中一项标准确定本国的大陆架范围。

按照《公约》的规定，沿海国对大陆架享有主权权利，这种权利是专属性的，即仅属于大陆架与其领土相邻接的沿海国，即使该沿海国不勘探或开采其自然资源，任何国家和任何人未经沿海国的同意，均不得进行这种活动，也不能对大陆架提出任何权利主张。沿海国对大陆架的权利是固有的，不论沿海国是否对大陆架实行有效或象征性占领，也不论它是否发表过明文公告，沿海国的这一权利都是不容置疑的。沿海国对大陆架的主权权利的客体，包括大陆架本身、大陆架上及大陆架内的矿物和其他非生物资源，以及属于定居种的生物。

《公约》规定，沿海国有权为了勘探大陆架和开采其自然资源采取合理措施；但是，不得对在大陆架上铺设或维持海底电缆和管道造成阻碍。沿海国勘探大陆架和开采其自然资源的活动，不应使航行、捕鱼或海洋生物资源的养护受到任何不当干涉。在不影响航行、捕鱼、养护海洋生物资源和从事以公开发表为目的的基础海洋学或其他科学研究的情况下，沿海国有权在大陆架上建造和维持或经营为勘探大陆架和开采其自然资源所必要的装置或其他设施，并可在此种装置或设施周围设立宽度为 500 米的安全区。

《公约》对大陆架的科学研究制度作了规定，一方面，沿海国勘探大陆架和开采其自然资源不应使以公开发表为目的的基础海洋学或其他科学研究受到任何干涉，另一方面，任何有关大陆架的研究或在大陆架上进行的任何研究，应取得沿海国的同意。这两方面的规定是相互抵触的，反映了第一次海洋法会议的参加国在这一问题上的不同立场。

关于大陆架的划界问题，大陆架公约规定，海岸相向或相邻国家应进行谈判，以达成划界的协议。他们可以商定任何划界原则和方法。在不能达成划界协议的情况下，《公约》要求有关国家以中间线或等距离线作为它们之间的大陆架界线；但是，如果存在特殊情况，它们也可以另定疆界线。

《公约》规定了《公约》的签署、批准、加入、生效、保留和修改程序。《公约》规定，任何缔约国仅可对第1至第3条，即关于大陆架的定义、沿海国对大陆架的权利和大陆架上覆水域作为公海的法律地位的规定以外的其他条款作出保留。

大陆架公约于1964年6月10日生效。

5. 关于强制解决争端的任意签字议定书

《议定书》是在第一次联合国海洋法会议上通过的，作为各海洋法公约的附件供这些公约的一个或一个以上公约的缔约国自愿签字的国际法律文书。在这一议定书上签字的海洋法公约缔约国表明，同意接受联合国国际法院对于有关它参加的任一海洋法公约的解释或适用的争端的强制管辖权。按照《议定书》的规定，此项约定涉及4个海洋法公约的所有条款，只有捕鱼与养护公海生物资源公约第4、5、6、7、8条除外。

一个国家在《议定书》上签字，并不意味着它只能将有关争端提交国际法院。《议定书》规定，各争端当事国在一方将存在争端的意见通知另一方后两个月内，可以同意不将争端提交国际法院，而提交一仲裁法庭解决。如果有一方不同意由仲裁法庭解决争端，在这两个月时期届满后，可以申请将争端提交国际法院。在这同样的两个月的时期内，《议定书》的签字国也可同意在提交国际法院前采取调解程序解决争端。

《关于强制解决争端的任意签字议定书》于1962年9月3日生效。

三 第三次联合国海洋法会议
和联合国海洋法公约

（一）第三次联合国海洋法会议

第三次联合国海洋法会议，是根据 1973 年 11 月 16 日第 28 届联合国大会第 3067 号决议，于 1973 年 12 月 3 日在纽约联合国总部揭开帷幕的，其任务是"通过一项处理一切有关海洋法的事项的公约"。这是国际关系史上，时间最长，参加国家最多，意义十分重大的一次会议，前后历时九年，共召开十一期，十六次会议，于 1982 年 9 月 24 日闭幕。先后参加会议的有 167 个国家，此外，还有 50 多个国际组织的代表作为观察员出席了会议。中国自始至终参加了会议，并作为会议副主席之一，参与了会议的领导和组织工作。

1973 年 12 月 3 日至 14 日，召开第一期会议，讨论会议的组织和程序问题。会议选举斯里兰卡代表团团长汉密尔顿·谢利·阿梅拉辛格为会议主席（1980 年 12 月 4 日阿梅拉辛格逝世后，会议选举新加坡代表团团长许通美继任主席），并选出包括联合国安理会 5 个常任理事国在内的 31 名副主席。会议设立 3 个主要委员会，分别负责审议各项海洋法问题：第一委员会审议国际海底区域制度和机构问题；第二委员会审议海洋法的一般事项，包括领海、毗连区、用于国际航行的海峡、专属经济区、大陆架、公海、内陆国、闭海和半闭海、群岛、岛屿制度等 13 个项目；第三委员会审议海洋环境保护、海洋科学研究和技术转让事项。关于争端的解决以及公约的序言和最后条款，会议决定由全体会议直接进行审议。此外，会议还设立了总务委员会、起草委员会和全权证书委员会。

第一期会议讨论了会议的议事规则。在这之前，第 28 届联合国大会于决定召开第三次海洋法会议的同时，曾就该会议的表决问题通过一项"君子协定"，其内容主要是："会议应尽一切努力在实质性问题上通过协商一致达成协议；在未用尽一切方法谋求协商一致之前，不应对此类问题投票表决……"。在第一期会议讨论议事规则时，美、苏等国坚持对实质性问题的决定必须协商一致，实际上是企图在这些问题上拥有"否决权"。

这一立场遭到了大多数国家的反对。因此，这一期会议未能就议事规则取得一致意见。经过进一步的磋商，第二期会议通过了议事规则，其中规定，对所有实质性问题的决定，包括整个海洋法公约的通过，应由出席并参加投票的三分之二多数通过，但这一多数须达到会议全体参加国的过半数。会议还决定，将联合国大会通过的"君子协定"以会议主席声明的形式附在会议议事规则之后，

第三次海洋法会议从第二期会议开始，着手对各个海洋法问题进行协商，基本情况如下：

1. 关于领海宽度和军舰通过领海问题的协商

领海宽度问题，是过去长期没有解决而必须在这次会议上解决的一个问题。在海底委员会和第三次海洋法会议上，各国提出了将近百个关于领海的提案。被称为"领海派"的国家，在各种海域的名称下主张 200 海里领海权。有相当多的国家主张 12 海里领海，也有不少国家主张将 12 海里领海与 200 海里专属经济区问题联系在一起解决。中国和另外一些国家没有提出具体的领海宽度，主张沿海国有权根据一切有关因素，合理地确定领海宽度。在大势所趋的情况下，一贯主张 3 海里领海的美、英等国表示接受 12 海里领海宽度，但要求以自由通过用于国际航行的海峡为条件。经过协商，会议以就领海宽度，200 海里专属经济区和用于国际航行的海峡等问题一揽子解决的方式，达成了承认沿海国有权确定本国的领海宽度，但不得超过 12 海里的协议。

关于军舰通过领海问题，会议上存在两种对立意见。美国等西方发达国家主张军舰享有无害通过领海的权利。苏联也持这一立场。另一方面，包括中国在内的许多第三世界的沿海国家认为，外国军舰通过领海必须事先通知沿海国或经其批准。当会议倾向于采纳军舰享有无害通过领海权利的主张时，中国和其他 29 个国家一起向会议提出了在海洋法公约草案关于沿海国有权制定的有关无害通过的法律和规章的条款中增加"安全"二字的修正案。这一修正案得到了许多国家的支持，但也遭到了坚持军舰享有无害通过权的国家的反对。为了避免会议分裂，会议主席在与双方协商后达成一项谅解：由会议主席宣布：上述提案国同意不要求将修正案交付表决，但这并不妨碍沿海国按照公约的规定采取保障它们安全的措施的

权利。

2. 关于用于国际航行的海峡的通行制度的协商

在领海宽度确定为 12 海里的情形下，世界上将有 116 个海峡处于海峡沿岸国的领海之内，其中，有 30 个海峡是经常用于国际航行的。这类海峡实行什么通行制度，引起了与会各国的关注。美、苏等海洋大国坚持这类海峡实行自由航行和飞越制度。马来西亚、印度尼西亚等海峡沿岸国主张，这类海峡同领海一样实行无害通过制，外国军舰通过海峡必须事先通知或经海峡沿岸国的批准。他们也反对外国飞机在海峡上空自由飞越。一些非海峡国，包括部分发展中国家在内，或者出于本身航行利益的考虑，或者想以允许海峡自由通行换取海洋大国对于专属经济区问题的让步，采取了中立态度。后来，海峡沿岸国作出了妥协，同意在肯定海峡沿岸国对所属海峡行使主权和管辖权的前提下，承认所有船舶和飞机享有"过境通行"权。"过境通行"是指，"为了继续不停和迅速过境的目的行使航行和飞越自由"。

3. 关于群岛问题的协商

1973 年，斐济、印尼、毛里求斯和菲律宾四国向负责筹备第三次海洋法会议的海底委员会提出了"群岛原则"，其主要内容有：1）群岛国可以划定连接群岛外缘岛屿和干礁的最外缘各点的直线构成直线基线，作为计算其领海、专属经济区和大陆架的基线；2）基线所包围的水域称为群岛水域，其海床、底土和上空，以及其内的一切资源均属于群岛国的主权范围；3）群岛国应允许外国船舶无害通过群岛水域，但通过应经由群岛国指定的海道。在 1974 年海洋法会议第二期会议上，这 4 个国家又提出了以上述群岛原则为根据的关于群岛的条款草案。会议以这一条款草案为基础进行了协商，并很快在原则上接受了群岛原则。但是，与会国家在两个问题上发生了争论：1）群岛基线直线的长度和群岛陆地面积与水域面积的比例是否应有所限制；2）群岛水域应实行何种通行制度。经过进一步的讨论，会议根据大部分国家的意见，作出了对群岛基线直线的长度和群岛的水陆面积比例均予一定限制的决定。在第二个问题上，会议基本上接受了群岛国的主张。

4. 关于专属经济区的法律地位的协商

建立 200 海里专属经济区，是发展中沿海国家在第三次海洋法会议上最主要的奋斗目标之一。这一主张得到了部分发达国家的支持，在这情况下，一贯反对专属经济区概念的美、苏等国也转变了立场。但是，它们反对部分发展中国家关于专属经济区属于国家管辖区域的意见，主张经济区是公海的一部分，沿海国在经济区内只拥有对于自然资源的主权权利，除明确规定给予沿海国的权利外，其他国家在经济区内的权利不受限制；而且，在沿海国无力捕捞经济区内生物资源的全部可捕量的情况下，应允许外国进入捕捞。有些国家采取了折衷立场，主张专属经济区既不是公海，也不是领海，而是自成一类的区域。会议经过反复磋商，接受了后一种意见，确定专属经济区是受特定的法律制度限制的一种区域，基本上满足了发展中国家的要求。

5. 关于大陆架定义的协商

1958 年大陆架公约所规定的大陆架定义，由于包含了可开发性标准而遭到了广泛批评。因为，这一标准给大陆架的范围带来了不确定性，而且，显然只对拥有先进技术的海洋大国有利。所以，在第三次海洋法会议上，虽然有个别国家为它辩解，这一标准实际上已经被抛弃了。各国代表提出的关于大陆架定义的建议基本上分为两类：宽大陆架国家一般主张，按照大陆架是沿海国陆地领土的自然延伸的原则确定大陆架的范围；另一类建议主要是窄大陆架国家提出来的，他们主张，在 200 海里专属经济区概念已被普遍接受的情况下，以 200 海里界限作为大陆架的外部界限。经过反复磋商，会议通过了确认大陆架是陆地领土的全部自然延伸的大陆架定义。同时，为了照顾窄大陆架国家的利益，并考虑到已经确立了 200 海里专属经济区的现实，会议还确定，一国的大陆架，如果从领海基线量起到大陆边的外缘的距离不到 200 海里，则扩展到 200 海里。

6. 关于专属经济区和大陆架划界问题的协商

第三次海洋法会议关于这一问题的争论，主要集中在按照什么原则划界的问题上。包括中国在内的一部分国家，主张根据公平原则，通过协议划定专属经济区和大陆架的界限。它们认为，只有按照这一原则，考虑到各种特殊情况，才能使划界得到合理解决。另一部分国家则主张，中间线或等距离线应是划界的唯一原则，他们认为，只有按照这一原则划界才是最公平、最合理的。由于双方互不退让，争论持续了很长时间。在会议临近结束的第十期会议上，会议主席提出了一项折衷案文，规定专属经济区和大陆架的界限"应在国际法院规约第 38 条所指国际法的基础上以协议划定，以便得到公平解决"。这项案文，没有包括使用中间线或等距离线的内容，而且规定划界应"得到公平解决"，基本上满足了主张公平原则的国家的要求；另一方面，它没有规定公平原则，也符合主张中间线或等距离线原则的国家的愿望，因此，两个对立集团的大多数国家均表示可以接受。这项案文后来被写进了联合国海洋法公约。

7. 关于国际海底资源开发制度的协商

第 25 届联合国大会"关于各国管辖范围以外海床洋底及其底土的原则宣言"的通过表明，适用于国际海底的国际法原则已基本确立。因此，第三次海洋法会议在建立国际海底制度方面的任务，主要是根据这些原则，制定具体的国际海底及其资源的管理制度和勘探开发制度。会上，发展中国家提出了建立国际海底管理局，由它代表全人类统一进行国际海底资源的勘探和开发的建议。1974 年，"七十七国集团"在向会议提出的《关于勘探和开发国际海底资源的基本条件》的提案中指出，国际海底及其资源属于行将建立的国际海底管理局所有，只有管理局作为全人类的代表才有资格对国际海底资源行使一切权利。国际海底资源应由管理局直接开发，或者由它控制下的其他方式进行开发。这就是所谓的单一开发制。单一开发制真正体现了国际海底区域及其资源是人类共同继承财产这一原则，因此是唯一合理的制度。但是，美国、苏联以及其他一些西方发达国家竭力反对这一建议，主张建立一个只有有限管理职能的国际机构，而将国际海底资源的勘探开发活动交由缔约国的公私企业去进行。美国提出的一项提案规定，国际海底区域内的一切勘探和开发活动应由缔约国或缔约国集团，或由它们所核准或赞助的自然人或法人进行。苏联的提案与美国的提案大同小异，强调勘探和开发国际海底资源的权利属于与管理局签订合同的国家，管理局的职能仅限于发放执照、观察和协调各个国家的活动。上述两种对立意见长期僵持不下。1976 年海洋法会议第四期会议期间，美国国务卿基辛格为了打破这一僵局，提出了美国提供技术和资金帮助国际海底机构进行开发，以换取国家及其公私企业进入国际海底区域进行开发的权利的建议。这一建议得到了许多与会国的支持。会议终于就此达成了协议，形成了现今联合国海洋法公约规定的，被称为平行开发制的国际海底资源的勘探开发制度。

8. 关于争端解决方法的协商

第三次海洋法会议关于争端解决方法的讨论，从一开始就是在全体会议上进行的。会议参加国都同意，应当使用和平方法解决它们之间的海洋法争端，各类不同国家也都承认，需要规定某种第三方强制程序作为解决争端的最后方法。但是，在是否所有争端都应提交第三方强制程序解决的问题上存在分歧。美国和大部分西方国家主张，解决争端的强制程序应适用于所有有关海洋法公约的解释和适用的争端，而不应有任何例外。苏联过去一贯反对强制管辖程序，但在这次会议上一反常态，表示原则上同意接受。多数发展中国家同意接受第三方强制程序，但是认为，在国家管辖范围内发生的争端，尤其是有关渔业和海洋科学研究的争端，应按照沿海国的法律处理，而不应适用强制管辖程序。有的国家还主张，海域划界涉及有关国家的主权和重大利益，因此，这方面的争端只能由当事国通过协议求得解决。经过协商，会议达成了以下的协商一致的意见：缔约国之间的有关海洋法公约的解释或适用的任何争端，可通过谈判使用它们所选择的任何和平方法解决。在通过谈判不能解决时，经有关各方同意可将争端提交第三方调解。在通过调解仍不能达成协议的情况下，经争端一方请求，应将争端提交强制管辖程序。但是，对于有关经济区内渔业的争端和经济区内或大陆架上海洋科学研究的争端，只能适用强制调解程序，只要争端一方请求，第三方调解程序即可开始。关于领海、专属经济区和大陆架的划界争端，也应首先提交强制调解，如调解无效，经争端各方协议，可提交强制管辖程序。

在协商过程中，一些发展中国家认为，现有的联合国国际法院，由于主要为西方国家所控制，不能公正地解决国际争端，因此主张设立按照公平地域分配原则组成的海洋法法庭，以解决海洋法争端。要求设立专门的海洋法法庭的另一个理由是，按照《国际法院规约》的规定，只有国家才可成为国际法院的当事方，如果不设立新的法庭，国家以外的实体就无法将争端提交司法解决。英国、意大利等西方国家反对这一建议，认为国际法院完全可以受理海洋法公约缔约国之间的海洋法争端。美国也强调国际法院的管辖权，但它不反对设立海洋法法庭。协商结果，会议决定在国际法院以外设立国际海洋法法庭，争端当事国可以自由选择海洋法法庭、国际法院或仲裁庭以解决有关争端。

第三次联合国海洋法会议于 1982 年 4 月 30 日在联合国总部结束了制定新的海洋法公约的工作，以 130 票赞成，4 票反对和 17 票弃权表决通过了联合国海洋法公约。

（二）联合国海洋法公约

《联合国海洋法公约》，除序言以外，包括 17 个部分，计 320 条。此外，还有 9 个附件。

《公约》的 17 个部分，分别规定：（1）用语和范围；（2）领海和毗连区；（3）用于国际航行的海峡；（4）群岛国；（5）专属经济区；（6）大陆架；（7）公海；（8）岛屿制度；（9）闭海或半闭海；（10）内陆国出入海洋的权利和过境自由；（11）"区域"；（12）海洋环境保护和保全；（13）海洋科学研究；（14）海洋技术的发展和转让；（15）争端的解决；（16）一般规定；（17）最后条款。

9 个附件分别是：（1）高度洄游鱼类；（2）大陆架界限委员会；（3）探矿、勘探和开发的基本条件；（4）企业部章程；（5）调解；（6）国际海洋法法庭规约；（7）仲裁；（8）特别仲裁；（9）国际组织的参加。

《联合国海洋法公约》的主要内容：

1. 领海制度

领海制度是海洋法的一项古老制度，在以往的实践中已经形成为习惯法。第一次海洋法会议通过的《领海与毗连区公约》，对有关领海的习惯法规则作了系统的编纂。《联合国海洋法公约》重申了《领海与毗连区公约》关于沿海国对领海的主权、领海的界限、无害通过权等基本规定，并在新的条件下，发展了领海制度。这些新的规定主要有：1）关于领海的宽度。《公约》规定："一国有权确定其领海的宽度，直至从按照本公约确定的基线量起不超过 12 海里的界限为止"。按照这一规定，确定领海宽度是一国的主权权利，它可以根据本国的情况和需要，在 12 海里范围内，自行确定其领海宽度，但不得超过 12 海里；2）关于无害通过。船舶享有无害通过领海的权利，是国际法上早已确立了的规则，但是，什么是无害通过，在习惯法中是不明确的。《领海与毗连区公约》对此也仅作了原则性的规定，即，"通过只要不损害沿海国的和平、良好秩序或安全，就是无害的"。《联合国海洋法公约》具体阐明了无害通过的含义，指出，如果船舶在领海内进行下列任何一种活动，其通过就应当看作是有害的，这些活动是：①对沿海国的主权、领土完整或政治独立进行威胁或使用武力；②以任何种类的武器进行操练或演习；③搜集情报使沿海国的防务或安全受损害的行为；④影响沿海国防务或安全的宣传行为；⑤在船上起飞或接载飞机；⑥在船上发射、降落或接载军事装置；⑦违反沿海国的法律和规章，上下任何商品、货币或人员；⑧任何故意和严重的污染行为；⑨任何捕鱼活动；⑩进行研究或测量活动；⑪干扰沿海国任何通讯系统或任何其他设施或设备的行为；⑫与通过没有直接关系的任何其他活动。

2. 用于国际航行的海峡的通行制度

《公约》规定，在这类海峡中，所有船舶和飞机均享有过境通行的权利。所谓过境通行权，是指"为了……继续不停和迅速过境的目的而行使航行和飞越自由"。这项制度不影响海峡沿岸国对海峡的主权和管辖权的行使，海峡沿岸国可以就航行安全、防止海洋污染、捕鱼、执行海关、财政、移民或卫生法律和规章等事项制定关于海峡的过境通行的法律和规章，也可在必要时为海峡航行指定海道和规定分道通航制，但不应妨碍过境通行。船舶和飞机在行使过境通行权时，应毫不迟延地通过或飞越海峡，并应遵守海峡沿岸国的有关法律和规章。

3. 群岛水域制度

这是《联合国海洋法公约》所确立的一项新的海洋法律制度。按照《公约》的规定，这项制度仅适用于全部由一个或多个群岛构成的被称为"群岛国"的国家。群岛国可以以连接群岛最外缘各岛和各干礁的最外缘各点的直线连线作为群岛基线，这一基线所包围的水域即为群岛水域。为了防止任意扩大群岛水域面积的目的，《公约》对连接相邻点的基线直线的长度以及群岛水域面积与群岛陆地面积的比例作了限制。《公约》规定，水域面积与陆地面积的比例应在 1 比 1 到 9 比 1 之间；基线直线的长度不应超过 100 海里，但在基线直线总数中至多百分之三可超过这一长度，而最长的线以 125 海里为限。

《公约》规定，群岛国对群岛水域享有主权，但是，这种主权的行使应受本公约规定的限制。所有国家的船舶均享有通过群岛水域的无害通过权。此外，它们还享有在群岛国指定的海道和其上的空中航道内的群岛海道通过权，即，"为了继续不停、迅速和无障碍地过境的目的，行使正常方式的航行和飞越的权利"。

4. 专属经济区制度

专属经济区是第二次世界大战以后，主要由发展中国家发展起来的一种新的海洋法律制度，《联合国海洋法公约》在海洋法历史上第一次以国际条约的形式对它作了规定。按照《公约》的规定，专属经济区是受特定法律制度限制的自成一类的海域，它的法律地位既不同于领海，也不同于公海。专属经济区的宽度从领海基线量起不超过 200 海里。在这一海域内，一方面，沿海国享有以勘探和开发，养护和管理海床上覆水域和海床及其底土的自然资源为目的的主权权利，以及对于人工岛屿、设施和结构的建造和使用、海洋科学研究、海洋环境的保护和保全的管辖权；另一方面，其他国家享有航行和飞越的自由，铺设海底电缆和管道的自由，以及与这些自由有关的海洋其他国际合法用途。按照《公约》规定，沿海国应决定其专属经济区生物资源的可捕量以及本国捕捞专属经济区内生物资源的能力，在它没有能力捕捞全部可捕量的情形下，应当准许其他国家进入其专属经济区捕捞可捕量的剩余部分，在作出这种安排时，应特别照顾到发展中内陆国和地理不利国家的需要和利益，给予它们以优惠权利。

《公约》对海岸相向或相邻国家间专属经济区的划界作了原则性规定，要求有关国家在国际法院规约第 38 条所指的国际法的基础上，通过协议划定专属经济区的界限，以取得公平解决的结果。

5. 大陆架制度

大陆架制度也是第二次世界大战以后发展起来的一种新的海洋法律制度，第一次海洋法会议通过的《大陆架公约》曾对它作了全面的规定。《联合国海洋法公约》在沿海国对大陆架的权利性质等重要问题上的规定与《大陆架公约》相同，但是，也包含了一些新的规定：1）关于大陆架的定义。《公约》摒弃了以200米等深线和可开发性标准决定大陆架范围的方法，根据自然延伸原则，规定了新的大陆架定义："沿海国的大陆架包括其领海以外依其陆地领土的全部自然延伸，扩展到大陆边外缘的海底区域的海床和底土"，同时规定，沿海国的大陆架，如果从领海基线量起到大陆边的外缘的距离不到200海里，则扩展到200海里的距离。为了对宽大陆架国家的大陆架范围施加限制，《公约》规定，一国的大陆架最多不应超过从领海基线量起350海里或不超过2500米等深线100海里；2）关于大陆架上的海洋科学研究。《联合国海洋法公约》删除了《大陆架公约》中关于以公开发表为目的的基础海洋学或其他科学研究不应受到任何干涉的模糊规定，明确指出，在大陆架上进行海洋科学研究，应经沿海国同意，但是，对于专为和平目的和为增进关于海洋环境的科学知识的谋全人类利益的海洋科学研究计划，在正常情形下，沿海国不应拒绝给予同意。《公约》还规定，在一国大陆架上进行海洋科学研究的国家或国际组织，应遵守一定的条件并对沿海国承担一定的义务，在它们违背这些条件或义务的情形下，沿海国可以暂停或终止正在进行的海洋科学研究活动；3）关于大陆架的划界。联合国海洋法公约修订了大陆架公约的有关规定，要求有关国家在国际法院规约第38条所指的国际法的基础上，通过协议划定大陆架界限，以取得公平解决的结果。

6. 公海制度

公海制度与领海制度一样，是海洋法中的一项古老的制度，在过去的国际实践中已成为习惯法。第一次海洋法会议通过的《公海公约》曾对它作了全面规定。《联合国海洋法公约》关于公海的规定基本上与《公海公约》相同，但在新的情况下，对公海制度有所修订和发展：1）关于公海的定义。20世纪50年代以后，由于专属经济区和群岛水域制度的建立，国家管辖范围内的海域扩大了，原来属于公海的海域范围相应缩小。根据这一变化，《联合国海洋法公约》修改了《公海公约》中的公海定义，规定公海是指"不包括在国家的专属经济区、领海或内水或群岛国的群岛水域内的全部海域"；2）关于公海自由的内容。《联合国海洋法公约》在《公海公约》规定的四项公海自由的基础上增加了两项自由：建造国际法所容许的人工岛屿和其他设施的自由和科学研究的自由。《公约》还针对超级大国滥用公海自由在公海进行军备竞赛的威胁，确立了公海的和平利用原则，专设第88条规定："公海应只用于和平目的"。

7. 国际海底区域制度

国际海底区域制度是第三次联合国海洋法会议所建立的新的国际海洋法律制度，也是新的海洋法公约所要处理的最重要的海洋法事项。《联合国海洋法公约》第11部分对适用于国际海底区域（以下简称"区域"）的原则，"区域"内资源的开发、国际海底管理局的机构及其职能等问题作了详细的规定。

《公约》首先确认了"区域"及其资源是人类的共同继承财产的总原则，并根据这一总原则，规定了适用于"区域"的五项具体原则：1) 不应将"区域"或其资源据为己有的原则；2) 对"区域"及其资源实行国际管理的原则；3) "区域"内的活动为全人类的利益进行和公平分配经济利益的原则；4) 和平利用"区域"的原则；5) 保护海洋环境的原则。

关于"区域"内资源的勘探和开发，《公约》规定，这项活动应在国际海底管理局的组织和控制下进行，一方面，由管理局的开发机构企业部直接从事勘探和开发，另一方面，缔约国或国营企业、或在缔约国担保下的具有缔约国国籍或由这类国家或由其国民有效控制的自然人或法人，也可以以与管理局协作的方式进行，为此，它们应与国际海底管理局签订合同，并承担向管理局提供部分矿址，交纳固定年费和其他财政贡献，转让技术等义务。这种平行开发制是一种过渡时期的临时性制度。为了确保适用于"区域"的各项原则得以实现，《公约》规定了对于国际海底制度实际实施情况进行审查的制度和采取改进措施的程序。

《公约》规定设立国际海底管理局，代表全人类，行使对"区域"内资源的一切权利，负责对"区域"内的活动的组织和控制，特别是对于"区域"资源的管理。按照《公约》的规定，管理局设立大会、理事会和秘书长为其主要机关。管理局设立企业部，直接进行"区域"资源的勘探和开发活动。

大会由管理局的全体成员组成，是管理局的最高机关，它的权力和职能，主要是就管理局权限范围内的任何问题或事项制定一般性政策。大会关于程序问题的决定，由出席并参加表决的过半数成员作出；关于实质问题的决定，由出席并参加表决的三分之二多数成员作出。

理事会是管理局的执行机关，由 36 名管理局成员组成，分别来自"区域"矿物的主要消费国、"区域"活动的最大投资国、"区域"矿物主要出口国、有特别利益的发展中缔约国和按公平地区分配原则选出的国家。理事会的权力和职能，主要是监督和协调《公约》关于管理局职权范围内所有问题和事项的规定的实施。理事会下设经济规划委员会及法律和技术委员会。理事会关于程序问题的决定，由出席并参加表决的过半数成员作出；关于实质问题的决定，分三类情况，分别以三分之二多数、四分之三多数和以协商一致方式作出。

秘书处由秘书长一人和管理局所需要的工作人员组成。秘书长是管理局的行政首长，由理事会提名、大会选举产生。

企业部是国际海底管理局直接进行"区域"内活动的管理局机关，享有自主权，并独立承担责任。企业部设董事会负责企业部业务的指导。董事会由大会按照公平地区分配原则选举产生的 15 名董事组成。董事以个人身份行事。企业部的法定代表和行政首长是大会选举产生的总干事，他就企业部业务的进行直接向董事会负责。

8. 海洋争端的解决

《联合国海洋法公约》规定，各缔约国应以和平方法解决它们之间有关本公约的解释或适用的任何争端，并应为此目的以联合国宪章第 33 条第 1 项所指的方法求得解决，从而为各国规定了用和平方法解决争端的义务。按照《公约》的规定，争端当事国有自行选择任何和平方法解决争端的权利。争端发生以后，争端一方可邀请他方将争端提交调解；经争端任何一方请求，也可将争端提交导致有约束力决定的强制程序。《公约》规定，可供选择的强制程序包括：1）国际海洋法法庭；2）国际法院；3）仲裁法庭；4）特别仲裁法庭。一国在签署、批准或加入海洋法公约时，或在以后任何时间，可自由选择其中一个或一个以上的方法，以解决它与其他缔约国之间的争端。所有这些法院或法庭所作的决定均有确定性，争端各方应予遵从。但是，《公约》对导致有约束力的决定的强制程序的适用作了限制和规定了例外：有关专属经济区内和大陆架上的海洋科学研究、专属经济区内生物资源的养护，以及有关领海、专属经济区和大陆架的划界的争端不适用强制程序，而应提交强制调解程序。

为了审理有关"区域"内活动的争端，第三次海洋法会议决定，并在《联合国海洋法公约》中规定，在国际海洋法法庭内设立海底争端分庭。海底争端分庭不仅对缔约国之间和缔约国与国际海底管理局之间的争端有管辖权，而且对管理局与同它签订勘探和开发国际海底资源合同的国营企业以及自然人或法人之间的争端也有管辖权。《公约》还规定，作为勘探和开发国际海底资源合同当事各方的缔约国，管理局或企业部、国营企业以及自然人或法人之间的争端，经争端任何一方的请求，也可提交有约束力的商业仲裁，但是，商业仲裁法庭对有关海洋法公约的任何解释问题不具有管辖权。

9. 最后条款

《联合国海洋法公约》规定了《公约》的签字、批准、加入、生效、修正、退出等程序。《公约》明文规定，"对本公约不得作出保留"，但这项规定，不排除一国在签署、批准或加入公约时，作出目的在于使该国国内法律和规章同公约规定取得协调的声明或说明。

《联合国海洋法公约》对海洋法进行了迄今为止最大规模的编纂，并且在新的条件下发展了海洋法，创立了许多新的规则和制度，其中最重要的有领海宽度、群岛国和群岛水域制度、200海里专属经济区、大陆架的自然延伸原则、国际海底区域制度等。《联合国海洋法公约》被正当地称为"海洋宪章"，它的通过在海洋法的历史上具有重大意义，标志着海洋法的发展进入了一个新的阶段。《公约》的许多规定较好地反映了广大发展中国家的利益和要求，有利于维护国家的主权和正当的海洋权益，改变了旧海洋法仅仅有利于少数海洋大国的局面。但是，也应当看到，《公约》是妥协的产物，其中一些规定反映了少数企图在海洋利用方面攫取特权的海洋大国的要求。《公约》中也存在一些明显的缺陷和不完善的地方。有些重要问题，如海底的军事利用等，在《公约》中没有得到调整。《公约》的有些条款，如有关国际海底区域的部分规定，没有被普遍接受。所有这些情况说明，《联合国海洋法公约》不是尽善尽美的。随着社会的进步，海洋法还将进一步得到发展。

　　《联合国海洋法公约》向所有国家开放签字。到 1984 年 12 月 9 日签字截止时，有 159 个国家和实体在《公约》上签了字。中国在 1982 年 12 月 10 日第三次联合国海洋法会议结束的当天，在《公约》上签了字。《公约》规定："本公约应自第 60 份批准书或加入书交存之后 12 个月生效"。由于目前批准《公约》的国家还不到 60 个，《联合国海洋法公约》暂时还没有生效。*

（原载《海洋法律制度》，1992 年）

---

　　* 《联合国海洋法公约》在第 60 个国家交存批准书后，已于 1994 年 11 月 16 日生效。我国于 1996 年 5 月 15 日批准了《公约》，同年 7 月 16 日，《公约》开始对我国生效。

领　海

　　领海，是指处于沿海国主权之下，邻接其陆地领土和内水的一带海域。第三次联合国海洋法会议1982年通过的《联合国海洋法公约》给领海下了如下定义："沿海国的主权及于其陆地领土及其内水以外邻接的一带海域……称为领海"。就群岛国来说，领海是指处于群岛国主权之下，邻接其群岛水域的一带海域。

　　在有些国家的法令和某些国际法著作中，领海又被称为领水。如：英国1878年《领水管辖法》中的"领水"一词，指的即是领海。由于一般都认为，领水这一概念既包括称作领海的水域，又包括称作内水的水域，因此，为了避免在不同意义上使用领水一词而造成混乱，1930年日内瓦国际法编纂会议建议，在概念的使用上，领海一词意味着沿岸领海带，而领水一词则包括领海和内水。国际法委员会1956年的报告也建议，对于从基线算起、国家主权所及的海水带，应称之为领海。1958年《领海及毗连区公约》和上述1982年《公约》均使用"领海"一词来表示沿海国主权所及的邻接海域。

领海宽度的确定

　　领海的宽度，长期以来都是各沿海国根据本国的地理情况和需要自行确定的，它们用以确定领海宽度的方法也不尽相同。

　　起初，有人主张用从海岸航行两天的距离作为领海的宽度。有些条约和国家法律规定，领海的范围以站在海岸上目力所及之处为限。也有人主张以测深锤能够达到海底的地方为领海的外部界限，等等。17世纪初，著名的荷兰公法学家格老秀斯提出了一个观点，认为"对于海的一部分的统治权的取得似乎也和其他东西一样，可以是属于一个人的，也可以是属于一块土地的；如果一个人有一支舰队，能够控制住这一部分海面，那么这一部分海面就是属于一个人的；如果在这一部分海面航行的人能被在岸上的人所强迫，就像他们在岸上一样，那么这一部分海面就是属于一块土地的"。格老秀斯的这一观点，被称为有效统治原则，并成为后来相当流行的大炮射程说的理论基础。1703 年，另一位荷兰法学家宾刻舒克提出大炮射程说，主张陆地的权力扩展到炮弹爆炸的地点。在 18 世纪，大炮的射程约为 3 海里。据此，意大利法学家季里亚尼于 1782 年第一次提出以 3 海里作为领海宽度的建议，由此产生了所谓 "3 海里规则"。后来，美、英等许多国家先后宣布接受 3 海里为其海上管辖范围。

但是，3 海里领海从来不是所有国家都遵循的 "确定的国际法规则"。事实上，各国宣布的领海宽度是很不相同的。1930 年国际法编纂会议曾经把制定统一的领海宽度规则作为自己的一项重要任务，但由于与会国的意见分歧而未能成功。1958 年和 1960 年召开的联合国海洋法会议也都没有达成协议。

长期以来，世界各国所宣布的领海宽度，有 3、4、6、9、10、12、18、30、50、70、100、130、200 海里等十几种。战后的历史还表明，领海的宽度有扩大的趋势。主张 3 海里领海的国家，主要是美、英、日等拥有先进的航海技术和装备的西方资本主义大国，这些国家希望尽可能扩大公海的范围，以有利于它们的船只在世界海洋上自由航行。另一方面，广大发展中国家为了更有效地维护国家主权和海洋权益，确保沿海自然资源免受外国的掠夺，以便用于发展国民经济，提高本国人民的生活水平，普遍要求有比较宽的领海。

第三次联合国海洋法会议，在领海的宽度、200 海里专属经济区和用于国际航行的海峡等问题一揽子解决的情况下，肯定了每一个国家都有确定其领海宽度的权利，同时规定，领海的宽度从领海基线量起不得超过 12 海里。

领海基线和外部界限的划定方法

在国际实践中，用于测算领海宽度的基线主要有两种：低潮线和直线基线。低潮线，又称正常基线，即以低潮时海水退至最远的地方作为测算领海宽度的起始线。这种方法，常常适用于海岸线比较平直的地方。直线基线，是在大陆岸上和沿海岛屿上选定适当点作为基点，相邻两点之间连接以直线，这一系列直线即构成直线基线。直线基线特别适用于海岸线极为曲折，沿岸岛屿众多的情况。有的国家也有同时采用两种方法的，称为混合基线法。

领海的外部界限，是一条其每一点同基线最近点的距离等于领海宽度的线。划定方法有：

1. 交圆法，即以基线上的点为圆心，以领海宽度为半径，向外划出一系列相交的半圆，连接各半圆顶点的线，构成领海的外部界限。这种方法用于采用正常基线作为领海基线的情况；

2. 共同切线法，即以每个领海基点为圆心，以领海宽度为半径，向外划出一系列半圆，在邻近两个半圆之间划一共同切线，这些共同切线的连接线构成领海的外部界限。这种方法用于采用直线基线作为领海基线的情况；

3. 平行线法，即由基线各点按领海宽度的距离向与海岸大体走向垂直的方向平行外推，使领海的外部界限与基线平行。这种方法既可用于采用正常基线，又可用于采用直线基线作为领海基线的两种情况。

领海主权的归属及管辖权

在理论上，学者们普遍认为，领海是国家领土的组成部分，处于沿海国的主权之下。有些法学家反对这种观点，认为领海是公海的一部分，不属于沿海国的领土，沿海国只是为了安全和经济的利益，对领海行使一定的管辖或控制。但是，这后一种意见并不占主导地位，也是为普遍的国际实践所否定的。

各国的国内立法无例外地都规定国家对领海行使主权。许多国际条约也都确认了沿海国对领海行使主权的原则。第一个确认这一原则的国际条约是 1919 年《巴黎航空管理公约》。1930 年国际法编纂会议也肯定国家对领海行使主权。1958 年《领海及毗连区公约》规定，国家主权及于其陆地领土及其内水以外邻接的称为领海的一带海域。1982 年《联合国海洋法公约》重申了这一规定。

国家在其领海内主要享有的权利

1. 自然资源的所有权和专属管辖权。领海内的一切生物和非生物资源均属沿海国所有，非经沿海国的同意，任何其他国家或其法人或自然人，均不得进入领海从事捕捞或其他勘探和开发活动。沿海国可以通过协议或许可证制度，准许其他国家或其法人或自然人进入其领海从事上述活动，而后者必须遵守有关协议的规定和沿海国有关的法律和规章。

2. 航行管辖权。沿海国有权制定有关领海内航行的法律和规章，对领海航行实行管理，外国船舶有无害通过权，但在通过领海时，必须遵守这些法律和规章，并不得有损害沿海国的和平、良好秩序或安全的行为。沿海国从航行安全考虑，可以在领海内指定航行的海道和规定分道通航制，也有权划定禁止船舶通行的禁航区；沿海国可以禁止其他国家的船舶经营该国两个港口之间通过领海的贸易和航运。有些国家法律规定，外国军舰通过其领海，须事先得到批准或事先予以通知。

3. 海洋科学研究的专属权。只有沿海国有权在其领海内进行海洋科学研究活动。未经沿海国的明示同意并遵守其规定的条件，其他国家或其法人或自然人，不得在该国领海内进行这种活动。

4. 海洋环境的保护和保全的管辖权。沿海国可采取一切必要措施，以防止、减少和控制各种来源的对领海海洋环境的污染，并为此制定法律和规章。这种法律和规章适用于行使无害通过权的外国船舶，但不应阻碍它们的无害通过。外国船舶在通过领海时如果发生违反这些法律和规章的行为，沿海国可对其进行实际检查、扣留船只直至提起司法程序。

5. 司法管辖权。原则上说，沿海国对于领海内发生的一切刑、民事案件，均有司法管辖权，只有外国军舰、用于非商业目的的外国政府船舶以及享有司法豁免权的人员例外。然而，出于方便国际航运的考虑在国际实践中，各国对于通过领海的外国船舶上发生的刑事案件，一般都从犯罪行为是否涉及本国的安全或利益考虑，决定是否对其行使刑事管辖权。《领海及毗连区公约》和《联合国海洋法公约》都规定，沿海国不应在通过领海的外国船舶上行使刑事管辖权，但下列情形除外：1）罪行的后果及于沿海国；2）罪行属于扰乱当地安宁或领海的良好秩序的性质；3）经船长或船旗国外交代表或领事官员请求地方当局予以协助；或4）为取缔违法贩运麻醉药品或精神调理物质所必要。在民事管辖权方面，沿海国对通过领海的外国船舶上的民事案件，通常采取不干涉态度。上述公约规定，沿海国不应为对通过领海的外国船舶上的人行使民事管辖权的目的而停止其航行或改变其航向，也不得为任何民事诉讼的目的而对船舶从事执行和扣留，但是，如果该船舶在此次航行中或为该航行的目的而承担有义务或负有责任，则不在此限。对在领海内停泊或驶离内水后通过领海的外国船舶的刑、民事管辖权，不受任何限制。

6. 紧追权。当外国船舶在领海内违反法律和规章而往领海外逃逸时，沿海国可对该外国船舶实行紧追。此项追逐应在该船舶或其小艇之一在领海内时开始，在追逐未曾中断条件下，可在领海以外继续进行。在被追逐的船舶进入其本国领海或第三国领海时，紧追应即终止。紧追权只能由军舰、军用飞机或其他有清楚标志，为政府服务并经授权紧追的船舶或飞机行使。

关于无害通过领海权

领海制度与构成国家领土另一部分的内水的法律制度不完全相同：沿海国对领海的主权，受到国际法承认的外国船舶无害通过领海的权利的限制，沿海国不应妨碍外国船舶无害通过其领海。

所谓无害通过，是指外国船舶在不损害沿海国的和平、安全或良好秩序的条件下，为了穿过领海但不进入内水或停靠内水以外的泊船处或港口设施，或者为了驶往内水或驶出内水或停靠内水以外的泊船处或港口设施而通过领海的航行。通过应继续不停和迅速进行。通过包括停船和下锚在内，但以通常航行所附带发生的，或由于不可抗力或遇难所必要的，或为救助遇险或遇难的人员、船舶或飞机的目的为限。《联合国海洋法公约》规定，外国船舶在领海内对沿海国的主权、领土完整或政治独立进行武力威胁或使用武力、进行军事演习、搜集有损沿海国防务和安全的情报、进行影响沿海国防务或安全的宣传、在船上起落飞机、发射或降落军事装置、违反沿海国的有关法律规章上下商品、货币或人员、故意污染海洋、捕鱼、进行研究或测量活动、干扰沿海国通讯系统或其他设施或设备等，即被视为损害沿海国的和平、良好秩序或安全，即非无害通过。沿海国可以采取防止非无害通过的必要步骤，制定关于无害通过领海的法律和规章。行使无害通过权的外国船舶必须遵守所有这些法律和规章。外国潜水艇和其他潜水器通过领海时，必须在海面上航行并展示其旗帜。沿海国可在领海内划定特别区域暂时停止外国船舶的无害通过。

关于军舰是否享有无害通过领海权利的问题，历来是有争论的。在第一次和第三次联合国海洋法会议上，这个问题引起了热烈的讨论。美、英等国一贯坚持军舰享有无害通过领海的权利的立场。苏联在前一次会议上反对、在后一次会议上转而支持军舰享有无害通过权的主张。许多中小国家和发展中国家，强烈要求对军舰通过领海实行事先批准或事先通知的制度。这两次会议分别制定通过的《领海及毗连区公约》和《联合国海洋法公约》都规定，所有国家的船舶均享有无害通过领海的权利，而没有对商船和军舰加以区别。这两项公约还规定，如果任何军舰不遵守沿海国关于通过领海的法律和规章，而且不顾沿海国向其提出遵守法律和规章的任何要求，沿海国可要求该军舰立即离开领海。

《领海及毗连区公约》通过时，一些国家曾对其中关于军舰有无害通过领海权利的规定提出保留意见。在第三次海洋法会议上，反对给予军舰无害通过权的国家，曾对公约有关条款草案提出修正案，主张在公约中增加沿海国有权制定有关安全的法律和规章的内容。这一提案未被交付表决；但是会议主席在会上公开声明，这并不妨碍沿海国按照公约的规定采取措施以保卫其安全利益的权利。《联合国海洋法公约》通过和签署时，许多国家发表声明，重申他们享有采取措施以保卫其安全利益的权利。有的国家声明坚持其国内立法规定，强调军舰通过其领海须事先通知沿海国或经沿海国事先同意。

我国已基本建立了领海制度。1958 年 9 月 4 日，我国政府发表的《关于领海的声明》宣布，中华人民共和国的领海宽度为 12 海里，采用直线基线为我国的领海基线。《声明》还规定，"一切外国飞机和军用船舶，未经中华人民共和国政府的许可，不得进入中国的领海和领海上空"，"任何外国船舶在中国领海航行，必须遵守中华人民共和国政府的有关法令"。在此前后，我国颁布了许多有关沿海海域的航行、捕鱼等事项的法规。近年来，又先后制定颁布了《对外合作开采海洋石油资源条例》《海洋环境保护法》《海上交通安全法》等重要法规，对包括领海在内的我国管辖海域的石油资源的勘探和开发、海洋环境的保护和交通安全等问题作了一系列规定。我国的领海制度将日趋完善。①

（原载《百科知识》1986 年第 3 期）

---

① 1992 年 2 月 25 日第七届全国人民代表大会常务委员会第二十四次会议通过《中华人民共和国领海及毗连区法》，对我国的领海制度作了全面规定。

《联合国海洋法公约》下的领海制度

　　领海，是指一国陆地及其内水以外，处于国家主权之下的一定宽度的海域。关于领海的制度，形成于 18 世纪后半叶。这项制度的基本内容是：领海构成国家领土的一部分，沿海国对其享有主权和专属管辖权；同时，在领海内承认外国船舶有无害通过权。

　　在很长的时间里，有关领海的国际法规则散见在个别的国际习惯和条约中。为了使这些规则法典化，1930 年在海牙召开的国际法编纂会议，曾经将领海问题列入议程；但是，由于与会各国在领海宽度上的意见分歧而没有获得成功。1958 年第一次联合国海洋法会议制定通过了《领海及毗连区公约》，对领海制度作了比较全面的规定。然而，也是由于与会国的意见分歧，这次会议仍然未能就领海宽度问题达成协议，以致《领海及毗连区公约》中未能包含关于领海宽度的规定。从 1973 年开始举行的第三次联合国海洋法会议，在新的历史条件下再次讨论了领海问题。会议通过的《联合国海洋法公约》（以下简称《公约》）从领海的法律地位，领海的界限和领海的无害通过等三个方面，对包括领海宽度在内的领海制度作了迄今为止最完整的规定。在这些规定中，相当一部分是 1958 年《领海及毗连区公约》的重申，有些条款则是以往的国际条约中所没有过的。

一　领海的法律地位

　　领海的法律地位，是领海制度中的根本问题。《公约》第二条明确规定，沿海国的主权及于其陆地领土及其内水以外邻接的一带海域，称为领海。此项主权及于领海的上空及其海床和底土。《公约》的这条规定，确定了领海是处于沿海国主权之下的海域，领海及其上空和海床底土属于沿海国领土的一部分。在国际法理论中，有些学者曾认为，领海不具有领土的性质，沿海国对其领海并不享有主权，而仅仅是为了安全和经济的利益享有某些控制或管辖的权力。这种观点，既为多数学者所反对，也为普遍的国际实践所否定。各国关于领海的法律无例外地都规定，国家对领海行使主权。国家对领海的主权，在国际条约中也得到了确认。最早确认领海主权的国际条约是1919年的《巴黎航空管理公约》。1958年的《领海及毗连区公约》，再次以条约的形式肯定了领海主权这一概念。

《公约》关于沿海国的主权及于领海的规定，重申了世界各国普遍接受的国际法规则，具有重要的理论意义和实践意义。这项规定，意味着沿海国对其领海内的一切人和事物享有排他的管辖权。具体地说，沿海国在其领海内主要享有以下权力：

（1）自然资源的所有权和专属管辖权。领海内的一切生物资源和非生物资源均属沿海国所有，非经沿海国同意，任何其他国家或其法人或自然人，均不得进入领海进行捕捞或其他勘探开发活动。沿海国可以通过协议或发放许可证的办法，准许其他国家或其法人或自然人从事上述活动，而后者必须遵守有关协议的规定和沿海国的法律和规章；

（2）航行管辖权。沿海国有权制定有关的法律和规章，对领海内的航行实行管理。通过领海的外国船舶享有无害通过权，但必须遵守这些法律和规章，并且不得有损害沿海国的和平、良好秩序或安全的行为。沿海国为航行安全考虑，可以在领海内指定航行的海道和规定分道通航制，也有权划定禁止船舶通行的禁航区。在沿海国港口之间进行航运和贸易的权利，即所谓沿岸航运权，专属于沿海国；但是，关于外国军舰是否享有无害通过权的问题，国际上存在不同的意见和实践。

（3）海洋科学研究的专属权。只有沿海国有权在其领海内进行海洋科学研究。未经沿海国的明示同意并遵守其规定的条件，其他国家或其法人或自然人，不得在该国领海内进行这种活动；

（4）司法管辖权。从原则上说，沿海国对其领海内发生的一切刑、民事案件，均有司法管辖权，只有外国军舰、用于非商业目的的外国政府船舶以及享有司法豁免权的人例外。但是，为了国际航运的利益，《公约》同《领海及毗连区公约》一样，对沿海国的司法管辖权的行使作了一定的限制。在刑事管辖权方面，《公约》规定，沿海国只有在下列情形下，才可在通过领海的外国船舶上行使刑事管辖权：①罪行的后果及于沿海国；②罪行属于扰乱当地安宁或领海的良好秩序的性质；③经船长或船旗国外交代表或领事官员请求地方当局予以协助；或④为取缔违法贩运麻醉药品或精神调理物质所必要。在民事管辖权方面，《公约》规定，沿海国不应为对通过领海的外国船舶上某人行使民事管辖权的目的而停止其航行或改变其航向，也不得为任何民事诉讼的目的而对船舶从事执行或加以逮捕，如果该船舶在此次航行中或为该航行的目的而负有义务或责任，则不受此限。对于在领海内停泊或驶离内水后通过的外国船舶的刑、民事管辖权，不受任何限制。

二　领海的界限

领海的界限问题，也就是领海的范围问题，由三个要素构成：领海的宽度、领海的内部界限和领海的外部界限。《公约》对这三个要素都作了具体的规定。

在三个要素中，领海的宽度最重要，它直接影响到领海范围的大小。因此，世界各国都对领海的宽度问题十分重视。在以往的国际实践中，各国都是根据本国的利益和自然特点自行确定领海的宽度的。由于各国的情况不同，它们所选定的领海宽度也不尽相同，长期以来世界上有3、4、6、9、10、12、18、30、50、70、100、130、200海里等十几种领海宽度。各国在领海宽度主张上的不一致，常常成为引起国际争端的原因之一。为了消除这一不安定因素，20世纪20年代以来曾经有过三次国际会议（1930年海牙国际法编纂会议、1958年第一次海洋法会议和1960年第二次海洋法会议），试图就领海的宽度制定一项统一的国际法规则。但是，主要由于一些海洋大国坚持所谓的"3海里规则"，反对其他国家建立较宽的领海的合理要求而没有成功。

在第三次联合国海洋法会议上，由于广大发展中国家的努力，终于在领海宽度问题上达成了协议。《公约》第三条规定："每一国家有权确定其领海的宽度，直至从按照本公约确定的基线量起不超过12海里的界限为止"。这一条规定表明，确定领海宽度的权利属于各个国家，各国可以根据本国的利益和自然特点自行确定其领海宽度。但是，它们不能随心所欲，无限扩大领海的宽度，而只能限制在从领海基线量起12海里的范围之内。

领海的内部界限，即领海向陆一面的界限，也就是领海宽度由此起算的领海基线。领海基线向陆一面的水域构成国家内水的一部分。领海基线向海一面直至领海外部界限的水域为领海。《公约》确认了国际上通常采用的三种基线：正常基线、直线基线和混合基线，并规定了采用这三种基线作为领海基线的规则。

正常基线，是"沿海国官方承认的大比例尺海图所标明的沿岸低潮线"。这种基线通常适用于海岸线比较平直的地方。采用低潮线作为领海基线的国家，应将该低潮线标明在官方的大比例尺的海图上。

直线基线，是在大陆岸上和沿海岛屿上选定适当点作为基点，连接相邻基点的一系列直线所构成的领海基线。直线基线适用于海岸线极为曲折，或者紧接海岸有一系列岛屿的地方。直线基线的划定不应明显地偏离海岸的一般方向，也不得使另一国的领海同公海或专属经济区隔断。

沿海国适应不同情况，交替使用正常基线和直线基线划定的领海基线，称为混合基线。实际上，混合基线是由正常基线和直线基线组成的。因此，正常基线和直线基线是《公约》所确认的两种基本的领海基线。

《公约》对领海外部界限的划定也作了规定，指出："领海的外部界限是一条其每一点同基线最近点的距离等于领海宽度的线"。在实践中，用来划定领海外部界限的方法，因采用的领海基线不同而不同。在采用正常基线的情况下，使用交圆法划定领海外部界限，即以基线上的点为圆心，以领海宽度为半径，向外划出一系列相交的半圆，连接各半圆顶点的线，即为领海的外部界限。在采用直线基线的情况下，使用共同切线划定领海外部界限，即以各个基点为圆心，以领海宽度为半径，向外划出一系列半圆，在邻近两个半圆之间划一共同切线，这些共同切线的连接线构成领海的外部界限。此外，无论采用正常基线还是直线基线作为领海基线，均可以使用平行线法划定领海外部界限，即由基线各点按领海宽度的距离向与海岸大体走向垂直的方向平行外推而形成的一条与领海基线平行的线，即为领海的外部界限。用来划定领海外部界限的方法虽然不同，但是，无论使用哪种方法所划定的领海外部界限，都是与领海基线距离等于领海宽度的平行线。

三　领海的无害通过

允许外国船舶无害通过领海，是国际法上早已形成的制度。《公约》继1958年《领海及毗连区公约》之后，又一次确认了这一制度，规定"所有国家，不论为沿海国或内陆国，其船舶均享有无害通过领海的权利"，沿海国不应妨碍外国船舶无害通过领海，也不得仅以外国船舶通过领海为理由而向它征收任何费用。所谓无害通过，按照《公约》的规定，是指外国船舶在不损害沿海国的和平、良好秩序或安全的条件下，为了穿过领海但不进入内水或停靠内水以外的泊船处或港口设施，或者为了驶往或驶出内水或停靠这种泊船处或港口设施而通过领海的航行。通过应继续不停和迅速进行，除通常航行所附带发生的、或由于不可抗力、或遇难而必要外，不得停船和下锚。《公约》列举了外国船舶在通过领海时被禁止从事的活动，这些活动包括：对沿海国的主权、领土完整或政治独立进行武力威胁或使用武力，进行军事演习，搜集有损沿海国防务和安全的情报，进行影响沿海国防务或安全的宣传，在船上起落飞机，发射或降落军事装置，违反沿海国的法律规章上下商品、货币或人员，故意污染海洋，捕鱼，进行研究或测量活动，干扰沿海国通讯系统或其他设施或设备，以及与通过没有直接关系的任何其他活动。外国船舶在通过领海时进行其中任何一种活动，其通过应视为损害沿海国的和平、良好秩序或安全，即非无害通过。

沿海国有权在其领海内采取必要的步骤以防止非无害的通过，可以制定关于无害通过领海的法律和规章，行使无害通过权的外国船舶应遵守所有这些法律和规章。在为保护国家安全而有必要时，沿海国可以在其领海内划定特别区域，暂时停止外国船舶在该区域内的无害通过。为了航行安全起见，沿海国还可要求外国船舶使用其指定或规定的海道和分道通航制。潜水艇和其他潜水器，在通过领海时必须在海面上航行并展示其旗帜。

《公约》在规定所有国家的船舶均享有无害通过领海的权利时，没有对军舰和商船加以区别，一般解释为军舰同商船一样，也享有无害通过领海的权利。然而，在军舰是否享有无害通过权的问题上，历来是有争论的。各国的国内立法规定也不一样。有的国家准许外国军舰无害通过其领海，不少国家则要求外国军舰在通过其领海前，事先通知该国或取得该国的同意。在第三次海洋法会议讨论有关条款时，许多中小国家和发展中国家强烈主张对军舰通过领海实行事先通知或事先批准的制度，对条款草案提出一修正案。由于一些国家的反对，该修正案未交付表决。但是，作为会议的一项谅解，会议主席在会上宣布，提案国不将修正案交付表决，不妨碍沿海国根据公约有关条款的规定，采取保障安全措施的权利。在通过和签署《公约》时，许多国家发表声明，重申它们享有采取措施以保卫其安全利益的权利，有的国家声明坚持其国内立法规定，强调外国军舰通过其领海须事先通知或经沿海国事先同意。[①]

《公约》有关领海制度的规定，虽然在个别问题上存在着缺陷，但从整体来看是比较好的，特别是解决了长期争论不休的领海宽度问题，无疑将有助于更好地调整各国之间的海上关系，促进国际和平与稳定。

(原载《海洋开发》1987年第2期)

---

① 1996年5月15日，全国人民代表大会常务委员会在作出决定，批准《联合国海洋法公约》的同时，附有四项声明，其中第四项声明如下："中华人民共和国重申：《联合国海洋法公约》有关领海内无害通过的规定，不妨碍沿海国按其法律规章要求外国军舰通过领海必须事先得到该国许可或通知该国的权利"。

专属经济区的概念和法律地位

一　专属经济区制度概述

专属经济区（Exclusive Economic Zone），是在领海以外并邻接领海，具有特定法律制度的区域，其宽度自领海基线量起不超过 200 海里。在该区域内，沿海国享有以勘探和开发，养护和管理自然资源为目的的主权权利，以及对于人工岛屿，设施和结构的建造和使用，海洋科学研究、海洋环境的保护和保全的管辖权。其他国家则享有航行、飞越、铺设海底电缆和管道等自由。无论从地理位置或法律性质上说，专属经济区都是介于领海和公海之间的第三种海域。

专属经济区制度，是第二次世界大战以后，发展中沿海国家为了捍卫国家主权，保护本国沿海资源而积极斗争的产物。这是一个崭新的国际海洋法律制度。它的出现，突破了"领海以外即是公海"的传统国际法格局，对国际海洋法的发展有很大影响。美国学者指出："200 海里专属经济区的建立，也许是三百多年以前公海自由理论提出以来海洋法中最重大的新发展"。[①] 专属经济区制度的确立还有很重要的政治和经济意义。据计算，在实行专属经济区制度情况下，大约一亿零五百万平方公里，即将近世界海域总面积 29% 的海域将处于沿海国的管辖之下，在这部分海域内提供了 94% 的世界总渔获量和蕴藏着 87% 的已探明的世界海洋石油储量。波斯湾、墨西哥湾、孟加拉湾、挪威海、鄂霍次克海等重要海域几乎全部

---

① R. B. Krueger and M. H. Nordquist, The Evolution, of the 200 – mile Exclusive Economic Zones: State Practice in the Pacific Basin, Report of the Fifty-Eighth Conference of the International Law Association (1978), p. 248.

被包围在专属经济区之内，世界上的重要国际航道也都要经过专属经济区海域。

专属经济区，作为一项法律制度，为沿海国维护国家主权，保护和管理沿海自然资源，使之用于发展民族经济，提高本国人民生活水平，提供了法律保障，因而受到了许多沿海国，尤其是发展中沿海国的赞同和支持。据统计，在 1970 到 1981 年底的 12 年期间，在全世界 130 个沿海国家中，共有 77 个国家宣布建立了 200 海里管辖区域，其中建立 200 海里专属经济区的有 46 个国家，其余 31 个国家中，8 个国家建立了 200 海里领海，23 个国家建立了 200 海里渔区。① 据此，应当认为，200 海里专属经济区已经成了普遍承认的习惯国际法。1982 年《联合国海洋法公约》通过以后，专属经济区制度也已成了协定国际法的重要内容。

美国和苏联曾经竭力反对 200 海里专属经济区的概念。但是，在大势所趋的情况下，它们不得不逐步改变了态度，并分别在 1976 年宣布了自己的 200 海里渔区。《联合国海洋法公约》通过以后，美国虽然没有签署公约，却在 1983 年 3 月 1 日发表了宣布专属经济区的总统宣言。苏联也在 1984 年 2 月 28 日颁布了《苏联经济区法令》，在这一法令中，没有把宣布的经济区称为专属经济区，但是，法令关于经济区制度的规定，与《联合国海洋法公约》关于专属经济区制度的规定是完全一致的。

二　专属经济区概念的提出和形成

在国际法的理论和实践中，沿海国对其沿海自然资源的固有权利，以及对其沿海海域的管辖权，是一贯地得到承认的。威廉·威尔武德在 1613 年曾经对沿海国为什么应当享有这种权利的理由作了说明，他说："一个国家的居民有在他们的沿岸进行捕鱼的原始的和排他性的权利。这一部分海洋必须属于沿岸国的主要理由之一是，如果任何人都可以自由捕鱼。这些鱼类会有绝灭之虞"。② 但是，沿海国的这种资源管辖权可以向海伸展到

---

① 《世界知识年鉴》(1982)，第 942—943 页。
② 希金斯、哥伦伯斯：《海上国际法》，法律出版社 1957 年版，第 111 页。

什么地方的问题，却一直没有得到适当解决。

在近代国际法形成以前，各国都是根据本国的利益和需要，自行确定其权力控制范围的。例如：1598 年，丹麦为了保护冰岛海岸外的富饶渔场不致因外国渔船的滥捕而枯竭，曾颁布法令把当时在它控制下的冰岛周围 2 里格宽的一带海域保留给丹麦渔民专属使用。

自从出现领海和公海的概念以后，沿海国对于沿海自然资源的控制，主要是通过领海权来实现的。在领海制度下，沿海国能够最有效地行使资源管辖权。而在领海以外的公海上实行海洋自由原则，所有国家都可以自由地进行捕鱼等开发活动，沿海国不能对其中的自然资源实行控制。因此，领海的宽度对于沿海国控制沿海自然资源的程度和有效性就具有特别重要的意义。领海越宽，沿海国能够控制的沿海自然资源就会越多，而且能够实行更有效的控制。领海的宽度问题，不仅仅是一个法律问题，由于它涉及沿海国家和海洋国家的不同利益，以及渔业资源的养护与捕鱼和航行等海洋用途之间的关系，而变得十分复杂。直至《联合国海洋法公约》通过之前，国际法上一直没有关于领海宽度的统一规则，各国都是根据本国的利益和需要自行确定其领海的宽度的。长期以来，一些海洋强国，为了确保它们的渔船、商船和军舰能够在尽可能广阔的海洋上自由活动，坚持所谓 3 海里领海界限原则，力图把沿海国的管辖权限制在 3 海里范围以内。但是，这种企图遭到了强烈的反对，许多国家建立了或者要求建立比 3 海里更宽的领海。第二次世界大战以后，随着民族解放运动的兴起和新独立国家的增加，越来越多的国家走上了扩大领海范围的道路，有的国家甚至把领海宽度扩大到了 200 海里。

在领海宽度问题得不到顺利解决的情况下，有些国家采取了诸如建立专属渔区的办法来达到保护本国沿海渔业资源的目的。但是，专属渔区仅仅是对于渔业资源行使专属管辖权的一种制度，不能满足沿海国控制所有沿海自然资源以及与此有关的利益，如对于非生物资源、防止污染、保护海洋环境等的要求。专属经济区是在新的历史条件下产生的新的法律制度，它不仅为沿海国提供了满足其对于沿海自然资源的更广泛的利益的法律形式，同时也克服了在扩大领海宽度问题上所遇到的障碍。参加亚非法律协商委员会拉各斯会议的肯尼亚代表在会上发言时曾经指出，专属经济区概念"为主张狭窄的领水和主张宽阔的领水界限的人们提供了打破僵局的良好基础。"①

第二次世界大战以后,对于海洋资源,包括生物资源和非生物资源,特别是对于海底石油和天然气的需求日益增长,海洋开发技术的迅猛发展也展示了大规模开发海洋资源的广阔前景,这一切极大地激发了各国将其沿海自然资源置于本国管辖之下的热情。尤其是发展中沿海国家,为了巩固国家的政治独立,争取经济上的独立,强烈要求把本国的沿海自然资源牢固地控制在自己手里,反对和防止帝国主义和新老殖民主义的剥削和掠夺,以便用来发展民族经济,提高本国人民的生活水平。为此,它们积极参加了国际法律的创制活动,为改变旧的国际法律制度,建立新的国际法律秩序展开了积极斗争。缅甸代表在第三次海洋法会议上指出,以海洋自由原则为基础的海洋法所产生的利用领海以外的自然资源的制度,"仅仅有利于有能力开发这些资源的国家",这种制度已经过时了。"应当用一个新的,使每一个国家能够正确地利用海洋资源的法律制度来代替它。"② 专属经济区制度正是适应这一需要而产生的。

专属经济区概念,最初是由肯尼亚在1971年提出的。但是,它的渊源可以追溯到40年代拉丁美洲国家提出的200海里海洋权主张。

在探讨专属经济区制度的历史发展时,有些学者是从1945年9月28日美国总统杜鲁门的《大陆架公告》开始的。毫无疑问,杜鲁门公告对于战后海洋法律制度的演变有很大的影响,直接导致了现行大陆架法律制度的形成和确立,并对专属经济区制度的产生起到了促进作用。但是,把杜鲁门公告看成是专属经济区制度的历史渊源的观点是不正确的。因为该公告仅仅是对构成大陆架的海床和底土的自然资源提出主张,而且,在本质上是反对沿海国对宽达200海里的海域行使管辖权的。

1947年6—8月间,智利和秘鲁所采取的建立200海里海洋区域的行

---

① 《肯尼亚代表在亚非法律协商委员会拉各斯会议上的发言》,载《亚非法律协商委员会第十三次会议报告》(1972年1月),第210页。

② Official Records of the Third United Nations Conference on the Law of the Sea, Vol. Ⅱ. p. 224.

动，被认为是朝向专属经济区的建立迈出的一大步。[①] 该年 6 月 23 日，智利总统发表声明，在论述国家有权扩大对于自然资源的管辖权的理由之后，宣布将其国家主权扩展到邻接其海岸，为"保存、保护、保全和开发……自然资源"所需要的海域，同时宣布对宽度为 200 海里的海域实行"保护和控制"，但"不影响在公海上自由航行的权利"。[②] 一个月以后，即 8 月 1 日，秘鲁效法智利，在第 781 号总统法令中提出了同样的权利主张。[③] 这两个正式文件为今天的专属经济区画出了基本轮廓。在智利和秘鲁之后，一些拉美国家，如哥斯达黎加、萨尔瓦多、洪都拉斯等很快也颁布了建立 200 海里海区的法律。进入 60 年代以后，尼加拉瓜、厄瓜多尔、阿根廷、巴拿马、乌拉圭和巴西等国相继采取了类似的立法行动。应当指出，这些国家在主要为了资源的目的，要求对 200 海里海域实行控制方面是一致的，然而，它们各自的具体主张并不完全相同。例如，尼加拉瓜把它所主张的 200 海里海域称作"国家捕鱼区"，要求在该区域内进行的任何捕鱼活动必须遵守尼加拉瓜的法律。巴西的主张则是一种典型的领海要求，宣布把 200 海里的海域包括在巴西的领海之内，并规定在该区域内对一切国籍的船舶实行无害通过制度，外国船舶如果要求进入巴西领海区域捕鱼，必须得到巴西当局的准许，并有义务尊重巴西的有关规章。乌拉圭也对 200 海里海域提出了领海要求，规定其国家主权及于 200 海里领海区域；但是，它把 200 海里海域划分为两部分，分别实行不同的法律制度：在离岸 12 海里的区域内实行无害通过制度，而在 12 海里以外的区域实行航行和飞行自由。萨尔瓦多所主张的 200 海里海域称为"邻接海域"，被宣布包括在共和国的领土之内，但在该海域内不影响航行自由。阿根廷的主张与萨尔瓦多的要求基本相同，宣布其国家主权扩展到 200 海里海域，然而，在这整个海域内，航行和飞行自由都不受影响。智利和秘鲁的要求，前后有所发展变化。1947 年，这两个国家宣布将其主权扩展到 200 海

---

① 参见 R. B. Krueger and Myron H. Nordquist, The Evolution of the 200mile Exclusive Economic Zone: State Practice in the Pacific Basin, Report of the 58th, Conference of the International Law Association, p. 251。

② 《海洋法资料汇编》，人民出版社 1974 年版，第 296—298 页。

③ 同上书，第 301—303 页。

里海域，但是在该海域内允许自由航行。1952 年，它们在同厄瓜多尔共同发表的《关于领海的圣地亚哥宣言》中，把要求向前推进了一步，除明确宣布对 200 海里海域"享有专属主权和管辖权"外，规定在该区域内实行无害通过制度。① 上述各国早期关于 200 海里海域的法律规定中存在着差异是不足为奇的，它恰好反映了一种新的法律制度正处在萌芽和发展的过程中。

1970 年 5 月，智利等业已宣布 200 海里区域的九个拉美国家，在乌拉圭的首都集会协调他们的海洋法立场，在会后发表的《蒙得维的亚海洋法宣言》中要求把他们的"主权或专属管辖权"扩大到距离领海基线 200 海里的地方，同时宣布，在这种处于"海洋主权和管辖权之下的区域内"，"不妨碍悬挂任何国家旗帜的船舶和飞机航行自由以及通过和飞越自由"。② 同年 8 月，上述九国又同另外一些国家在秘鲁首都利马开会，共同发表了《关于海洋法的宣言》。这一宣言，除重申《蒙得维的亚海洋法宣言》的主张以外，在沿海国的权利方面增加了关于保护海洋环境和海洋科学研究的两项内容：（1）"沿海国有权防止因使用、勘探和开发邻接其海岸的区域而可能造成的海水污染及其他危险和有害的后果"；（2）"沿海国家有权核准、监督和参加一切在属于主权或管辖权的海洋区域内可能进行的科学研究，并且取得这种研究活动的资料和结果。"③

承袭海概念的提出，标志着专属经济区制度已经基本形成。这个概念较好地把沿海国的资源利益同国际社会的航海利益结合在一起，从而为专属经济区作为一项新的国际海洋法律制度获得普遍承认扫清了道路。承袭海概念，最初是智利的爱·瓦·卡里略教授（Edmundo Vargas Carreno）在 1971 年 4 月向美洲国家间法律委员会提交的一份报告中提出的。他说："承袭海包括领海和领海以外沿海国单方面地、但不是专断地决定扩展的一个区域。沿海国对承袭海内海洋资源的勘探、保护和开发进行管理的管

---

① 《海洋法资料汇编》，人民出版社 1974 年版，第 142—143 页。
② 同上书，第 151 页。
③ 同上书，第 154 页。

辖权扩展至邻近水域、海底及其底土"。① 此后，委内瑞拉和哥伦比亚的代表，在 1971 年联合国海底委员会第二期会议和 1972 年加勒比海国家关于海洋问题的特别会议筹备委员会会议上，相继阐述过这个概念。1972 年 6 月 9 日，加勒比海国家发表《圣多明各宣言》，在分区域一级正式提出建立承袭海的主张，并对承袭海制度作了原则规定。按照这一《宣言》，承袭海是邻接领海的一个区域，其宽度与 12 海里领海合并计算，最多不应超过 200 海里。承袭海的外部界限以外的水域构成称为公海的国际海域。在承袭海内，沿海国享有对于水域、海床和底土中可更新和不可更新的自然资源的主权权利，以及对区域内的科学研究加以规定和采取必要措施以防止海洋污染的权利。所有其他国家，除受沿海国对承袭海行使权利所加的限制外，享有航行自由，飞越自由，以及铺设海底电缆和管道的自由。②。可以看出，承袭海概念同后来出现的专属经济区概念基本相同，正因为如此，在第三次联合国海洋法会议上一些国家是把这两个概念等同看待的。③

在拉美国家为建立新海洋法制度而进行的斗争不断取得进展的同时，非洲国家也在为同一目标努力奋斗。1971 年 1 月，肯尼亚代表在亚非法律协商委员会科伦坡会议上，第一次提出了专属经济区概念，受到了与会代表的普遍重视。④ 同年 6 月，非洲统一组织部长理事会作出的关于渔业和关于非洲国家对于自然资源的永久主权的决议，主张非洲国家"将其对于邻接其领海的公海自然资源的主权扩展至它们的大陆架的外缘"。1972 年 6 月，即加勒比海国家在圣多明各集会制定承袭海制度的同时，在雅温得举行的非洲国家海洋法问题区域讨论会，提出了"非洲国家同样有权在领海以外设立一个经济区"的要求，主张在讨论会最后通过的"总报告的结

① 转引自加西亚·阿玛多：《拉丁美洲对海洋法发展的新贡献》，载《美国国际法学报》1974 年第 1 期。

② 《海洋法资料汇编》，人民出版社 1974 年版，第 169 页

③ 参见澳大利亚和挪威：《关于经济区和划界问题的基本原则的工作文件》（A/AC，138/SC，36）；《巴基斯坦代表 1974 年 7 月 10 日的发言》，Official Records of the Third United Nations Conference on the Law of the Sea, Vol. I, p. 146。

④ N. S. Rembe, Africa and The International Law of the Sea, 1980, pp. 122 – 123.

论"中，规定"将它们的主权扩展到将来设立的经济区内邻接它们的领海的公海的一切资源。"这次讨论会，既有非洲沿海国参加，也有内陆国出席。因此，有关经济区的建议，在表达沿海国家要求的同时，也反映了内陆国的观点。它把拟议中的经济区规定为公海的一部分，并且提出了内陆国分享经济区资源的问题，要求"经济区内的生物资源，应当开放给所有非洲内陆国和近内陆国开发"。[①]

1972 年 8 月，肯尼亚向联合国海底委员会提交的一份题为"关于专属经济区概念的条款草案"的文件，对专属经济区制度作了到那时为止最全面的说明，条款草案共 11 条，其主要内容有：（1）所有国家均有权决定邻接其海岸位于 12 海里领海以外的海域的管辖范围；（2）所有国家均有权为了本国人民和本国经济的利益，在领海以外建立经济区，在该经济区内，各国为了勘探和开发的目的，对自然资源行使主权权利，并为了控制、管理、开发和保护区域内的生物和非生物资源的目的，以及防止和控制污染的目的，享有专属管辖权。沿海国得就专属勘探和开发不可更生的海洋资源，专属或优先开发可更生资源，控制、防止和消除海洋环境的污染，以及科学研究等事项制定特别规则；（3）经济区的建立，不影响国际法承认的航行自由、飞越自由和铺设海底电缆和管道的自由；（4）沿海国应准许毗邻的发展中内陆国、近内陆国和仅有小块陆架的国家开发其经济区内的生物资源；（5）经济区在任何情况下不应超出从测算领海的基线量起 200 海里。[②]

肯尼亚提出的专属经济区概念，得到了发展中国家的广泛支持。1973 年 5 月，非洲统一组织部长理事会通过的关于海洋法问题的宣言，全盘接受了这个概念。随后举行的第十届非洲国家元首和政府首脑会议批准了上述宣言，专属经济区概念从而成了包括内陆国在内的几乎所有非洲国家的共同主张。1973 年 9 月 9 日第四次不结盟国家首脑会议通过的关于海洋法的宣言，也明确表示支持 200 海里国家管辖区的主张。

中国是发展中的社会主义国家，属于第三世界，一贯支持其他发展中

---

① 《海洋法资料汇编》，人民出版社 1974 年版，第 176—177 页。

② 联合国文件 A/AC138/SC Ⅱ/L，10。

国家争取 200 海里海洋权的正义斗争和建立专属经济区的合理主张。1973
年 4 月 19 日，周恩来总理在为墨西哥总统埃切维里亚举行的宴会上，高
度赞扬了拉美国家带头兴起的 200 海里海洋权斗争，称赞它"鼓舞和推动
了世界各大洲反对海洋霸权主义的斗争"。[①] 在联合国海底委员会和第三次
海洋法会议上，中国代表团与其他第三世界国家团结一致，为确立专属经
济区制度作了不懈的努力，并向海底委员会提交了《关于国家管辖范围内
海域的工作文件》。在这一文件中，关于专属经济区制度提出了如下具体
建议：（1）沿海国可以根据本国的地理地质条件，自然资源状况和民族经
济发展的需要，在其领海外合理地划定专属经济区，其宽度不得超过 200
海里；（2）专属经济区内的一切自然资源，均属沿海国所有，沿海国为了
保护、利用、探测和开发这些资源，在专属经济区内行使专属管辖权；
（3）内陆国和架锁国在与其相邻的沿海国的专属经济区内享有一定比例的
所有权。它们应当与沿海国在平等、互相尊重主权的基础上，就有关问题
商订双边或地区性的协议；（4）一切国家的船舶和飞机在专属经济区内的
正常航行和飞越，应不受妨碍。在专属经济区内铺设海底电缆和管道，其
路线应经沿海国同意；（5）相邻或相向沿海国之间经济区界限的划分，应
在平等协商的基础上共同确定。[②]

　　经过广大发展中国家的团结战斗，第三次联合国海洋法会议克服了
美、苏等国的阻挠和反对，终于在 1982 年通过的《联合国海洋法公约》
中把专属经济区制度固定了下来。《公约》第五部分对专属经济区制度作
了详细规定，在"海洋环境的保护和保全"、"海洋科学研究"、"争端的
解决"等部分也都包含有关于专属经济区的条款。

三　专属经济区的法律地位

　　无论是领海或是公海的法律地位，在国际法上都是早已确定了的。而
专属经济区的法律地位，则是一个新的有待决定的问题。这一问题，在第

---

　① 《人民日报》1973 年 4 月 20 日。

　② 《海洋法资料汇编》，人民出版社 1974 年版，第 74—76 页。

三次联合国海洋法会议上曾经引起很大的争论，也是许多学者注意研究的对象。关于这个问题，基本上有三种不同的观点。第一种观点是一些拉丁美洲和非洲的发展中沿海国家提出的，它们主张赋予拟议中的200海里专属经济区以领海的性质，要求由沿海国对这一区域行使主权，但同时承认其他国家在专属经济区内的航行、飞越、铺设海底电缆和管道的自由。这些国家认为，唯有如此，才能最好地保护沿海国的利益。厄瓜多尔代表强调指出，对于发展中国家来说，200海里领海是"法律上可接受、经济上可行的唯一解决办法"。① 应当指出，这种主张实际上并不是要求传统意义上的领海，因为，按照传统的国际法，在领海内是不容许有航行、飞越、铺设海底电缆和管道的自由的。第二种观点强调200海里经济区应是公海的一部分，在该经济区内，沿海国享有对于自然资源的"主权权利"或"主权和专属权利"。但是，这些权利，仅仅是一种职能性权利或者优先权，它们的行使"不得妨害一切其他国家……行使本公约规定和国际法所承认的权利，包括航行自由、飞越自由、铺设海底电缆和管道的自由等权利"。② 持这种观点的主要是美国、苏联和日本等发达国家。苏联代表在会上解释其立场时说："经济区是公海的一部分"，沿海国在其中享有的权利是"明确限定的对于生物和矿物资源的特殊权利"。③ 乌克兰代表说："未来的经济区是由所有国家在平等的基础上使用的一个公海区域"。④

有些学者试图从理论上，为把专属经济区规定为公海的一部分的主张进行辩解。例如，加林金写道，专属经济区建立在领水以外传统上属于公海的领域中这一点，应当是规定经济区的法律地位的出发点。他认为，由于经济区内保留了一些重要的公海自由，而且各国在该区域内的许多活动均受船旗国的管辖，因此，有理由把经济区看作是沿海国在公海上的特别管辖区。⑤ 这种理论是值得商榷的。因为它显然是以"领海以外即是公海"的传统海洋法观念为基础的，而这种观念已经陈旧，是不符合当代国

---

① Official Records of the Third United Nations Conference on the Law of the Sea, Vol. II. p. 214.

② 苏联等国提出的《关于经济区的条款草案》（A/CONF. 62/C. 2 /L. 38）。

③ Official Records of the Third United Nations Conference on the Law of the Sea, Vol. II. p. 237.

④ Ibid. , p. 201.

⑤ Г. Ф. Калинкин, Режи Морских Пространств, Москва, 1981, ств. 129 – 130.

际海洋法发展的趋势的。大陆架概念，200 海里海洋权，以及各国管辖范围以外的海床洋底及其资源是人类的共同继承财产的原则的提出，都标志着国际海洋法已经发生了革命性的变革，"领海以外即是公海"的观念早已被国际法实践所打破了。在这形势面前，不仅仅是第三世界国家的国际法学家，甚至许多西方国际法学者也都在以向前看的姿态来探讨国际海洋法的新发展。著名的海洋法专家小田滋在论述专属经济区制度时写道，把海洋说成是由公海和领海两部分组成的这种二元论的假设并不绝对重要。没有理由不能创造一种既不同于领海又不同于公海的第三种制度。而且看来十分清楚，可以主张这种区域具有自成一类（Sui generis）的法律地位。[1]

在专属经济区的法律地位问题上，肯尼亚等大多数发展中国家认为，专属经济区应是一种既不同于领海，也不同于公海的特殊的国家管辖区域，在该区域内，沿海国对于一切自然资源行使主权或主权权利，并对海洋科学研究、海洋环境的保护行使管辖权；同时，其他国家享有航行、飞越、铺设海底电缆和管道等自由。这些国家强调专属经济区应是沿海国的国家管辖区域的观点。中国代表指出："只有把专属经济区作为在其专属管辖下的、享有充分的对自然资源的主权和区域的管辖权的国家管辖区域，沿海国才有可能维护其合法的权利，保证其安全，免受超级大国的掠夺和威胁"。[2] 发展中国家要求由沿海国对专属经济区行使管辖权的主张，得到了一些发达国家的支持。加拿大代表在海洋法会议上指出："专属经济区不只是一个资源问题……还含有沿海国的海洋环境及其安全应当得到保护的意思。因此，沿海国在经济区内的权利不能只限于对资源的专属权"。[3]

除以上三种主要观点以外，一些内陆国和地理不利国家，还提出了建立 200 海里区域或分区域经济区的建议，主张"区域性主权"，要求由同一区域或分区域内的国家在"平等和无歧视的基础上"参与开发经济区内

---

[1]　Shigeru Oda, International Law of the Resources of the Sea, 1979, p. 37.

[2]　《我国代表团出席联合国有关会议文件集》（1975 年 1 月—6 月），第 58 页。

[3]　Official Records of the Third United Nations Conference on the Law of the Sea, Vol. Ⅱ. p. 225.

的自然资源。①

经过长期协商，第三次联合国海洋法会议就专属经济区的法律地位达成了协商一致的意见，在会议通过的《联合国海洋法公约》中，明确规定专属经济区是不同于领海和公海的、受特定法律制度限制的一个区域。第三次海洋法会议第二委员会主席阿吉拉尔曾对专属经济区的法律性质有一简明扼要的说明，他说："专属经济区既不是公海，也不是领海，它是自成一类的区域"。②

《联合国海洋法公约》在关于领海的第四部分和关于公海的第七部分以外，单独设立第五部分对专属经济区的特定法律制度作了专门规定，指出，专属经济区受《公约》这一部分规定的特定法律制度的限制，从而赋予了专属经济区以与领海和公海不同的法律地位。此《公约》的其他有关规定也把专属经济区同领海和公海作了明显的区别。例如，第55条指出，专属经济区是领海以外并邻接领海的一个区域，清楚表明专属经济区在地理位置上是与领海不同的。第86条规定，此公约关于公海的第七部分规定，"适用于不包括在国家的专属经济区、领海或内水或群岛国的群岛水域内的全部海域"，说明专属经济区是国家的管辖区域，不在适用公海制度的海域之内。

专属经济区作为自成一类的区域，按照《联合国海洋法公约》的规定，具有既不同于领海，又不同于公海的"特定法律制度"，其基本内容可概括如下：在专属经济区内，一方面沿海国享有对于一切自然资源，包括生物资源和非生物资源的主权权利，从事经济性开发和勘探，如利用海水、海流和风力生产能等其他活动的主权权利，以及对于人工岛屿、设施和结构的建造和使用，海洋科学研究和海洋环境的保护等事项的管辖权。沿海国在行使这些权利时，应适当顾及其他国家的权利和义务，并应以符合《联合国海洋法公约》规定的方式行使。另一方面，其他国家享有航行、飞越、铺设海底电缆和管道等自由，以及与这些自由有关的海洋其他

---

①　阿富汗等二十二国提出的《关于内陆国和其他地理条件不利国家参加勘探和开发领海以外区域生物资源和非生物资源的条款草案》（A/CONF. 62/C. 2 /L39）；玻利维亚和巴拉圭《关于区域性经济区的条款草案》（A/CONF. 62/C. 2 /L65）。

②　联合国文件 A/CONF. 62/W. P. 8/Rev. I/Part Ⅱ, p. 5。

国际合法用途。它们在行使这些自由时，应适当顾及沿海国的权利和义务，并应遵守沿海国按照《联合国海洋法公约》的规定所制定的、与《公约》的有关规定不相抵触的法律和规章。

剩余权利问题　所谓剩余权利（residual rights）问题，是在第三次联合国海洋法会议讨论专属经济区的法律地位时，由于存在着不同的主张而产生的一个问题。一些坚持专属经济区应是公海的一部分的国家主张，沿海国在专属经济区内的权利必须严格加以限定，所有其他剩余权利则应当归于国际社会。[①] 这种观点，受到许多发展中沿海国家的反对，这些国家从专属经济区是沿海国国家管辖区域的观点出发，主张把沿海国以外的其他国家在该区域内可以享有的权利——规定清楚，而一切未经特别规定让予这些国家的其他剩余权利均归沿海国所有。肯尼亚代表在会上发言强调："专属经济区应是以经济为目的的国家主权区域，在该经济区内，沿海国不仅对一切资源享有主权，而且对保护这些资源行使专属管辖权。因此，列举沿海国在这个区域内的权利和义务是不恰当的。相反，会议倒是应当把国际社会将在这个区域内享受什么权利和利益列举清楚"。[②] 会议没有采纳这一正确建议，而是像在许多其他问题上一样采取了调和折衷的办法，在《联合国海洋法公约》中用列举的方式分别规定了沿海国和其他国家在专属经济区内的权利和义务，而没有把《公约》明确规定的这些权利以外的剩余权利，归属于沿海国或其他国家的任何一方。为了解决由于没有将剩余权利归属于任何一方而在各国的活动中可能发生的利益冲突，《联合国海洋法公约》第59条提出了解决这种冲突的原则，即"这种冲突应在公平的基础上参照一切有关情况，考虑到所涉利益分别对有关各方和整个国际社会的重要性，加以解决"。

专属经济区与毗连区的关系　在第三次联合国海洋法会议讨论专属经济区问题时，有一些国家曾经建议取消毗连区制度，而把它的职能归并给专属经济区。它们的基本理由是，专属经济区与毗连区并存将会导致法律

---

① 意大利、苏联等国的代表在第三次联合国海洋法会议上的发言，参见 Official Records of the Third United Nations Conference on the Law of the Sea, Vol. Ⅱ. pp. 196 – 237。

② Official Records of the Third United Nations Conference on the Law of the Sea, Vol, Ⅱ. p. 183.

制度的混乱不堪。①

　　这种意见没有能够得到其他国家的支持。许多国家的代表认为，专属经济区概念不能完全代替毗连区概念，因为后者"包含有沿海国对于海关、财政和警察管制，以及卫生和移民管理的其他权力"，② 沿海国不应在专属经济区内行使征收关税之类的权力，而这类权力在一国的毗连区内是可以行使的。经过讨论，会议采纳了第二种意见，在《联合国海洋法公约》中保留了毗连区制度，规定沿海国可在毗连其领海的海域设立毗连区，对海关、财政、移民和卫生等事项行使必要的管制，其宽度从测算领海宽度的基线量起不得超过 24 海里。

　　从公约关于毗连区宽度的规定来看，毗连区将完全处于专属经济区的范围之内，即与专属经济区发生重叠；然而，不能由此认为，毗连区是专属经济区的一部分，因为，它们是在法律制度上不相同的两种区域。

　　在 1958 年《领海与毗连区公约》中，曾把毗连区规定为"沿海国在毗连其领海的公海区域内"设立的一个区域。1982 年《联合国海洋法公约》基本上沿用了这一规定，但删去了其中的"公海区域内"几个字，原因在于，随着专属经济区制度的确立，在沿海国既设立毗连区又设立专属经济区的情况下，毗连区所在的海域将是属于国家管辖范围的专属经济区，而不是公海。新海洋法公约的这一修改，从一个方面表明专属经济区不是公海的一部分。

（原载《国际海洋法》，1986 年）

---

　　① 肯尼亚、萨尔瓦多、秘鲁、阿尔及利亚等国代表在第三次联合国海洋法会议上的发言，参见 Official Records of the Third United Nations Conference on the Law of the Sea, Vol. Ⅱ. pp. 121 - 123。

　　② 印度尼西亚代表在第三次联合国海洋法会议上的发言，参见 Official Records of the Third United Nations Conference on the Law of the Sea, Vol. I. p. 121。

大陆架的法律概念

一　概述

大陆架（continental shelf），是第二次世界大战以后逐渐形成的国际海洋法律制度。这项制度，由于关系到包括沿海国和非沿海国在内的世界所有国家的利益，因此，战后几十年来，一直受到各国政府的密切注意，也是许多国际法学者认真研究的对象。

大陆架，原是地质地理学上的概念，通常是指从大陆海岸向外自然延伸，直至大陆坡的坡度平缓的海底区域。大陆架的上覆水域的深度，一般在 100 𬤇[1]或 200 米左右。世界各地大陆架的宽度参差不齐，差别很大。在南美西海岸、菲律宾群岛南海岸等处，陆架的宽度不到 1 英里，[2] 而西伯利亚海岸的大陆架宽度达 800 海里。大陆架的平均宽度约为四十海里。全世界大陆架的总面积为 27000000 平方公里，占海洋总面积的 7.6%。亚洲东海岸的大陆架十分辽阔，面积达 9300038 平方公里。

大陆架上蕴藏有极其丰富的自然资源，其中尤以石油和天然气引人注目。据估计，全世界的海底石油储量共达 1350 亿吨，发现的海洋油气田已有 1600 多个。我国大陆架的自然资源也十分丰富，目前已发现大型含油气盆地 7 个，总面积超过 1000000 平方公里。[3] 很早以前，人类就有了利用沿海海底资源的活动，但是，大规模地勘探和开发大陆架却是在第二次世界大战以后才开始的。因为，只有在科学技术发展到一定程度的情况

---

① 1 𬤇等于 1.825 米。

② 1 英里等于 1.609 公里。

③ 《人民日报》1984 年 1 月 22 日。

下，人们才有实际开发大陆架的可能性。为了保证开发大陆架的活动顺利进行，也是为了控制和保护本国的大陆架及其资源，从 1945 年开始，有一系列国家发表声明，或者制定国内立法和签订国际协定，宣布其对于大陆架的权利主张。这样，就产生和逐渐形成了法律上的大陆架概念。著名的美国海洋法学者奈特（Gary Knight）指出，大陆架作为地质学上的概念，在开发海洋的最古老的时候就已经有了，但是，作为一种法律概念，只是在科学技术的发展，使得从领海以外的陆架上可以开采碳氢化合物和其他矿物资源以后才产生的[1]。

据历史资料记载，早在公元前 6 世纪，人们就开始了开采海底资源的活动，并对海底提出过某种主张。[2] 1569 年，英国的托马斯·迪格斯（Thomas Digges）写道，王国政府对环绕英伦列岛的“大盐河”及其海岸和海底享有利益和所有权。[3] 1811 年，英国颁布《殖民法》，把外国渔民排斥在锡兰（今斯里兰卡）领水外的珍珠场之外。1858 年，英国又颁布《康沃尔海底矿山法》，宣称邻接康沃尔的公海海底的一切矿坑和矿物均属英国女王所有。进入 20 世纪以后，对领海以外海底及其资源提出权利主张的现象日益增多。1910 年，葡萄牙根据大陆架是大陆的自然延伸的理由，对远至 100 唛等深线以内的捕鱼活动提出了管辖权主张。1916 年，后来曾担任西班牙渔业部长的奥东·德布恩·伊德尔·科斯主张，有必要把一国领海扩大到包括整个大陆架，因为大陆架是沿海国领土的继续，它受毗邻大陆的影响要比受海洋的影响更大。1923 年，哥伦比亚为了开发碳氢化合物和渔业，颁布法律将其领海管辖权从 3 海里扩展到 12 海里。1931 年和 1935 年，巴拿马和委内瑞拉分别颁布法律，对领海以外的珍珠场提出了管辖权主张。1941 年和 1944 年，委内瑞拉和阿根廷对大陆架和陆缘海的渔业资源和矿物资源制定了法律。除这些单方面的立法行动外，1942 年，英国和委内瑞拉还签订了《关于帕里亚湾海底区域的条约》，在委内瑞拉和英国殖民地特立尼达之间划分了海湾的海底和底土。这是第一个关

---

[1]　Gary Knight, The Law of the Sea; Cases, Documents, and Readings, 1980, pp. 9 – 16.

[2]　普雷斯科特：《海洋政治地理》，商务印书馆 1978 年版，第 120 页；希金斯、哥伦伯斯：《海上国际法》，法律出版社 1957 年版，第 116 页。

[3]　杰拉尔德·曼贡：《美国海洋政策》，海洋出版社 1982 年版，第 245 页。

于大陆架的国际条约。根据这一条约，英国发布枢密院令，宣布把划归特立尼达一方的海湾海底和底土部分并入英国领土。

上述事实说明，很早以来就有一些国家对领海以外的海底部分提出过权利主张。虽然如此，一般认为，大陆架的法律概念最初是由美国总统杜鲁门的《大陆架公告》提出来的。[①] 1945 年 9 月 28 日，杜鲁门发布的《关于大陆架的底土和海床的自然资源的政策的第 2667 号总统公告》宣布，"处于公海下但毗连美国海岸的大陆架的底土和海床的自然资源属于美国，受美国的管辖和控制"，"大陆架上的水域作为公海的性质以及公海自由和无碍航行的权利不受任何影响"。[②]《公告》没有包含大陆架的定义。但是，在与《公告》同一天发布的白宫新闻稿中，大陆架被确定为毗连大陆，其上覆水深不超过 100 㖊或 600 英尺的海底土地。[③] 美国总统的上述《大陆架公告》，措词审慎，只是对大陆架的自然资源主张"管辖和控制"，而没有对大陆架本身及其上覆水域提出要求。这是因为，美国是一个海洋国家，又是一个妄图称霸世界的超级大国，无论从政治、军事或经济方面考虑，都希望保持本国的船队和军舰能够在世界各个海域不受限制地航行的自由。因此，美国政府历来主张和强调海洋自由，反对其他国家扩大海域管辖范围的任何企图，它当然更不愿意看到，由于自己的行动而开创其他国家可以援引的扩大海域管辖范围的先例。

美国的这一大陆架主张，在客观上符合许多国家、特别是中小国家保护和控制本国沿海自然资源的要求，因此，不仅没有遭到任何其他国家的公开反对，而且成了许多国家效法的榜样。《公告》序言部分，在论证美国有权对大陆架的自然资源实行"管辖和控制"时阐述的理由之一：大陆架"是沿海国家的陆地的延伸，因而自然地属于它"，也被认为是在国际法上提出了一项新的关于占有领土的原则，即各国可以以大陆架是其陆地领土的自然延伸为由，而对其提出权利主张。许多国家正是根据这项原则提出了自己的大陆架要求。

---

①　王铁崖主编：《国际法》，法律出版社 1981 年版，第 194 页；Shigeru Oda, International Law of the Resources of the Sea, 1979, p. 79.

②　《海洋法资料汇编》，人民出版社 1974 年版，第 387 页。

③　Gary Knight, The Law of the Sea; Cases, Documents and Readings, 1980, pp. 9–16.

《公告》发表后不久，与美国邻近的一些拉丁美洲国家，如墨西哥、阿根廷、智利等国相继发表了关于大陆架的声明和法令。随后，北欧的冰岛、中东波斯湾地区的阿拉伯联合酋长国、沙特阿拉伯，亚洲的伊朗、菲律宾、巴基斯坦也纷纷对大陆架提出了权利主张。据统计，截至1958年第一次联合国海洋法会议召开时，约有35个国家宣布了自己的大陆架，而到1973年第三次联合国海洋法会议开幕时，公布有关大陆架的法律文件的国家已达80多个。

对于早期的这类法律文件的分析表明，各国有关大陆架的主张，在谋求对于沿海海底资源的专属管辖权方面是一致的。然而，在它们所主张的大陆架权利的内容和性质上却有很大不同，例如，美国满足于对于大陆架的自然资源的"管辖和控制"，而许多其他国家则远远超出了这种要求。沙特阿拉伯不仅对大陆架的自然资源，而且对大陆架本身提出了管辖权要求。阿根廷、智利、伊朗等国则主张对大陆架行使主权，甚至明文规定，把大陆架列为国家领土的一部分。此外，各国所主张的大陆架范围也是很不一样的。相当一部分国家没有对它们所主张的大陆架范围划定界限；而在对大陆架范围作出规定的国家中，它们提出的据以划定大陆架范围的标准也不尽相同。例如，美国、墨西哥、巴基斯坦等国主张以100吗或200米水深为标准。以色列主张可开发性标准，即以上覆水深容许开发为标准划定大陆架外部界限。委内瑞拉则提出了一种把200米水深和可开发性结合在一起的双重标准。此外，有的国家，如智利、秘鲁等，还提出了200海里的距离标准。由于这些标准的不同，各国为自己划定的大陆架范围就有很大不同。

在大陆架制度形成的初期，出现不同的主张和实践是很自然的现象。但是，这种不同不可避免地会给国际关系带来不良影响，为了防止和减少国家之间的冲突，非常有必要通过国家之间的讨论来统一管理大陆架的开发和利用的法律规则。

二　国际法委员会和第一次海洋法
会议对大陆架定义的讨论

国际上对于大陆架的法律调整问题的讨论，最初是在联合国国际法委员会中进行的。从 1950 年开始，该委员会即着手进行制定管理大陆架的勘探和开发活动的一般原则的工作。经过第二届（1950 年）、第三届（1951 年）、第五届（1953 年）和第八届（1956 年）会议的反复讨论，在其拟订的海洋法条款草案中对大陆架的法律制度作出了一些规定。这些规定为 1958 年第一次联合国海洋法会议关于大陆架问题的讨论提供了基础，并导致了 1958 年《大陆架公约》的产生。

在国际法委员会的讨论中，首先要解决的是如何确定大陆架的范围，亦即大陆架的定义问题。事实证明，这是一个十分困难的任务。从讨论一开始，在国际法委员会中就出现了严重的意见分歧。委员会成员布赖尔利（J. L. Brierly）建议，大陆架的法律特征不应当考虑大陆架在地质学上的含义，而应当考虑到开发海底区域的可能性。他认为，从法律上说，是否存在地质学上的大陆架是无关紧要的。例如，智利没有大陆架，然而，如果这个国家希望勘探或开发海底底土，而且它又有能力这样去做，那么，从法律观点上看，是没有什么东西反对它这样做的。[①] 另一位成员赫德森（Manly O. Hudson）也表示了同样的意见，认为沿海国可以把它对于大陆架的控制和管辖扩及到它能够对其自然资源进行勘探和开发的地方。[②] 但是，有一些委员会成员反对这种以勘探和开发的技术上的可行性作为基础决定大陆架范围的建议。斯皮罗保洛斯（Jean Spiropaulous）认为，上述建议是危险的，它将使一个国家可以把它的权利伸展到海洋中心。[③] 尽管有以上分歧，包括布赖尔利在内的委员会的多数成员，都认为有必要对沿海国的大陆架的权利范围作一定限制。在这种情况下，委员会报告人弗朗

---

① P. Sreenivasa Rao, The Public Order of Ocean Resources, 1975, pp. 50, 226.

② Ibid. , p. 50.

③ Ibid.

索瓦（J. P. A. Fransois）向 1951 年第三届国际法委员会，提出了一项以 200 米等深线为大陆架外部界限的建议，他在解释该建议时指出："……专家们坚持认为，在 200 米以上的深处开采海洋资源是不可能的……至于开采海底资源……这 200 米界限不是最后的，但它同目前的技术极限是一致的"。① 弗朗索瓦的这一建议，当时得到了委员会的赞同。但是，在后来的讨论过程中，委员会的一些成员又对 200 米深度界限提出了强烈的反对意见，认为这个界限是对没有地质意义上的陆架的国家的歧视，而且忽视了将来对大陆架进行开发的可能性。为了研究这些反对意见，委员会专门指定了一个小组委员会并且接受了该小组委员会关于在大陆架定义中用"容许开发其自然资源的海床和底土"来代替"不超过 200 米"的建议，把它写进了关于公海制度的条款草案。条款草案规定，大陆架是指"邻接海岸，但在领水范围以外其上覆水域的深度容许开发其自然资源的海底区域的海床和底土"。

在国际法委员会依照惯例把上述条款草案送交各国政府征求意见时，以可开发性标准为特征的大陆架定义遭到了许多国家的反对。在对条款草案送来意见的 18 个国家中，有 12 个国家对大陆架定义明确表示了态度，其中除智利和叙利亚以外，所有其他国家都宁愿有一个能够确切表明大陆架界限的大陆架定义，而不要国际法委员会建议的、被认为概念模糊不清的可开发性标准。鉴于各国的这种反应，国际法委员会 1953 年第五届会议再次讨论了大陆架问题，并以 7 票对 4 票通过了以 200 米水深为大陆架外部界限的大陆架定义。

1956 年 3 月 15—18 日，12 个美洲国家在多米尼加共和国首都特鲁希略举行泛美保全自然资源专门会议。这次会议通过了一个"关于大陆架和海洋水域的决议"，要求"在领海区域以外，邻接沿海国家并深达 200 米或超过该界限，而上覆水域的深度容许开发海床和底土自然资源的大陆架、大陆和岛屿阶地，或其他海底区域的海床和底土，专属于该国并受该

① Y. B. I. L. C.（1951）Vol. I, Summary Records of the Third Session, May16 – July27 1951, 113th, meeting, P. 270；英国学者哥伦伯斯认为，以 200 米等深线为大陆架的外部界限有其优越性，因为"地质学上的大陆架通常正是在这个深度结束的，并由此开始向深海底急剧倾斜"。见 Д. Коломбос, Международное Морское Право, Москва, 1975, СТР. 70。

国的管辖和控制"，① 从而提出了以 200 米等深线和可开发性这双重标准确定大陆架外部界限的主张。这一决议对于国际法委员会的讨论产生了很大影响。在 1956 年第八届国际法委员会会议上，会议主席加西亚—阿玛多尔（F. V. Garcia-Amador）提出了修改第五届会议所通过的大陆架定义的建议，要求在该定义中加进特鲁希略决议所提到的可开发性标准。加西亚—阿玛多尔及其支持者同意保留 200 米界限作为符合当前需要的大陆架的正常界限，但同时表示希望承认沿海国在技术上可以对超出 200 米界限的海床和底土进行开发的情况下，超出 200 米界限的权利。在一番争论之后，这一修改建议以 7 票对 5 票、3 票弃权获得了通过。国际法委员会在其通过的海洋法条款草案第 67 条中对大陆架的定义作了如下表述："为了本条款的目的，'大陆架'一词是指邻接海岸但在领海范围以外、深度达 200 米（约 100 㖊），或超过此界限而上覆水域的深度容许开发其自然资源的海底区域的海床和底土"。②

1958 年在日内瓦召开的第一次联合国海洋法会议，以国际法委员会拟订的海洋法条款草案为基础，全面地审议海洋法问题，会议最后通过了《大陆架公约》等四个海洋法公约。

会议关于大陆架问题的讨论表明，大多数与会国都同意承认沿海国对其大陆架的权利，只有联邦德国和日本反对大陆架概念。它们主张所有国家都有开发大陆架资源的自由，而反对给予沿海国以这方面的任何特权。联邦德国在其向会议提出的一份备忘录中声称，"按照现有的国际法，沿海国对其领水外部界限以外的大陆架没有任何权利"。其代表在会上发言解释说，领水界限以外的大陆架应当仍然是一切民族都同样可以得到的共有物（res communis）。③ 然而，这一论点并没有得到其他国家的支持。

第一次海洋法会议关于大陆架问题的讨论，主要集中在大陆架的定义上。会上基本上有四种不同的观点。第一种观点认为，大陆架是一种地质地理现象，因此，大陆架的外部界限应当在考虑到这一因素的情况下予以

---

① 《海洋法资料汇编》，人民出版社 1974 年版，第 146 页。

② Gary Knight, The Law of the Sea; Cases, Documents and Readings, 1980, pp. 9 – 41.

③ Gary Knight, The Law of the Sea; Cases, Documents and Readings, 1980, pp. 9 – 33, 9 – 34;
В. М. Корецкий, Г. И. Тункин, Очерки Международного Морского права, Москва, 1962, стр. 275.

确定。持这种观点的国家有法国、阿根廷等，这些国家反对国际法委员会提出的可开发性标准，而建议仅仅使用 200 米深度标准来划定大陆架外部界限。^① 第二种观点主张，任何法律意义上的大陆架定义，从原则上说都应当对开发海底区域的可能性作出反映，与此同时，也表示准备接受一个确切的大陆架外部界限。印度代表在发言支持可开发性标准时，建议以 1000 米（后改为 550 米）等深线为大陆架的外部界限。这一建议得到了英国和荷兰的支持。^② 第三种观点完全赞同国际法委员会提出的海洋法条款草案第 67 条规定的大陆架定义，反对对这一定义作任何修改，持这种观点的有哥伦比亚。^③ 第四种观点认为，第 67 条的规定不明确，应予修改。至于如何修改，以什么方法明确规定大陆架的外部界限，则有不同意见。南斯拉夫主张以 200 米水深和一定距离相结合的方法来限制大陆架的范围。在大陆架广阔的地方，可以有宽度最多不超过 100 海里的大陆架，在大陆架狭窄的地方，其宽度不得超过 50 海里。^④ 加拿大提出把大陆架的地质形状和水深两个标准结合起来的方法，建议在陆架的外缘明显可辨的情况下，法律上的大陆架以地质学上的陆架的外缘为外缘，在不可辨认的情况下，以最多不超过 550 米的等深线为法律上的大陆架的外部界限。^⑤

上述种种单纯以水深或距离的数量标准划定大陆架外部界限的建议，都没有得到足够的支持。会议以多数票通过了国际法委员会提出的海洋法条款草案第 67 条关于大陆架定义的规定，同时采纳了菲律宾代表对该条提出的、把有关大陆架的一切规定推广适用于岛屿海岸周围的类似海底区域的修正案。

1958 年《大陆架公约》第 1 条规定："为了本公约各条款的目的，'大陆架'一词是用以指：1. 邻接海岸但在领海范围以外、深度达 200 米

<hr />

① Summary Records of Meetings and Annexes of the Fourth Committee（Continental Shelf）of the United Nations Conference on the Law of the Sea（Geneva, February 24 – April 27, 1958）, Vol, 6, pp. 2, 43, 127, 128.

② Ibid. , pp. 12, 42, 46.

③ Ibid. , p. 41.

④ Ibid. , p. 129.

⑤ Ibid. , p. 135.

或超过此限度，而上覆水域的深度容许开发其自然资源的海底区域的海床和底土；2. 邻近岛屿海岸的类似的海底区域的海床和底土"。① 从这条规定中可以看出，《大陆架公约》的大陆架定义包含有两项标准：200 米水深标准和可开发性标准。在一些国际法著作中，可开发性标准也被称为技术上可行标准。因此，按照 1958 年《大陆架公约》的规定，凡上覆水深不超过 200 米，或者虽然超过 200 米，但在技术上可以对其资源进行开发的海底区域的海床和底土，都被认为是法律意义上的大陆架。

三　第三次海洋法会议关于大陆架定义的讨论

在第三次联合国海洋法会议审议大陆架问题的初期，曾经提出一个问题：在 200 海里经济区制度即将确立的情况下，是否还有必要继续保留大陆架概念？对此，一些没有地质地理学上的大陆架，或者只有狭窄的大陆架的内陆国和地理不利国持否定的立场。奥地利代表在会上的发言具有代表性，他说："如果会议将就经济区的建立达成协议，那么就没有必要再保留大陆架概念。因为，'大陆架'这一术语的法律内容将由新的'经济区'法律概念所吸收"。② 但是，这种取消主义的主张遇到了坚决的反对。许多国家认为，即使在建立经济区的情况下，保留大陆架概念仍是必要的。这些国家的代表从各个方面论证了保留大陆架概念的必要性，它们的主要理由是：大陆架是沿海国陆地领土的自然延伸，沿海国对大陆架及其资源享有主权或主权权利，这种权利应得到尊重；沿海国对大陆架的权利是行使已久的既得权利，已为《大陆架公约》和习惯国际法所承认，并载入了许多国家的宪法和法令，而且许多国家早已对沿海大陆架行使其权利，进行了大量的勘探和开发活动。在一些海岸相向或相邻国家之间也已签订了许多有关大陆架的双边或多边协定；一些国家的大陆架伸展到 200 海里经济区以外，如果取消大陆架概念，就等于把沿海国对其 200 海里以

---

① 《海洋法资料汇编》，人民出版社 1974 年版，第 387 页。

② Official Records of the Third United Nations Conference on the Law of the Sea, Vol. Ⅱ, p. 143.

外的大陆架的固有权利从其手中夺走，而这是不公平的，等等。① 第三次联合国海洋法会议肯定了大陆架作为一个独立的法律概念的存在，在其通过的《联合国海洋法公约》的第六部分，对大陆架的法律制度作了详细规定。

第三次海洋法会议对大陆架的定义问题进行了热烈的讨论。1958年《大陆架公约》通过以后，其中规定的大陆架定义，尤其是可开发性标准，受到了广泛的批评。曾作为英国代表参加第一次海洋法会议的卡特里奇写道，这一定义"势必产生不确定的后果，而且在同一大陆架邻接相向或相邻国家的情况下，可能引起国家之间的争端"。② 另一位英国作者、著名的海洋法教授哥伦伯斯也批评这个定义，认为根据这一定义，大陆架的范围仍是"模糊不清和不确定的"。③ 国际法院法官、海洋法专家小田滋指出，根据可开发性标准，世界上所有的海底区域从理论上说都已在沿海国之间瓜分完毕了。他要求国际社会及早采取行动把大陆架同深海区域划分开来。④ 特别是一些发展中国家，对可开发性标准进行了猛烈的批判。它们认为，这个标准，显然只对技术先进的海洋大国有利，而不利于发展中国家。⑤ 另一方面，在一些国际法著作中也可以看到为可开发性标准辩护的观点。例如，苏联拉扎列夫教授主编的《现代国际海洋法》，在承认可开发性标准对于大陆架的外部界限缺乏法律上的确定性的同时，断言那种认为根据可开发性标准，世界大洋的全部海底都能在沿海国之间瓜分的观点，"从《大陆架公约》的规定来看没有任何根据"。⑥ 印度外交部条法司副司长斯林尼瓦萨·拉奥（P. Sreenivasa Rao）也认为，如果强调大陆架定义中"邻接"这个词，那么，沿海国就不能将其对于海底区域的专属权扩

---

① Official Records of the Third United Nations Conference on the Law of the Sea, Vol. Ⅱ, pp. 147, 153.

② 卡特里奇：《1958年日内瓦大陆架公约》，载《英国国际法年鉴》（1959），第110页。

③ Д. Коломбос, международное Морское Право, Москва, 1975, стр. 70.

④ 转引自 P. Sreenivasa Rao, The Public Order of Ocean Resources, 1975, pp. 57 – 58.

⑤ 见中国代表1973年8月29日在联合国海底委员会上的发言，载《海洋法资料汇编》，人民出版社1974年版，第61页。

⑥ 拉扎列夫主编：《现代国际海洋法》，天津人民出版社1981年版，第286页。

展到不是邻接其海岸的那些区域。① 但是，无论如何，在第三次海洋法会议上已经很少有人提起可开发性标准了。会上，各国代表提出的关于大陆架定义的主张和建议基本上可分为两类：第一类是宽大陆架国家，如拉丁美洲东岸的委内瑞拉、阿根廷，亚洲的印度、缅甸、巴基斯坦，非洲的塞内加尔、毛里求斯，以及美国、加拿大、澳大利亚、挪威等国提出的，它们主张按照大陆架是沿海国陆地领土的自然延伸的原则，确定大陆架的范围，规定大陆架可以一直伸展到大陆边的外缘，包括地质地理学上的陆架、陆坡和陆基。其中有的国家，如阿根廷，为了照顾窄大陆架国家的要求，提出了在大陆边的外缘距离领海基线不到 200 海里的地方，大陆架可以延伸到距离领海基线 200 海里的建议。② 另一类主张是肯尼亚、新加坡、奥地利等国家提出来的，它们要求以距离标准确定大陆架的宽度，主张在 200 海里经济区概念已被普遍承认的情况下，以经济区的 200 海里界限作为大陆架的外部界限。日本持类似的观点，主张沿海国可在不超过 200 海里的范围内自由地选择大陆架的宽度。③ 苏联建议，主张用水深和距离的双重标准确定大陆架的外部界限，即以 500 米等深线作为大陆架的外部界限，在 500 米等深线距离领海基线不到 100 海里的地方，沿海国可在距离领海基线 100 海里处划定一条线作为大陆架的外部界限。④ 后来，鉴于 200 海里经济区制度的确立已是大势所趋，苏联遂将 100 海里的距离修改为 200 海里。

经过反复磋商，会议通过了确认大陆架是陆地领土的全部自然延伸的大陆架定义。《联合国海洋法公约》第 76 条规定："沿海国的大陆架包括其领海以外依其陆地领土的全部自然延伸，扩展到大陆边外缘的海底区域的海床和底土"，"大陆边包括沿海国陆块没入水中的延伸部分，由陆架、陆坡和陆基的海床和底土构成"。同时，该条还规定："如果从测算领海宽度的基线量起到大陆边的外缘的距离不到 200 海里，则扩展到 200 海里的距离"。因此，按照《联合国海洋法公约》的规定，法律意义上的大陆

---

① P., Sreenivasa Rao, The Public Order of Ocean Resources, 1975, p. 47.

② Official Records of Third United Nations Conference on the Law of the Sea, Vol. Ⅱ, p. 150.

③ Ibid., p. 147.

④ 联合国文件 A/AC. 138/SC，Ⅱ/L. 26。

架，是指领海以外，依陆地领土的自然延伸直至大陆边外缘，包括陆架、陆坡和陆基在内的全部海底区域的海床和底土。在大陆边的外缘距离领海基线不到 200 海里的地方，大陆架是指从领海基线算起距离 200 海里的海底区域的海床和底土。

由此可见，《联合国海洋法公约》也为大陆架规定了两项标准，即自然延伸原则和 200 海里距离标准。但是，应当强调指出，《联合国海洋法公约》规定的这两项标准之间的关系，与 1958 年《大陆架公约》规定的200 米水深标准和可开发性标准之间的关系是不相同的，在《大陆架公约》中，200 米水深标准与可开发性标准之间以"或"字相连接，这是两个独立的、平行的标准，沿海国可根据情况选择其中之一，来确定本国的大陆架管辖范围。而在《联合国海洋法公约》中则不同，自然延伸原则被确认为有关大陆架的根本原则，沿海国正是根据这一原则，确定其大陆架的管辖范围和行使其对一直伸展到大陆边外缘的大陆架的主权权利。200海里距离标准应被视为仅仅是对自然延伸原则的补充，只是在沿海国按照自然延伸原则确定的大陆架的外部界限，从测算其领海宽度的基线量起距离不到 200 海里的情况下才予适用。因此，自然延伸原则和 200 海里距离标准之间不是互相独立的、平行不悖的关系，而有主次之分。毫无疑问，在解决大陆架的范围问题时，对于自然延伸原则的考虑应优先于对于 200海里距离标准的考虑。

中国是一个大陆国家，也是一个海洋国家，拥有广阔的大陆架。我国一贯坚持大陆架是沿海国陆地领土的自然延伸的观点，坚决主张按照自然延伸原则确定各国的大陆架范围。在第三次海洋法会议上，中国代表团不止一次地表示了这一立场。鉴于 200 海里专属经济区制度即将确立，同时为了照顾窄大陆架国家的利益，维护和加强第三世界国家的团结，中国代表团也表示不反对在大陆架宽度不到 200 海里的地方，可以将大陆架扩展到 200 海里。但是，后一规则的确立和实施，不应当妨害自然延伸原则的实施。[①] 中国的这一正确立场，同《联合国海洋法公约》第 76 条关于大陆架定义的规定的精神是完全一致的。

---

① 《中国代表团出席联合国有关会议文件集》（1980 年 7—12 月），第 279 页。

　　《联合国海洋法公约》规定的大陆架定义，肯定了自然延伸原则，把大陆架的法律概念建立在科学的地理和地质概念的基础之上，从而一方面为沿海国对于大陆架的权利提供了坚实的根据，另一方面也从原则上更加明确地确定了大陆架的范围，基本上避免了1958年公约中大陆架定义的不确定性。无疑，这是一个很大的进步，必将有利于建立更加稳固的国际海洋法律秩序，也是符合广大第三世界国家的利益的。然而，这个定义并不是完美无缺的。中国出席第三次海洋法会议最后一次会议的代表团团长，在宣布中国政府决定正式签署《联合国海洋法公约》时曾郑重指出，该公约有关大陆架的定义"是有缺陷的"。[①] 这是因为，世界各地的大陆边的地理地质构造不尽相同，有的地方，大陆边比较完整，包括了陆架、陆坡和陆基各个部分，而有的地方，并不是都有陆架、陆坡和陆基的。因此，《联合国海洋法公约》关于"大陆边包括沿海国陆块没入水中的延伸部分，由陆架、陆坡和陆基的海床和底土构成"的规定，不完全符合世界所有地方的大陆边的构成情况。在第三次海洋法会议讨论大陆架定义的过程中，中国代表曾经指出这种不一致性，并且具体建议把大陆边包括陆架、陆坡和陆基的提法改为"大陆边一般地包括陆架、陆坡、陆基"，以便大陆架的定义保持适当的灵活性。[②]

（原载《国际海洋法》，1986年）

---

① 《人民日报》1982年12月11日。

② 沈韦良、许兴建：《第三次联合国海洋会议和海洋法公约》，载《中国国际法年刊》（1983），第417页。

我国的海洋开发与海洋立法

海洋是生命的摇篮，资源的宝库，交通的要道，它的存在和利用与人类的生存与发展息息相关。在古代，海洋就以其"渔盐之利，舟楫之便"服务于人类。随着社会历史的前进，海洋越来越显示出它的重要。海洋不仅为日益发展的物质生产提供不可缺少的资源，在很大程度上决定着全球的气候环境，而且对人们的政治、经济、军事生活发挥出越来越大的影响。新大陆的发现，资本主义生产关系的兴起，炮舰外交敲开古老中国的大门等等，这些人类历史上的重要事件，无一不表现了海洋在社会发展中的作用。近50年来，世界经济的发展和人口的急剧膨胀暴露了陆地资源的不足，促使人们把寻找资源的努力从陆地转向了海洋；而科学技术的进步又为人们更大规模地开发利用海洋开拓了现实可能性。60年代初，人类借助现代的科学技术装备探测了海洋的最深处，预示着海洋开发已经进入一个新的阶段。

国际海洋法的新发展，为各国开发利用海洋提供了机会，也向它们提出了挑战。大陆架、专属经济区、群岛水域等新的海洋法律制度的确立，使得占世界海域总面积百分之三十六的大约一亿零五百万平方海里的海域成了国家管辖海域，极大地扩大了沿海国可以利用的海域面积。国际海底区域及其资源被确认为人类共同继承财产，则使所有国家都取得了参与国家管辖范围之外的海床洋底的勘探开发活动的权利。

21世纪是海洋世纪，是海洋开发的年代，中国必须不失时机地制定海洋开发战略，充分利用时代进步所提供的机遇，迅速提高海洋开发水平，让海洋在我国的现代化建设事业中发挥应有的作用。

一

中国是一个大陆国家，也是一个海洋国家，面临渤海、黄海、东海和南海广阔海域，大陆海岸线长达一万八千余公里。在周围的海域中，我国还有面积在 500 平方米以上的六千多个岛屿，岛屿岸线总长一万四千余公里。按照《联合国海洋法公约》的规定，我国在大陆和岛屿沿海可划定宽度为 12 海里的领海，并享有对于专属经济区和大陆架的管辖权。据推算，我国有权主张的管辖海域总面积达三百万平方公里，将近我国陆地面积的三分之一。这是一笔极其宝贵的资源，也是我国海洋开发的主要对象。充分利用这一资源，精心开发，将为我国的经济腾飞，实现本世纪末达到小康水平，下一世纪中建成中等发达国家的伟大目标作出巨大贡献。

世界历史向我们提供了许多以海兴国的事例。英伦三岛成为雄极一时的"日不落国"，得益于航海贸易和强大的海军，沙皇俄国为争夺出海口进行了长年不断的战争，日本依靠海洋经济成为今天的经济强国，美国在两次世界大战中免遭蹂躏并成为综合国力世界第一的超级大国，也是同它三面临海的地理优势分不开的。

我国具有利用海洋的悠久历史，远古的祖先就曾十分重视海洋的开发利用。战国时期的韩非说过："历心于山海而国家富"。古籍中也有许多我国劳动人民利用海洋，兴渔盐之利，行舟楫之便，富国强民的记载。在 9 至 15 世纪，我国利用海洋的水平达到了很高的程度，曾经是举世无双的海洋大国，三保太监郑和率领的船舰航行于太平洋和印度洋之间直至非洲西海岸，到达过三十多个国家。海上航行的开通，使许多沿海城镇成为商贾云集、繁华富庶的海港城市，促进了整个国家的经济繁荣。

新中国成立以后，尤其是 1979 年以来，我国的海洋事业以前所未有的速度和规模向前发展，呈现出一派兴旺发达的景象。海洋运输、水产、制盐、油气开发、滨海旅游，以及海洋科研，环境保护都有了引人注目的进展，取得了良好的社会经济效益。1979 年我国的海洋总产值为 64 亿元，至 1989 年上升至 245 亿元，十年间增长近 4 倍，在国民生产总值中的比重由 0.7% 上升为 1.7%，提高了一个百分点。这一成就是在我国海洋开发起点很低的情况下取得的，我们不能陶醉于这一成就。我国海洋开发的速度和规模仍远远低于世界发达国家的水平。统计资料表明，1969 年的世界海洋经济总产值为 130 亿美元，1989 年上升为 2500 亿美元，20 年间增长了 20 倍。据预测，至 2000 年，世界海洋经济总产值将达到 3 万亿美元，在世界经济总产值中的比重将由目前的 5% 上升至 l6% 左右。巨大的差距说明，我国在利用海洋方面还有很大的机会和潜力。海洋事业是我国整个社会主义建设事业不可缺少的重要组成部分。大力开发海洋将对我国的社会和经济发展起到重大作用。目前，世界上许多国家都制定有海洋发展战略，联合国大会也通过了决议，要求世界各国把海洋开发列入国家的经济发展的战略之中。无论从国际上的趋势还是从国内的需要来说，我国都有必要把海洋开发提到战略的高度加以考虑，不失时机地制定长期海洋发展规划，动员必要的人力、物力和财力，有步骤地予以实施。我国有优越的社会主义制度，十三亿勤劳、勇敢、智慧的人民，又有建国 40 年来创造的雄厚的物质和技术基础，海洋开发一定能如日中天，蒸蒸日上，为国家的四化建设插上腾飞的翅膀。

二

海洋开发，是一个内涵丰富，范围十分广泛的概念。从开发的对象看，包括海洋的水面、水体和海床洋底，以及邻接海洋的一带陆地和海中的岛礁滩沙。从开发的海域看，包括沿海、近海和远洋，其中既有处于本国管辖之下的海域，也有公海、国际海底区域以及处于其他国家管辖之下的海域。公海是指各个国家管辖海域以外的全部海域，所有国家都有利用的自由。国际海底区域及其资源是人类共同继承财产，所有国家都有权通过国际海底管理局参与对它的勘探开发。对于其他国家管辖之下的海域，我国也有可能通过与有关国家签订协定参与开发。近年来，我国的远洋渔轮已经远航西非、南美和阿拉斯加海域。从开发的产业看，包括传统海洋产业，如海洋捕捞、海水制盐、海洋运输等，以及新兴海洋产业和未来海洋产业。前者是指海洋石油开发、海水养殖、海水淡化等，后者是指海洋化学资源的提取利用、大规模海水淡化、海洋能源发电、深海采矿、极地洋区资源开发等。从开发的内容看，主要包括海洋资源的开发、海洋运输能力的开发、海洋科学技术的开发和海洋生态环境的保护。

（一）海洋资源的开发

1. 海洋生物资源的开发。海洋生物资源主要是包括海洋鱼类、甲壳类、贝类、头足类海洋动物在内的渔业资源，具有再生能力，在维持其再生能力的范围内，人类可以长期持续地进行捕捞。由于长期以来捕捞活动集中在沿岸海域而又不注意渔业资源的养护，所以，这里的渔场已普遍处于过捕状态。因此，目前世界上出现了发展本国海域内海水养殖业和向公海、极区开发新渔场、探寻新捕捞对象的趋势。

2. 海洋矿产资源的开发。海洋矿产资源的种类很多，最主要的有海底石油和天然气以及大洋底的多金属结核。据估计，全世界大陆架海底石油可采储量约有 2500 亿吨，含有多种金属和稀有元素的矿物资源，总储量约 3 万亿吨，是世界各国所瞩目的后备战略资源。1991 年 3 月，我国已经海底筹委会批准成为先驱投资者，取得了勘探开发太平洋底十五万平方公里的多金属结核的权利，今后应积极创造条件，争取早日投入勘探开发活动。

3. 海洋水资源，包括海水淡化和海水化学资源的开发。我国是一个水资源严重缺乏的国家，尤其在人口密集、经济发达的沿海地区，水的供需矛盾突出，已经成为制约国家经济发展的一个因素，抓紧海水淡化技术的研究，发展海水淡化事业，有助于克服缺水的困难。

海水中含有 80 多种化学资源，提取这些资源是海水利用的另一重要方面。我国的海水制盐已有悠久的历史，产量居世界第一。从海水中提取铀、溴、钾、镁等化学资源是一项有无限前途的未来产业。

4. 海洋能源的开发。海洋能源包括潮汐能、温差能、波浪能、海流能和海洋盐差能，所有这些能源均可用于发电。据估计，这五种海洋能技术上允许利用功率为 64 亿千瓦，约相当于目前世界发电总装机容量的一倍多。我国拥有的海洋能资源技术上允许利用功率约为 4 亿—5 亿千瓦。充分利用这一能源，对于我国的经济生活，特别是对缺能无电的偏僻海岛，具有重大意义。

5. 海滨旅游资源的开发。旅游业被称为无烟工业，是近几十年蓬勃发展的新兴产业，受到世界各国的高度重视。在这一产业中，滨海旅游占有十分突出的位置，世界上大多数旅游胜地均位于海滨。我国的滨海旅游资源异常丰富，举世闻名的钱塘江观潮、北戴河避暑等，吸引了千千万万中外游客。开发滨海旅游资源具有投资少、收效大、不需要复杂技术的优点，在我国的条件下，有可能大规模地进行。

（二）海洋运输的开发

海洋是天然的通道，海洋运输历来是世界各国特别重视的一种运输方式，全世界国际货物运输的绝大部分都是通过海路进行的。我国经过海路运送的外贸进出口物资占进出口物资总数的百分之九十以上。我国的海岸线曲折，南粮北运和北煤南运的运输任务繁重，这些因素决定了沿海运输在我国的经济生活中也占有重要位置。

（三）海洋科学技术的开发

现代的海洋开发是一项科学技术密集型的事业，必须以科学技术的进步作为支撑，没有科学技术的巨大进步，就没有现代化的海洋开发。60 年代，美国曾组织近千名海洋学家对海洋资源的蕴藏量和需求状况以及国内外海洋科学技术发展情况，做了认真的调查研究，得出了发展海洋科学技术和开发利用海洋比开发宇宙空间更为重要的认识。日本也对海洋科学技术的发展寄予很大重视，在 1970 年发表的《科学技术白皮书》中把它同原子能和宇宙科学技术并列为当代的三大尖端技术。我国对海洋科学技术的发展也一直比较重视，现在已基本形成学科比较齐全的海洋科学体系，在海洋学的基础理论和应用研究方面都取得了丰硕成果。

（四）海洋环境的保护

海洋开发是对海洋自然环境的利用与改造，这种利用与改造可能对海洋自然环境产生良性影响和作用，促进自然界的发展，改善自然环境，使之有利于人类对它的长期持续的利用；也可能产生恶性的影响和作用，不利于自然界的发展，破坏自然资源，从而使人类开发利用海洋的活动不能长期持续地进行下去。因此，应当把海洋环境的保护看作是海洋开发的一部分，辩证地处理好它们二者之间的关系，在开发海洋的同时，要重视海洋环境的保护；在重视海洋环境保护的同时，要注意海洋开发的需要。坚持海洋开发与海洋环境保护并重，协调发展，互相促进。

三

一个海域往往拥有多种海洋资源，而这些资源又总是交融联结在一起的。在这种情况下，如果由各产业部门按照各自的方案进行开发，不可避免地会造成资源的严重浪费和破坏。为了充分地合理地利用这些资源，有必要对海域及其资源实行综合管理，制定和实施综合开发的方案。综合管理和综合开发的要求，不是为了代替或取消行业管理和产业活动，而是为了从海洋及其资源的综合利用出发，协调各个产业的发展，达到取得最大综合利用效益的目的。

综合管理和综合开发的必要性，还在于需要处理好海洋开发与海洋环境保护之间的关系。如上所述，海洋开发与海洋环境保护是一组矛盾，处理不好，强调了海洋开发就可能造成海洋环境的破坏，强调了海洋环境保护，又可能影响到海洋开发；处理得好，这两方面就可能相互促进。只有采取综合管理和综合开发的办法，才能收到趋利避害的效果。

海洋开发的这一复杂性突出了以法治海的重要性。只有依靠法治，才能保证海洋的综合管理和综合开发的实现。我国的法律集中体现了全国人民的共同意志和国家的最高利益，以法治海，意味着海洋开发将按照全民族的意愿和要求，由代表全民族利益的国家领导机关统一组织，统一领导，既可以满足各个地区、部门、单位和个人的根本要求，有利于调动一切积极因素，推动海洋事业向前发展，又可避免地方和部门的各种狭隘利益考虑的影响，使海洋开发真正做到从全民族利益出发，从全局出发，有组织、有计划、有步骤地进行。我国的法律是由国家最高权力机关制定颁布的，具有普遍的约束力，全国所有地区、部门、单位和个人都必须遵守和执行。以法治海，可以保证全国上下，万众一心，步调一致，协调配合，使我国的海洋开发井然有序地进行。我国的法律又是卓有成效的社会主义建设经验的总结，是亿万劳动者智慧的结晶，也是客观自然规律的条文化和对科学原理的概括。以法治海，可以保证海洋开发具有高度的科学性和合理性，使海洋资源得到最有效的利用。

建国以来，国家制定了许多有关的法律、法规和规章制度，为以法治海做了很好的准备。尤其是近十几年来，相继通过了《海洋环境保护法》《海上交通安全法》《渔业法》《矿产资源法》等重要法律。这些法律、法规和其他规范性文件的颁布实施，为我国的海洋管理和海洋开发提供了法律依据和准绳，产生了良好的影响。例如，《海洋环境保护法》对来自海岸工程等五种污染源的海洋污染损害规定了防止措施，并对违反该法规定的行为规定了罚则。此后，各有关主管机关又根据这一法律，就每一种污染源的污染起草了管理条例，由国务院批准公布。执行这些法律和法规的结果，海洋污染得到了一定程度的控制，海洋环境有了一定改善，为海洋开发创造了有利的条件。

应当认为，尽管在海洋管理方面取得了很多成就，我国目前的海洋管理和海洋开发仍不能说已经很好了。由于海洋法律制度不够健全，海洋管理仍比较松散，海洋开发秩序经常受到干扰，海洋权益有时也不能得到切实保障。这一状况是不能令人满意的，必须改变，为此，有必要加快海洋立法的步伐，进一步完善海洋法律制度，为我国的海洋管理和海洋开发创造更好的法律环境。

（原载《沿海经贸》1991 年第 11 期）

《联合国海洋法公约》
与中国的海洋立法

1982年12月10日，第三次联合国海洋法会议经过长达9年的协商讨论，以表决的方式通过了《联合国海洋法公约》，这一公约被国际法学界名符其实地称为"海洋宪章"。

《联合国海洋法公约》是根据第二十八届联合国大会关于召开第三次联合国海洋法会议的第3067号决议通过的，该决议规定这次会议的任务，应是"通过一项公约，处理一切有关海洋法的问题。"出席会议的有167个国家和有关政府间组织和非政府组织，会议通过的《海洋法公约》由17个部分、320条和9个附件组成，内容十分广泛，涉及海洋法的几乎所有方面，主要包括领海和毗连区，用于国际航行的海峡、群岛国、专属经济区、大陆架、公海、国际海底区域、海洋环境的保护、海洋科学研究、海洋技术的发展和转让、海洋争端的解决等各项海洋法律制度。《公约》是发展中国家和发达国家，以及会议上形成的不同利益集团国家之间折衷妥协的产物，不可能在所有问题上都完全满足每个国家的利益要求；但是，它确实是代表了当代海洋法的最新编纂和发展，在新的历史条件下，建立了符合海洋和平利用的要求，有利于国际交通、海洋资源的公平利用和海洋环境的保护的新的海洋法律秩序。正因为如此，《公约》在通过以后，获得了包括中国在内的世界上大多数国家的支持和接受。

中国是一个大陆国家，同时也是一个海洋国家，海岸线长达18000公里，在海洋上拥有广泛的权益；因此，对于海洋法的发展和《海洋法公约》的制定给予了很大关注。在联合国大会讨论各国管辖范围以外海床洋底以及准备召开第三次海洋法会议问题时，中国一贯持积极态度，投票支持了有关的决议。在大会通过召开第三次海洋法会议的决议后，中国即派出代表团与会，全程参与了制定《海洋法公约》的协商讨论，为《公约》的通过作出了努力。《公约》通过以后，中国与许多国家一起很快在上面签了字。1996 年 5 月 15 日，中国的最高权力机关全国人民代表大会常务委员会作出决定批准了《联合国海洋法公约》。中华人民共和国成了《公约》的缔约国。

《海洋法公约》的通过，标志着国际海洋法发展到了一个新的阶段，对世界各国的海洋立法起到了很大推动作用。新中国成立以后，为了处理涉海事务的需要，曾陆续制定颁布了一些有关港口、船舶的管理，海洋资源的利用，海上交通安全，海洋环境的保护等多方面的法律规定；但是，它们多属部门规章，法律层次较低。20 世纪 70 年代末以来，中国进入改革开放和迅速发展时期，为了维护海洋权益，开发利用海洋资源，保护海洋环境，大大加快了海洋立法的步伐，先后制定通过了《海洋环境保护法》（1982）、《海上交通安全法》（1983）、《渔业法》（1986）、《矿产资源法》（1986）、《领海及毗连区法》（1992）、《专属经济区和大陆架法》（1997）等重要海洋立法。这些海洋立法都是在《海洋法公约》将要通过或已经通过以后制定的，在其制定过程中，考虑到了《海洋法公约》的有关规定，其中有些法律，如《领海及毗连区法》和《专属经济区和大陆架法》则完全是为了实施《海洋法公约》，依据该公约的规定而制定的。

《海洋法公约》在中国的实施，基本上是通过将《公约》的规定转化为国内法律，间接地加以适用的方式进行的。《领海及毗连区法》和《专属经济区和大陆架法》的制定就是间接适用《海洋法公约》的典型事例。这两部法律的许多条款都是移植于《公约》，其中一些条款规定甚至在文字上也是与《公约》完全相同的。应当指出，按照中国的制度，中国缔结或者参加的国际条约是既可以通过转化为国内法律，间接地加以适用，也是可以不用转化为国内法律而直接适用的。有些国际条约，则既可以间接适用，也可以直接适用。例如，如上所述，《专属经济区和大陆架法》是间接适用《海洋法公约》的一个实例；而在该法中还包含有这样的规定："中华人民共和国在专属经济区和大陆架享有的权利，本法未作规定的，根据国际法和中华人民共和国其他有关法律、法规行使。"这里所说的国际法，主要是指《联合国海洋法公约》，因此，按照该法的此项规定，在我国有关专属经济区和大陆架的权利问题上，在我国还是可以直接适用《海洋法公约》的。

《领海及毗连区法》和《专属经济区和大陆架法》，是中国在《海洋法公约》通过以后，为了在国内实施该公约而制定的两部主要法律，这两部法律建立了中国的领海、毗连区、专属经济区和大陆架制度；按照它们的规定，中国的领海宽度从领海基线量起 12 海里，领海基线使用直线基线法划定，毗连区的宽度从领海基线量起 24 海里，专属经济区的宽度则为从领海基线量起 200 海里。中国的大陆架依照大陆架自然延伸原则划定。在东海，由于地质地理学上的大陆架从中国大陆海岸外一直延伸到冲绳海槽，所以，在这一海域，中国法律上的大陆架应能延伸到冲绳海槽中间线。由于其从领海基线量起已超出 200 海里，按照《联合国海洋法公约》的规定，中国东海大陆架的外部界限，还有待提出申请案，提请联合国大陆架界限委员会审议，在它提出建议的基础上最终划定。

如上此述，《领海及毗连区法》和《专属经济区和大陆架法》是依据《海洋法公约》制定的，其绝大部分条款规定，无论在文字和精神上都是与《海洋法公约》的规定相一致的。不容讳言，其中也有个别条款的规定与《公约》规定有所出入，这主要是指关于外国军用船舶通过中国领海的规定。按照《海洋法公约》的规定，所有船舶都享有无害通过领海的权利，通常的解释是，其中所说的所有船舶也包括军用船舶。对于这一项规定，在第三次海洋法会议讨论过程中曾发生很大的争论，包括中国在内的一些国家坚决主张，外国军用船舶通过沿海国领海必须事先通知或得到沿海国的同意，并为此提交了修正案，要求在《公约》第 21 条第 1 款（h）项中关于沿海国可以制定有关无害通过权的法律和规章的规定中增加"安全"二字，即沿海国除可以制定防止违犯沿海国的海关、财政、移民或卫生的法律和规章外，还可以制定防止违犯沿海国安全的法律和规章。会议未能就此达成协商一致，而又已临近结束工作时间，在这种情况下，会议主席在与争论双方磋商后宣布了一项谅解，宣布提案国同意不将这一修正案交付表决，但这不妨碍沿海国按照公约第 19 条和第 25 条采取保障它们安全措施的权利。这就是说，在无害通过权问题上，第三次海洋法会议达成了沿海国有权为了安全利益采取必要措施的谅解。正是基于这一谅解，中国在作出批准《公约》的决定时发表了如下声明："中华人民共和国重申：《联合国海洋法公约》有关领海内无害通过权的规定，不妨碍沿海国按照法律规章要求外国军舰通过领海必须事先得到该国许可或通知该国的权利"。中国的这一立场，在后来制定的《领海及毗连区法》中具体表现为以下规定："外国军用船舶进入中华人民共和国领海，须经中华人民共和国政府批准"。这一规定似乎与《海洋法公约》第 17 条的规定在文字上不完全一致，但是，却是完全符合海洋法会议达成的上述谅解的。事实上，世界上一些其他国家也在它们的法律中作出了同样或类似的规定。

联合国海洋法公约的通过，为中国的海洋立法提供了国际法依据，推动中国海洋立法更加现代化和体系化，帮助中国的海洋管理逐步走上与国际接轨的道路，其意义是非常重大的。然而，我们也看到《海洋法公约》并不是尽善尽美的，有一些重要问题，例如，专属经济区内的军事利用问题，在《公约》中就没有得到明确的规定。中国的有关法律对此也没有作出规定。这一法律空白，在中美两国处理因为美舰《鲍迪奇号》和《无瑕号》在中国专属经济区内进行军事侦察活动而引起的纠纷中充分显现了出来；可见，国际社会还有必要为完善当代国际海洋法继续作出努力和合作。中国海洋立法的完善更是任重而道远，在中国的法律工作者面前，还有大量艰苦的工作等待着去做。

（原载《法治新视界》，2011 年）

关于我国领海法的几个问题

领海法是国家的重要法律。它的制定和实施，对于我国的现代化建设和法制建设具有不容忽视的重大意义，而且，必然会受到国际社会的注意。为了制定好领海法，有必要对有关的一些问题进行认真的探讨和作出正确的解决。本文拟就此谈一些粗浅的看法以供讨论。

一 制定领海法的必要性

我国是一个大陆国家，也是一个海洋国家，面临黄海、东海和南海广阔海域。大陆海岸线长达一万八千多公里。在近海和外海有面积在 500 平方米以上的六千多个海洋岛屿，而面积更小的岛礁则无计其数，其中，凡在高潮时高于水面的自然形成的陆地区域都可以有领海和毗连区，凡能够维持人类居住或其本身的经济生活的岛屿、岩礁，还可以有专属经济区和大陆架。总之，我国有权加以管辖和利用的海域十分广阔。这是我国广义上的国土的重要组成部分，是我国极其宝贵的财富。这些海域提供了近海和远洋的航运便利，是国防的前沿阵地，也是蕴藏着十分丰富的生物资源和非生物资源的宝库。合理而充分地开发利用这些海域，将在实现 20 世纪末工农业总产值翻两番的历史任务中发挥很大的作用。过去，我国还没有对沿海海域进行有计划地开发和利用，也没有认真地把它管理起来。随着四化建设的向前发展和对外开放政策的实施，这些海域的重要性日益明显，用好和管好这些海域的任务已经提到议事日程上来。为了维护国家主权和海洋权益，保障沿海海域的开发利用有秩序地进行，抓紧法制建设，对这一部分海域切实地控制和管理起来是十分必要的。

建立领海制度，是国家对其沿海海域实行有效控制和管理的最好办法。在这一制度下，沿海国可对其陆地领土及其内水以外相邻接的一定宽度的海域行使主权，包括对于海水、海水以下的海床和底土中的一切生物资源和非生物资源的所有权和勘探开发的专属权，对于航行的管理权，采取一切必要措施保卫国家安全的自卫权，对于海洋科学研究的专属权，关于防止海洋污染，保护海洋环境的管辖权，等等。建立领海是世界各国普遍承认的沿海国的固有权利，是它的主权行动，不受任何外国的干涉。1958年《领海与毗连区公约》和1982年《联合国海洋法公约》都对领海制度作了详细规定，以国际条约的形式确认了各国建立领海的权利。目前，世界上绝大多数沿海国都制定颁布了领海法或关于领海的法律，建立了符合其本国利益的领海制度。

　　1958年，我国政府发表了《关于领海的声明》。初步建立了我国的领海制度。《声明》宣布："中华人民共和国的领海宽度为12海里"，采用直线基线法确定测算领海宽度的基线。《声明》还规定，"一切外国飞机和军用船舶，未经中华人民共和国政府的许可不得进入中国的领海和领海上空"，"任何外国船舶在中国领海航行，必须遵守中华人民共和国政府的有关法令"。在此前后，我国还颁布了许多有关沿海海域的航行、捕鱼等事项的单行法规。十一届三中全会以后，我国的法制建设进入了新的阶段，又新制定和颁布了一些适用于领海的法律和法规，其中重要的有：1982年《对外合作开采海洋石油资源条例》、1983年《海洋环境保护法》、1983年《海上交通安全法》等。我国的领海制度初具规模。

　　但是，如同在国家生活的其他领域一样，我国的领海法律制度是很不健全的。首先，领海的范围有待于进一步明确。1958年领海声明虽然已经宣布了领海宽度和决定采用直线基线法确定领海基线，但由于用以划定领海基线的各基点没有确定和对外公布，我国的领海基线（亦即领海的内部界限）以至领海的外部界限因此也都没有最后划定和公布。领海范围的不明确，必然要影响到我国领海管辖权的正常行使。其次，我国现行的领海立法很不完备，没有完整的一套为全面而有效的领海管理所必要的法律和规章。如上所述，建国以来曾经颁布了一些适用于领海的法律规定，但是，这些法律规定仅仅涉及领海内活动的某些方面，无论在数量上或所涉及的内容上都远远不能满足管理领海的要求。领海内的许多活动，仍然处于无法可依，无章可循的状态。近年来，不时有外国船舶进入我领海从事捕鱼和其他违法活动，有的外国船舶随意在我国领海内抛锚停泊，这一切都侵犯了中国的主权和海洋权益，而由于缺乏明确的法律规定和必要的执法手段，有关机关对这些违法行为只能采取不了了之的办法。为了改变我国领海法制不健全的状态，必须抓紧领海立法。当务之急是要制定《领海法》，对我国的领海法律制度作出全面的原则性的规定。这一基本法律规定，可以为我国的领海立法提供基础和一般原则，从而促进和加速其他领海法规的制定，而在领海法规不完备的情况下，也可作为一般规定，适用于领海内各方面的活动，满足领海管理和解决领海管理中出现的各种具体问题的需要。

1982年《联合国海洋法公约》的通过，为我国制定领海法创造了比较好的客观环境。《公约》对领海制度作了迄今为止最全面的规定，这些规定，除个别条款外，都是现行的国际法规范的总结和编纂，也反映了我国在领海问题上的基本主张和要求。因此，可以成为我国领海法的借鉴。另一方面，《公约》的通过和我国在《公约》上的签字，提出了一项要求，即，以公约的有关规定为依据，对我国有关领海的现行法律规定进行一次审查，在发现有不一致的情况下，则应通过适当的程序，使之一致起来。领海法的制定，是一次在新的条件下，修订过时的规定，使国内立法与国际法协调一致的机会。

二　领海法的基本内容

领海法是规定一国领海制度的基本法。从世界各国的领海法来看，其基本内容主要有两方面：确定领海的范围和规定国家对领海的权利。我国的领海法的基本内容大致也不外乎这两个方面：

一、关于领海的范围。领海的范围，即国家行使领海主权和管辖权的范围，关系十分重大，在领海法中必须加以明确的规定。领海范围由三个因素决定：领海的内部界限、领海的宽度和领海的外部界限。

领海的内部界限，即领海基线，是测算领海宽度的起始线。基线向陆一侧是国家的内水，基线向海一侧则为领海水域。根据国际法和各国实践，领海基线主要有两种：正常基线和直线基线。许多国家采用低潮线作为领海基线，这种基线在国际法上称为正常基线。直线基线是以连接大陆海岸和沿岸岛屿上选定的称为基点的点的各直线组成的领海基线。这种方法特别适用于海岸非常曲折，沿岸岛屿众多的地方。它作为一种领海基线比较方便，而且一般能够比正常基线划入更多的内水和增大领海面积，因而为越来越多的国家所采用。我国海岸线曲折变化很大，沿岸又有许多岛屿，采用直线基线作为领海基线比较有利。1958 年我国政府的领海声明曾经宣布，"以连接大陆岸上和沿海岸外缘岛屿上各基点之间的各直线"为领海基线。在我国的领海法中有必要以法律的形式把直线基线固定下来。为了使领海基线具体化，领海法还有必要把据以划定基线的各基点确定下来，并公布这些基点的地理坐标。

领海的宽度对于领海的范围起着决定性的作用，因而受到世界各国的普遍重视，也是各国领海法不可缺少的重要内容。

确定领海的宽度，是一国的主权。长期以来，国际法上没有关于领海宽度的统一规定，各国从来都是自主确定本国的领海宽度的。直至第三次联合国海洋法会议通过《联合国海洋法公约》以后，国际法上才形成了规定领海宽度的规则。《公约》肯定每一国家都有确定其领海宽度的权利，同时对领海的最大宽度作了一定的限制，即不得超过从领海基线量起 12 海里。我国 1958 年领海声明宣布，"中华人民共和国的领海宽度为 12 海里"，这项规定体现了国家主权，完全符合中国人民的利益，也是符合当时的国际法和 1982 年《联合国海洋法公约》的。当时，某些帝国主义国家曾经把我国 12 海里领海的规定说成是"不能接受的"，并且不断地派遣军舰和飞机侵入我国领海和领海上空。对于这些侵犯我国领海主权的行为，我国政府一再地提出过警告和谴责。在拟订的领海法中，重申我国 12 海里领海宽度的规定，显然是适宜的。

领海的外部界限，是指从领海基线向海量起距离等于领海宽度的一条线。在我国领海宽度确定为 12 海里的情况下，我国领海的外部界限是一条其每一点距离领海基线的最近点均为 12 海里的线。领海的外部界限在国际法上具有很重要的意义，它是领海与专属经济区或公海的分界线，在海岸相向国家之间没有隔有专属经济区或公海的情况下，领海的外部界限又是这些国家之间的领海分界线。因此，在领海法中必须对此作出明确的规定。

与领海的外部界限直接有关的一个问题是领海的划界问题。在某些海域，由于海域狭小或海岸线十分曲折，海岸相邻或相向国家在各自划定领海时就有可能发生彼此领海部分重叠的现象，从而产生国与国之间的领海划界问题。这类问题涉及国家主权和睦邻关系，必须妥善处理。我国一贯强调，国与国之间的争端应当通过有关国家的协商加以解决。领海法在处理这一问题时应当坚持这一原则。

二、关于领海的权利。领海构成国家领土的一部分，受沿海国主权的支配，这是领海制度的中心和基本内容，因此，是我国领海法应当规定的基本内容和核心。我国对领海行使主权，包括对领海的上空及其海床和底土行使主权，这是国际法所肯定的。1958 年《领海与毗连区公约》和1982 年《联合国海洋法公约》都对此作了规定。基于领海主权，我国对于领海内的一切人和事物均有排他的管辖权，具体地说，主要有以下几方面的权利：

1. 自然资源的所有权和专属权。领海内的一切自然资源，包括水中和水下海床和底土中的生物资源和非生物资源，均属我国所有。只有中华人民共和国的自然人和法人才有权从事捕鱼和其他勘探和开发自然资源的活动，未经我国政府的同意，任何外国自然人和法人都不得进入中国领海从事上述活动。为了引进外资和国外先进技术，加速领海的开发，国家可以通过各种方式准许外国人进行领海内的自然资源的勘探开发活动，但这些活动都必须遵守我国的有关法律和规章。

我国领海内的一切具有历史、艺术、科学价值的文物，也属国家所有，未经我国主管机关的批准，任何外国人都不得进行发掘、打捞或贩运活动。如果在领海内发现的上述文物明显地属于外国所有，则另当别论。

2. 航行管理权。为了保障领海内的航行安全，国家可以制定法律和规章，对领海内的航行实行管理，包括指定航道，建立分道通航制等，必要时也可以设立禁航区。超级油轮、核动力船舶和载运核物质或其他本质上危险或有毒物质的船舶，对于海洋环境具有潜在的危险性，对于这一类船舶通过领海，国家可以制定特别的法律和规章，加以更严格的防范。所有在领海内航行、锚泊、作业的船舶，包括行使无害通过权的外国船舶，都必须遵守有关的法律和规章。

在国际实践中，为了国际航海的利益，形成了所谓无害通过制度，外国船舶在不损害沿海国的和平、良好秩序或安全，并遵守有关的法律和规章的条件下，有权继续不停而迅速地通过一国的领海，而无须事先得到该国的同意，并不受干扰。这一制度，从理论上说是对沿海国领海主权的某种限制，但是，它为发展国际航海运输所必需，因此为世界各国所承认。我国一贯奉行增进各国人民之间的友好往来和加强经济联系的政策，在领海法中规定外国非军用船舶享有无害通过领海的权利，是与我国的这一政策一致的，符合国家的根本利益。

我国的领海法，是否允许外国军舰无害通过领海，是一个需要认真研究的问题。外国军舰通过领海并不是国际交往的"一般利益"所要求的，而且对于沿海国的安全具有潜在的危险，因此，许多国家反对给予外国军舰以无害通过权，而主张实行事先批准或通知的制度。我国1958年关于领海的声明和1983年《海上交通安全法》都规定，外国军用船舶，未经中华人民共和国政府批准，不得进入中国领海。在第三次联合国海洋法会议上，关于军舰通过领海的问题曾经引起激烈的争论，直至会议结束，也没有达成协商一致的解决。会议通过的《联合国海洋法公约》规定，所有国家船舶均享有无害通过领海的权利，而没有区别民用船舶和军用船舶，实际上承认军用船舶也享有无害通过领海的权利。我国的领海法，有必要在既考虑到国家安全的需要，又注意到国际上可能接受的程度的情况下，对外国军舰通过我国领海的制度作出适当的规定。在目前条件下，采取事先通知制度也许是比较合适的。

3. 海洋科学研究的专属权。领海内的海洋科学研究同沿海国的利益有着密切的联系，它直接关系到国家的安全和自然资源的开发和利用。因此，广大发展中国家都主张把在领海内进行科学研究的权利完全保留给本国所有。《联合国海洋法公约》也承认国家对其领海内的海洋科学研究有专属权。其他国家只有在沿海国明示同意并在沿海国规定的条件下，才可进行这类活动。为了维护国家的主权和有关权益，我国领海法有必要明确这一专属权，当然，这并不排斥在一定条件下可以准许其他国家或国际组织在我国领海内进行海洋科学研究活动。

4. 海洋环境的保护和保全的管辖权。世界范围的日益严重的海洋环境污染，特别是来自船只的污染，引起了越来越多国家的重视，成为国际论坛上的重要议题。许多国家和学者在主张加强国际合作以防止、减少和控制海洋环境污染的同时，十分强调发挥沿海国在这一方面的积极作用。正是出于这一考虑，他们提出了扩大沿海国海域管辖范围和在防止海洋污染方面的管辖权限的主张和要求。《联合国海洋法公约》肯定各国都有采取必要措施，防止、减少和控制任何来源的海洋环境污染的权利和义务，扩大了沿海国对来自船只的污染的执行权。近年来，我国沿海海域的污染越来越严重，而且有遭受更大污染的危险性，必须引起充分的注意。为了防止海洋污染，保护海洋环境和资源，全国人民代表大会常务委员会于1982年8月23日通过了《中华人民共和国海洋环境保护法》，并明文规定本法适用于领海。我国领海法也应对海洋环境的保护问题作出必要的规定。

5. 司法管辖权。司法管辖权是国家主权的重要表现。领海处于国家主权之下，在领海内发生的一切刑、民事案件，原则上均受沿海国的司法管辖，只有外国军舰、用于非商业目的的政府船舶和享有司法豁免权的人员例外。因此，关于司法管辖权的规定，也是我国领海法不可缺少的内容之一。

在国际法中，对于仅仅通过领海的外国船舶的司法管辖问题，形成了一些特殊规则。按照1958年《领海与毗连区公约》和1982年《联合国海洋法公约》的规定，除下列四种情形外，沿海国不在通过领海的外国船舶上行使刑事管辖权，这四种情形是：1）罪行的后果及于沿海国；2）罪行属于扰乱当地安宁或领海的良好秩序的性质；3）经船长或船旗国外交代表或领事官员请求地方当局予以协助；或4）为取缔违法贩运麻醉药品或精神调理物质所必要。上述限制不适用于沿海国对驶离内水后通过领海的外国船舶的刑事管辖。在民事管辖方面也存在类似规定。沿海国对在领海内停泊或驶离内水后通过领海的外国船舶的民事管辖权是不受任何限制的；但是，对于仅仅通过领海的外国船舶一般不行使民事管辖权，不能为任何民事诉讼的目的对这类船舶从事执行或扣留。如果这类船舶在通过领海的航行中或为此航行的目的而承担有义务或负担有责任，沿海国则可以因其未履行这些义务或责任而对其行使民事管辖权。我国领海法在作出有关规定时，应考虑到国际法上的这些规则。

三　领海法与其他国内法和国际法的关系

领海法是国家用于对领海进行管理的基本法律文件，它与某些以领海内某一方面的活动为调整对象的专门法规不同，而是以整个领海以及领海内的一切活动为对象，对领海制度，包括在领海内进行活动所应遵循的一般法律原则作出全面规定的基本法。

领海法是我国统一的社会主义法律体系的一部分。在这一体系内，中华人民共和国宪法处于等级的最高层，其次是刑法、民法、国家机构组织法等基本法，往下依次是其他法律、行政机关颁布的行政法规、决定、命令和指示、规章等。所有这些法律规范都以宪法为最高根据，由某些共同的原则联系在一起，因此是和谐一致的，而不能相互抵触。社会主义法的体系的统一性，要求在制定领海法时，除以宪法为根据外，还必须参照其他现行法律的规定，以便趋于一致。然而，这一原则不应妨碍领海法作出不同于以往的新的规定，因为法律规定并不是一成不变的，它可以而且应当随着客观的社会条件和国家的需要的变化而加以补充、修改或废除。领海法通过以前颁布的适用于领海的法律规范如果已经过时，可在领海法中作出新的规定。以后制定的适用于领海的法律规范，则应与领海法保持一致。

领海法是国内法，但是，它所调整的对象主要是我国与其他国家及其国民之间在利用领海方面所发生的关系，具有涉外的性质。因此，在制定领海法时，不能不考虑到国际法的有关规定。

领海是国际法上的传统问题，近二三百年来已经形成了许多有关领海的习惯法规则。1958 年第一次联合国海洋法会议制定和通过的《领海与毗连区公约》对这些规则进行了编纂。1973 年至 1982 年举行的第三次联合国海洋法会议，在包括我国在内的一百五十多个国家和实体的参加下，又对领海问题进行了审议，在会议通过的《联合国海洋法公约》中对领海制度作了全面的规定。《联合国海洋法公约》虽然尚未生效，对各缔约国暂时还没有约束力；但是，公约中固定下来的关于领海的规则，绝大部分都是在国际上得到普遍承认的习惯国际法规范，理应为世界各国所遵守。此外，按照 1969 年《维也纳条约法公约》的规定，签署条约就等于表示同意承受条约的约束，已签署条约的国家，"负有义务不得采取任何足以妨碍条约目的及宗旨之行动。" 我国已在《联合国海洋法公约》上签字，自然也要受到上述义务的约束。

注意使领海法同《联合国海洋法公约》衔接起来，既是我国承担的国际法义务所要求的，也是同自主制定国内立法的主权原则不相抵触的。使国内法规定同国际法规定协调一致，是我国的一贯实践。最新的例证是 1985 年 3 月 21 日第六届全国人民代表大会常务委员会通过的《中华人民共和国涉外经济合同法》。这一法律是参照我国的《经济合同法》和国际惯例制定的，它并且规定，在涉外经济合同问题上，"中华人民共和国缔结或者参加的与合同有关的国际条约同中华人民共和国法律有不同规定的，适用该国际条约的规定"，当然，我国声明保留的条款除外。

《联合国海洋法公约》是在我国积极参与下制定的。在第三次海洋法会议通过《公约》时，我国代表投了赞成票，后来又在《公约》上签了字，这一切都说明，这一公约从整体上说，反映了我国的意志，是符合我国的根本利益的。《公约》关于领海的规定，绝大部分也是同我国的历来主张一致的。因此，制定领海法时参照《联合国海洋法公约》的有关规定是不言而喻的。但是，如上所述，关于军舰通过领海的问题，《公约》的规定同我国的一贯主张和国内立法是不一致的。在第三次海洋法会议上，我国代表团曾同许多发展中国家的代表一起，反对给予军舰以无害通过权，而主张对于军舰通过领海实行事先批准或事先通知的制度。在第十一期会议上，中国等三十个国家针对公约草案中规定所有船舶均享有无害通过领海的权利的条款，提出共同修正案，要求给予沿海国以制定法律和规章，防止违反其有关安全的法律和规章的权利。只是为了响应会议主席的呼吁，这些国家才没有坚持要求将此修正案交付表决。然而，当时曾达成一项谅解，并由会议主席以声明的形式确认，不将修正案交付表决，不妨碍沿海国按照公约的有关规定采取措施以保卫其安全利益的权利。在通过和签署公约时，有许多国家的代表发表了解释性声明，强调沿海国有采取措施以保护其安全利益的权利，包括制定关于外国军舰通过其领海的法律和规章的权利。伊朗认为："《公约》第 21 条的条款承认（尽管是默示的）沿海国具有采取各项措施以保护其安全利益的权利，包括制定关于要求准备行使无害通过领海权利的军舰取得事先批准的法律和规章"。埃及代表声明说，参照公约关于沿海国管理船舶通过其领海的权利的条款，应保证军舰无害通过埃及领海，但须事先通知。我国代表也重申了我国的原则立场，指出，"本公约有关领海内无害通过的规定，不妨碍沿海国有权按照本国法律和规章，要求外国军舰通过领海事先经该国批准或通知该国"。因此，可以认为，尽管按照公约的规定，军舰被包括在所有船舶之内而享有无害通过领海的权利，各国仍然有权针对外国军舰的通过，制定目的在于保障本国安全的法律和规章，也可以要求外国军舰取得沿海国的事先批准或者事先通知该沿海国。

与领海法有关的问题很多，除上述的以外，还有，例如，如何使领海法易于被广大干部和群众所掌握的问题，完善领海的管理体制，以改变都管都不管或管不了的局面的问题，等等。这些问题的解决，同我国的领海法是否成功都有着直接的关系。我们相信，在中央的统一领导下，通过实际工作者和法律工作者的共同努力，统一认识，群策群力，这些问题是可以得到解决的，我国将会有一个比较好的领海法。

（原载《当代海洋法的理论与实践》，1987 年）

关于在"十一五规划"中明确提出
海洋强国战略的建议

《中共中央关于制定国民经济和社会发展第十一个五年规划的建议》有三处提到海洋问题：（一）"促进区域协调发展"部分提及开发和保护海洋资源，积极发展海洋经济。（二）"建设资源节约型、环境友好型社会"部分提出强化对于包括海洋在内的自然资源的生态保护。（三）"深入实施科教兴国战略和人才强国战略"部分提到，要在包括海洋等战略领域超前部署，加强基础研究和前沿技术研究。这里虽然把海洋列入了"战略领域"，但是，给人的印象是，《规划建议》尚没有要求把海洋工作视作战略问题加以对待。2月21日，中央政治局在讨论"十一五规划"纲要草案时指出，"十一五规划"纲要要阐明国家战略意图，明确政府工作重点。我们认为，海洋对于我国的长远发展具有十分重要的意义，有必要把发展海洋事业作为国家战略的一部分提出来，建议在"十一五规划"中明确提出海洋强国战略，主要理由如下：

第一，开发利用海洋资源，壮大海洋经济，是保证我国社会经济长期持续发展的战略选择。海洋占地球表面的71%，蕴藏着为发展经济所必需的极其丰富的自然资源。资料表明，例如，世界石油资源最大储藏量为1万亿吨，可采储量为3000亿吨，其中海洋石油占45%。所以，许多工业发达国家都十分重视开发利用海洋资源，海洋经济发展很快，在整个国民经济中的比值不断提高。目前海洋强国的海洋开发产值已占其GDP的10%。我国经济的持续发展面临着资源短缺的瓶颈制约，开发利用海洋资源有助于缓解这方面的困难。我国海洋经济近年来发展较快，高于整个国民经济的增长速度；但是，目前产值仅占GDP的4%，大大低于海洋强国。海洋经济是我国经济的新的增长点。

第二，实施海洋强国战略是维护国家安全的需要。

首先，国家安全以经济的快速、持续发展为基础和依靠，而经济的持续发展有赖于充足的资源源源不断的供给和广阔的国内外市场，否则是不能持久的。为了保证我国的资源和经济安全，必须实施海洋强国战略，增强开发利用海洋资源的能力，尽可能多地将海洋资源控制在我国手中。进出口贸易在我国经济中占有很重要的位置。我国的对外贸易主要是通过海上运输进行的。2003 年，海上运输量为对外贸易运输量的 95%；其中，进口石油的五分之四需要经过马六甲海峡从海路运抵我国。因此，海上交通安全与否对我国的经济和进出口贸易影响巨大。为了确保海上交通安全，我国必须下大力气，有计划地建设和拥有强大的远洋船队和海军舰队。

其次，我国在海上拥有面积 500 平方米以上的海岛 6500 多座，它们是我国神圣领土的一部分，也是我国可以用来主张广阔管辖海域和自然资源所有权的事实和法理依据。按照国际海洋法的规定，我国有权在这些岛屿的周围设定 12 海里宽的领海和 200 海里宽的专属经济区和大陆架，并对其中的生物资源和非生物资源享有主权权利。20 世纪 70 年代以来，一些国家公然强占了我国的一些岛礁，并正在加紧掠夺其周围海域内的资源。为了维护我国的领土安全和海上权益，也必须实施海洋强国战略，加速海上力量的建设。

再次，海洋是国防的前沿阵地。海防强，国家安；海防弱，外来入侵就有可乘之机。鸦片战争以来，我国遭受的外来侵略大多是从海上来的。为了防范外来入侵，保障国家安全需要建设强大海防，就需要实施海洋强国战略。

第三，经略海洋，是实现强国富民，建设社会主义强大国家的战略之举。

历史经验告诉我们：海兴国兴，海强国强。西方国家，从葡萄牙、西班牙，到英国和美国，能够先后称雄一时，无一不是与经略海洋，拥有强大海上力量联系在一起的。俄国本来是个大陆国家，陆地资源极其丰富；可是，自 17 世纪以来，包括彼得一世在内的历代沙皇，为了争得世界大国的地位，一直为夺取和控制出海口苦斗了 200 多年。前苏联和后苏联时期的俄国也同样如此。

我国古代就有"历心于山海而国家富"的认识，至今已有开发利用海洋几千年的历史，也有过郑和七下西洋航海的创举、盛举。在今天，我们为了实现强国之梦，在很好地经营 960 万平方公里的陆地领土的同时，也有必要走海洋强国之路，很好地经略海洋，充分利用海洋提供的机会和可能。

第四，21 世纪是海洋世纪。在新世纪到来前后，世界很多主要国家纷纷制定和调整海洋政策和战略，力图在未来的海洋争夺中占领制高点，争取主动。美国是动作最大的国家之一。2000 年 8 月，通过了《海洋法令》；2004 年，又先后颁布了《21 世纪海洋蓝图》和《美国海洋行动计划》。加拿大在 2002 年制定了《加拿大海洋战略》。澳大利亚 1998 年发布了《澳大利亚海洋政策》。英国在 20 世纪 90 年代公布了《90 年代海洋科学技术发展战略规划》。法国则早在 20 世纪 60 年代就提出了"法兰西向海洋进军"的口号。2001 年，欧洲联盟制定了《欧洲海洋战略》。在向海洋进军的世界浪潮中，我们的邻国也不甘落后。日本在 20 世纪 60 年代开始执行海洋立国战略，2001 年提出了 10 年海洋政策框架，2004 年发布了第一部海洋白皮书。韩国发布《韩国 21 世纪海洋》，制定了开发、利用海洋，建立海洋强国的国家战略。

我国是个大陆国家，也是个海洋国家。但是，长期以来对于海洋的重视不够，海洋的开发和利用远远落后于其他海洋国家，目前似乎也没有迅速发展海洋事业的通盘考虑和战略安排。党的"十六大报告"及时地提出了"实施海洋开发"的要求，联合国第 45 届大会也作出决议敦促世界各沿海国把海洋开发列入国家发展战略。我们应不失时机地提出和组织实施海洋强国战略，迎头赶上世界潮流，争取在海洋这一战略领域也能大有作为，在国际竞争的大格局中立于不败之地。

我国的海洋强国战略，有待国家组织各方面的力量认真细致地加以讨论和制定。我们的初步意见是，这一战略至少应包含以下四方面的目标和安排：

第一，以经济建设为中心，以控制和利用海洋资源为重点，协调和发展各种海洋产业，建设强大的海洋经济；

第二，建立强大的远洋船队和海军舰队，增强海上运输能力和保障海上交通安全的能力；

第三，贯彻科学技术是第一生产力的思想，实施科教兴海战略，加强海洋基础科学研究，组织海洋关键技术攻关，发展海洋高科技，不断提高海洋开发利用的水平，以先进的科学技术武装我们的船队和舰队；

第四，制定和贯彻实施先进合理的海洋政策和法律，积极参与国际海洋合作和立法活动，为我国海洋强国战略的顺利实施，创造良好的国际和国内环境。

为使我国能在较短的时间内制定海洋强国战略并将其付诸实施，我们有以下几点建议供领导参考：

1. 鉴于海洋工作对国家发展的重大意义和问题的复杂性，建议党中央成立海洋工作（领导）小组，统一规划、协调和领导全国的海洋工作。

2. 在我国现行体制下，海洋工作是由许多政府部门分管的，故有五龙闹海，九龙闹海之说。考虑到海洋本身适宜于对它进行综合管理，也是为了提高管理效率，在我国目前不太可能像有些国家那样设立一政府部门统管海洋事务的情况下，建议在国务院内设立由总理或一位副总理主持的跨部门海洋委员会，协调和组织领导各有关部门的海洋工作。在我国最高权力机关全国人民代表大会内最好也能设立司职海洋事务的专门委员会。

3. 利用我国正在制定"十一五规划"的有利契机，尽快部署和组织拟订我国 21 世纪海洋政策和战略的工作。

4. 在继续加强海洋学研究的同时，大力加强海洋问题和海洋法的研究。除各有关政府部门应结合工作实践进行研究外，有必要发挥有关教学、科研单位的作用。中国社会科学院作为国家级的哲学社会科学研究机构和党中央、国务院的智囊团、参谋部，应有机构和研究人员承担这一方面的研究任务。社科院国际法研究中心研究人员在以往 30 年间对海洋法和海洋问题的研究有一定的积累，参加了我国领海及毗连区法等多部重要海洋法律的起草工作，可望在我国的海洋问题和海洋法的研究中贡献自己的力量。

（2006 年 3 月 6 日）

维护海洋权益,建设海洋强国

党的"十八大报告"在作出建设海洋强国战略部署时,也明确地提出了为达到这一总目标所必须完成的各项战略任务,即提高海洋资源开发能力,发展海洋经济,保护海洋生态环境,坚决维护海洋权益等。在这些战略任务中,维护海洋权益具有特定意义;可以想象,如果我国合法享有的海洋权益能够得到很好的行使和维护,那么,我国建设海洋强国的这一目标的实现基本上也就有了保障。

一　我国有哪些海洋权益需要重视维护?

近年来,周边一些邻国不断采取行动,企图强化它们侵占我钓鱼岛、南沙群岛部分岛礁的非法地位,对我国的岛屿领土主权及其附近海域的管辖权造成了很大威胁,理所当然地引起全国上下的极大关注。坚决维护岛屿领土主权和附近海域的管辖权,成了我国当前不能不面对的严重任务。然而处于沿海和近海的这些权益,并非需要我们关注的全部。从长期持续发展,建设海洋强国的战略目标考虑,除重视这些权益外,我们还需要有全球视野,看到我国在世界各大洋和几乎所有海域都有我国合法享有的海洋权益,这些海洋权益也是我国有权行使,并需要依法维护的。

1982 年的《联合国海洋法公约》建立了国际海洋法律新秩序,明确地规定了包括沿海国和内陆国在内的世界各国可以享有的海洋权益和应予承担的海洋义务。中国是《公约》的缔约国,根据《公约》规定,可以享有的海洋权益主要包括:1)建立 12 海里领海制度,拥有对该海域及其底土和上空的主权;2)建立 200 海里专属经济区制度,享有该区域内勘探、开发、养护、管理自然资源和从事经济性开发和勘探活动的两种主权权利，以及对于人工岛屿、设施和结构的建造和使用、海洋科学研究和海洋环境保护的三种管辖权；3）建立大陆架制度，享有对从领海基线量起最远达 350 海里的大陆架及其自然资源的主权权利；4）他国领海内的无害通过权，以及用于国际航行海峡中的过境通行权、群岛水域中的无害通过权和群岛海道通过权；5）公海中的航行、飞越、铺设海底电缆和管道、建造人工岛屿和设施、捕鱼和科学研究自由，以及对悬挂本国国旗船舶的专属管辖权；6）参与国际海底区域的管理和自然资源的勘探和开发的权利；7）其他权利，如军舰和政府公用船舶在各海域的管辖豁免权、建立毗连区，对于海关、财政、移民、卫生、安全等事项的管制权、在他国专属经济区内通过与沿海国协议安排的入渔权，特别是在南极、北极海域，包括航运、资源等在内的广泛权益。所有这些海洋权益，对于我国长期持续发展、维护国家的政治、经济、国防安全都是十分重要的，需要我们精心维护。

当今世界，海上争夺十分激烈，在《联合国海洋法公约》于 1982 年通过之前，这一争夺主要表现为一些国家力图将某部分海域纳入本国管辖范围的"圈海运动"。在《公约》通过以后，由于占全球海域总面积百分之二十七以上的海域在领海、专属经济区、大陆架等制度下被置于沿海国的管辖之下，而位于国家管辖范围之外的面积已大大缩小了的公海海域及其海床底土，也因为《公约》中"任何国家不得有效地声称将公海的任何部分置于其主权之下"及建立区域，"任何国家不应对区域的任何部分或其资源主张或行使主权或主权权利"的规定，在法律上已被禁止加以分割和占领。在这情况下，"圈海运动"已不再有施展的空间，如今用牺牲他国权益的办法来满足本国的利益需求为特征的权益之争已成为海上争夺的主要表现，日本将钓鱼岛"国有化"，菲律宾通过"领海基线法"，将黄岩岛和南沙群岛其他部分岛礁纳入其领土范围，越南在单独和马来西亚联合提交外大陆架划界案企图挤占我国在南海的大陆架以后，又制定通过《海洋法》将西沙和南沙群岛均包含在其主权和管辖范围之内，等等，都是这种权益争夺的突出表现，而且都是针对中国的，我国的海洋维权面临着严峻形势。

二　维护海洋权益与《海洋法公约》的关系

我国享有的海洋权益，不是从天上掉下来的，也不是我们主观愿望想有就有，或者自我期许的，而是依据法律合法享有的，是由法律赋予的，这一法律就是国际法，特别是作为国际法一部分的，包括《联合国海洋法公约》在内的国际海洋法。正是这一《公约》明确地规定了各国可以享有的海洋权益，是各国用来主张、行使和维护海洋权益的主要法律依据，也是我国可以而且应当用来维护海洋权益的重要法律武器。

我国的海洋权益，也需要有国内立法加以规定和保护，以便为有关国家机关代表国家在国际上行使这些权利和维权执法提供不可或缺的国内法依据。制定国家涉海法律，明确我国的海洋权益，需要有得到国际社会普遍接受的国际法作为依据；否则，有关的国内法规定就有可能得不到其他国家的尊重，甚至会遭到质疑和反对。这里说的国际法依据，主要也是指包括《海洋法公约》在内的国际海洋法。我国现行的《领海及毗连区法》、《专属经济区和大陆架法》，实际上都是为了行使《海洋法公约》规定我国有权行使的海洋权利，为执行《海洋法公约》并依据该公约而制定通过的。没有《海洋法公约》也就没有现在的《领海及毗连区法》和《专属经济区和大陆架法》。

有一种意见认为，《海洋法公约》是在西方发达国家主导下制定的，它的一些规定，例如专属经济区制度，有利于美国等海洋大国，而不利于我国，因此就有个别学者提出，中国应退出《公约》。实际情况并非如此。应当认为，《海洋法公约》是在包括中国在内的广大发展中国家主导下讨论制定的；其中，例如12海里领海宽度、200海里专属经济区，宣布为人类共同继承财产的国际海底区域等被认为代表了国际海洋法新发展的许多规定，都是在发展中国家主动创议，坚持不改，而美国等一些发达国家在反对无效，不得不作出让步的情况下通过的。正因为这样，国际上普遍认为，《海洋法公约》建立了国际海洋法律新秩序。当然这并不等于说，《公约》只有利于发展中国家，而不利于发达国家，或者说它没有缺陷。《公约》是不同利益集团国家折衷妥协的产物，基本上是通过协商一致达成的协议，每一个国家都可以从中看到自己满意的东西，也可以发现一些自己不完全满意的规定。但是这并不影响它作为得到国际上绝大多数国家接受的、具有普遍约束力的国际条约的地位，即便如美国这样的唯一超级大国，尽管认为《公约》的许多规定于它不利，现在也在认真考虑批准《公约》的问题。

三　重视运用国际法和包括《海洋法公约》在内的国际海洋法维护海洋权益

1. 维护国家海洋权益，需要综合运用政治、经济、外交、军事等多方面的力量和方法，而无论运用何种力量和方法都离不开国际法。首先在国际关系上使用何种方法进行维权，不只是一个方法选择问题，同时也是一个法律问题。《联合国宪章》明文规定，在国与国的关系上禁止使用武力或武力威胁，国家之间的争端只能使用和平方法加以解决。和平方法，包括谈判、调查、调停、和解等政治方法或称外交方法，以及仲裁、司法解决等法律方法，我国在选择处理与其他国家的海洋权益冲突的方法时，不能不考虑《宪章》的这一规定。其次，我国在使用政治或外交方法、甚至在使用军事手段解决与其他国家的权益冲突时，也需要遵循国际法规则。在外交斗争中，我国一贯坚持有理、有利、有节方针，所谓"有理"，很重要的一方面应是在国际法上有理有据，国际法在禁止使用战争手段解决国与国之间争端的同时，承认一国在遭到外来武力攻击情况下可以行使自卫权使用武力击退外来武力攻击，因此，我国不能排除使用武力维护国家领土主权的可能性，然而，出兵打仗应师出有名，即要有国际法依据，合理合法。按照国际法的要求，一国只有在遭到外来武力攻击的情况下，才能行使自卫权，行使自卫权时采取的措施应立即向安理会报告，使用的武力不能超出必要性和相称性（或称比例性）原则要求的程度，等等。

2. 我国在国际上提出自己的权利主张，或者维护国家的海洋权益，其出发点是关于国家利益的考虑，这是没有疑问的，所有国家都是如此；然而，我们在这样做的时候，不能陷于主观的需要和愿望，还有必要考虑它在客观上的现实可能性，要把它建立在坚实的国际法的基础之上，做到于法有据。唯有这样,我国才能在尖锐复杂的国际斗争中,得道多助,立于不败之地,我国的权利主张也才有可能得到实现。

3. 维护海洋权益,需要国家机关依照法律去组织实施。这里所说的法律是指国内法。新中国诞生以来,我国已制定颁布了许多涉海法律,海洋法律体系已基本建成。然而,这一法律体系还不完整、完善,一些领域的海洋活动仍然无法可依,有些法律规定过于原则,缺乏可操作性,需要制定一些新的法律和对现行的一些法律作必要的修订。在这一完善海洋法律体系的工程中,《海洋法公约》将发挥基础性的作用。

4. 仲裁和司法解决,都是由第三方对当事各方自愿提交的国际争端作出有法律约束力裁决的法律方法。国际上通常认为这是能使国际争端获得比较公平解决的方法,也是国际实践中使用比较多的方法。到目前为止,由于种种考虑,我国一直不赞同将与其他国家之间的争端提交仲裁或司法解决。今年四月,菲律宾依据《海洋法公约》的有关规定,单方面决定将与我国的南海争端提请仲裁解决,我国虽然拒绝接受,但却无法阻止仲裁程序的进行。看来,现在已经到了认真思考应当如何对待仲裁或司法解决这些解决国际争端的法律方法的时候了。

5. 国际法是国家和国家之间的法律,是建立在国家主权平等基础上的法律,平等者之间的法律,它要求各国相应尊重主权和依据国际法合法享有的各种权利。这是国际法赖以成立的基础和基本原则。所以,我国在主张和维护海洋权益,要求其他国家尊重我国权益的同时,也需要尊重对方合法享有的权益,履行相应的国际法义务。这也是我国一贯奉行的国际法立场和对外政策方针。20 世纪 50 年代,我国与缅甸和印度等国倡导的和平共处五项原则,强调要互相尊重主权和领土完整,平等互利,和平共处。我国的和平外交政策,一贯强调平等互利,合作共赢。今年 3 月 18 日,习近平主席又在第十二届全国人民代表大会第一次会议上集中讲了我国的这些主张,他说:"我们将高举和平、发展、合作、共赢的旗帜,始终不渝走和平发展道路,始终不渝奉行互利共赢的开放战略,致力于同世界各国发展友好合作,履行应尽的国际责任和义务,继续同各国人民一道推进人类和平与发展的崇高事业。"我国的这些主张同国际法的宗旨和要求是完全一致的,相互契合的。显然,只有在包括我国在内的世界各国都能按照这些主张和要求行事，世界才能太平，我国向全世界郑重提出的建设持久和平、共同繁荣的和谐世界的目标才能实现，我国合法享有的海洋权益，才有了得以实现的良好的国际环境。

（本文是 2013 年 5 月 18 日在上海大学召开的"海洋强国战略构建高端圆桌会议"上的讲话稿）

关于制定海洋基本法的意见

一　制定海洋基本法的必要性

我国是海陆兼备国家，在近海以至世界各地海域都有我国海洋权益所在，行使和维护这些权益，是大自然和国际海洋法赋予我国的固有权利和法定权利；发展海洋事业，充分利用海洋资源，是"把我国建设成为富强、民主、文明、和谐的社会主义国家"（宪法语）的必由之路；海洋是国防前哨、资源宝库、交通要道，经略海洋，是维护我国主权领土完整、政治、经济、军事安全和经济社会发展等核心利益的必然选择；实行依法治海，建立健全海洋法律体系，是我国海洋事业顺利发展的基本保证。所有这一切，都要求我国尽快制定海洋基本法。

此外，海洋是国际竞争、国际斗争尖锐复杂的场所，争端频繁发生。为了在这一竞争、斗争中占得先机并争取胜利，必须善于运用法律，包括国际法和国内法。制定海洋基本法，可为我国提供十分有力的法律武器。

具体而言，有必要制定海洋基本法的理由有：

（一）实施海洋发展战略，建设海洋强国的需要

我国需要有一个能够动员、组织全国力量，大力发展海洋事业，把我国建设成为海洋强国的海洋发展战略。为了实施这一战略，有必要以法律的形式把它规定下来，使其成为国家意志并具有规定性、强制性和权威性。只有这样，才能保证全国上下、国家各有关部门都能协调一致地、有章有序地加以贯彻实施。这一任务，只有海洋基本法才能担当。

（二）建立健全海洋法律体系，完善中国特色社会主义法律体系的需要

在最近召开的十一届全国人民代表大会第四次会议上，中国特色社会主义法律体系已宣告建成，同时也指出，这一体系还需要继续完善。完善我国海洋法制，建立健全海洋法律体系应是题中之意。现行的涉海法律，大多是在我国海洋活动尚未充分展开，国家还没有形成整体海洋立法指导思想，主要由各有关主管部门担纲起草的情况下出台的，存在观念滞后、涵盖面不全、规范零散、不成体系、操作性不强、互不协调甚至相互冲突和与国际规则不完全衔接等等问题，不能很好地适应蓬勃发展的海洋活动，妥当处理纷繁复杂的国内外海上事务的形势需要。制定在海洋法律体系中起统领作用的海洋基本法，就我国实行的基本海洋法律制度，以及我国海洋活动和海洋管理应当遵循的指导思想和原则作出规定，将大大推动建立健全海洋法律体系的进程，有助于消除现行涉海法律中存在的不足，从而为完善我国社会主义法律体系作出必要的贡献。制定海洋基本法还有一个立竿见影的效果，即，可以在我国还有一些海洋活动领域无法可依，而立法进程又不能充分满足需要的情况下，为这些活动提供必要的法律依据，起到填补空白的作用。

（三）从原则上解决与国际法接轨问题的需要

海洋事务具有强烈的涉外性，海洋活动和海洋管理往往涉及与其他国家的关系；因此，我国的海洋立法，在以宪法为依据的同时，还需要考虑国际法的要求，与国际海洋法接轨，遵守并实施国际海洋法。这是我国承担的国际法义务，也是我国海洋法律与其他部门法律比较不同的一大特点。明确国内法与国际法的这些关系，包括在国内法与国际法发生冲突情况下如何解决的规则，本来都是应当在我国宪法中有所规定的，在现行宪法缺失这一方面规定的情况下，可以由海洋基本法来完成。即使宪法中有了原则规定，由于海洋法的特殊性，在海洋基本法中也不能没有处理这一方面问题的规定。

（四）推行综合管理、分工负责的海洋管理体制的需要

对于我国的海洋活动，已基本形成共识，应实行综合管理，分工负责体制。如何实行这一体制，包括对外统一执法问题，需要在法律上作出规定，而能对此作出规定的，非海洋基本法莫属，其他海洋法律法规难当其任。即使暂时无法就海洋管理体制的改革问题达成共识并作出规定，制定海洋基本法的过程，有助于凝聚共识，为以后解决这一问题提供一些思路和方向。无论如何，整合海上执法力量已是当务之急，制定海洋基本法可以是解决这一问题的良好契机。

（五）动员全国人民为加速海洋事业发展共同奋斗的需要

我国人民中重陆轻海思想没有根本改变，海洋意识淡薄，严重影响我国海洋事业跨越发展。通过海洋基本法的讨论和制定，可以大大提高国人对于海洋及其在我国经济社会持续发展中的地位和作用的认识，有助于凝聚共识，统一思想。海洋基本法的通过，将为全国人民、各级各部门国家机关及其官员设置有约束力的，必须为其实现而共同努力的海洋发展目标和基本行为规范，有助于消除歧见，统一步伐，协同一致地为加速我国海洋事业发展而共同奋斗。

二　海洋基本法与国家海洋发展战略的关系

制定海洋基本法是我国实施海洋发展战略的要求和不可或缺的有机组成部分，是实施海洋发展战略的重要措施和手段，其基本功能是为海洋发展战略的实施保驾护航，提供法律保障。

海洋基本法通过将实施海洋发展战略和建设海洋强国规定为本法的宗旨和目的，为我国实施海洋发展战略提供法律依据，使其成为国家意志，具有规定性、强制性和权威性。

海洋基本法要为海洋发展战略的实施建立法律框架，要庄严宣示我国有权行使的遍及全球的海洋权利，确立有关的法律原则和制度，并从组织和管理上作出合理的安排，也就是说，要对海洋发展战略的目标、为实现

目标所应采取的措施和手段在法律上作出原则性的规定。

三   海洋基本法与现有涉海法律的关系

新中国成立以来，特别是实行改革开放政策以来，我国已制定了海洋环境保护法、海上交通安全法、渔业法、矿产资源法、领海及毗连区法、专属经济区和大陆架法、海域使用管理法等涉海法律，以及一些行政法规和部门规章，使得我国海洋活动主要领域基本上做到了有法可依。但是，现有的这些涉海法律的覆盖面是不完整的，仍有许多重要的海洋活动领域，如公海、国际海底区域、南北极海域、海洋争端解决等等方面的活动都还处于无法可依的状态；而且，现有的这些涉海法律，存在概念和适用范围不清、依据国际海洋法我国享有的权利和承担的职责体现不充分、不同法律部门之间缺乏协调、实施细则等配套法规不全等问题，总之很难说我国已经形成一个比较完善的海洋法律体系。造成这一状况的一个重要原因，可能是缺乏比较成熟的有关我国海洋事业和构建海洋法律体系的总体设想，也不明确应当用来指导海洋活动、海洋管理的基本原则。制定海洋基本法，将在很大程度上弥补这一不足，可为消除现有涉海法律存在的问题提供必要的基础和条件。在我国的宪法中，没有关于海洋在我国体制中的地位的规定情况下，制定海洋基本法尤其显得重要。

我国需要有一个由海洋基本法、调整各不同领域海洋活动的专门法和有关的配套法规构成的结构完整、内部协调统一的海洋法律体系。海洋基本法是国家用来规定和实施国家海洋发展战略，保障海洋事业顺利进行，确定基本海洋法律制度和海洋活动基本原则，推动建立海洋综合管理体制的基本法律，它应由全国人民代表大会制定通过，在我国海洋法律体系中处于统领地位，其法律效力低于宪法，而高于所有其他涉海法律。

四   海洋基本法的立法思路，框架内容

海洋基本法的立法思路应是：

（一）以宪法为依据，以行使和维护我国海洋权益，大力发展海洋事

业，建设海洋强国为出发点和归宿；

（二）与国际海洋法接轨，宣示我国海洋权益、承诺履行国际义务，建立基本海洋法律制度，确立我国海洋活动、海洋管理遵循的基本原则；

（三）海洋开发利用与海洋环境保护并重；

（四）建立海洋综合管理与分工负责的海洋管理体制，实行对外统一执法体制；

（五）积极参与海上事务的国际合作，和平解决与其他国家的海洋争端。

海洋基本法是国家的基本法律，关系重大，涉及国际国内方方面面，理应由全国人民代表大会及其常委会组织领导该法的起草工作。由于该法必然需要处理许多海洋自然科学、社会科学，特别是海洋法律科学方面的问题，因此，也有必要成立有关专家组成的专家组参加立法工作。

海洋基本法的框架内容主要包括：

（一）海洋基本法的宗旨目的及其立法依据；

在这一部分最好要有明确我国国内法与国际法关系的条款规定：

（二）宣示我国的海洋权利，规定我国实行的基本海洋法律制度，除领海、毗连区、专属经济区和大陆架等海域制度外，还有有关国家安全、公海自由、国际海底区域活动、海洋资源的开发利用、海洋环境保护、海洋科学研究、海洋技术的发展和转让、海洋争端的解决等等制度；

（三）我国海洋活动、海洋管理基本原则，主要有主权和领土完整原则、海洋和平使用原则、海洋利用和保护结合原则、综合利用和管理原则、国际合作原则、依法利用原则（法治原则）、和平解决争端原则等；

（四）有关海洋管理体制和执法机构的规定。

五　关于完善现行涉海法律法规问题

现行涉海法律法规有许多需要修订完善，理想的办法是在海洋基本法制定以后依据确定的基本制度和基本原则，分步骤、成系统地进行。鉴于海洋基本法的制定可能需要相当长的时间，而现行法律的修订又不能停顿不前，可考虑请全国人大及其常委会尽快成立海洋基本法起草小组、办事机构和专家组，先就基本原则、管理体制等问题进行研讨，在取得广泛共识之后即可着手现行法律法规的修订工作。

在修订现行涉海法律法规的同时，特别应下力气制定新的填补空白的法律、法规，解决无法可依问题，如公海活动法、深海矿物资源勘探开发条例、南、北极活动管理法、领海内的无害通过和紧迫权规章、专属经济区内军事活动管制条例、大陆架共同开发条例等等法律法规。在没有海洋基本法的情况下，这些新的法律法规的制定也不是不能做到的。

统一认识,推动东海共同
开发顺利进行

今年 6 月 18 日,中日双方同时发布了关于东海问题的"原则共识",朝着东海共同开发和东海问题的解决方向跨出了宝贵的一步。目前,即将进入就共同开发问题谈判签订有关协议的阶段。我作为一名从事海洋法研究逾三十年,研究东海划界问题也有十余年的老海洋法工作者,想就这一问题谈几点看法。

一、"原则共识"发表后,国内反响不一,有赞同、肯定的,也有反对、质疑的。在反对声中,有认为损害了国家权益,更有上纲为卖国行为的。这种认识上的不一致,对于我国上下一致,全力协同推进东海的共同开发实属不利。我觉得,在阐明有关事实和法理的基础上统一人们的认识是很有必要的。反对"原则共识"的理由主要有二:一是认为日本提出的东海中间线与我国依据大陆架自然延伸原则主张的冲绳海槽中间线之间的海域是中日两国的争议海域,中间线以西是没有争议的我国管辖海域。国际上的共同开发通常都是针对争议海域进行的,而"原则共识"把一跨越中间线两侧面积约 2600 平方公里的海域设定为两国的共同开发区块,把属于我国无争议海域中的一块海域划了进去,损害了我国的海洋权益。此外,跨中间线设定共同开发区块,有可能被认为中国承认了中间线。二是认为春晓油气田位于中间线西侧我国的管辖海域,对它的勘探开发属于中国的主权权利,日本无权说三道四。"原则共识"让日本企业参与油气田的开发,是出卖了中国权益。这两点理由看似有理有据,其实是不能成立的。因为,将东海中间线与冲绳海槽中间线之间的海域看成是中日的争议海域这一观点虽然相当流行,但严格地说是有偏差的。中间线是日本提出用来划分中日东海海域边界的一种方法，而不是日本用来主张它的东海专属经济区和大陆架的权利范围线。我国历来反对使用中间线划分中日两国的专属经济区和大陆架，也从来不承认有中间线的存在。按照《联合国海洋法公约》的规定，日本有权建立从其领海基线算起向西200海里的专属经济区和大陆架，这一200海里线是日本的权利范围线。由于中日之间东海海域的最大宽度不超过360海里，所以，日本的这条权利范围线的位置是在中间线以西约20海里处。客观地说，正是这条线与我国主张的冲绳海槽中间线之间的海域才是中日两国的争议海域。"原则共识"所设定的共同开发区块跨越了中间线，但处于争议海域内，对它进行共同开发符合国际上的通常做法，并没有损害中国权益。由于"原则共识"中明确宣布"在不损害双方法律立场的情况下进行合作"，所以，跨中间线设定共同开发区块，并不能解释为中国放弃了原来的立场，承认了中间线。春晓油气田位于东海中间线西侧5公里处，是在中日争议海域之内。应当说，我国对这油气田进行勘探开发是有法律根据的，因为，它位于我国宣布的专属经济区和大陆架范围之内，而且是在日本提出用来划界的中间线中方一侧。但另一方面，因为油气田毕竟位于争议海域范围内，日本方面对于我国的勘探开发活动提出异议并不是完全没有道理。我国以往一直以油气田是在中间线中方一侧为理由反对日本的说三道四，属于借力打力，并不能因此而根本否定日方的立场。所以，"原则共识"容许日本企业按照中国的法律参与油气田的合作开发，与其说是中方的让步，"出卖了利益"，毋宁说是日方作出了让步，通过这样的安排，实际上承认了我国对于春晓油气田的主权权利。此外，我国的政策和法律，历来容许且鼓励外资参与我国自然资源的勘探开发活动，春晓油气田的早期开发就曾有美国公司的参与。现在让日本企业参与进来，根本谈不上丧权辱国。

基于以上所述，我的看法是，"原则共识"关于共同开发区块的设定和容许日本企业参与春晓油气田的合作开发是没有问题的，我国应以积极的态度推动"共识"的实现。

二、在东海问题中，钓鱼岛的领土争端占有十分重要的位置。这不仅因为它关系到国家的领土完整，而且因为按照国际海洋法的规定，钓鱼岛可以拥有自己的领海、毗连区、专属经济区和大陆架（一说只能拥有领海和毗连区）。如果听任日本侵占钓鱼岛成为既定事实，我国就不仅丧失这块领土，而且连带丧失其周围的大面积海域以及其中已发现和未发现的丰富油气矿藏及其他资源。日本现在就是以钓鱼岛为基点对其提出的中间线作了向我方一侧海域的大幅度调整。所以，在钓鱼岛领土争端一时不能解决的情况下，使用一切办法维持钓鱼岛争议态势并力争在钓鱼岛周边海域进行有我方参加的共同开发至关重要。在以往的磋商中，我方曾提出对钓鱼岛海域进行共同开发的建议，但没有得到日方的响应，所以，"原则共识"只是表明，"双方同意为尽早实现在东海其他海域的共同开发继续磋商"。这里说的"其他海域"，自然应当包括钓鱼岛海域。因此，我国在与日本谈判签订设定区块共同开发协议的过程中，应当积极提出钓鱼岛海域共同开发问题；最好将这两个问题挂钩，在后一问题磋商没有进展情况下，不急于签订设定区块的共同开发协议。采取这一策略，目的在于迫使日本改变不同意对钓鱼岛海域进行共同开发的立场。

为了达到保卫钓鱼岛及对该岛周边海域进行开发的目的，还可以考虑与台湾企业合作开发的问题。在这一问题上，两岸企业和当局应当是可以达成共识的。如果能够成功，不仅有助于拉紧两岸的关系，而且也可能造成很大压力，迫使日本接受共同开发钓鱼岛的方案。即使两岸企业开始就这一问题进行讨论，也有可能起到动摇日本顽固反对钓鱼岛共同开发态度的作用。

三、东海北部沿海由西向东有中、韩、日三个国家，这三个国家都有权主张而且实际上都已建立了自己的专属经济区和大陆架。由于地理上的接近，这三个国家的专属经济区和大陆架相互重叠，互相之间都有划界问题，而其中任何两个国家都无法置第三国于不顾而单独解决它们之间的划界或开发问题。20世纪70年代日韩两国曾就东海北部部分大陆架的共同开发问题达成协议，对此，我国政府曾发表声明提出了抗议，认为是侵犯了我国的权益。"原则共识"所设定的共同开发区块紧邻日韩共同开发区。有消息称，在"原则共识"公布后韩国曾提出了交涉。这就是说，尽管我国在操作上可以分别与日、韩两国磋商东海划界和开发问题，在时间上也可有先有后；但这一问题，最终还是需要三国坐在一起谈判协商，在兼顾三方利益的情况下才能得到解决。在目前中日两国为实现"原则共识"谈判签订共同开发协议的阶段，看来不能不将韩国因素考虑在内。

　　我的认识是，即使为了当前的需要，也有必要将已进行多年的中韩海洋法非正式磋商升格为正式磋商，一是为未来的两国海域划界谈判做准备，二是可以了解韩国对于中日共同开发问题的态度和立场，进行必要的沟通，减少来自韩方的阻力。更有意义的是：我国为了在东海获得最大权益，关键是要让日本接受我国东海大陆架一直延伸到冲绳海槽的观点，并在此基础上达成大陆架划界协议。中韩两国在与日本的大陆架关系上都坚持大陆架自然延伸原则，都主张冲绳海槽是中日、韩日的大陆架自然分界线，这一共同点有可能使中韩两国在与日本的大陆架划界谈判中成为"同盟军"。现在提升与韩国的海洋法磋商，也能形成对日本的压力。

论菲律宾侵占我国南沙群岛的非法性

　　南沙群岛自古以来就是中国领土的一部分，最晚从宋代开始，除一度被日本侵占外，一直处于中国政府的管辖之下。中国对于南沙群岛的主权，历来为世界各国所普遍承认。但是，由于这群岛礁地处联结太平洋和印度洋与大西洋的交通要道，战略地位十分重要，而且附近海域蕴藏有丰富的自然资源，所以，自 20 世纪 30 年代以来，不断地受到外国势力的侵扰。第二次世界大战结束以后不久，刚刚获得独立的菲律宾也开始把手伸到这里，对南沙群岛提出了领土要求，并在 70 年代以后，多次派出军队，先后侵占了南沙群岛的 8 处岛礁，从而在中菲两国之间挑起了领土争端。菲律宾的行为侵犯了中国的主权和领土完整，也是对公认的国际关系准则的粗暴践踏。

　　菲律宾染指南沙群岛的图谋由来已久，早在 40 年代已见端倪。1946 年 7 月，当时的菲律宾外长季里诺曾声称，菲律宾"拟将南沙群岛并入国防范围之内"。[①] 1950 年 5 月 13 日，《马尼拉纪事报》发表社论，呼吁菲律宾政府与美国一起，对西沙和南沙群岛共同采取紧急行动，并要求立即占领南沙群岛。此后，菲律宾国防部表示，将与外交部讨论此事。[②] 进入 70 年代以来，菲律宾把侵占南沙群岛的图谋付诸实施，接连采取了一系列实际步骤。1970 年 9 月、1971 年 7 月、1978 年 3 月和 1980 年 7 月，多次派出军队侵占了费信岛、马欢岛、中业岛、南钥岛、北子岛、西月岛、双黄沙洲和司令礁等 8 处属于南沙群岛的岛礁。同时，在菲律宾以西的南沙群岛所在海域积极开展了海洋石油勘探活动。1976 年，宣布在距离菲属巴

---

①　《中央日报》1946 年 5 月 29 日。
②　赵宗岑主编：《地图周刊》，第 507 期。

拉望岛西岸领海基线 141 海里处的礼乐滩上发现了油气流。为了替侵占南沙群岛的行为制造法律根据，菲律宾还采取了许多立法措施。首先在 1971 年开始了修宪程序。菲律宾 1935 年旧宪法把菲律宾的领土限制在 1898 年巴黎条约和其他有关文件规定的范围之内，这项规定，使得菲律宾没有可能把菲律宾的领土扩展到这一范围之外，于是，修改宪法的有关条款就成了侵占南沙群岛的道路上必须迈出的一步。1973 年 1 月 17 日，菲律宾新宪法生效，其中第一条规定："（菲律宾）国家领土系由各岛屿及各岛之间的水域构成的菲律宾群岛，以及根据历史权利或法定权利属于菲律宾的一切其他领土……"为并吞南沙群岛部分岛礁敞开了大门。1978 年 6 月 11 日，菲律宾总统又发布第 1596 号法令，把南沙群岛大部分岛礁连同附近海域划入了所谓的"卡拉延区域"，宣布该区域是"菲律宾领土的一部分"，"是菲律宾的主权范围"，单方面、非法地将南沙群岛大部分岛礁纳入了菲律宾的版图。

菲律宾侵占中国领土——南沙群岛部分岛礁的行为的非法性是显而易见的。为了欺骗公众舆论，逃避国际社会的谴责，菲律宾当局制造了种种"理由"，企图为其非法行动进行辩解。其主要"理由"有二：一、被称为卡拉延群岛的那些岛礁是"无主地"，"菲律宾可以通过占领而获得对这些岛屿的主权"，二、卡拉延群岛邻近菲律宾，对它的安全具有战略上的重要性，"菲律宾完全有权认为确保这个区域对保护自己来说是必要的"。[1] 这些理由似是而非，有必要加以批驳，以正视听。

菲律宾前外长罗慕洛在其 1974 年 2 月 5 日致台湾当局的照会中，对上述第一项理由作了比较明确的说明，他说："卡拉延群岛是根据占领权获得的……因为它们是无主的，不属于任何国家，因此，可以通过占领而获得对这些岛屿的主权"。[2] 类似的说明，在前面已经提及的菲律宾总统第 1596 号法令和 1978 年 12 月 1 日菲律宾外交部公布的《菲律宾的卡拉延群岛不是世人所称的斯普拉特利群岛（指南沙群岛，下同——笔者）这一地理实体的组成部分》等菲律宾官方文件中频频可见。

---

① 1974 年 2 月 5 日菲律宾外长致台湾当局的照会，《参考资料》1974 年 2 月 9 日。
② 同上。

通过占领取得对无主地的主权，是传统国际法承认的取得领土的一种方式。国际法上的这一占领规则，由于其明显的殖民主义色彩，曾经遭到许多国际法学者的抨击，而且，由于目前世界上几乎已经没有可作为占领客体的无主地，它的实际适用价值已经很小了。① 在这种情况下，菲律宾援引这一规则来为自己的侵占行为辩解是否明智，是很值得怀疑的。不仅如此，更重要的是菲律宾侵占南沙群岛部分岛礁的行为并不符合占领规则的要求，这一规则的存在并不能帮助菲律宾摆脱困境。国际法理论认为，占领行为只有在具备两项条件的情况下才能产生一定的法律效果：第一，占领的客体必须是无主地，即，未经他国占领或虽经占领但已被放弃的土地；第二，占领国必须对无主地实行有效的占领，而在确定这种有效性的程度时，必须注意到其他国家的对抗主张。② 我们看到，菲律宾对南沙群岛部分岛礁的占领，既不符合第一项条件，也不符合第二项条件的要求。

众所周知，菲律宾以卡拉延群岛名义占领和企图占领的那些岛礁，并不是什么无主地，而是有主地，是长期以来就处于中国主权管辖之下的南沙群岛，是国际社会普遍承认的中国领土的一部分，菲律宾根本没有权利把它们作为无主地而加以占领。回顾国际常设法院东格陵兰案的判决，将有助于人们认识菲律宾行为的非法性。1931 年 7 月，挪威政府发表声明，以先占无主地为由，宣布位于东格陵兰区域的爱里克—劳德斯地处于其主权之下。对此，丹麦向国际常设法院提起了诉讼，要求法院判决挪威的声明是违法的和无效的。丹麦认为，挪威所占领的土地是隶属于丹麦王室的领土主权的，因此不能为别的国家占领。1933 年 4 月 5 日，法院以 12 票对 2 票作出了丹麦胜诉的判决。在判决书中，法院基于对历史事实的审查，认为丹麦已成功地确立了它的论点，即平稳和连续地行使权力，使它已对整个格陵兰拥有有效的主权权利。这个结论已构成认定挪威 1931 年 7 月 10 日的占领为非法的充分根据。

菲律宾当局为了证明它所垂涎的南沙群岛部分岛礁"无主地"的地位，制造了一个"卡拉延"神话，说什么"卡拉延群岛不是世人所称的

① 周鲠生：《国际法》，1976 年版，第 447 页；王铁崖主编：《国际法》，1981 年版，第 145 页。
② 《奥本海国际法》中译本，上卷第二分册，第 74—79 页。

斯普拉特利群岛这一地理实体的组成部分"，这些岛礁是菲律宾人托马斯·克洛马在 1947—1950 年期间"发现"的，当时，这些岛屿无人居住。[①] 这种自欺欺人的说法是不值一驳的。任何一个具有一般地理知识的人，都可以从菲律宾第 1596 号总统法令所公布的卡拉延区域的地理坐标中很容易地看到，所谓卡拉延群岛就是指的中国的南沙群岛的大部分岛礁，现有中国军队驻扎的永署礁、华阳礁、诸碧礁、南薰礁、东门礁，赤瓜礁和太平岛都包括在这一区域之内。如果说，托马斯·克洛马在某个时候曾经到过这些岛礁，那么，他所"发现"的岛礁，决不是什么"无主地"，而是早就为中国所有的中国领土。正因为这样，菲律宾在卡拉延名义下进行的一切有关活动都涉及到中国的主权和领土完整，理所当然地引起中国政府的关注。因此，当托马斯·克洛马在菲律宾官方支持下，于 1956 年 5 月 15 日把他的所谓对卡拉延的主权要求"通知了全世界"的时候，中国政府很快作出了反应。当年 5 月 29 日，中国外交部发言人发表了《关于南沙群岛主权的声明》，指出："中国对于南沙群岛的合法主权，绝不容许任何国家以任何借口和采取任何方式加以侵犯"。[②] 当时，台湾当局也向菲律宾政府提出了交涉，随后，又派出军舰重新进驻了南沙群岛主岛——太平岛。

为了证明南沙群岛是"无主地"，菲律宾还提出了第二条论据：日本在 1951 年对日和约中已放弃了对于南沙群岛的权利，而又没有将被放弃的岛屿转让给盟国中的任何一个国家。[③] 这一条论据，也是经不起推敲的。南沙群岛在日本发动侵华战争以后虽曾一度被它侵占，但是在日本投降以后，这群岛礁同也曾被日本侵占的台湾岛等其他中国领土一样，理应归还给中国，而且，实际上已经归还了中国。1951 年 8 月 15 日，正当美英等国准备在旧金山签订对日和约时，周恩来外长就曾在《关于美英对日和约

① 菲律宾外交部文件《菲律宾认为卡拉延群岛不是世人所称的斯普拉特利群岛这一地理实体的组成部分》，《参考资料》1981 年 12 月 5 日。

② 《新华社新闻稿》1956 年 5 月 30 日。

③ 1974 年 2 月 5 日菲律宾外长致台湾当局的照会，《参考资料》1974 年 2 月 9 日；菲律宾外交部文件《菲律宾认为卡拉延群岛不是世人所称的斯普拉特利群岛这一地理实体的组成部分》，《参考资料》1981 年 12 月 5 日。

草案及旧金山会议声明》中严正指出，南海诸岛"向为中国领土，在日本帝国主义发动侵略战争时虽曾一度沦陷，但日本投降后已为当时中国政府全部接受"，中国对南海诸岛的主权，"不论美英对日和约草案有无规定和如何规定，均不受任何影响。"菲律宾的观点之所以错误，首先是因为，它完全不顾南沙群岛在被日本侵占之前早就是中国领土的事实和中国对这群岛礁的固有权利。日本侵占南沙群岛纯属侵略行为。根据国际法上的不法行为不能产生权利的原则，日本根本没有占有和统治这群岛礁的权利，自然，它也没有将这群岛礁让与其他国家的权利。在日本投降以后，南沙群岛理应同其他曾被日本侵占的中国领土一起归还给中国。其次，菲律宾显然也完全无视中国政府已在日本投降以后，1951年对日和约签订之前就已经收回了南沙群岛主权的事实。1946年11月，中国政府根据《开罗宣言》和《波茨坦公告》的要求，派遣内政部和广东省的官员，率领舰队接管了西沙和南沙群岛，明令将它们置于广东省政府的行政管辖之下。1947年12月，中国政府内政部又对包括南沙群岛在内的中国在南中国海的各个岛、礁、滩、沙重新命名，昭告了全世界。对于中国的这一系列显示和行使主权的行动，包括菲律宾在内，没有任何一个国家表示过异议。这一切说明，在1951年美英对日和约签订之前，中国已经恢复了对于南沙群岛的主权和管辖，而且是得到国际社会承认的。最后，菲律宾的上述观点所以是错误的，还因为在1951年对日和约签订后的第二年，即1952年，日本已通过同台湾当局签订日华和约，表明其正式同意将南沙群岛归还中国。该和约第二条规定："日本业已放弃对台湾及澎湖列岛以及南沙群岛及西沙群岛之一切权利、权利名义与要求"。条款中虽然没有明确指出将这些岛屿归还中国，但是，这是不言而喻的。日华和约是双边条约，对于条约中的这一安排只能解释为，日本把南沙群岛看作与台湾、澎湖列岛和西沙群岛等一样是中国领土，把它们一起归还给了中国。事实上，在和约谈判过程中，日本国的全权代表河田烈曾经声明，领土条款只应规定那些属于中国的领土。当时，台湾当局全权代表叶公超表示，西沙群岛和南沙群岛是中国领土。后来正式公布的日华和约第二条的措辞表明，日本方面是接受了中国这一立场的。1952年由当时的日本外交大臣冈崎胜男亲笔推荐的《标准世界地图集》第25图《东南亚图》，清楚地把日本必须放弃的西沙、南沙群岛以及东沙和中沙群岛全部标绘属于中国，为此提供了有力的佐证。后来，日本出版的《新中国年鉴》（1966 年）、《世界年鉴》（1972 年）等，也都标明南沙群岛是中国领土。面对以上所述一切，菲律宾当局还有什么理由主张南沙群岛是无主地，菲律宾可以通过占领取得对这群岛礁的主权呢？

菲律宾关于南沙群岛邻近菲律宾，对其安全具有战略上的重要性，因此，菲律宾有权加以占领的理由，同样也是站不住脚的。南沙群岛虽然邻近菲律宾，但是，这一事实并不能成为菲律宾可以据此占领南沙群岛部分岛礁的合法理由。无论是传统国际法或是现代国际法都不承认存在这样的规则：一块土地邻近一个国家，将赋予这个国家占有该土地的权利。恰恰相反，国际法的理论和实践对于借口邻近而提出领土要求的主张总是持否定态度的。

1928 年巴尔马斯岛仲裁案是国际法著作经常援引的关于领土争端的著名案例之一，被认为对国际法上的领土主权、有效占领和邻近等概念的发展作出了贡献。巴尔马斯岛是美属菲律宾群岛棉兰老岛的圣阿古斯丁角与荷属东印度群岛所属纳努萨群岛最北端各岛屿之间的一个孤岛。美荷两国为争夺该岛的主权，于 1925 年 1 月达成协议，将这一争端提交海牙常设仲裁法院解决。常设仲裁法院院长麦克斯·胡伯被指定为独任仲裁员。在这一案件中，美国以 1898 年巴黎条约为根据，主张巴尔马斯岛原来是西班牙的领土，美国作为西班牙的继承者取得了对该岛的主权。在论证巴尔马斯岛属于西班牙所有的观点时，美国提出的诸多理由之一就是地理邻近。荷兰主张巴尔马斯岛属于它所有的根据是，自 1677 年以后，它对巴尔马斯岛长期持续而和平地行使着权力。胡伯在裁决中对双方的论据逐一进行分析后，裁定"巴尔马斯岛完全构成荷兰领土的一部分"，拒绝了美国的要求。关于美国提出的地理邻近原则，他指出，根据地理邻近而主张的权利在国际法上是没有根据的。

国际法院 1969 年北海大陆架案判决再一次否定了根据邻近原则提出领土要求的观点。判决书明确指出："单纯邻近本身是不能赋以陆地领土所有权的"。又说，"海底区域是不能由于它们位于一沿海国附近而实际上归属于该国的。它们当然邻近该国，但是这还不足以赋以其权利"，国际法之所以在法律上赋予沿海国以大陆架所有权，是由于有关海底区域实际上可以被视为该沿海国已经享有统治权的领土的一部分的事实，如果不是这样，那么，"即使该区域距离其比任何其他国家的领土更为接近，也不能认为属于该国"（判决书第 43 段）。国际法院在这里阐述的观点，虽然是针对大陆架的，但是毫无疑问，也是适用于一切陆地领土的。

《奥本海国际法》对以占领方式取得领土主权问题的阐述具有代表性。作者在谈到占领的范围时，强调它应该只包括那些已经被有效占领的领土，而反对占领国以国家安全等等理由将其主权扩展到邻近的没有有效占领的土地上去。他明确指出，"对一块土地的有效占领，就使占有国的主权扩展到为维护它所实际占领的土地的完整、安全和防卫所必需的邻近土地"的主张"是没有真正法律根据的。"①《奥本海国际法》的这段话，似乎是直接针对菲律宾在南沙群岛问题上所持的错误立场讲的。

还必须指出，菲律宾以邻近为由而对南沙群岛提出领土要求的立场，不仅同国际法的理论和实践相悖，而且可能在国际实践中引起十分危险的后果。众所周知，由于历史或其他原因，在现今世界上，一国的某些岛屿距离他国比距离本国领土更近的情况是很多的。例如，英国在英吉利海峡的海峡群岛位于法国的海岸附近；在爱琴海，希腊的一些岛屿紧挨着土耳其的海岸；法国的密克隆岛远离法国大陆本土而在加拿大的海岸之外，等等。如果接受菲律宾的上述立场，那就等于承认，凡是在本国海岸附近有其他国家的岛屿，它们就有权对这些岛屿提出领土要求。其结果是可想而知的，正常的国际关系和国际法律秩序将不可避免地要遭到破坏，世界将要大乱，国际和平与安全也就不再存在了。

综上所述，菲律宾为其侵占南沙群岛部分岛礁进行辩解的种种理由都是不能成立的，它们不能证明菲律宾的行为的合法性。菲律宾必须改弦更张，放弃其侵占中国领土的意图和纠正其侵犯中国主权和领土完整的行为。中菲两国是友好邻邦，又都是发展中国家，面临着发展民族经济和维护国际和平与安全的共同任务。两国同是联合国成员国和 1955 年万隆会议参加国，两国的关系具有共同的法律基础。中菲两国之间关于南沙群岛

① 《奥本海国际法》中译本，上卷第二分册，商务印书馆 1981 年出版，第78—79 页。

的领土争端，应当而且可以在和平共处五项原则的基础上，通过双边的协商谈判得到解决。

（原载《法学研究》1992 年第 1 期）

从国际海洋法看"U"形线的法律地位

　　1947年，当时的中国政府内政部方域司在其编绘出版的《南海诸岛位置图》中，以未定国界线符号标绘了一条由11段断续线组成的线。新中国成立后，经政府有关部门审定出版的地图在同一位置上也标绘了这样一条线，而只是将11段断续线改为9段断续线。这一条线通常被称为传统疆界线，因其形状为"U"形，所以在学界也被称为"U"形线。"U"形线是经中国政府部门提出和审定，标绘在中国正式出版的地图之上的，理应认为，它反映了中国政府的某种立场，也可看作是中国政府对外的一种权利主张。因此，正确解读这条线的法律含义具有十分重要的意义。

　　在我国学界，关于"U"形线的法律含义有着多种不同的主张和解释，众说纷纭，莫衷一是。据我看到的资料，这种主张和解释主要有以下四种：1）国界线说，认为该线划定了中国在南海的领土范围，线内的岛、礁、滩、沙以及海域均属于中国领土，我国对它们享有主权；线外区域则属于其他国家或公海；[①] 2）历史性水域线说，认为中国对于线内的岛、礁、滩、沙以及海域均享有历史性权利，线内的整个海域是中国的历史性水域；[②] 3）历史性权利线说，认为该线标志着中国的历史性所有权，这一权利包括对于线内的所有岛、礁、滩、沙的主权和对于线内内水以外海域和海底自然资源的主权权利，同时承认其他国家在这一海域内的航行、飞

---

　　① 　许森安：《南海断续国界线的内涵》，载《"21世纪的南海问题与前瞻"研讨会文选》，2000年，第80—81页。
　　② 　赵国材：《从现行海洋法分析南沙群岛的主权争端》，载《"21世纪的南海问题与前瞻"研讨会文选》，2000年，第20页。

越、铺设海底电缆和管道等自由。换言之，这种观点在主张线内的岛、礁、滩、沙属于中国领土的同时，把内水以外的海域视同中国的专属经济区和大陆架。[①] 4）岛屿归属线或岛屿范围线说，认为线内的岛屿及其附近海域是中国领土的一部分，受我国的管辖和控制。[②] 所有这些主张和解释，应当认为都是有一定道理的，并不全是空穴来风。但是，同样明显的是，其中只有一种主张和解释才是最为符合客观真实和国际海洋法的要求，也只有这样的主张和解释才能更好地坚持和维护我国在南海的权益，同时也有利于南海问题的解决。

将"U"形线解释为"国界线"，其最重要的依据是，这是一条用国界线符号在图上标绘的线。按图索骥，我们似乎有理由将其视作国界线。然而，这种观点的成立却有一些无法解决的困难。首先，这是一条以断续国界线，即未定国界线标绘的线，这条线的存在最多只能说明中国政府似乎意图将线内的岛屿和海域划入中国的领土范围。它不是一条已经划定的实在疆界线。我们显然不能根据这条线将线内的岛屿和海域说成是中国的领土，也不能要求其他国家尊重中国的这一立场；其次，自从在地图上标绘了"U"形线以后，中国历届政府从来没有以一定的方式，明示的或暗示的，宣布过线内的整个海域是中国的领海，也从来没有对它行使过领海权；再次，将"U"形线解释为"国界线"的观点也是有悖于国际海洋法的理论和实践的。国际海洋法有一条基本理论和基本原则，即陆地统治海洋。基于这一理论和原则，沿海国有权在其海岸外选定一条领海基线，将这条线作为起始线以一定的距离标准向外划定本国的领海。1958 年《领海与毗连区公约》和 1982 年《联合国海洋法公约》都对沿海国的这一权利和它们应当用来划定本国领海的这一方法作出了明确的规定。事实上，世界上各沿海国，包括我国在内，都是按照这样的方法划定本国的领海的。显然，用在地图上标绘一条线以圈定领海范围的想法和做法，是与上述国际海洋法理论和实践大相径庭的。

---

　① 潘石英：《南沙群岛、石油政治、国际法》，1996 年，第 60—63 页；许森安：《南海断续线的内涵》，载《"21 世纪的南海问题与前瞻"研讨会文选》，2000 年，第 82 页。

　② 赵理海：《海洋法问题研究》，1996 年，第 38 页。

　　将"U"形线解释或主张为历史性水域，比较"国界线"说更加难于成立。在国际海洋法的实践中，确实有个别国家以历史性权利为理由，主张和建立自己的历史性水域。然而，这种主张从来都是引起重大争议的。迄今为止，历史性水域一直没有像领海、专属经济区、大陆架等海域一样成为国际社会普遍承认的国际海洋法律制度。负有编纂和发展国际海洋法任务的第一次和第三次联合国海洋法会议，没有在它们通过的海洋法公约中将历史性水域作为一项国际海洋法律制度固定下来，就足以说明这一点。如果我们试图利用这一国际上存在争论的概念作为我国权利主张的根据，其效果只能削弱我国在南海争端中的立场。而且，由于历史性水域的法律地位等同于内水，在该水域内，未经准许，外国船舶是不容许航行和通过的。如果我们将"U"形线内的水域宣布为历史性水域线，那么，这无异于开门揖盗，不仅会遭到南海周边国家的反对，而且会招致美、日等早就想插足南海争端的国家的强烈反对，从而使我国在南海的地位更加不利。还需要指出，将"U"形线解释为历史性水域线，也缺乏必要的法理和事实根据。众所周知，国际上几乎已形成一共识，即一个国家为了将某一海域宣布为历史性水域，它必须证明，该国长期以来已对该海域实行了控制和行使了这一权利，而且，此种权利的行使已经得到其他国家明示或默示的承认。以这一标准进行衡量，我们显然很难将"U"形线解释为历史性水域线并要求其他国家加以承认。

　　历史性权利线说是以"U"形线自提出以后在很长时期内没有遭到其他国家的反对的事实为理由主张在线内享有某种历史性权利是有一定道理的。特别是它认定线内的岛、礁、滩、沙属于中国的领土的主张是有充分的历史事实和法理依据的。然而，历史性权利线说将"U"形线内内水以外的全部海域视为如同我国的专属经济区和大陆架的主张却是难以想象的。首先，在国际海洋法上，一个国家对于专属经济区和大陆架的权利与所谓的历史性权利是没有关系的，沿海国对于专属经济区的权利来自国际习惯法和国际条约法的规定，沿海国对于大陆架的权利从根本上说则是来自大陆架是沿海国陆地领土在海下的自然延伸的事实，它们都不是来自于什么历史性权利。事实上，在国际海洋法发展到今天的情况下，中国完全可以毫无阻碍地在南海建立自己的领海、专属经济区和大陆架，而没有必要去借助往往会引起很大争论的"历史性权利"。此外，以历史性权利为理由去主张专属经济区和大陆架权利是大材小用了。因为，在国际实践中"历史性权利"概念一般都是在"历史性所有权"的意义上使用的，一个国家以历史性权利为理由提出权利主张，追求的是主权或所有权，而沿海国对于专属经济区和大陆架的权利则是特定的主权权利，它们与历史性权利所指的主权和所有权，在质和量上都存在不同程度的区别。其次，根据陆地统治海洋的国际海洋法理论和原则，沿海国都是按照 200 海里距离标准和自然延伸原则，以领海基线为起始线向外划定专属经济区和大陆架。历史性权利线说以一条人为的线划定专属经济区和大陆架的范围，与国际海洋法的理论和实践明显不符。再次，自从提出"U"形线以后，中国历届政府从来没有明示或默示地主张将线内内水以外的海域视为专属经济区和大陆架，也没有对这片海域行使过这种权利，因此，中国很难主张对于线内的海域享有这一内容的"历史性权利"。

在现有的关于"U"形线的法律含义的多种解释中，岛屿归属线或岛屿范围线说的事实和法理依据最为充分，因而也最为可信。据现有资料看，《南海诸岛位置图》是中国政府官方最早标绘和对外公布"U"形线的地图，而该图的图名以及绘制和出版这一地图的背景和目的均说明，"U"形线是作为我国在南海享有主权的岛群的范围线标绘在图上的。第二次世界大战后，中国从占领者日本手中收复了台湾、澎湖列岛、南海诸岛等中国领土。为了在法律上完成收复南海诸岛的过程，恢复行使对于这些岛群的控制和管辖，也是为了向世界各国宣示中国对于这些岛群的主权，当时的中国政府采取了一系列将这些岛群纳入中国版图的措施，如重新命名南海诸岛，绘制并公布有关地图，明令将南海诸岛划归广东省管辖，等等。《南海诸岛位置图》就是在这一背景下，由内政部方域司主持编绘出版的，顾名思义，其直接目的就是要标明中国对其享有主权的南海诸岛的范围和位置。此外，内政部在主持编绘出版《南海诸岛位置图》的同时进行的两项活动，也可以进一步证明"U"形线是为标明南海诸岛的范围而专门设置的一条线。1947 年 4 月 14 日内政部同有关部门讨论了"西、南沙群岛范围及主权之确定与公布案"，并就"南海领土范围最南应至曾母暗沙"等事项作出了决定。同年同月，内政部又为了"西、南沙群岛的范围和主权的确定与公布"事由，专门向广东省政府发出了一封编号为 0434 号的公函，商请后者"查照办理"。内政部的这两项活动都是为了一个目的，即确定和公布南海诸岛的范围和主权，由此可见，确定和公布南海诸岛的范围是当时中国政府十分关注并为其积极采取行动的一项工作。

新中国成立后，中国政府一直没有对"U"形线的法律地位和含义作过正式说明。但是，我们从中国政府有关南海问题的一系列声明和谈话中可以看出，中国政府实际上一直是把它作为岛屿归属线或岛屿范围线对待的，认为线内的岛屿及其附近海域是中国领土的一部分，受我国的管辖和控制。最早表明这一立场的正式文件是 1958 年《中华人民共和国政府关于领海的声明》，该声明规定了中华人民共和国的 12 海里领海宽度，宣布此项规定适用于"中华人民共和国的一切领土，包括中国大陆及其沿海岛屿，和同大陆及其沿海岛屿隔有公海的台湾及其周围各岛、澎湖列岛、东沙群岛、西沙群岛、中沙群岛、南沙群岛以及其他属于中国的岛屿。"很明显，《声明》是把南海诸岛看作中国领土的一部分，并宣布它们与中国领土的其他部分一样都有 12 海里领海；与此同时，《声明》也以承认南海诸岛与中国大陆及其沿海岛屿之间隔有公海的方式，排除了误将南海诸岛与中国大陆及其沿海岛屿之间的海域和"U"形线以内的全部海域解释为中国管辖海域的可能性。在 20 世纪 70 年代南海周边的一些国家挑起与我国在南海的领土争端以后，中国政府在各种不同场合都是用南海诸岛"是中国领土的一部分，中华人民共和国对这些岛屿及其附近海域享有无可争辩的主权"的同样措词来表述中国在南海问题上的基本立场，[①] 这在实际上也是将"U"形线看作岛屿归属线。

应当认为，将"U"形线解释为岛屿归属线或岛屿范围线的观点，既符合国民政府内政部当年所以决定标绘"U"形线的原有意图和新中国成立之后中国政府采取的一贯立场，也是与当代的国际海洋法关于岛屿应有自己的领海的规定相一致的。同时，它也不会妨碍我国在南海诸岛领海以

---

① 见 1974 年 2 月 4 日、1984 年 4 月 12 日、和 1995 年 5 月 11 日中华人民共和国外交部发言人声明。

外，依据《联合国海洋法公约》建立自己的专属经济区和大陆架。只要我们坚持南海诸岛的主权属于中国这一基本立场，并以强而有力的行动予以支持，我国在南海的合法权益就一定会有保障。

（原载《南海问题研讨会论文集》，2003 年）

关于南海问题的法理分析

一　有关南海问题的法理分析

"南海问题"是一个综合概念，从已引起国家之间冲突的角度看，它目前主要包括岛屿领土争端、管辖海域的划界和 200 海里外大陆架外部界限的划定、渔业争端、海底油气资源的勘探开发、专属经济区的军事利用、海上航行等问题，这些问题相互间有联系，但性质不尽相同，分别受不同法律规则制约，对它们的处理需要适用不同的法律。

（一）岛屿领土争端

"南海诸岛历来就是中国的领土，中国对这些岛屿及其附近海域拥有无可争辩的主权"。我国的这一主张和立场具有充分的历史和法理依据，主要有：（1）历史资料证明，最晚自宋朝始，南海诸岛就在我国的有效控制和管辖之下。（2）第二次世界大战结束后，当时的国民政府派出官员和军舰从日本占领军手中收复了南海诸岛，采取了重新命名、立碑、将它们划归广东省管辖、公布《南海诸岛位置图》等宣示主权的行动。对于这些行动，南海周边国家没有一个出来表示反对，意味着得到了它们的默认。（3）中华人民共和国成立后采取了一系列行动表明南海诸岛是中国领土的一部分，如 1951 年周恩来外长《关于美英对日和约草案及旧金山会议声明》，1958 年《中国政府关于领海的声明》，1992 年《中华人民共和国领海及毗连区法》以及历次我国政府有关南海的声明等。我国的这一立场得到了国际上的广泛承认。

20 世纪六七十年代以后，越南和菲律宾、马来西亚、文莱等国相继对我国对于南沙群岛的主权提出了挑战，甚至派出军队侵占了南海部分岛礁，挑起了同我国的岛屿领土争端。为了给这种侵占行为披上合法外衣，这些国家还提出了一些所谓的依据和理由，而这些依据和理由，从国际法来看都是不能成立的。

例如，越南强调的一个理由是，对越南实行过殖民统治的法国在20世纪30年代曾占领西沙和南沙群岛。第二次世界大战期间，这两个群岛被日本占领，法国提了抗议。第二次世界大战结束后，中国军队进驻西沙、南沙群岛，法国表示了反对。1956年法国从印度支那撤走时，将包括西沙和南沙在内的越南南部领土移交给了西贡当局。其意思是说，今天的越南从法国殖民者手中继承了对于西沙和南沙的主权。这一理由违背国际法，明显是错误的。法国殖民者占领西沙和南沙的行动侵犯了我国的领土主权，其本身是一种国际不法行为。按照国际法规则，不法行为不产生权利，法国并不能因为短暂占领西沙和南沙而取得对它们的主权，因此，它也没有权利和可能将西沙和南沙主权移交给西贡当局。今天的越南又怎能从当时并不拥有西沙和南沙的南越手中继承西沙和南沙的主权呢？

再如，菲律宾以先占作为它侵占南沙部分岛礁的国际法理由，辩称它所占领的南沙部分岛礁是"无主地"，菲律宾人克洛玛发现了它，随后菲律宾通过占领取得了对它们的主权。通过实际占领取得对一块土地的所有权，是国际法上的一项规则，然而，其前提是这块土地必须是无主地，即不属于任何国家所有的土地。属于一个国家的土地不是无主地，不能成为占领的客体。菲律宾占领的不是无主地，而是属于我国所有的南沙群岛部分岛礁，其行为构成国际不法行为，不仅不能取得对这些岛礁的主权，而且应当承担因此引起的国家责任。

尊重国家主权和领土完整，在国际关系中不使用武力或威胁使用武力，是《联合国宪章》明文规定的，为国际社会公认的国际法基本原则，越南等国侵占我南沙群岛部分岛礁，公然侵犯了我国的主权和领土完整，违反了上述国际法基本原则，其行为构成了国际不法行为。它们侵占南沙部分岛礁的不法行为不仅不能为它们取得对这些岛礁的主权，而且还应承担包括停止侵犯、恢复原状在内的国家责任，这些国家有义务终止侵占南沙部分岛礁的行为，并应将所占岛礁归还给中国。

（二）管辖海域的划界和200海里以外大陆架外部界限的划定

1. 管辖海域的划界。按照《联合国海洋法公约》的规定，沿海国有权在其海岸外建立宽度从领海基线量起不超过12海里的领海、不超过200海里的专属经济区，和按照大陆架自然延伸原则直到大陆边外缘的大陆架，最远不超过从领海基线量起350海里，如果不到200海里，则可扩展到200海里。

我国1992年《领海及毗连区法》和1998年《专属经济区和大陆架法》建立了中国的领海、专属经济区和大陆架，宣布领海基线采用直线基线法划定。1996年我国又公布了大部分海域的领海基点、基线。据此，在南海海域，海南岛和西沙群岛以外的我国管辖海域的范围可以推算清楚，但南沙群岛以外管辖海域的范围，因为这里的基点、基线没有确定和公布而不够清晰，这不仅影响我海上执法活动的顺利展开，还可能会因有关国家之间管辖海域界限不清而导致纷争发生，也会影响以后必定会进行的有关国家之间的海域划界谈判。所以，我国有必要选择适当时机宣布南沙群岛海域的领海基点、基线。

如同我国一样，越南等南海周边其他国家也有权在南海划定其领海、专属经济区和大陆架。在它们主张的领海、专属经济区和大陆架与我国主张的领海、专属经济区和大陆架发生重叠情况下，相关国家之间就有必要就海域划界问题进行协商谈判，以便达成划界协议。这是《海洋法公约》明确提出的一项国际法义务。现在南沙群岛部分岛礁被他国侵占，如果这一侵占合法化了，我国不仅会丧失在南海的部分岛礁及其大片管辖海域，未来的海域划界谈判，也会因各国占领的岛礁犬牙交错而面临特别复杂的局面。

2. 200海里外大陆架外部界限的划定。200海里外大陆架外部界限的划定（以下简称外大陆架划定）与海岸相向或相邻国家间的大陆架划界是两种性质、内容都不相同的法律行为。大陆架划界，是有关国家之间因彼此大陆架权利主张发生重叠而进行的划清彼此大陆架管辖范围的行动，采用的方法是协商谈判，签订划界协议。外大陆架划定，是《海洋法公约》为防止宽大陆架国家的大陆架过于宽大，以至损害国际海底区域范围，也是为了在宽大陆架国家和窄大陆架国家之间保持一定平衡而规定的一项制度，它要求沿海国将包括其大陆架地质资料在内的外大陆架划定申请提交联合国大陆架界限委员会审议，由委员会提出建议，然后由沿海国在这些建议的基础上，划定本国的外大陆架外部界限。按照大陆架界限委员会的议事规则，如果有国家对某一外大陆架划定申请案有不同意见，委员会对该申请案应不予审议。

2009 年 5 月，越南分别单独和与马来西亚联合向大陆架界限委员会提交了南海北部和南部外大陆架划定申请。由于其中的权利主张严重损害了我国在南海的主权、主权权利和管辖权，我国政府及时地向联合国秘书长提交照会，郑重要求大陆架界限委员会对越南和越、马联合划界案不予审议。我国政府的这一行动完全是合理合法的。值得注意的是，南海周边其他国家，如菲律宾、文莱、印度尼西亚等也已经或准备提出各自的外大陆架划定案。这些申请有可能涉及我国在南海的合法权益，对有关动向，我应密切关注。与此同时，我国也应在已提交有关东海和南海外大陆架的"初步信息"的基础上，加紧有关数据的采集整理和外大陆架划定方案的编制工作，争取尽早向大陆架界限委员会提交我国的外大陆架划定案。

（三）渔业争端

在南海海域，我渔政部门扣留外国渔船渔民，外国执法机构扣留我渔船、渔民事件屡有发生，妥当处理此类事件关系到维权维稳大局，也关系到我国渔民合法权益的更好保护。

按照《海洋法公约》的规定，沿海国对其领海和专属经济区内的生物资源享有主权权利和专属管辖权，其他国家的渔船和渔民未经沿海国的许可不得进入其领海和专属经济区（或渔区）从事捕鱼作业。对于非法进入其领海、专属经济区捕鱼的外国渔船，沿海国执法机构有权加以驱赶或采取登临、检查、逮捕或进行司法程序等措施。对于被逮捕的渔船和渔民，不得加以监禁或任何方式的体罚，在其提出适当的保证书或其他担保后，应迅速予以释放。沿海国还应就其采取的行动及随后施加的任何处罚迅速通知渔船所属国家，即船旗国。各国为了规范本国管辖海域内的捕鱼活动，一般也都制定相关法律法规。尽管如此，外国渔船侵入捕鱼、执法机构执法不当等情况仍时有发生，国家之间的渔业争端因此而绵延不绝。从我国来说，为避免渔业争端的发生和扩大、恶化，一方面，要教育我国渔民尊重和遵行国际海洋法和外国的渔业法律法规及其执法机构的执法行动；另一方面，要完善我国的渔业法律法规，加大海上执法力度，且要依法执法，不滥用权力。同时应加强有关国家之间的协调，尽可能避免扣船、扣人事件发生；在发生争端情况下，应通过外交途径，妥善地加以解决。

（四）海底油气资源的勘探、开发

南海海底蕴藏有丰富的油气资源，关系到我国长远发展利益，这也是吸引南海其他周边国家前来侵占南海诸岛的重要诱因，在一定意义上甚至可以说，越南等国所以要争夺南沙群岛，其主要目的就是为了争夺南海海底的油气资源及其勘探开发权。

国际法中关于国家间分配海底油气资源和对这一资源的勘探开发活动应遵守的规则的相关规定，有领海、专属经济区和大陆架制度，而主要是大陆架制度。各国大陆架以外的海底油气资源，即国际海底区域范围内的油气资源属于全人类共同继承财产，由国际海底管理局代表全人类加以管理。

按照《海洋法公约》的规定，沿海国有权在其领海外按照既定的规则划定本国的大陆架，并对大陆架以及其中包括油气资源在内的一切非生物资源享有主权权利。这一权利是专属性的，即使沿海国不勘探开发，也没有对这一权利发布明文公告或者对大陆架采取有效行动，其他国家的任何人，在没有得到沿海国同意的情况下，禁止进入大陆架从事油气资源的勘探开发活动。沿海国有权制定法律规章对大陆架油气资源的勘探开发活动进行管理，有权利用本国资本，也可以利用外国资本进行此项活动。这些都是一国的主权行为，其他国家无权干预。大陆架制度已成为国际习惯法，所有国家都必须遵守。这意味着，谁拥有大陆架，谁就拥有潜在的油气资源的所有权和勘探开发权，这就是越南等国处心积虑地想夺我南沙群岛的主要原因，20世纪90年代中越有关万安北矿区的争执是一实例。

在海岸相向或相邻国家所主张的大陆架发生重叠的情况下，按照《海洋法公约》的规定，它们应在国际法院规约第 38 条所指国际法的基础上，通过协商谈判，达成划界协议，以便使划界问题得到公平解决。在现实生活中，可能会有各种各样的原因致使划界协议不能迅速达成。为了避免因此而可能对有关国家之间的关系造成负面影响，《海洋法公约》要求有关国家"基于谅解和合作的精神，尽一切努力作出实际性的临时安排"，"这种安排应不妨害最后界限的划定"。在各国大陆架划界实践中，作出临时安排的情况很多，而这种临时安排的一种重要形式是共同开发。事实证明，共同开发对于克服划界中的困难，推进划界进程起了很明显的作用。我国为解决南海领土争端而提出的"主权属我，搁置争议，共同开发"的方针，其中"共同开发"与国际法的要求和国际上的成功实践是一致的，尽管在它的推进上遇到了障碍，我国还是应当努力去做。目前，我国已与日本达成在东海进行共同开发的原则共识，说明我国把共同开发作为解决岛屿领土争端和海域划界问题的第一步是正确的。

（五）专属经济区的军事利用

中美军机在我专属经济区上空相撞、美舰"无瑕号"在我专属经济区内搞侦察活动与我船舶发生冲突等事件的发生，突显研究专属经济区军事利用法律问题的重要性。专属经济区制度是第三次海洋法会议期间不同利益集团国家折衷妥协的产物，由于美、俄等海洋大国的阻挠，本已列入会议议程的专属经济区军事利用问题未能展开讨论，会议通过的《海洋法公约》在其规定专属经济区制度的第五部分，未能就专属经济区内进行军事活动所应遵循的法律原则和规则作出规定。这一缺失，为今天处理有关问题增加了很大困难，但也并非完全无律可循。从中美海上冲突看，主要涉及三方面问题。

1. 专属经济区是否国际水域问题。在中美有关冲突中，美方一直辩解说，美舰是在国际水域活动，言外之意是，可以不受中国干预。这一辩解不能成立。在第三次海洋法会议期间，一些海洋大国在不得不同意建立专属经济区制度情况下，企图把专属经济区定位为"国际水域"，以便它们的船舶可以在他国专属经济区内，如同在公海上一样随意活动，而不受沿海国的管制。但是，这一企图因遭到广大发展中沿海国家的反对而未能得逗。《海洋法公约》明文规定，专属经济区受"特定法律制度的限制"，其地位既不同于领海，也不同于公海，而是自成一类的海域。《公约》把专属经济区与领海，内水和群岛国的群岛水域并列为国家管辖海域，公海则是指不包括在这些海域内的全部海域。可见，美方把专属经济区说成如同公海的"国际水域"是完全错误的，是与国际海洋法相违背的。在这种情况下，美舰如果要在我国专属经济区内活动，就应按照《海洋法公约》的有关规定，顾及我国的合法权益并遵守我国有关专属经济区的法律和规章。

2. 外国军用船舶能否在专属经济区内进行军事活动问题。按照《海洋法公约》的规定，在专属经济区内，所有国家都享有航行自由，以及与这自由有关的海洋其他国际合法用途。在《海洋法公约》没有就专属经济区内军事活动作出规定，特别是禁止性规定情况下，对该规定的解释应当是，外国军舰有在专属经济区内的航行自由，并可从事与此自由有关的符合国际法的活动。与此有关的是，《公约》还规定，第88条至第115条有关公海制度的部分规定以及其他国际法的有关规则，均适用于专属经济区。按照此项规定，《公约》第88条"公海应只用于和平目的"的规定应适用于专属经济区。此外，作为一项一般规定，《公约》第301条还确立了"海洋和平使用"的一般原则，规定缔约国根据本公约行使其权利时，应不对任何国家的领土完整或政治独立进行任何武力威胁或使用武力，或以任何其他与《联合国宪章》所载国际法原则不符的方式进行武力威胁或使用武力。按照这些规定，应当认为，外国军用船舶在一国专属经济区内，不得有对沿海国的和平与安全造成威胁或损害的活动，更不能对沿海国的领土完整或政治独立进行武力威胁或使用武力，外国军舰也不能利用一国的专属经济区来损害其他国家的和平或安全，或对其领土完整或政治独立进行武力威胁或使用武力。至于哪些活动应被认为是对沿海国的和平或安全、领土完整或政治独立构成损害或威胁的活动，在国际上存在不同认识，需要深入研究。例如，一方可以依据《公约》有关无害通过的规定论证说，外国军用船舶在领海内进行操练或演习以及收集情报等活动被视为损害沿海国和平或安全，那么，外国军舰在专属经济区内进行这些活动，因为性质相同，所以也应视为损害沿海国的和平或安全。另一方可能辩解说，有关无害通过的规定，只适用于领海，《海洋法公约》并没有规定，有关领海无害通过的规定可类推适用于专属经济区，等等。

3. 外国军用船舶能否在专属经济区内进行测量问题。美国军舰"鲍迪奇号"和"无瑕号"在我国专属经济区内进行测量，遭到了我国强烈反对。我方的理由是，测量是科学研究，按照《海洋法公约》规定，沿海国对专属经济区内的海洋科学研究享有管辖权，其他国家在中国专属经济区内进行科学研究，应事先得到我国的同意。美方的理由是，测量不是科学研究，不在沿海国管辖范围之内。由于第三次海洋法会议在讨论有关问题时分歧很大，所以《海洋法公约》没有能给海洋科学研究下一定义，在解释和适用《公约》有关规定时就自然会出现分歧。这一问题还涉及测量活动是否会损害沿海国的和平或安全，是否会影响沿海国的环境等问题，因此较难解决，需要很好地进行研究。

（六）海上航行

长期以来，美国在表示不介入南海领土争端的同时，一直强调它在南海有航行自由国家利益，明显地表现出藉此介入南海局势的意图。处理好南海航行自由问题，有助于阻止美、日等航运大国公开加入反华大合唱，对我国保障海上战略通道顺畅无阻也有重要意义。

国际海洋法对不同海域的航行制度作了不同规定。在领海实行的是无害通过制，即所有国家的船舶均享有无害通过领海的权利，它们无须经过沿海国的同意，就可进入其领海航行，只要在通过时不损害沿海国的和平、良好秩序或安全，且继续不停和迅速进行，沿海国就不能加以反对和阻挠。在专属经济区内实行的是航行自由。所有国家的船舶，在不违反"用于和平目的"原则条件下，享有专属经济区内的航行自由以及与这自由有关的海洋其他国际合法用途。它们在行使这一自由时，应适当顾及沿海国的权利和义务，并应遵守沿海国的有关法律和规章。公海海域对所有国家开放。所有国家都享有公海上的航行自由，它们在行使这一自由时，须适当顾及其他国家行使公海自由的利益。在公海上航行的船舶只受船旗国法律的支配。只要船舶没有从事贩运奴隶、海盗行为、贩卖麻醉药品和未经许可的广播活动嫌疑，其他国家就没有权利对它登临、搜查和逮捕。

这些规则是多个海洋法条约规定的，也是国际习惯法规则，适用于所有国家。在南海，各国的领海只占很小一部分海域，其中的大部分海域是各国的专属经济区，也可能有面积不大的公海；美国主张它在南海有航行自由，是符合国际法的，我国不应予以反对。事实上，我国的法律承认其他国家在南海有航行自由。

1958年，我国政府发表《关于领海的声明》指出，在中国大陆和沿海岛屿与东沙、西沙、中沙和南沙群岛之间隔有公海，承认公海的存在，也就是承认这些岛屿之间公海上的航行自由。在国际上确立了专属经济区制度以后，我国于1998年制定通过了《专属经济区和大陆架法》，其中明文规定："任何国家……在中华人民共和国的专属经济区享有航行、飞越的自由……"承认世界各国都有在我国专属经济区内的航行自由。这一规则当然也适用于我国在南海的专属经济区。因此，美国主张它在南海有航行自由，对于我国来说是不存在问题的；如果美国想用来要挟中国，则毫无道理，也是不能得逞的。

应当指出，承认南海航行自由，不只是国际法的要求，也符合我国利益。南海是我国通向印度洋，联系中东和欧洲的必经通道，是我国海外贸易的生命线，强调南海航行自由，保障南海航行自由不受干扰，对于我国长远和平发展具有重要意义。

有必要说明，承认美国在南海有航行自由，不等于承认美国军用船舶有在我国领海的航行自由或无害通过权。对领海不实行航行自由，世界各国无一例外。我国法律承认外国非军用船舶享有无害通过中华人民共和国领海的权利，但不承认外国军用船舶也有这一权利，它们进入我国领海，须经我国政府批准。美国曾对我国这一法律规定提出异议，但是，这一规定符合国际法，美国应当遵行中国的法律。

二 对于"九段线"（U形线）的解读

在我国出版的地图上，在南海海域标绘有"九段线"*，因其呈U形，

---

* 我国地图上标绘的实际上是十段线。

所以也称为 U 形线。这一 U 形线最初标绘在 1946 年底当时国民政府内政部方域司绘制的图名《南海诸岛位置图》的地图上。新中国成立后出版的地图沿袭旧例，在南海原来位置上也标上了这条线，只是将原有的十一段线改为十段线。由于线段之间是隔开的，所以 U 形线也被称为断续线。

目前，国内对 U 形线基本上有四种解读方法，即国界线说、历史性水域线说、历史性权利线说和岛屿归属线说。但是，在这四种说法中，只有第四种说法比较符合客观事实和国际法，也最有利于用来维护我国在南海的合法权益。

1. 国界线说。按照这一说法，U 形线划定了我国在南海的领土范围，线内的岛、礁、滩、沙和全部海域均属于中国领土，我国对它们享有主权。如果这一说法成立，我国的领土面积将能增加大约 200 万平方公里。这一说法的主要依据是，U 形线是用国界线符号标绘的。然而，这一说法存在一些问题。第一，能成为一国海上领土的海域只有领海，而国际上划定领海的通常办法是按照一定的宽度，从本国海岸（领海基线）向外延伸至外部界限。用 U 形线圈定领海的办法与国际习惯不符。第二，国民政府曾在 20 世纪 30 年代颁布过建立 3 海里领海的法令，即已经宣布建立了中国的领海，说国民政府又在 1946 年用 U 形线划定中国在南海的领海，于理不通。第三，我国地图上标绘 U 形线使用的是断续国界线，最多解释为未定国界线，既然如此，很难用来说线内的岛、礁、滩、沙和海域是已经确定的中国的领土；而且各线段之间有很大空白距离，把这样的一条线说成是要求非常精确的国界线，很难服人。我国 1958 年领海声明，1992 年《领海及毗连区法》，以及一系列有关南海问题的声明，都只是说南海诸岛是中国固有领土的一部分，中华人民共和国对这些岛屿及其周边海域拥有不可争辩的主权，"国界线说"把线内的全部水域说成是我国对其享有主权的海域与我国一贯立场不符。第四，无论是旧中国政府还是新中国政府都没有对线内的全部海域主张或行使过领有权。总之，"国界线说"由于缺乏依据，违反国际法，并与我国对外一贯宣布的立场不符，因此不可取。如果在国际上把它作为中国的权利主张提出来，不但不会给我国加分，而且可能招致很多国家反对我们。

2. 历史性水域线说。按照这一说法，我国对于 U 形线内的岛、礁、滩、沙和全部海域享有历史性权利,线内的全部海域是中国的历史性水域。最初提出这一说法的是我国台湾学者。1993 年台湾当局在其公布的《南海政策纲领》中使用了"历史性水域"一词,说"南海历史性水域界线内的海域为我国管辖之海域,我国拥有一切权益"。台湾的《领海及邻近区法》草案也曾有历史性水域的规定,但在后来通过的该法中已弃而不用。大陆个别学者也曾一度使用过这一术语,后来也放弃了。目前,只是个别学者还在使用这一术语来解释 U 形线。在国际法理论和实践中,一般认为,历史性水域的法律地位相当于内水,完全处于沿海国的主权之下,未经沿海国的同意,其他国家的船舶是不得进入航行的,更不能进行捕鱼、勘探等等活动。将 U 形线内水域宣布为历史性水域,与国际上通常认为对一块水域主张历史性权利必须具备的条件不符,而且必定会遭到许多国家的反对,而我国也从来没有这样主张和实践过。

3. 历史性权利线说。按照这一说法,U 形线内所有岛、礁、滩、沙属于中国,线内各群岛直线基线内侧水域是中国内水,内水线以外海域的地位相当于领海、专属经济区和大陆架,对于其中的一切自然资源,我国享有主权权利。其理由是,20 世纪 40 年代国际上出现了大陆架和专属经济区(前身是 200 海里海洋权)主张,U 形线是在它们的影响下提出来的,自提出以来一直没有遭到反对。这一说法有一定道理。首先,线内的岛、礁、滩、沙最晚从宋朝开始就处在中国版图之内,说它们属于我国,有充分的历史和法律依据。其次,U 形线是在 1945 年美国大陆架公告发布后不久,1947 年拉美国家 200 海里海洋权提出前夕标绘出来的,说它受到二者的影响虽然有些牵强,但确实存在这一背景。再次,我国渔民长期在南海海域捕鱼,我国在南海享有传统(历史性)捕鱼权不容争辩。但是,这一说法存在许多需要商榷之处。第一,U 形线只是画在地图上的几段线,对于这几段线的法律含义,我国政府从来没有正式宣示过,也从来没有依据这几段线主张过历史性权利。国际上没有对 U 形线表示过反对,不等于说各国接受了赋予其历史性权利线意义的 U 形线。第二,200 海里海洋权(专属经济区)主张自提出以后国际上一直存在争论,只是在第三次海洋法会议上达成妥协作为一揽子方案的一部分才最终被广泛接受。沿海国对专属经济区权利的依据是《海洋法公约》,而不是因为它是历史上形成的权利。第三，虽然我国在 U 形线内南海海域拥有传统（历史性）捕鱼权，这是有充分的历史事实和法理依据的；但是，我国历史上没有在南海勘探开发海底油气资源的记录，说我国对线内的包括油气资源在内的一切自然资源享有历史性权利，缺乏必要的事实和法理依据。因此，历史性权利线说，很难成为我国可以用来解读 U 形线的最好学说。

4. 岛屿归属线说。按照这一说法，U 形线内的所有岛、礁、滩、沙都是中国领土，中华人民共和国对这些岛、礁、滩、沙及其周边海域（指内水和领海）享有无可争辩的主权。岛屿归属线说，比较以上几种说法，其事实和法理依据更充分，是最能反映方域司当时绘制"南沙诸岛位置图"，标示 U 形线的意图，也是最易为国际社会接受，有利于维护我国在南海合法权益的说法。

第一，第二次世界大战结束后，当时的国民政府派出官员和军舰从日本占领者手中收复南海诸岛，采取了重新命名、立碑、将它们划归广东省管辖等宣示主权和恢复行使主权及管辖权的行动和措施。为了表明南海诸岛已纳入中国版图，绘制有关地图是必须要采取的措施之一。《南海诸岛位置图》正是在这一背景下绘制的。南海范围内有众多岛礁，其中有些岛礁属于其他国家，U 形线则是用来表明南海范围内纳入中国版图，属于中国领有的岛、礁、滩、沙。

第二，《南海诸岛位置图》绘成后不久，1947 年 4 月 14 日，国民政府内政部同有关部门讨论了"西、南沙群岛范围及主权之确定与公布案"。同月，内政部又为了同一事由向广东省政府发出编号为 0434 的公函，商请后者"查照办理"，这些活动的目的都是为了确定和公布南海诸岛的范围和主权，可作为 U 形线是岛屿归属线的重要佐证。

第三，南海诸岛自古以来就是中国的领土，有充分的历史和法理依据。

第四，岛屿归属线说，与新中国成立后我国政府历来向国际社会表明的中国关于南海问题立场以及《中国政府关于领海的声明》《领海及毗连区法》《专属经济区和大陆架法》等法律文件完全一致。

第五，直至 20 世纪六七十年代南海岛屿领土争端发生之前，我国关于南海诸岛属于中国的立场从来没有遭到反对，得到包括越南等国的承认。

将 U 形线定义为岛屿归属线，与当代国际法和国际海洋法没有任何抵触，其他国家很难从法理上来加以反对，也不会影响我国在南海拥有比较广阔的管辖海域以及对于其中生物资源和非生物资源的主权权利。按照《海洋法公约》的规定，我国可在南海诸岛的各个岛、礁之外建立 12 海里领海和在部分岛屿外建立 200 海里专属经济区和依据大陆架自然延伸原则建立最多不超过 350 海里宽的符合《海洋法公约》第 121 条有关规定的大陆架。有学者计算，我国有权主张的这些管辖海域面积与 U 形线内的海域面积相差无几。当然，由于南海周边的其他国家根据《海洋法公约》也有权主张他们的领海、专属经济区和大陆架，在各国管辖海域部分重叠需要通过谈判划界的情况下，我国能在南海实际拥有的管辖海域面积要小于 U 形线内海域面积。我国历来主张建立公平合理的国际秩序，在 U 形线问题上我国应把权利主张建立在公平合理合法的基础上，而不宜于有不切实际的要求。

三　南海问题的解决

上述任何一个南海问题都是发生在国与国之间的国际问题，它们的处理和解决要按照国际法的要求，使用国际法容许的方法和适用国际法。

（一）解决方法的选择

1. 发动战争解决南海问题不合法，但应有进行战争的准备。传统国际法把战争看作是解决国际争端的合法手段，但自 19 世纪末至第二次世界大战结束 50 年间，随着国际形势的不断变化，战争方法经历了从合法到限制到禁止的演变过程。1899 年和 1907 年先后召开的两次海牙会议通过了两个《和平解决国际争端条约》，提出了和平解决国际争端的国际法原则。第一次世界大战后《国际联盟盟约》规定了会员国以和平方法解决它们之间争端的义务，规定它们在一定的时间内和一定的条件下不得从事战争。1928 年国际上签订了《关于废弃战争作为国家政策工具的一般条约》（《巴黎非战公约》），规定"缔约各方同意，它们之间可能发生的一切争端或冲突，不论其性质或起因如何，只应用和平方法加以处理或者解决"。1945 年《联合国宪章》把"维持国际和平与安全"作为联合国的首要宗旨，规定了各会员国应以和平方法解决其国际争端，在国际关系上不得使用武力或武力威胁等国际法基本原则。这就是说，当代国际法禁止使用战争解决国际争端，要求争端当事国只能使用和平方法解决它们之间的争端。因此，南海争端当事国之间是不能使用武力的，它们之间的争端只应用和平方法加以解决。

国际法在作为一般原则禁止使用武力的同时，规定了容许使用武力的两种例外情况，这就是《联合国宪章》第 39 条和第 51 条的规定。根据第 39 条的规定，联合国安全理事会在断定存在威胁和平、破坏和平或侵略行为，而采用武力以外的方法不足以或已证明不足以维持或恢复和平与安全情况下，可以采取必要的陆、海、空军行动。根据第 51 条的规定，当一国受到武力攻击时，它可以单独或集体地行使自卫权，使用武力击退外来的武力攻击。行使自卫权以遭到了武力攻击为前提，而且有必要性和相称性的要求，即只有在确实遭到了武力攻击的情况下才能实行自卫，这一武力自卫应是必要的，没有其他选择，自卫行动的强度应与遭到攻击的程度相称，没有不合理或过分的成分。按照《宪章》第 51 条这项规定，在越南等国派出军队侵占我南沙部分岛礁当时，我国给予适当的武力反击，阻止其占领行为，这在国际法上属自卫行为，是完全合法的。但是，在对方武力攻击已基本停止的今天，我国如果派出军队武力收复被占岛礁，就有可能被认定为违反和平解决国际争端国际法基本原则。如果未来某个时候南海海域发生了把我国卷入，而非我国发动的战争，在战争过程中我国乘机收复被占岛礁，应当会在恢复历史正义等理由下，被国际社会认为是可以接受的。

2.《联合国宪章》第 33 条规定了应当用来解决国际争端的多种和平方法，它们分为政治方法和法律方法两类。政治方法主要有谈判、调查、调停、和解等，法律方法则分为仲裁和司法解决两种。

在政治方法中，谈判是最主要、最基本的方法。所谓谈判，就是争端双方为解决争端而进行直接交涉。国家之间发生争端，通常都是由争端双方直接进行谈判加以解决的。在谈判达不成协议时，为了找到彼此能够接受的其他解决办法，也需要争端方进行谈判。即使使用仲裁或司法方法作出裁决情况下，为了执行裁决有时也需要争端方通过谈判达成有关协议。协商是20世纪50年代以后逐渐在国际上受到重视的谈判的一种形式，它与一般的外交谈判比较，更为强调在友好、和谐的气氛中用商量的办法解决问题，更能体现和解精神。我国历来强调通过协商谈判和平解决南海争端，这是完全正确的，应当坚持。

调查、调停与和解也是《联合国宪章》所肯定，在国际上使用很广的和平解决争端的政治方法。调查是用于解决有关事实的国际争端的方法。国家间如果因为对一事实存在意见分歧，可以约定设立一调查委员会，由它进行调查，查明事实真相，以促进争端的解决。调查结果是否具有约束力，由争端当事方事先约定。

和解，又称调解，是从调查制度发展而来的一种解决争端方法。争端当事方可约定将争端提交一国际调解委员会，由它查明事实，提出包括解决争端的建议在内的调解报告，促使争端方达成解决争端协议。委员会提出的建议对争端当事国没有约束力。

调停，是由第三国协助争端当事国解决争端的一种方法。争端当事国以外的第三国，或者应当事国的请求，或者自己主动，以调停者的身份，向当事国提出解决争端的建议，并且参与或者主持当事国之间的谈判，通过调和、折衷各方意见的办法，使争端各方达成解决争端的协议。

与调停相近似的另一种由第三国协助争端当事国解决争端的方法是斡旋。这一方法在《联合国宪章》中没有规定，但却在国际实践中被广泛使用。担任斡旋者的第三国以促进争端当事国直接谈判为目的而开展活动，如提出解决争端的建议，在争端方之间转达解决争端建议等等，其与调停的最大区别是，斡旋者不参与当事国之间的谈判。

以上这几种解决争端的政治方法，有一个共同的特点，即第三方的存在。在争端当事方直接谈判难于就争端的解决达成协议情况下，第三方的出面帮助，有时会导致柳暗花明又一村局面的出现。在探寻南海问题政治解决方法时，在适当情况下，例如，需要显示高姿态，表示善意，有善意第三者提出建议，等等，我国不是不可以考虑利用这些方法。

法律方法有两种：仲裁和司法解决。仲裁又称公断，是一种争端当事国在自愿的基础上将争端提交仲裁人裁决，并接受其裁决结果的解决争端方法。为了将争端提交仲裁，争端当事国应就此事以及仲裁庭的组成、仲裁适用的法律等问题达成协议。仲裁庭可以由当事国双方共同指派的 1 名仲裁员组成，也可以由 3 名或 5 名仲裁员组成，其中 2 名或 4 名仲裁员分别由当事双方选任，第三名或第五名仲裁员则由当事双方或双方选任的仲裁员共同指派，并担任仲裁庭庭长。仲裁庭仲裁案件适用当事国双方商定的法律。仲裁裁决对当事国具有法律约束力。

司法解决，也是一种争端当事国在自愿的基础上将争端提交第三方裁决，并接受其裁决结果的争端解决方法。与仲裁不同的是，争端当事国是把争端提交给一个事先已经存在的由独立法官组成的国际法院或法庭审理。这些法官是早先按照一定程序定期选举产生的，而不取决于争端当事国的选择。如果法官中有一位具有争端当事国一方国籍的法官，则另一方有权选派一位法官参与案件的审理。法院或法庭根据国际法而不是争端当事国议定的法律审判案件，它们作出的判决对争端当事国具有法律约束力。

仲裁和司法解决，都是一种由第三方对争端的解决作出决断的方法，一般认为是能够使争端得到比较公平解决的方法。在国际上，许多国家之间的领土、海洋划界和其他争端都通过仲裁或司法解决获得了效果比较好的解决。

我国到目前为止不同意将与其他国家的争端，尤其是涉及国家主权和领土的争端提交法律解决，对于一些国际公约中规定将涉及条约的解释和适用的争端提交国际法院解决的条款，往往提出了保留。所以采取这一态度，主要考虑是：（1）中国是主权独立国家，我国应把有关国家主权和领土完整等重大利益争端的解决牢牢地掌握在自己手里，不容第三方插手。（2）在仲裁、司法机构中，西方国家的法官和仲裁员在数量上占多数，影响很大。即使是具有第三世界国家国籍的法官和仲裁员，他们中有的接受西方法律教育，受西方法律思想影响很深，担心他们对中国或许会有偏见，由他们作出裁决，或许会对我国不利。在实践中，也确实出现过偏向西方国家的裁决。

近年来，国内开始有了是否可考虑将争端提交法律解决的讨论。主要考虑有：（1）随着国内以法治国，国际上加强国际法治呼声的日益增强，将争端提交法律解决的国内国际环境发生了很大变化。（2）事实证明，通过有关方协商谈判解决主权和领土争端，如果不是不可能，也是十分困难，而争端的长期拖延不决，对于国家的和平发展和国际关系具有不容低估的负面影响；而仲裁、司法解决，在一般情况下，可以使争端在较短的时间内得到国际上认为比较公正，争端方国内可以有所交代的解决。（3）我国和平崛起，国际威望和影响有了很大增长。在联合国国际法院、国际海洋法法庭、常设仲裁法院等国际司法、仲裁机构中现在有中国籍法官和仲裁员，将争端提交这些机构解决肯定会有中国籍法官和仲裁员参与审理，将争端提交法律解决，中国的主张能够得到伸张和尊重，中国的合法权益基本能有保障。（4）我国已接受了 WTO 框架下的贸易争端机制，也有了主诉和被诉的案子，正在积累打国际官司的知识和经验，在国际官司中可以发挥作用的人员正在成长。基于以上考虑，有学者认为，现在已经到了可以考虑将争端提交法律解决的时候了。另一方面，讨论中也有意见认为，我国的国际法理论和应用能力水平仍然较低，缺乏在知识、能力、外语等方面均能应对国际官司的干才，在近期内将争端提交法律解决不是很现实。现在有必要就提交法律解决问题进行利弊分析，探讨其可行性，并从现在开始就采取切实措施，为以后的法律解决作好人才等各方面的准备。

（二）关于南海问题"国际化"问题

在南海问题上，菲律宾、越南等国理屈气短，相对我国，其实力、影响力均处于劣势，所以，它们一定要将南海问题国际化，以便拉拢其他国家来对抗我国，美国等区域外国家也有将南海问题国际化的需要。从斗争策略考虑，我国完全有必要反对南海问题国际化，坚持南海争端通过相关方双边谈判和平解决。这也是因为南海问题涉及国家主权和领土完整，只能由有关国家解决，不能容忍其他国家插手。一个国家如何解决与其他国家的争端，是应由该国依据其主权自主决定的事情，其他国家无权进行干涉。

然而，在我国采取实际行动反对南海问题国际化的同时，不宜笼统地说反对南海问题国际化。一是岛屿领土争端、海域划界争端等南海问题虽然是有关国家之间的双边问题，理应由当事双方直接谈判解决，但它是发生在国与国之间的问题，其性质是国际争端，本身具有国际性，不存在"国际化"问题。二是专属经济区的军事利用、海上航行自由等问题，涉及的不只是沿海国与某一外国之间的关系，更多的是关于海洋法有关规则的解释和适用中的分歧问题，其解决有赖于国际层面的共同努力，本身具有很强的国际性。事实上，这些问题经常是国际论坛讨论的议题。三是包括岛屿领土争端、海域划界争端在内的南海问题，影响所及不限于争端当事国，包括对我友好国家在内的许多国家都十分关注。笼统地反对南海问题国际化，有可能被误解为我国心虚理亏，造成我国似乎想把其他国家挡在南海问题之外的印象，不利于争取国际上一切可以争取的力量。四是我国不能排除利用国际平台阐述中国立场的机会和可能。

关于在美参加"专属经济区内军事活动的战略涵义研讨会"情况的报告

2009年7月29—30日，我和本单位的王翰灵研究员、军事科学院彭光谦研究员、中国海监东海总队郁志荣副总队长、国家海洋局海洋发展战略研究所吴继陆研究员、中国海洋大学薛桂芳、马英杰两位教授，应美国海军战争学院下属机构中国海事研究所的邀请，以专家个人身份参加了该所召开的"专属经济区内军事活动的战略涵义研讨会"，对美国海军在我管辖海域内从事军事活动的政策调整产生了一定影响，现将有关情况报告如下：

这次研讨会是在美国军用船舶和飞机频繁进入我国专属经济区，特别是今年3月美舰"无瑕号"在我南海专属经济区进行侦察活动，引起两国冲突的背景下召开的；按照主办方的说法，召开研讨会的目的是"希望知道中国学者对无瑕号这样的冲突的看法。"美方与会的有三四十人，据说"美国这一领域的顶尖人物都来了。"会议讨论的主要问题有：专属经济区的法律地位和专属经济区内的军事活动、海洋测量活动和海洋科学研究、专属经济区的环境保护、海洋与国家战略等。

专属经济区的法律地位问题，是无瑕号冲突中两国争论的焦点之一。美国主张，专属经济区是"国际水域"，按照国际法，美舰有权在这里进行军事测量、侦察活动。其言外之意是无瑕号不在中国的属地管辖之下，中国没有权利对它的活动进行干涉。我国的立场是，专属经济区是国家管辖海域，美舰在中国专属经济区内进行活动，应当遵守国际法和中国的有关法律和规章。会上，中国学者指出，从地理位置上说，无瑕号是在中国专属经济区内活动，这是没有任何疑问的。按照海洋法公约的规定，专属经济区既不是领海，也不是公海，而是实行特定法律制度的沿海国的国家管辖海域。"国际水域"通常是用于指公海。既然专属经济区不是公海，那么它就不能被认为是"国际水域"。而且，美国自己向第三次海洋法会议提交的《关于专属经济区和大陆架一章的条款草案》也明文规定，沿海国在称为专属经济区的区域内并对整个区域行使管辖权，是将专属经济区界定为国家管辖海域的，所以，美国国防部发言人把无瑕号在中国专属经济区内的活动说成是在"国际水域"活动是不对的，也是同美国在海洋法会议上所采取的关于专属经济区地位的正式立场相悖的。对于中国学者这一有理有据的论述，当场美方没有一位与会者出来表示异议。第二天会上，美国太平洋舰队的一位高级法律官员坦言，以后不能再说专属经济区是国际水域了，这要向领导机关报告。

关于专属经济区内的军事活动问题。由于美、英等国的阻挠，原本已经列入第三次海洋法会议议题的这一问题在该会上没有得到应有的讨论，海洋法公约因此未能就这一问题作出规定。在本次研讨会上，美方与会者承认世界各国的国内法对这一问题有不同的规定，但又认为只要不违反联合国宪章的宗旨和原则，海洋的所有军事使用就都是合法的。美国在世界各地海域的军事活动，是美国的安全所要求的。中国学者认为，尽管海洋法公约中没有关于专属经济区内军事活动的明文规定；但是，这并不意味着外国可以在沿海国的专属经济区内任意地进行军事活动，它们的这一类行动应当受到以下几方面的法律的约束：①海洋法公约关于海洋只用于和平目的的原则的规定；②包括联合国宪章的宗旨和原则在内的一般国际法；③海洋法公约关于其他国家在专属经济区内行使权利和履行义务时，应适当顾及沿海国的权利和义务并应遵守沿海国的法律和规章的规定。中国学者还指出，国际法并不一般地禁止专属经济区内的外国军事活动；但是凡是对沿海国的安全造成威胁或是具有敌对性质的军事活动，应在禁止之列。为了进一步说明对外国军事活动有加以限制的必要性，中国学者还进一步指出，虽然专属经济区通常被认为是一种经济区，但是，沿海国在该区域内不仅享有经济利益，而且也享有包括国防安全、经济安全、资源安全、环境安全等在内的国家安全利益。对于中国学者的这些观点，除敌对军事活动概念外，美方与会者也没有表示什么反对意见。

关于专属经济区内海洋科学研究和环境保护问题的讨论，主要是两国学者分别就海洋法公约的有关规定作了阐述，没有太多交锋。其中也有一些不同观点，例如，美国学者刻意强调海洋测量与海洋科学研究之间的区别，企图用来为美国军舰未经中国政府同意在中国专属经济区内进行测量的活动进行辩解。对于军舰的声呐活动是否会对海洋环境造成影响的问题，在美国与会者之间也存在不同看法。

研讨会最后讨论海洋战略问题。美国学者的发言杂乱无章，似乎事先没有很好地准备。而中国学者关于中国实行的是近海防御战略，中美两国不应是敌对关系的发言受到了欢迎。主持这一问题讨论的美国学者说，这一发言中有许多值得注意的东西。

从会议讨论的情况看，美国坚持要在世界各地海域进行军事活动这一政策，大概很难改变，认为这是美国的权利。会上有人说：不能因为中国的反对，我们就让出这一权利；还有人说"不能向中国作出让步，如果向中国让步，在世界其他海域怎么办？"另一方面，我们也可以感到，美国还是有人愿意倾听来自中国的声音，希望增加对中国的了解，减少或避免与中国的摩擦。会下，会议组织者和好几位与会者主动前来对我们的发言表示欢迎和赞赏。一位年长的学者说："您讲得很好，虽然我并不完全同意您的看法"。另一位年长的与会者谈到我国政府 1958 年发表的"领海声明"时说："这一声明避免了我们两国之间的一场战争"。此外，我们也感到，通过做工作，我们也不是不可能对美国的对华政策产生某些有积极意义的影响的，美方学者接受我们提出的专属经济区不是国际水域的观点，是一明证。令人高兴的是，在我们回国后听中国海监总队的一位领导说，在最近的海上喊话中，美舰对其在我国专属经济区内的活动已不再使用"国际水域"*这一用语了。这一改变，对于我国维护海洋权益无疑是有利的。因为，只要美舰承认是在我国管辖海域内活动，它就没有理由不遵守我国的法律，就不能不考虑可能引起的法律后果。

这次研讨会的召开，为我们提供了一次了解美国，影响美国政策的机会，也产生了实际效果。遗憾的是，许多问题，例如，究竟哪些外国军事

---

*　有美国驻华使馆官员说，美国政府在这一问题上的政策没有改变。

活动是可以容许或是不能容许的问题的讨论，只是开了头，而没有来得及深入。两国学者如能就这些问题达成共识，不仅有助于国家解决无瑕号这类引起中美冲突的问题，而且对于我国将来参加修订海洋法公约的工作也是一个必要的准备。此外参加这次研讨会的中国学者来自五个单位，会前曾设想聚会统一认识，协调观点，但由于多种原因而未能实现。否则，我们还是可能取得更多的成绩。

　　通过这次活动我们有一个认识，即：中美之间存在利益冲突，外交纠纷难以避免；与此同时，两国也都有人有改善中美关系，化解冲突的愿望，而且也都在朝这一方向努力。在对美关系上，我国除需要增强国家综合实力，同它开展外交斗争以外，增进同美国的学术交流，发挥学界在维护国家安全和合法权益、推进国家战略和政策方面的作用，也是必需的，可行和能取得成效的。这也是锻造国家软实力，运用软实力，在国际上赢得话语权的重要举措。鉴于这一认识，我们有一个想法，即：为了处理好美国军用船舶和飞机在我专属经济区内活动问题，落实双方达成的避免类似冲突发生的共识，由我们发起组织一次关于专属经济区内外国军事活动问题的学术研讨会，邀请美国学界、军界和海洋执法部门的专家学者以及部分国际上知名专家参加，就有关问题进行深入的比较仔细的讨论，力求达成一些共识，或许是有益的。我们相信，由于正义和国际法都在我国一边，会议的成效无论是大是小，它必定是有利于我国而不会有害的。